马克思主义理论研究和建设工程重点教材配套用书

《世界经济概论》(第二版)
学习指南与练习

李坤望　张　兵　编著

高等教育出版社·北京

内容简介

本书是马克思主义理论研究和建设工程重点教材《世界经济概论(第二版)》的配套教学用书。

本书凝练了《世界经济概论(第二版)》各章的基本概念和主要内容,对各章的重点和难点进行了深入剖析,并给出了教材各章课后思考题的答案及要点提示。在此基础上,本书各章都提供相应测试题用于检验学生知识点掌握情况和学习效果,并进一步给出相关阅读材料及案例分析供学生深入理解和掌握各章的主要知识点,培养提升学生理论联系实际、运用所学知识分析解决实际问题的能力。在各章最后还提供了相应内容的扩展阅读材料目录,供学有余力的同学进一步深入学习和研究相关知识作为参考。

本书可供高等学校本科生和研究生"世界经济概论"课程的主讲教师和学生使用,也可供对世界经济问题感兴趣的读者阅读参考。

图书在版编目(CIP)数据

《世界经济概论》(第二版)学习指南与练习 / 李坤望,张兵编著. -- 北京:高等教育出版社,2022.3
ISBN 978-7-04-057296-4

Ⅰ. ①世… Ⅱ. ①李… ②张… Ⅲ. ①世界经济-高等学校-教学参考资料 Ⅳ. ①F112

中国版本图书馆 CIP 数据核字(2021)第 229179 号

Shijie Jingji Gailun (Di-erban) Xuexi Zhinan yu Lianxi

| 策划编辑 | 赵 鹏 | 责任编辑 | 宋志伟 | 封面设计 | 杨立新 | 版式设计 | 马 云 |
| 插图绘制 | 杨伟露 | 责任校对 | 张慧玉 刁丽丽 | 责任印制 | 田 甜 | | |

出版发行	高等教育出版社	网 址	http://www.hep.edu.cn
社 址	北京市西城区德外大街 4 号		http://www.hep.com.cn
邮政编码	100120	网上订购	http://www.hepmall.com.cn
印 刷	北京七色印务有限公司		http://www.hepmall.com
开 本	787mm×1092mm 1/16		http://www.hepmall.cn
印 张	26.25		
字 数	430 千字	版 次	2022 年 3 月第 1 版
购书热线	010-58581118	印 次	2022 年 3 月第 1 次印刷
咨询电话	400-810-0598	定 价	51.00 元

本书如有缺页、倒页、脱页等质量问题,请到所购图书销售部门联系调换
版权所有 侵权必究
物 料 号 57296-00

前　言

当今世界正处于大发展大变革大调整时期,世界深刻变化的根源和基础则是世界经济发生的深刻变化。同时,随着中国改革开放深入推进和经济持续发展,中国日益走近世界舞台中央,中国经济与世界经济的互动日益增强。要认识当今百年未有之大变局下的世界和中国,必须准确把握当代世界经济。有鉴于此,"世界经济概论"课程已经成为高校经济学类专业非常重要的一门基础课和核心必修课,并且被越来越多高校设置为全校通识课。学习"世界经济概论"课程,有助于我们深入了解世界经济的总体发展形势和发展趋势,更好地把握世界经济发展的内在规律,认清世界经济发展过程中不断出现的各种新现象、新特点和新问题的本质,从而更加积极地推动改革开放、更加主动地参与世界经济,更好地推动新时代中国特色社会主义实践的发展。有鉴于此,《世界经济概论》被列为马克思主义理论研究和建设工程重点教材,教材第一版于2011年出版,第二版于2020年出版。

为帮助高校教师有效提升"世界经济概论"课程的教学水平、检测和增强学生的学习效果,我们编写了《〈世界经济概论〉(第二版)学习指南与练习》一书作为课程的配套教学和学习材料。本书凝练了《世界经济概论》(第二版)各章的基本概念和主要内容,对各章的重点和难点进行深入剖析,并给出了教材各章课后思考题的答案及要点提示。在此基础上,各章都提供相应测试题用于检验学生知识点掌握情况和学习效果,并进一步给出相关阅读材料及案例分析供学生深入理解和掌握各章的主要知识点,培养提升学生理论联系实际、运用所学知识分析解决实际问题的能力。在各章最后还提供了相应内容的扩展阅读材料目录,供学有余力的同学进一步深入学习和研究相关知识时查阅参考。

本书在编写各章相关阅读材料及案例分析时参考和引用了大量国内外机构和学者的著作、论文、新闻报道等成果作为素材,可以说,本书编写工作的顺利完成凝结了众多人士的智慧和心血,在此对相关机构和所引用成果的作者表示崇高的敬意和由衷的感谢！高等教育出版社有关编辑为本书的出版提供了大力支持并付出了辛勤劳动，在此对他们一并表示最衷心的感谢！

由于时间仓促，加之作者水平有限，书中的错误和纰漏在所难免，恳请读者不吝赐教。

作者

2021年9月于南开大学

目 录

第一章 世界经济的形成与发展 ·· 1
 一、本章内容摘要 ··· 1
 二、本章基本概念 ··· 1
 三、本章重点和难点剖析 ··· 2
 四、本章课后思考题及答案提示 ····································· 4
 五、本章测试题 ··· 6
 六、本章阅读材料及案例分析 ······································· 8
 七、本章扩展材料 ·· 21

第二章 科技革命及其对世界经济的影响 ······························ 22
 一、本章内容摘要 ·· 22
 二、本章基本概念 ·· 23
 三、本章重点和难点剖析 ·· 23
 四、本章课后思考题及答案提示 ···································· 24
 五、本章测试题 ·· 27
 六、本章阅读材料及案例分析 ······································ 29
 七、本章扩展材料 ·· 46

第三章 不同类型市场经济体制的形成与变迁 ·························· 47
 一、本章内容摘要 ·· 47
 二、本章基本概念 ·· 47
 三、本章重点和难点剖析 ·· 48
 四、本章课后思考题及答案提示 ···································· 53
 五、本章测试题 ·· 56
 六、本章阅读材料及案例分析 ······································ 58
 七、本章扩展材料 ·· 71

第四章 经济全球化与世界经济发展 ... 72

- 一、本章内容摘要 ... 72
- 二、本章基本概念 ... 72
- 三、本章重点和难点剖析 ... 72
- 四、本章课后思考题及答案提示 ... 80
- 五、本章测试题 ... 84
- 六、本章阅读材料及案例分析 ... 86
- 七、本章扩展材料 ... 93

第五章 区域经济一体化与世界经济发展 ... 95

- 一、本章内容摘要 ... 95
- 二、本章基本概念 ... 95
- 三、本章重点和难点剖析 ... 95
- 四、本章课后思考题及答案提示 ... 101
- 五、本章测试题 ... 105
- 六、本章阅读材料及案例分析 ... 106
- 七、本章扩展材料 ... 126

第六章 国际贸易与多边贸易体制的发展 ... 127

- 一、本章内容摘要 ... 127
- 二、本章基本概念 ... 128
- 三、本章重点和难点剖析 ... 128
- 四、本章课后思考题及答案提示 ... 135
- 五、本章测试题 ... 140
- 六、本章阅读材料及案例分析 ... 142
- 七、本章扩展材料 ... 159

第七章 国际货币体系与金融自由化 ... 161

- 一、本章内容摘要 ... 161
- 二、本章基本概念 ... 161
- 三、本章重点和难点剖析 ... 162

四、本章课后思考题及答案提示 …………………………… 170
　　五、本章测试题 …………………………………………… 173
　　六、本章阅读材料及案例分析 …………………………… 175
　　七、本章扩展材料 ………………………………………… 183

第八章　国际直接投资与跨国公司的发展 …………………… 184
　　一、本章内容摘要 ………………………………………… 184
　　二、本章基本概念 ………………………………………… 184
　　三、本章重点和难点剖析 ………………………………… 184
　　四、本章课后思考题及答案提示 ………………………… 194
　　五、本章测试题 …………………………………………… 199
　　六、本章阅读材料及案例分析 …………………………… 200
　　七、本章扩展材料 ………………………………………… 213

第九章　全球经济治理 ………………………………………… 214
　　一、本章内容摘要 ………………………………………… 214
　　二、本章基本概念 ………………………………………… 215
　　三、本章重点和难点剖析 ………………………………… 215
　　四、本章课后思考题及答案提示 ………………………… 223
　　五、本章测试题 …………………………………………… 226
　　六、本章阅读材料及案例分析 …………………………… 228
　　七、本章扩展材料 ………………………………………… 233

第十章　世界经济发展不平衡及其变化趋势 ………………… 234
　　一、本章内容摘要 ………………………………………… 234
　　二、本章基本概念 ………………………………………… 234
　　三、本章重点和难点剖析 ………………………………… 234
　　四、本章课后思考题及答案提示 ………………………… 240
　　五、本章测试题 …………………………………………… 245
　　六、本章阅读材料及案例分析 …………………………… 246
　　七、本章扩展材料 ………………………………………… 258

第十一章　世界经济周期与危机的新发展 ··· 259
　　一、本章内容摘要 ··· 259
　　二、本章基本概念 ··· 259
　　三、本章重点和难点剖析 ··· 259
　　四、本章课后思考题及答案提示 ··· 266
　　五、本章测试题 ··· 269
　　六、本章阅读材料及案例分析 ··· 270
　　七、本章扩展材料 ··· 286

第十二章　人口、资源、环境与世界经济可持续发展 ··· 287
　　一、本章内容摘要 ··· 287
　　二、本章基本概念 ··· 287
　　三、本章重点和难点剖析 ··· 288
　　四、本章课后思考题及答案提示 ··· 294
　　五、本章测试题 ··· 297
　　六、本章阅读材料及案例分析 ··· 298
　　七、本章扩展材料 ··· 307

第十三章　改革开放与中国经济的快速发展 ··· 308
　　一、本章内容摘要 ··· 308
　　二、本章基本概念 ··· 308
　　三、本章重点和难点剖析 ··· 308
　　四、本章课后思考题及答案提示 ··· 316
　　五、本章测试题 ··· 320
　　六、本章阅读材料及案例分析 ··· 322
　　七、本章扩展材料 ··· 338

第十四章　新时代全面开放新格局的构建 ··· 339
　　一、本章内容摘要 ··· 339
　　二、本章基本概念 ··· 339
　　三、本章重点和难点剖析 ··· 339

四、本章课后思考题及答案提示 ………………………………… 346
　　五、本章测试题 ………………………………………………… 349
　　六、本章阅读材料及案例分析 …………………………………… 350
　　七、本章扩展材料 ……………………………………………… 378

第十五章　中国经济对世界经济的影响 …………………………… 380
　　一、本章内容摘要 ……………………………………………… 380
　　二、本章基本概念 ……………………………………………… 380
　　三、本章重点和难点剖析 ……………………………………… 380
　　四、本章课后思考题及答案提示 ………………………………… 386
　　五、本章测试题 ………………………………………………… 389
　　六、本章阅读材料及案例分析 …………………………………… 390
　　七、本章扩展材料 ……………………………………………… 407

第一章 世界经济的形成与发展

一、本章内容摘要

本章主要阐释世界经济形成与发展的历史和现实。

1. 国际分工作为世界经济运行的基础,其形成与发展受到各国自然条件和社会经济条件的影响。世界市场作为连接各国经济的纽带,囊括了全球性的商品交换关系。

2. 经过地理大发现、英国工业革命、第二次产业革命,至19世纪末20世纪初,在国际分工和世界市场产生和发展的基础上,世界经济经历了萌芽期、初步形成期之后得以最终形成。整个20世纪上半叶,世界经济的发展受到第一次世界大战(简称一战)、1929—1933年大危机和第二次世界大战(简称二战)的重大影响而一直处于剧烈动荡之中。

3. 俄国的十月革命及苏联社会主义制度的建立,开辟了一条世界政治经济发展的新方向和新道路,揭开了世界经济发展史的新篇章。二战后,世界上诞生了一批社会主义国家,标志着资本主义体系统治全世界的历史终结,世界经济发展从此进入多种社会经济制度并存与竞争的新时代。

4. 二战结束至1991年苏联解体之前,世界政治经济处于两极格局。二战后,发达资本主义国家经济走过了比较曲折的发展历程,从总体来看仍在向前发展,但仍受各种深层次的矛盾所困扰。随着殖民体系的瓦解,发展中国家取得了程度不同的发展成就,但仍与发达国家存在相当大的差距。二战后出现了一批社会主义国家,这些国家虽在独立之后的几十年里在计划经济体制下取得了巨大发展成就,但也暴露出许多问题,纷纷转向了市场经济体制。中国特色社会主义市场经济进入新时代,不仅在中华民族发展史上具有重大意义,而且在世界社会主义发展史上也具有重要影响。

二、本章基本概念

国际分工、世界市场、地理大发现、英国工业革命、第二次产业革命、1929—1933年大危机、两极格局、经济结构性失衡

三、本章重点和难点剖析

（一）国际分工和世界市场在世界经济形成与发展中的作用

国际分工是社会生产力发展到一定阶段的产物，是国内社会分工向国际领域扩展的结果，即社会分工超越国界而形成的各国国民经济之间的劳动分工，它是世界市场和世界经济赖以形成、发展的基础和先决条件。国际分工的产生和发展受一定的自然条件和社会经济条件的制约和影响。国际分工是一个历史范畴，是历史发展到资本主义阶段即工业社会阶段的产物。国际分工促进了生产和交换的日益国际化，使全世界的各种资源得以有效地利用，从而成为加速各国经济和世界经济发展的重要因素。同时必须看到，截至二战结束，国际分工的形成和发展始终是在资本主义的主导下进行的，资本主义占主导和支配地位的国际分工体系也有其不利于世界经济的整体发展，甚至阻碍和破坏世界经济发展的一面。二战后，国际分工的不断深化推动了国际贸易和投资的快速发展，这一过程为许多发展中国家提供了发展机遇，推动世界经济发展进入了一个新的阶段。

世界市场是各国国内社会分工发展为国际分工的产物，是商品交换关系突破国家和地区界限而扩展到整个世界的结果。世界市场的形成与发展有赖于机器大工业的发展、资本主义生产方式的确立、交通运输和通信业的发展、世界货币的出现等多方面条件。二战结束以前，世界市场对世界经济的形成与发展起到了两个方面的作用：一方面，世界市场加强了世界各国以国际分工为基础的经济联系和相互依赖关系；另一方面，在资本主义制度下，这种相互依赖关系使许多殖民地半殖民地国家逐渐丧失了经济上和政治上的自主性和独立性，变为资本主义工业强国的经济附庸，成为这些国家工业资本剥削对象的殖民地半殖民地，形成了少数资本主义工业强国剥削和掠夺广大殖民地半殖民地国家的世界经济格局。二战后，随着国际分工的日益深化，国际贸易和投资增长迅速，国际金融市场急剧扩张，世界市场的广度和深度得到进一步提升。

（二）世界经济形成与发展的历史进程

地理大发现是 15—18 世纪（又称大航海时代）葡萄牙、西班牙等国航海者开辟新航路和"发现"新大陆的通称，对早期国际分工的产生、世界市场范围的扩大和世界经济萌芽的出现产生了巨大影响。以蒸汽机的发明和应用为主要标志，英国工业革命完成了工场手工业向机器大工业的过渡，使社会生产力出现了一次质的飞跃。在机器大工业基础上,国际分工体系的建立和世界市场的开拓成为世界经济初步形成的主要标志。从19世纪70年代开始,资本主义世界发生了以电的发明和应用为主要标志、以内燃机和电动机为核心、以重化工业为经济发展中心的第二次产业革命。在这次产业革命的推动下,资本主义国家的社会生产力得到了迅速发展,生产组织形式和企业组织形式也发生了重大变化,工业垄断资本与银行垄断资本结合形成金融资本,而金融资本通过资本输出的方式,将资本主义的生产方式向全世界渗透,最终将整个世界纳入资本主义的生产体系,标志着世界经济最终形成。

（三）二战前世界经济的发展特点

二战前世界经济一直处于剧烈动荡之中。1914—1918年的一战给人类带来空前浩劫,对世界经济造成严重冲击。一战的爆发导致占世界陆地面积1/6的俄国摆脱了资本主义体系,建立了社会主义制度,使世界政治和经济关系发生了深刻的变化。1929—1933年的世界经济危机冲击了整个资本主义世界,对世界经济产生了严重的影响,进而导致了二战的爆发。

（四）二战后世界经济发展变化的特征

二战是人类发展史上迄今规模最大、损失最惨重的战争,给世界经济带来了巨大打击和极其深远的影响。基于强大的经济实力,美国在二战后初期分别在货币、金融、贸易等领域建立了由其主导的制度和规则体系。为了应对美国在世界政治和经济领域的霸权和对社会主义国家的遏制,苏联等社会主义国家采取了针锋相对的措施,形成了以美国和苏联为主导的、以相互并行与对峙为基本特征的两极格局。

从二战结束到21世纪初期,发达资本主义国家的经济发展大体上经历了经济恢复时期、高速增长时期、"停滞膨胀"及其后的缓慢增长时期、"新经济"及此后的经济调整时期、国际金融危机及此后的经济恢复时期五个阶段。发达资本主义国家在生产资料所有制、劳资关系和分配关系、社会阶层与阶级结构以及经济调节机制等方面出现了新变化,同时发达资本主义国家面临着结构性经济失衡加剧、失业率居高不下以及贫富差距扩大等深层次矛盾。

二战后亚非拉殖民地半殖民地和附属国掀起民族解放运动的浪潮,殖民体系在汹涌澎湃的民族解放运动的猛烈冲击下被摧垮,被压迫民族纷纷取得独立。由于独立前长期处于资本主义列强的殖民统治之下,经济结构单一,生产力水平低下,虽已取得政治独立,但经济发展水平依然相对落后,面临着经济发展问题,所以这些获得民族独立的国家又被称作发展中国家。由于社会历史条件的差异和所处国际环境的不同以及独立进程的差异，发展中国家选择了不同的政治和经济制度，走上了不同的经济发展道路。发展中国家经济发展面临着债务、粮食以及人口等问题。

二战后，社会主义在多国取得胜利，以苏联、东欧国家为主的社会主义阵营得以形成，这不但掀开了人类进步事业发展的新篇章，也对世界经济的发展产生了不可估量的巨大影响，世界经济格局由此发生新的深刻变化。由于社会主义各国对于如何巩固和发展社会主义制度，如何加快现代化建设，如何在坚持社会主义制度下加强同资本主义国家的经济交往等缺乏经验，因而不同程度地遇到困难和挫折。在经济方面，从20世纪70年代末到1991年12月苏联解体，苏联、东欧部分社会主义国家经济发展处于停滞状态，在与西方发达资本主义国家的竞争中落在后面。与苏联、东欧国家不同，中国在总结社会主义革命和建设正反两方面经验教训之后，在坚持社会主义改革方向的前提下，解放思想，实事求是，探索符合自身国情的社会主义发展道路，取得了举世瞩目的发展成就，给社会主义发展带来了新转机，使社会主义对世界发展产生了新的深远影响。

四、本章课后思考题及答案提示

1. 国际分工和世界市场的产生与发展各自取决于哪些条件？

国际分工是社会生产力发展到一定阶段的产物，是国内社会分工向国际领域扩展的结果，即社会分工超越国界而形成的各国国民经济之间的劳动分工，它是世界市场和世界经济赖以形成、发展的基础和先决条件。国际分工的产生和发展受一定的自然条件和社会经济条件的制约和影响。其中，自然条件包括国土面积、自然资源、气候和地理位置等，社会经济条件包括生产力发展水平、人口规模、国内市场的大小和社会经济结构的差异等。自然条件是国际分工产生的必要条件，而社会经济条件，特别是生产力和科学技术的发展，是国际分工产生的最终决定因素，即自然条件只有同发展到一定水平的社会生产力联系起来，才有可能形成生产的国际分工。

世界市场是各国国内社会分工发展为国际分工的产物，是商品交换关系突破国家和地区界限而扩展到整个世界的结果。世界市场的形成与发展有赖于机器大工业的发展、资本主义生产方式的确立、交通运输和通信业的发展、世界货币的出现等多方面条件。

2. 简述1929—1933年大危机对世界经济的冲击。

1929—1933年的世界经济危机冲击了整个资本主义世界,是资本主义历史上最深刻、最持久的一次危机(简称大危机)。大危机对世界经济产生了严重的影响,其主要表现为:① 激化了资本主义社会的各种矛盾;② 美、英、法等国加强了国家对经济的干预,德、意、日则走上了法西斯道路;③ 国际经济秩序遭到严重破坏。

1929—1933年大危机后,整个资本主义世界经济复苏乏力,陷入长时间的萧条之中。为尽快从大萧条中摆脱出来,美、英、法等国加强了国家对经济生活的宏观干预和调节,而德、意、日则采取了法西斯统治,由此导致世界各主要国家之间政治经济矛盾日益尖锐,进而导致二战的爆发。

3. 两次世界大战对世界经济造成了哪些影响?

一战给人类带来空前浩劫,对世界经济造成严重冲击,主要表现在几个方面:① 生产力遭到极大破坏,世界工业生产全面下跌;② 国际贸易严重萎缩,国际金本位制瓦解;③ 主要资本主义国家在经济实力上发生了显著变化。

二战是人类发展史上迄今规模最大、损失最惨重的战争,给世界经济带来了巨大打击和极其深远的影响。二战结束时,作为战前主要资本主义强国的德、意、日战败,战胜国中的英、法也元气大伤,自英国工业革命以来形成的欧洲中心地位不复存在。美国远离战场使其免受战火的破坏,同时其生产力在战争中迅速膨胀。到1945年,美国占资本主义世界工业生产总值的60%,占对外贸易总额的32.5%以及黄金储备总量的59%。这为美国建立世界经济领域的霸权地位提供了坚实的物质基础。基于强大的经济实力,美国在二战后初期分别在货币、金融、贸易等领域建立了由其主导的制度和规则体系。

4. 试述俄国十月革命及苏联社会主义制度的建立对世界经济产生的影响。

1917年10月,俄国无产阶级在列宁和布尔什维克党的领导下举行了武装起义,推翻了资产阶级临时政府并夺取了全国政权,建立了世界上第一个社会主义国家——俄罗斯苏维埃联邦社会主义共和国(简称苏维埃俄国或苏俄)。俄国十月革命的胜利和世界上第一个社会主义国家的建立,在人类社会历史上具有划时代的意义。它从根本上改变了19世纪末20世纪初形成的统一的资本主义世界经济体系,使得资本主义一统天下的世界经济体系被打开了一个巨大的缺口,资本主义世界经济体系囊括全球的时代至此终结。

1922年,苏维埃社会主义共和国联盟(简称苏联)正式成立。自建立社会主义制度后,苏联不断遭到欧美国家的武装干涉和经济封锁等打击,但依靠其高度集中的计划经济体制和优先发展重工业的发展战略,经济增长很快。1928—1937年的两个五年计划期间,苏联在世界工业生产中的比重先后超过法国、英国和德国,成为仅次于美国的世界第二工业强国。苏联的成立及其经济的快速发展对世界经济产生了重大的影响:① 引起了国际政治经济关系的深刻变化;② 促进了世界经济的发展;③ 促进了资本主义国家社会经济体制的调整与变革。

总之,世界上第一个社会主义国家即苏维埃俄国的建立以及后来苏联的成立,开辟了一条世界政治经济发展的新方向和新道路,揭开了世界经济发展史的新篇章,世界经济的发展从此进入两种社会经济制度并存和相互竞争的新时代。

5. 二战后发达资本主义国家的经济发展中有哪些深层次矛盾?

二战后,与资本主义经济的发展和变化相伴随的,是经济生活中频繁出现失调、失衡、动荡、停滞和危机,其主要表现有几个方面:① 结构性经济失衡加剧;② 失业率居高不下;③ 贫富差距扩大。

发达资本主义国家经济发展所面临的上述问题,归根结底是由资本主义基本矛盾决定的。

五、本章测试题

(一)判断题

1. 社会经济条件,特别是生产力的发展,是产生国际分工的决定性因素。
( )
2. 国际分工形成的起点是开始于19世纪70年代的英国产业革命。( )
3. 一战结束以后,英、美、法等国恢复实行了战前的金本位制。( )
4. 1991年,经互会、华约和苏联先后解体,两极格局、两个平行市场的局面最终结束。( )
5. 2008年国际金融危机是资本主义基本矛盾尖锐化及由此决定的一系列结构性经济失衡等问题长期积累的产物,是社会生产按比例发展的内在规律在资本主义条件下强制发挥作用的体现。危机期间资本主义国家所采取的经济刺激措施暂时缓和了资本主义经济矛盾,并没有根本解决矛盾和危机产生的根源。

(　　)

6. 自然条件是产生国际分工的决定性因素。(　　)

7. 二战是人类发展史上迄今规模最大、损失最惨重的战争,给世界经济带来了巨大打击和极其深远的影响。(　　)

8. 中国特色社会主义进入了新时代,这是我国发展新的历史方位。中国特色社会主义进入新时代,不仅在中华民族发展史上具有重大意义,而且在世界社会主义发展史上也具有重要影响。(　　)

(二)不定项选择题

1. 世界市场形成与发展的条件包括(　　)。

　　A. 世界货币的出现　　　　　　B. 资本主义生产方式的确立

　　C. 交通运输和通信业的发展　　D. 机器大工业的发展

2. 世界经济最终形成于(　　)。

　　A. 19世纪末20世纪初　　　　B. 19世纪70年代

　　C. 英国工业革命时期　　　　　D. 地理大发现时期

3. 二战后初期,为推动日本经济恢复和强化资本主义世界的经济联系,美国对日本实施的援助计划为(　　)。

　　A. 马歇尔计划　　　　　　　　B. 道奇路线

　　C. 第四点计划　　　　　　　　D. 出口管制

4. 20世纪50年代到1973年第一次石油危机为止,是发达资本主义国家(　　)。

　　A. 经济增长的"黄金时期"　　B. "停滞膨胀"(滞胀)时期

　　C. "新经济"　　　　　　　　　D. 经济恢复时期

5. 二战后特别是20世纪70年代以后,资本主义国家的结构性失衡问题日益突出,经济结构性失衡的表现主要包括(　　)。

　　A. 能源对资本主义经济构成严重制约

　　B. 传统工业部门的衰落和产业"空心化"日益加剧

　　C. 政府赤字连年扩大,政府债务不断加重

　　D. 金融体系与实体经济严重脱节

6. 世界上第一个社会主义国家是(　　)。

　　A. 中国　　　　　　　　　　　B. 朝鲜

C. 苏联　　　　　　　　　　D. 苏俄

7. 二战后初期，为推动欧洲经济恢复和强化资本主义世界的经济联系，美国对西欧实施的援助计划为(　　)。

A. 马歇尔计划　　　　　　　B. 道奇路线
C. 第四点计划　　　　　　　D. 出口管制

8. 1991年4月至2001年3月，美国经济增长过程出现了与以往不同的特点，这段时期被称为(　　)。

A. 经济增长的"黄金时期"　　B. "停滞膨胀"（滞胀）时期
C. "新经济"　　　　　　　　D. 经济恢复时期

六、本章阅读材料及案例分析

（一）请结合本章所学知识和下列数据资料分析各国和地区在世界经济中地位变化的特点及其原因。

材料1：世界和主要地区人均GDP、世界GDP的构成以及地区间差距

表1-1、表1-2和表1-3给出了世界与各主要地区经济增长和发展的长期变化。其中表1-1列出了公元1000—1998年世界和主要地区人均GDP增长率、人口增长率以及GDP增长率的变化；表1-2是期间世界和主要地区人均GDP水平和地区间差距的变化；表1-3为该时期世界GDP构成的变化。

表1-1　世界和主要地区人均GDP、人口和GDP增长率（1000—1998年）

（年均复合增长率）　　　　　　　　　　　　　　单位：%

	1000—1500年	1500—1820年	1820—1870年	1870—1913年	1913—1950年	1950—1973年	1973—1998年
人均GDP增长率							
西欧	0.13	0.15	0.95	1.32	0.76	4.08	1.78
西方衍生国	0.00	0.34	1.42	1.81	1.55	2.44	1.94
日本	0.03	0.09	0.19	1.48	0.89	8.05	2.34
亚洲（不含日本）	0.05	0.00	−0.11	0.38	−0.02	2.92	3.54
拉丁美洲	0.01	0.15	0.10	1.81	1.42	2.52	0.99
东欧和苏联	0.04	0.10	0.64	1.15	1.50	3.49	−1.10
非洲	−0.01	0.01	0.12	0.64	1.02	2.07	0.01
世界	0.05	0.05	0.53	1.30	0.91	2.93	1.33

续表

	1000—1500年	1500—1820年	1820—1870年	1870—1913年	1913—1950年	1950—1973年	1973—1998年
人口增长率							
西欧	0.16	0.26	0.69	0.77	0.42	0.70	0.32
西方衍生国	0.07	0.43	2.87	2.07	1.25	1.55	1.02
日本	0.14	0.22	0.21	0.95	1.31	1.15	0.61
亚洲（不含日本）	0.09	0.29	0.15	0.55	0.92	2.19	1.86
拉丁美洲	0.09	0.06	1.27	1.64	1.97	2.73	2.01
东欧和苏联	0.16	0.34	0.87	1.21	0.34	1.31	0.54
非洲	0.07	0.15	0.40	0.75	1.65	2.33	2.73
世界	0.10	0.27	0.40	0.80	0.93	1.92	1.66
GDP增长率							
西欧	0.30	0.41	1.65	2.10	1.19	4.81	2.11
西方衍生国	0.07	0.78	4.33	3.92	2.81	4.03	2.98
日本	0.18	0.31	0.41	2.44	2.21	9.29	2.97
亚洲（不含日本）	0.13	0.29	0.03	0.94	0.90	5.18	5.46
拉丁美洲	0.09	0.21	1.37	3.48	3.43	5.33	3.02
东欧和苏联	0.20	0.44	1.52	2.37	1.84	4.84	-0.56
非洲	0.06	0.16	0.52	1.40	2.69	4.45	2.74
世界	0.15	0.32	0.93	2.11	1.85	4.91	3.01

资料来源：[英]安格斯·麦迪森：《世界经济千年史》，北京大学出版社，2003年版，116-117页。

表1-2 人均GDP水平和地区间差距（1000—1998年）

单位：1990年国际元

	1000年	1500年	1820年	1870年	1913年	1950年	1973年	1998年
西欧	400	774	1 232	1 974	3 473	4 594	11 534	17 921
西方衍生国	400	400	1 201	2 431	5 257	9 288	16 172	26 146
日本	425	500	669	737	1 387	1 926	11 439	20 413
亚洲（不含日本）	450	572	575	543	640	635	1 231	2 936
拉丁美洲	400	416	665	698	1 511	2 554	4 531	5 795
东欧和苏联	400	483	667	917	1 501	2 601	5 729	4 354

续表

	1000年	1500年	1820年	1870年	1913年	1950年	1973年	1998年
非洲	416	400	418	444	585	852	1 365	1 368
世界	435	565	667	867	1 510	2 114	4 104	5 709
最大地区间差距	1∶1	2∶1	3∶1	5∶1	9∶1	15∶1	13∶1	19∶1

资料来源：[英]安格斯·麦迪森：《世界经济千年史》，北京大学出版社，2003年版，116—117页。

表1-3 世界GDP的结构（1000—1998年）　　　　单位：%

	1000年	1500年	1820年	1870年	1913年	1950年	1973年	1998年
西欧	8.7	17.9	23.6	33.6	33.5	26.3	25.7	20.6
西方衍生国	0.7	0.5	1.9	10.2	21.7	30.6	25.3	25.1
日本	2.7	3.1	3.0	2.3	2.6	3.0	7.7	7.7
亚洲（不含日本）	67.6	62.1	56.2	36.0	21.9	15.5	16.4	29.5
拉丁美洲	3.9	2.9	2.0	2.5	4.5	7.9	8.7	8.7
东欧和苏联	4.6	5.9	8.8	11.7	13.1	13.1	12.9	5.3
非洲	11.8	7.4	4.5	3.7	2.7	3.6	3.3	3.1
世界	100.0	100.0	100.0	100.0	100.0	100.0	100.0	100.0

资料来源：[英]安格斯·麦迪森：《世界经济千年史》，北京大学出版社，2003年版，116—117页。

材料2：世界产出的分布及人均GDP的地区差距

图1-1描述了1700—2012年世界产出在各大洲的分布变化情况；图1-2则反映该时期各洲人均GDP相对于世界平均水平的变化。

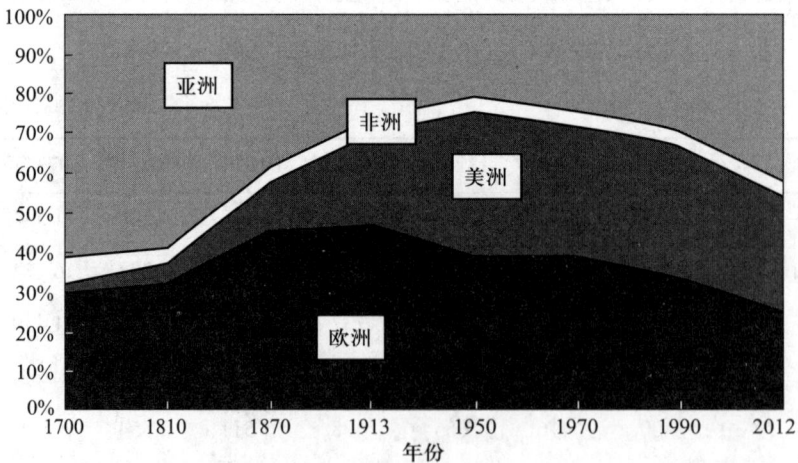

图1-1 世界产出的分布（1700—2012年）

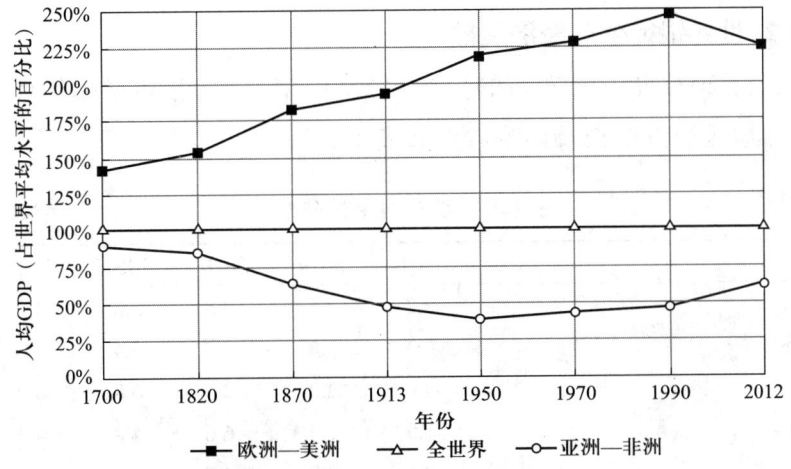

图 1-2　全球不平等（1700—2012 年）：分化然后趋同？

资料来源：Piketty, Thomas. Capital in the Twenty-First Century, Belknap Press, 2014.

（二）请结合本章所学知识和下列数据资料分析近年来世界主要国家和地区经济增长状况及主要影响因素。

材料 1：国际货币基金组织世界经济展望

国际货币基金组织发布的《世界经济展望》（2021 年 4 月）报告中给出了近年来世界主要国家和地区经济增长及预测数据，如表 1-4 所示。

表 1-4　世界产出（实际 GDP）增长率　　单位：%

	Average 2003—2012	2013	2014	2015	2016	2017	2018	2019	2020	Projections 2021	2022	2026
世界	4.2	3.5	3.6	3.5	3.3	3.8	3.6	2.8	-3.3	6.0	4.4	3.3
发达经济体	1.7	1.4	2.1	2.4	1.8	2.5	2.3	1.6	-4.7	5.1	3.6	1.5
美国	1.8	1.8	2.5	3.1	1.7	2.3	3.0	2.2	-3.5	6.4	3.5	1.6
欧元区	0.9	-0.2	1.4	2.0	1.9	2.6	1.9	1.3	-6.6	4.4	3.8	1.3
日本	0.7	2.0	0.3	1.6	0.8	1.7	0.6	0.3	-4.8	3.3	2.5	0.5
其他发达经济体	2.7	2.4	3.0	2.1	2.2	2.8	2.4	1.8	-4.2	4.7	4.0	2.0
新兴市场和发展中经济体	6.6	5.1	4.7	4.3	4.5	4.8	4.5	3.6	-2.2	6.7	5.0	4.4
地区分组												
新兴和发展中亚洲	8.7	6.9	6.9	6.8	6.8	6.6	6.4	5.3	-1.0	8.6	6.0	5.4
新兴和发展中欧洲	4.6	3.1	1.8	1.0	1.9	4.1	3.4	2.4	-2.0	4.4	3.9	2.7
拉美和加勒比	3.9	2.9	1.3	0.4	-0.6	1.3	1.2	0.2	-7.0	4.6	3.1	2.4
中东和中亚	5.7	3.1	3.3	2.8	4.7	2.5	2.0	1.4	-2.9	3.7	3.8	3.6
撒哈拉以南非洲	5.7	5.1	5.1	3.2	1.5	3.1	3.2	3.2	-1.9	3.4	4.0	4.0

资料来源：IMF. World Economic Outlook: Managing Divergent Recoveries, April 2021: p128.

材料 2：世界银行全球经济展望

世界银行 2021 年 6 月发布的《全球经济展望》年中报告给出的近年来世界主要国家和地区经济增长及预测数据如表 1-5 所示。

表 1-5　实际 GDP 增长率　　　　　　　　　　　　　　　单位：%

	2018	2019	2020	2021	2022	2023
世界	3.2	2.5	-3.5	5.6	4.3	3.1
发达经济体	2.3	1.6	-4.7	5.4	4.0	2.2
美国	3.0	2.2	-3.5	6.8	4.2	2.3
欧元区	1.9	1.3	-6.6	4.2	4.4	2.4
日本	0.6	0.0	-4.7	2.9	2.6	1.0
新兴市场和发展中经济体	4.6	3.8	-1.7	6.0	4.7	4.4
东亚和太平洋	6.5	5.8	1.2	7.7	5.3	5.2
中国	6.8	6.0	2.3	8.5	5.4	5.3
印度尼西亚	5.2	5.0	-2.1	4.4	5.0	5.1
泰国	4.2	2.3	-6.1	2.2	5.1	4.3
欧洲和中亚	3.5	2.7	-2.1	3.9	3.9	3.5
俄罗斯	2.8	2.0	-3.0	3.2	3.2	2.3
土耳其	3.0	0.9	1.8	5.0	4.5	4.5
波兰	5.4	4.7	-2.7	3.8	4.5	3.9
拉美和加勒比	1.8	0.9	-6.5	5.2	2.9	2.5
巴西	1.8	1.4	-4.1	4.5	2.5	2.3
墨西哥	2.2	-0.2	-8.3	5.0	3.0	2.0
阿根廷	-2.6	-2.1	-9.9	6.4	1.7	1.9
中东和北非	0.6	0.6	-3.9	2.4	3.5	3.2
沙特阿拉伯	2.4	0.3	-4.1	2.4	3.3	3.2
伊朗	-6.0	-6.8	1.7	2.1	2.2	2.3
埃及	5.3	5.6	3.6	2.3	4.5	5.5
南亚	6.4	4.4	-5.4	6.8	6.8	5.2
印度	6.5	4.0	-7.3	8.3	7.5	6.5
巴基斯坦	5.5	2.1	-0.5	1.3	2.0	3.4
孟加拉	7.9	8.2	2.4	3.6	5.1	6.2
撒哈拉以南非洲	2.7	2.5	-2.4	2.8	3.3	3.8
尼日利亚	1.9	2.2	-1.8	1.8	2.1	2.4
南亚	0.8	0.2	-7.0	3.5	2.1	1.5
安哥拉	-2.0	-0.6	-5.2	0.5	3.3	3.5

注：2020 年为估计值；2021—2023 年为预测值。
资料来源：World Bank. Global Economic Prospects, June 2021：p4.

该报告的主要内容包括：

1. 全球经济复苏进程不均衡。

报告指出，得益于中美等少数几个主要经济体的强劲反弹，预计2021年全球经济将增长5.6%，比修订后的1月预估值高1.5个百分点，成为80年来全球经济衰退后的最快增速。但是，许多新兴市场和发展中经济体仍在继续与疫情及其影响作斗争，而全球产出增速仍低于疫情前趋势。2021年年底，全球产出将比疫情前预测低约2%。约2/3的新兴市场和发展中经济体的人均收入损失在2022年前将难以恢复。

发达经济体2021年将增长5.4%。美国2021年的增长预计将达到6.8%，这反映出大规模财政支持和放松限制措施的影响。其他发达经济体的增长也在企稳回升，但幅度较小。欧元区经济预计将增长4.2%，日本经济预计增长2.9%。

在需求上升和大宗商品涨价支撑下，新兴市场和发展中经济体2021年将整体增长6%。中国经济预计增长8.5%，高于此前预估的7.9%，这主要得益于中国出口活跃，经济复苏逐渐从公共投资扩大到消费领域。然而，许多国家的复苏受到疫情卷土重来、疫苗接种进展滞后以及某些情况下政策支持取消等因素的制约。除中国外，预计这些国家的反弹幅度将更温和，为4.4%。预计2022年，新兴市场和发展中经济体的复苏将放缓至4.7%。即便如此，这些经济体的增长仍不足以弥补2020年衰退期间遭受的损失，预计2022年的产出将比疫情前预测低4.1%。许多新兴市场和发展中经济体的人均收入预计也将低于疫情前水平，预计收入损失将加剧健康、教育和生活水平所遭受的剥夺。

低收入经济体2021年将增长2.9%。鉴于新冠疫苗接种进展严重滞后，预计今年低收入经济体的增长将是除2020年以外的过去20年里最慢的。预计低收入经济体2022年将增长4.7%，产出水平预计将比疫情前预测低4.9%。

2. 降低贸易成本并预防通胀。

报告指出，应通过降低贸易成本促进新兴市场和发展中经济体的经济复苏。随着全球经济从疫情引发的全球衰退中复苏，全球贸易的强劲势头为新兴市场和发展中经济体提供启动复苏的机会，降低跨境贸易成本有助于恢复贸易增长。尽管自1995年以来贸易成本有所下降，但新兴市场和发展中经济体的贸易成本仍比发达经济体高出近一半，原因为更高的运输和物流成本以及贸易政策等。降低贸易成本的手段包括简化贸易流程和通关要求,进一步推动贸易自由化,改善运输基础设施,加强信息共享以及促进物流、零售和批发贸易的竞争等。

报告指出,伴随全球经济复苏,通胀预期上升成为各国需面对的共同问题。虽然全球通胀在今年剩余时间内可能继续上升,但预计大多数国家的通胀率仍保持在目标区间内。全球通胀上升可能会使新兴市场和发展中经济体未来几个月的政策选择更加复杂,因为其中一些经济体仍依赖扩张性支持措施,以确保经济持续复苏。

3. 促进绿色经济复苏。

报告指出,虽然全球经济出现令人欢迎的复苏迹象,但疫情持续为发展中国家人民带来贫困和不平等。在低收入经济体中,接种疫苗滞后,疫情影响逆转了减贫成果,加剧了不安全和其他长期挑战。鉴此,各国需开展两方面的努力。一方面,在全球范围协调努力,加快疫苗分配和减债进程,特别是针对低收入国家。另一方面,随着健康危机逐渐消退,政府决策者需着手解决疫情的持久性影响,采取措施促进绿色、有韧性和包容性的增长,同时维护宏观经济稳定。

资料来源:中华人民共和国商务部网站。

材料3:联合国2021年世界经济形势与展望报告

(2021年)1月25日,联合国发布最新一期旗舰报告《世界经济形势与展望》。报告预测,全球经济复苏仍不稳定。2021年全球经济将反弹4.7%,但这一增长仅能勉强抵消2020年的损失。

报告警告,如不在经济、社会和其他领域加大投资,新冠肺炎疫情灾难的破坏性影响将持续数年,并进而影响全球应对气候变化及实现经济复苏的能力。

报告强调,消除经济泡沫以及越来越严峻的不平等,对确保全球复苏韧性至关重要,应采取刺激投资、振兴全球贸易和防止过早紧缩的政策措施。

报告指出,2020年全球经济下降4.3%,下降程度是2009年全球金融危机期间的2.5倍多。在疫情导致全球供应链和旅游业大规模中断的背景下,全球贸易收缩7.6%。此外,主要经济体之间持续的贸易紧张关系和多边贸易谈判的僵局,在疫情之前就已经限制了全球贸易。发达经济体经济收缩幅度高于发展中经济体,降幅达5.6%,预计在2021年将实现4%的产出增长。发展中国家经济收缩幅度相对较小,降幅为 2.5%,预计在 2021 年将反弹 5.6%。

2020 年,全球有 1.31 亿人陷入贫困,其中大多数是妇女、儿童和来自边缘社区的人。疫情对妇女和女童的不利影响格外严重。妇女占高风险劳动和服务密集型部门劳动力的 50% 以上,如零售和旅游业,这些领域受到疫情影响最严重。

在疫情持续的形势下,全球复苏不仅取决于经济刺激措施的规模以及疫苗的推出普及速度,还取决于这些措施的质量和效果。

报告指出,各国在疫情期间采取了大规模的经济刺激措施,总计投入 12.7 万亿美元,防止了经济全面崩溃,避免了一场大萧条。然而,在发达国家和发展中国家之间,经济刺激一揽子计划的规模存在明显差异,导致两者走上不同的复苏轨道。发达国家人均刺激支出比最不发达国家高近 580 倍,而发达国家的人均收入仅比最不发达国家高 30 倍。

此外,为这些刺激方案融资需要借入大大高于平时规模的资金,导致全球公共债务增加 15%。如果不将公共债务的很大一部分用于生产性和可持续投资并刺激增长,那么大幅增加的债务将给子孙后代带来沉重负担。

报告还强调了发展中国家的机遇。如果发展中国家能够优先考虑促进人类发展的投资,拥抱创新和技术,加强基础设施建设,创建富有韧性的供应链,将有助于创造新的发展机遇。

报告对于刺激投资也有所关注。报告认为,虽然大多数刺激性支出既保护了就业又支撑了消费,但也助长了全球范围内的资产价格泡沫。

联合国经济事务官员和专家指出,疫情危机预示着全球复苏将是一个漫长而痛苦的过程。随着新冠疫苗的推出,未来要加大复苏推进力度。具体来说,要实施更有韧性的长期投资,避免过早紧缩,重新规划债务的可持续性,实施普遍的社会保障计划,加速向绿色经济转型,推动国际贸易的复苏和增长,重视解决贫困以及收入和财富不平等,促进增长的包容性和公平,增强环境可持续性,实现可持续发展目标。

正如联合国秘书长古特雷斯 1 月 25 日在"达沃斯议程"对话会上的发言,世界正面临 90 年来最严重的卫生和经济危机。"我们必须记住,我们现在做出的选择将决定我们共同的未来。建设包容和可持续的未来,需要明智的政策、有影响力的投资和以人为本理念为核心的社会经济措施以及强大而有效的多边体系。"

联合国主管经济和社会事务的副秘书长刘振民表示,当前疫情危机再次显示了重振以规则为基础的多边贸易体制的重要性,它将有助于世界经济走上强劲、有韧性的复苏轨道。各方必须共同努力,使全球贸易具有抗冲击能力,以确保贸易仍是发展中国家的增长引擎。

资料来源:杨海泉.《经济日报》,2021年1月27日第4版。

材料4:世界经济难题凸显多边主义价值

国际货币基金组织(IMF)(2021年4月)6日发布《世界经济展望报告》,上调2021年全球经济增长预期,但强调复苏前景仍存极大不确定性,新冠疫情、贫富差距和债务问题等将继续困扰全球经济健康发展。一些国际组织和智库指出,世界经济难题凸显多边主义价值,加强多边合作是破解之道。

1. 合作抗击疫情是当务之急。

IMF在报告中强调,加强多边合作确保疫苗在全球范围内公平分发,是控制疫情、保证全球经济持续复苏的当务之急。

IMF在报告中预计,2021年全球经济将增长6%,较1月份预测值上调0.5个百分点。由于全球主要经济体采取前所未有的政策应对措施,疫情对全球经济的创伤或小于2008年国际金融危机。此外,全球经济增长前景仍具有高度不确定性,将主要取决于疫情发展,包括新冠疫苗对变异病毒的有效性,政策行动对减少长期经济损伤的效果等。

IMF首席经济学家戈皮纳特在报告中写道,目前疫苗生产仍面临原料供应不足等诸多严峻挑战;占全球人口16%的高收入经济体预先购买了全球一半的疫苗,造成众多低收入经济体无法获得疫苗,全球范围内疫苗分配极不公平。

戈皮纳特认为,各经济体应共同努力解决疫苗生产瓶颈,提高产量;应为低收入经济体提供抗疫资金并避免疫苗出口限制等措施,确保各经济体普遍享有疫苗获取渠道,从而迅速战胜疫情。

联合国秘书长古特雷斯此前也表示,实现"疫苗平等"是国际社会目前面临的"最大的道义考验"。如果新冠病毒在无法广泛接种疫苗的贫困经济体疯狂变异,将反过来侵害发达经济体。

2. 国际合作助力缩小全球贫富差距。

IMF认为,全球经济全面、均衡复苏和发展面临长期挑战。国际社会面临继续缩小低收入经济体和高收入经济体之间人民生活水平差距等艰巨任务,而强有力的国际合作对实现这一目标至关重要。

戈皮纳特指出,全球经济复苏的不均衡性主要体现在新兴市场和发展中经济体与发达经济体之间。

新兴市场和低收入发展中经济体在政策空间受限等影响下或将受到更严重冲击。IMF 预测,2020 年至 2024 年间,低收入经济体平均每年人均国内生产总值将比疫情前预测值损失 5.7%,新兴市场经济体损失 4.7%,而发达经济体损失 2.3%。与疫情前预测值相比,2020 年全球极端贫困人口或额外增加 9 500 万。

报告指出,各经济体应共同努力,确保财政拮据的经济体能够为医疗和其他社会基础设施支出提供充足资金,从而使人均收入与发达经济体水平趋同。

此外,全球各经济体应合作解决贸易和技术紧张局势背后的经济问题,减少各经济体在多边贸易体系中的差距,以推动均衡增长。

3. 谋求多边主义框架下的可持续发展。

IMF 及一些智库指出,政策制定者应着眼长远,在多边主义框架下助力后疫情时代全球经济可持续发展。其中,帮助财政拮据经济体应对债务难题和合力发展绿色经济是两个重要优先项。

由于疫情期间出台财政和货币刺激措施,一些经济体债务水平较疫情前显著提高,甚至面临主权债务违约风险。IMF 执行董事会日前就新增 6 500 亿美元特别提款权(SDR)展开初步讨论,以向全球经济体系提供额外流动性。同时,IMF 还考虑让财政状况良好的成员重新分配 SDR,以支持财政状况脆弱的经济体,帮助全球经济长期可持续发展。

美国智库彼得森国际经济研究所日前撰文呼吁,最大限度减少疫情期间的人力和经济成本是一项重要的集体利益,国际金融架构需为此做好更充分的准备。国际社会应基于多边框架设立专门应对全球性疫情的贷款机制,帮助脆弱经济体抵御疫情引发的经济危机。

除应对眼下疫情导致的全球经济危机以外,IMF 还呼吁政策制定者在后疫情时代加强政策合作,注重建设有韧性、包容性和绿色的全球经济,包括投资绿色基础设施以缓解气候变暖,增加社会援助和社会保险以遏制不平等加剧,提高产能并适应数字化经济发展等。

资料来源:许缘、高攀. 世界经济难题凸显多边主义价值. 新华网每日电讯, 2021 年 4 月 8 日.

（三）请结合本章所学知识和下列数据资料分析美国收入不平等状况及其原因和影响。

材料1：美国收入不平等状况（1910—2010年）

法国学者托马斯·皮凯蒂（Thomas Piketty）在《21世纪资本论》（Capital in the Twenty-First Century）中利用自18世纪工业革命至今的财富分配数据进行分析，提出不加约束的资本主义导致了财富不平等的加剧，自由市场经济并不能完全解决财富分配不平等的问题。其中有关美国收入不平等状况的数据如图1-3所示。

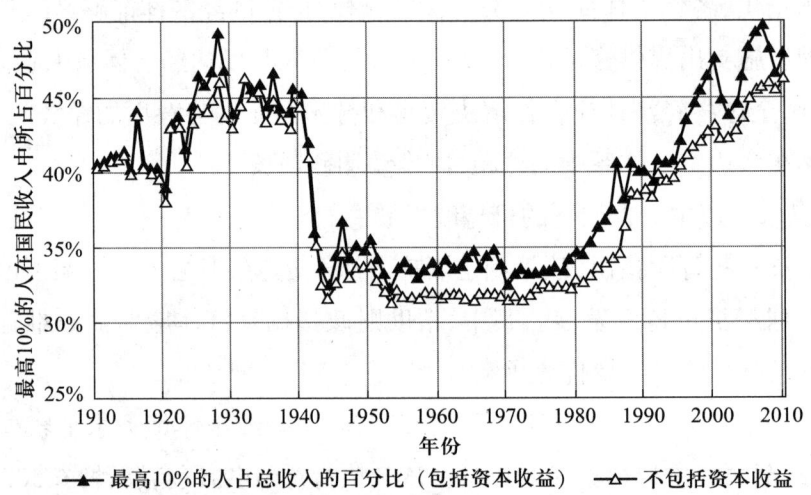

图1-3 美国的收入不平等状况（1910—2010年）

资料来源：Piketty, Thomas. Capital in the Twenty-First Century, Belknap Press, 2014.

材料2：美国贫富差距和收入不平等

（美国）贫富差距创50年来新高。联合国极端贫困与人权问题特别报告员菲利普·奥尔斯顿在2018年5月发表的访美报告中指出，美国已经沦为贫富分化最严重的西方国家。《华盛顿时报》网站2019年9月27日报道，美国人口普查局的统计数据显示，过去50年来，美国的基尼系数一直在稳步上升。2018年基尼系数攀升至0.485，贫富差距达到50年来最高水平。《今日美国报》网站2019年5月26日报道，摩根大通公司发布的报告显示，美国最富有的10%家庭占有近75%的家庭净资产。"财富越来越多地集中在少数人手中，已经超出了许多美国人认为合理或道德上可以接受的范围"。美国贫富持续分化的基本趋势对人权的享有和实现产生了严重的负面影响。《纽约时报》网站2019年9月10日报道，贫富差距不仅扩大了美国人的收入和财富差距，还导致了富人寿命更长而穷人寿命更短。美国的贫富分化是一个稳定的长期趋势,造成这种趋势的主要原因是结构性的,这是由美国的政治制度和美国政府所代表的资本利益所决定的。美国政府不仅缺乏消除这些结构性原因的政治意愿,反而不断推出使之强化的政策措施。正如奥尔斯顿特别报告员所指出的,美国"极端贫困的持续存在是当权者做出的政治选择"。

(美国)收入分配不平等日益严重。《今日美国报》网站2019年4月17日和5月26日报道,美国的收入不平等问题不断恶化,中产阶级工资停滞不前和高管薪酬飙升是主要原因之一。一些大企业和知名公司首席执行官不到一个小时的收入,相当于普通员工一整年的收入。MyLogIQ机构对标准普尔500指数公司的薪酬分析报告显示,有13家公司首席执行官的工资至少是普通员工薪酬中位数的1 000倍,最高的达到3 566倍。《福布斯》网站2019年5月29日报道,美联储的报告显示,1989年至2018年,10%最富有的家庭占有家庭财富总额的比例从60%上升至70%,1%最富有的家庭占有家庭财富总额的比例从23%上升至32%,而最底层50%的家庭财富净增长基本为零,在家庭财富总额中所占比例从4%降至1%,正在被日益加剧的不平等压垮。

(美国)底层民众生活窘困。在经济已经高度发达的美国,很多公民却依然面临饥饿威胁。美国律师协会网站2019年12月16日的文章指出,美国是目前唯一有数百万人处于饥饿状态的发达国家,人口普查局2018年的统计数据显示,美国有3 970万贫困人口,其中包含1 280万名儿童。美国进步中心网站2019年2月13日报道,超过40%的美国人难以负担住房、食品和医疗等基本生活支出,而国会10年来一直拒绝提高7.25美元的联邦最低时薪,进一步加剧了贫困问题。经济政策研究所2019年8月27日发布的数据显示,2019年联邦最低工资的实际价值因通货膨胀比2009年下降了17%,比1968年下降了31%。《洛杉矶时报》网站2019年5月7日报道,美国政府试图使用"虚假通胀率"来"剔除"数百万贫困人口,"本届政府对于有多少贫困人口及如何帮助他们毫不在意,只是盘算着如何玩一场数字游戏"。

资料来源:国务院新闻办公室:《2019年美国侵犯人权报告》,2020年3月13日。

新冠肺炎疫情使美国社会深陷第二次世界大战以来最严重的经济衰退,企业大批倒闭,劳动者失去工作,贫富差距进一步扩大,底层民众生活苦不堪言。

贫富差距加速扩大。彭博网站2020年10月8日报道,美国最富有的50人与最贫穷的1.65亿人拥有的财富相等,1%最富有的人拥有的净资产是50%最贫困人口的16.4倍。疫情进一步加剧了财富不平等状况。《福布斯》网站2020年12月11日报道,美国614位亿万富翁的集体净资产在疫情期间增加了9 310亿美元。芝加哥大学和圣母大学的研究显示,美国的贫困率从2020年6月份的9.3%快速上升到11月份的11.7%。

疫情失控引发大规模失业。《华盛顿邮报》网站2020年5月9日报道,美国企业倒闭和失业潮的速度及规模超乎想象,2 050万人在短期内失去工作,几乎是2007年至2009年整个金融危机期间的2倍。高中以下教育程度人口的失业率2020年4月飙升至21.2%,创"大衰退"以来历史最高水平。《今日美国报》网站2020年8月8日报道,2020年6月,33个都会区失业率超过15%。2020年2月至5月,1 150万美国女性失去工作。

数千万人在疫情中陷入食物危机。"喂养美国"网站2020年10月更新的分析报告显示,超过5 000万人陷入食物无保障状况,这意味着1/6的美国人、1/4的美国儿童面临饥饿威胁。英国《卫报》网站2020年11月25日报道,美国食物救助需求比疫情流行前高出60%。2020年感恩节期间,高达数百万美国人不得不依靠慈善机构的救助才能避免挨饿。

医疗保险覆盖人群锐减。美国因政治极化一直未能实现全民医保,享有医保的人群又因疫情急剧缩减。2020年3月至5月,估计约2 700万美国人由于疫情失去医疗保险。得克萨斯州未参加医疗保险的人数从430万人暴增至490万人,使得该州无医保人口比例升至30%。

数字鸿沟加剧教育不平等。一份基于普查数据的分析报告指出,2018年,约1 700万美国儿童生活在没有互联网的家庭中,700万儿童所在的家庭没有计算机。《政治家》网站2020年9月23日报道,距美国国会大厦仅一小时车程的巴尔的摩市在校儿童中就有1/3的人没有电脑;1/3的非洲裔、拉美裔和印第安人家庭没有互联网。在疫情期间远程教育成为主流教育模式的背景下,与较富裕的同龄人相比,低收入和少数族裔孩子的家庭背景使得他们难以拥有进行独立学习的技术条件和环境,因而在远程学习方面处于劣势地位,进一步加剧了由贫困和种族不平等造成的教育差距。

资料来源:国务院新闻办公室:《2020年美国侵犯人权报告》,2021年3月24日。

七、本章扩展材料

1. [英]安格斯·麦迪森:《世界经济千年史》,北京大学出版社,2003年版。

2. [英]安格斯·麦迪森:《世界经济二百年回顾》,改革出版社,1997年版。

3. 联合国每年发布的 World Economic Situation and Prospects。

4. 国际货币基金组织每年4月和10月发布、1月和7月更新(Update)的 World Economic Outlook。

5. 世界银行每年1月和6月发布的 Global Economic Prospects。

6. [法]托马斯·皮凯蒂:《21世纪资本论》,中信出版社,2014年版。

7. 中央电视台电视纪录片《大国崛起》,央视网。

第二章　科技革命及其对世界经济的影响

一、本章内容摘要

本章从生产力角度分析世界经济形成和发展的物质基础：科技革命。

1. 科学革命是指自然科学基础理论的重大突破和对自然界客观规律的重要发现，即人们在认识客观世界上的质的飞跃；技术革命是指人类改造自然界的手段和方法的重大发明与突破，即人们在改造客观世界上的质的飞跃。科技革命是科学革命和技术革命的总称。

2. 科技革命是工业革命的引线。科技革命是科学技术系统基本特征的原理、结构、功能、规范的根本性转变。科技革命通过影响和作用于劳动对象、劳动资料、劳动者而形成巨大的生产力，促使生产方式和组织形式产生重大的变革，当这种变革积累到一定程度，由量变到质变，最终导致工业革命到来。第一次科技革命发生在18世纪，以蒸汽机和纺织机的发明与应用为主要标志，实现了机器生产代替手工工厂的生产方式的转变，使人类开始进入蒸汽时代，轻工业得以发展。第二次科技革命发生在19世纪，以电力的发明及广泛使用为主要标志，促使产业结构发生了改变，由轻工业型向重工业型过渡。20世纪后期计算机技术和21世纪的人工智能、3D打印等技术加速了科技革命的进程，人类社会相继进入了第三、第四次科技革命阶段。

3. 当代科技革命主要在信息、新材料、新能源、生物工程、空间开发、海洋工程六大领域展开。当代科技革命的基本特点包括：科技革命涉及领域和参与国家更加广泛；科技革命和军事发展密切相关；科学革命与技术革命同步发展，形成了"科学—技术—生产"一体化；科技发展及其在生产中的应用得到了政府的有力支持；信息成为重要的生产要素，信息产业快速发展。

4. 科技革命的直接结果是社会生产力获得了空前的巨大发展，生产力结构发生了空前的巨大变化。

5. 由科技革命带来的世界产业结构优化升级，有力地提高了资源利用率和综合要素生产率，降低了资源和能源的消耗强度，减缓了资源枯竭和环境污染速度，使经济增长的集约程度和可持续性进一步增强。

6. 科技革命对世界经济发展的影响非常深远，它不仅加深了国际分工，促进了生产国际化，扩大了世界市场的广度，加强了各国贸易往来的深度，加速了经济全球化进程,而且推动了世界经济格局的调整。

二、本章基本概念

科技革命、科学革命、技术革命、工业革命(产业革命)、信息技术、第一次科技革命、第二次科技革命、当代科技革命、生产力要素

三、本章重点和难点剖析

(一)历次科技革命的基本特点

第一次科技革命发生于18世纪60年代的英国,19世纪中叶结束,它以蒸汽机和纺织机的发明与应用为主要标志,实现了机器生产代替手工工厂的生产方式的转变,使人类开始进入蒸汽时代。第一次科技革命极大提高了生产力。蒸汽机发明和使用后,铁制机器取代了木制机器,人类社会进入了用机器制造机器的工业化时代,使得社会生产从手工业的羁绊和旧生产方式的束缚中完全解放出来。在蒸汽机的推动下,不仅纺织业,而且机械制造业、冶金采矿业、交通运输业、机械化农业都发展起来。从社会关系来说,科技革命使得工业资产阶级和工业无产阶级逐步形成和壮大,资本主义制度最终得以确立。第一次科技革命还大大加强了世界各地之间的联系,改变了世界的面貌,最终确立了资产阶级对世界的统治地位。率先完成工业革命的英国成为世界霸主。

19世纪70年代开始的第二次科技革命,以电的发明及广泛使用为主要标志。电力成为新能源,进而推动了第二次科技革命的发生,使资本主义国家进入了电气化时代。电力的广泛使用使资本主义的产业结构发生了重大变化,即由轻工业型转变为重工业型,由劳动密集型转变为资本密集型。第二次科技革命的另一项重大成就是内燃机的创新和使用。内燃机的发明解决了交通工具的动力问题,推动了汽车、远洋轮船、飞机等产业的发展。第一次科技革命首先发生在英国,而第二次科技革命几乎同时发生在美、德等几个先进的资本主义国家,新的技术和发明超过一国的范围,其规模更加广泛,发展也比较迅速。在第二次科技革命的推动下,资本主义经济开始发生重大变化,资本主义生产社会化的趋势加强,推动企业间竞争的加剧,促进生产和资本的集中,少数采用新技术的企业挤垮大量技术落后的企业。生产和资本的集中到一定程度便产生了垄断,主要资本主义国家进入到帝国主义阶段。

从20世纪50年代开始,以原子能、计算机、空间技术和生物工程的发明和

应用为主要标志的当代科技革命对人类的社会经济生活产生了巨大影响。20世纪末计算机技术和21世纪的人工智能、3D打印等技术加速了工业革命的进程，人类社会相继进入了第三、第四次科技革命阶段。当代科技革命的基本特点包括：科技革命涉及领域和参与国家更加广泛；科技革命和军事发展密切相关；科学革命与技术革命同步发展，形成了"科学—技术—生产"一体化；科技发展及其在生产中的应用得到了政府的有力支持；信息成为重要的生产要素，信息产业快速发展。

（二）科技革命对世界经济的影响

科技革命的直接结果是社会生产力获得空前的巨大发展，生产力结构发生空前的巨大变化。同时，科技革命也带来世界产业结构优化升级。科技革命给世界经济带来了重大而深远的影响，主要表现在以下几方面。

1. 加速经济全球化进程：

① 国际经济交往的成本和交易费用大大降低；

② 信息产品和信息服务的国际贸易迅速崛起；

③ 为生产国际化或生产经营的跨国化创造了便利条件；

④ 为金融全球化提供了有利的发展环境。

2. 促使国际分工进一步深化：

① 产业内和产品内分工快速发展；

② 一些产业由发达国家向发展中国家转移。

3. 对世界市场产生了深刻的影响：

① 世界市场上的商品结构发生了重大变化；

② 世界市场的范围和规模扩大。

4. 推动了世界经济格局的演变：

① 科技革命为发展中国家追赶发达国家带来了机遇；

② 总体上扩大了发达国家与发展中国家的差距。

四、本章课后思考题及答案提示

1. 试述科技革命的主要内容。

科技革命是科学革命和技术革命的总称。科学革命是指自然科学基础理论的重大突破和对自然界客观规律的重要发现，即人们在认识客观世界上的质的飞跃；技术革命是指人类改造自然界的手段和方法的重大发明与突破，即人们在改造客观世界上的质的飞跃。科技革命是工业革命的引线。科技革命是科学技术系统基本特征的原理、结构、功能、规范的根本性转变。科技革命通过影响和作用于劳动对象、劳动资料、劳动者而形成巨大的生产力,促使生产方式和组织形式产生重大的变革,当这种变革积累到一定程度,由量变到质变,最终导致工业革命到来。第一次科技革命发生在18世纪,以蒸汽机和纺织机的发明与应用为主要标志,实现了机器生产代替手工工厂的生产方式的转变,使人类开始进入蒸汽时代,轻工业得以发展。第二次科技革命发生在19世纪,以电力的发明及广泛使用为主要标志,促使产业结构发生了改变,由轻工业型向重工业型过渡。20世纪后期计算机技术和21世纪的人工智能、3D打印等技术加速了科技革命的进程,人类社会相继进入了第三、第四次科技革命阶段。第三、第四次科技革命主要在信息、新材料、新能源、生物工程、空间开发、海洋工程六大领域展开。

2. 简述历次科技革命的特点。

第一次科技革命发生于18世纪60年代的英国,19世纪中叶结束,它以蒸汽机和纺织机的发明与应用为主要标志,实现了机器生产代替手工工厂的生产方式的转变,使人类开始进入蒸汽时代。第一次科技革命极大提高了生产力。蒸汽机发明和使用后,铁制机器取代了木制机器,人类社会进入了用机器制造机器的工业化时代,使得社会生产从手工业的羁绊和旧生产方式的束缚中完全解放出来。在蒸汽机的推动下,不仅纺织业,而且机械制造业、冶金采矿业、交通运输业、机械化农业都发展起来。从社会关系来说,科技革命使得工业资产阶级和工业无产阶级逐步形成和壮大,资本主义制度最终得以确立。第一次科技革命还大大加强了世界各地之间的联系,改变了世界的面貌,最终确立了资产阶级对世界的统治地位。率先完成工业革命的英国成为世界霸主。

19世纪70年代开始的第二次科技革命,以电的发明及广泛使用为主要标志。电力成为新能源,进而推动了第二次科技革命的发生,使资本主义国家进入了电气化时代。电力的广泛使用使资本主义的产业结构发生了重大变化,即由轻工业型转变为重工业型,由劳动密集型转变为资本密集型。第二次科技革命的另一项重大成就是内燃机的创新和使用。内燃机的发明解决了交通工具的动力问题,推动了汽车、远洋轮船、飞机等产业的发展。第一次科技革命首先发生在英国,而第二次科技革命几乎同时发生在美、德等几个先进的资本主义国家,新的技术和发明超过一国的范围,其规模更加广泛,发展也比较迅速。在第二次科技革命的推动下，资本主义经济开始发生重大变化，资本主义生产社会化的趋势加强，推动企业间竞争的加剧，促进生产和资本的集中，少数采用新技术的企业挤垮大量技术落后的企业。生产和资本的集中到一定程度便产生了垄断，主要资本主义国家进入到帝国主义阶段。

从20世纪50年代开始，以原子能、计算机、空间技术和生物工程的发明和应用为主要标志的当代科技革命对人类的社会经济生活产生了巨大影响。20世纪末计算机技术和21世纪的人工智能、3D打印等技术加速了工业革命的进程，人类社会相继进入了第三、第四次科技革命阶段。当代科技革命的基本特点包括：科技革命涉及领域和参与国家更加广泛；科技革命和军事发展密切相关；科学革命与技术革命同步发展，形成了"科学—技术—生产"一体化；科技发展及其在生产中的应用得到了政府的有力支持；信息成为重要的生产要素，信息产业快速发展。

3. 试述产业结构的变化趋势及影响。

随着社会生产力的发展，产业结构是不断发展变化的。从历史上看，产业结构已经发生了两次重大变化，或者说，产业的重心发生了两次大转移。

第一次是重心由农业向工业的转移，也就是从第一产业向第二产业转移。直到18世纪中叶，产业结构一直以农业为中心，农业是国民经济的主导部门，农业产值占国民生产总值的一半以上，劳动人口的大多数从事农业生产，整个人口的大多数居住在农村。18世纪后半叶，英国率先发生了工业革命，随后扩展到欧美其他国家，机器大工业发展起来，产业结构的重心迅速从农业向工业转移，人口从农村向城市转移，农业产值和农业就业人口在整个国民生产总值和就业人口中的比重下降，工业产值和工业就业人口的比重上升。这个过程由于19世纪末的第二次科技革命而加速。

第二次是重心由第二产业向第三产业转移。二战后发达国家产业结构变化的基本特点是，第一产业在国民经济中的比重急剧下降，第二产业的比重从停滞转为逐渐下降，而第三产业的比重则迅速上升。从20世纪80年代中后期开始，以信息产业为代表的高新技术产业迅速发展，使主要资本主义国家经历了二战结束以来较大规模的结构调整。现代社会产业结构变化的最大特点主要表现为第三产业的大发展及其在国民经济中的地位和作用的提高。

4. 试述科技革命对世界经济的影响。

科技革命的直接结果是社会生产力获得空前的巨大发展，生产力结构发生空前的巨大变化。同时,科技革命也带来世界产业结构优化升级。科技革命给世界经济带来了重大而深远的影响,主要表现在以下几方面:

① 加速经济全球化进程:国际经济交往的成本和交易费用大大降低,信息产品和信息服务的国际贸易迅速崛起,为生产国际化或生产经营的跨国化创造了便利条件,为金融全球化提供了有利的发展环境。

② 促使国际分工进一步深化:产业内和产品内分工快速发展,一些产业由发达国家向发展中国家转移。

③ 对世界市场产生了深刻的影响:世界市场上的商品结构发生了重大变化,世界市场的范围和规模扩大。

④ 推动了世界经济格局的演变:科技革命为发展中国家追赶发达国家带来了机遇,总体上扩大了发达国家与发展中国家的差距。

五、本章测试题

(一)判断题

1. 科技革命是科学革命和技术革命的总称。科学革命是指自然科学基础理论的重大突破和对自然界客观规律的重要发现,即人们在改造客观世界上的质的飞跃。（　　）

2. 劳动工具是生产力发展水平最重要的标志。（　　）

3. 当代蓬勃发展的第三、第四次科技革命主要在信息技术、新材料技术、新能源技术、生物工程技术、空间开发技术和海洋工程技术这六大领域展开。（　　）

4. 现代社会产业结构变化的最大特点是第二产业的大发展及其在国民经济中的地位和作用的提高。（　　）

5. 劳动者日益智力化的一个重要表现是"白领工人"的比重迅速上升,而"蓝领工人"的比重下降。（　　）

6. 在科技革命的背景下,国际分工的一个明显特点是发达国家之间工业部门的内部更深层次的分工占据主导地位。（　　）

7. 第一次科技革命发生于18世纪60年代的英国,19世纪中叶结束,它以蒸汽机和内燃机的发明与应用为主要标志。（　　）

8. 科技革命为发达国家凭借其雄厚的科技基础和强大的科技力量剥削广大发展中国家提供了有利的客观条件,进一步扩大了发达国家与发展中国家的经济差距。（　　）

(二)不定项选择题

1. 以下不属于生产力实体要素的是(　　)。
   A. 教育　　　　　　　　　　B. 劳动者
   C. 劳动工具　　　　　　　　D. 劳动对象

2. 在科技革命中处于核心和先导地位的领域是(　　)。
   A. 新材料技术　　　　　　　B. 信息技术
   C. 新能源技术　　　　　　　D. 海洋工程技术

3. 从历史上看,产业结构已经发生了两次重大变化,正确的表述是(　　)。
   A. 第一次是重心由农业向工业的转移,第二次是重心由第三产业向第二产业转移
   B. 第一次是重心由农业向工业的转移,第二次是重心由第二产业向第三产业转移
   C. 第一次是重心由工业向农业的转移,第二次是重心由第二产业向第三产业转移
   D. 第一次是重心由工业向农业的转移,第二次是重心由第三产业向第二产业转移

4. 作为社会化大生产的动脉,被马克思称为"第四个物质生产领域"的是(　　)。
   A. 商业　　　　　　　　　　B. 交通运输业
   C. 银行、保险业　　　　　　D. 科研、信息、咨询、设计等行业

5. 科技革命推动的生产力实体要素的变革包括(　　)。
   A. 劳动者日益智力化　　　　B. 劳动工具日趋自动化
   C. 劳动对象日趋非天然化　　D. 劳动对象日趋天然化

6. 当代科技革命的基本特点包括(　　)。
   A. 涉及领域和参与国家更加广泛
   B. 科技发展及其在生产中的应用得到了政府的有力支持
   C. 科技革命和军事发展密切相关
   D. 科学革命和技术革命同步发展,并形成"科学—技术—生产"一体化

7. 科技革命推动生产力非实体要素的强化包括(　　)。
   A. 科学技术成为第一生产力
   B. 教育成为现代生产力中重要的强化性要素

C. 管理成为现代生产力中重要的整体组合性要素

D. 信息成为现代生产力中重要的运筹性要素

8. 在科技革命的推动下,发达国家在20世纪50—70年代实现了农业现代化,以下属于其主要表现的是(　　)。

    A. 农业机械化　　　　　　　　B. 农业化学化

    C. 农业良种化　　　　　　　　D. 农业工业化

9. 以下属于21世纪科技革命发展趋势的是(　　)。

    A. 科技创新出现集群突破态势

    B. 科技创新、转化和技术更新速度不断加快

    C. 重大创新更多地出现在学科交叉领域

    D. 国际科技交流与合作日益广泛

10. 科技革命对世界经济的影响包括(　　)。

    A. 加速了经济全球化进程　　　　B. 促使国际分工进一步深化

    C. 对世界市场产生了深刻的影响　　D. 推动了世界经济格局的演变

六、本章阅读材料及案例分析

(一)请结合本章所学知识和下列材料,简要分析第四次工业革命的主要内容和特点。

材料1:我们正在迎来第四次工业革命

我们正在迎来一场技术革命,这场革命将从根本上改变我们的生活、工作以及彼此之间的相处方式。从这场变革的规模、程度和复杂性来说,它将不像人类此前经历的任何一场变革。我们尚不清楚这场革命将如何展开,但是有一件事显而易见——必须要对这次变革作出协调一致、综合全面的应对。

第四次工业革命的特点是技术融合,模糊了实体、数字和生物世界的界限。如今的变革之所以不仅仅是第三次革命的延续,而是截然不同的第四次变革的开始有三个原因——它的速度、范围和对各种体系的冲击。目前突破的速度史无前例。如果与此前的工业革命相比,第四次工业革命不是以线性速度前进,而是呈几何级增长。此外,它几乎打破了每个国家每种行业的发展模式。而且,这些改变的广度和深度预示着生产、管理、治理整个体系的变革。

就像此前的革命一样,第四次工业革命有可能提高全球收入水平,改善世界各国人民的生活品质。叫出租、订机票、买东西、付账单、听音乐、看电影、玩游

戏，任何事情现在都可以远程操作。

未来，技术创新还将带来供给侧的奇迹，带来长期的效率和生产率提高。交通运输和通信成本下降，后勤和全球供应链变得更加高效，贸易成本大大降低，所有这些都将打开新市场，推动经济增长。

同时，埃里克·布林约尔松和安德鲁·麦卡菲等经济学家指出，这次革命可能带来更大的不平等，尤其是有可能破坏劳动力市场。

随着透明度的提高、消费者的参与以及消费行为新模式的出现，需求侧的重大变革也正扑面而来。

随着实体、数字和生物世界继续融合，新技术平台将使人们可以与政府互动，表达看法、协调努力，甚至避开政府当局的监管。

从整体上来说，随着新技术使得新的竞争、权力的再分配和分散成为可能，政府实施政策的中心作用减弱，政府将日益面临压力，迫使它们改变现有的与民众接触和制定决策的方式。

政府体系和政府当局的适应能力将决定它们的生存。如果它们不能与时俱进，那将面临越来越多的麻烦。

第四次工业革命最终将不仅改变我们所做的一切，而且将改变我们是谁。它将影响我们的身份以及与之相关的所有问题——我们的隐私、我们对所有权的看法、我们的消费模式、我们用于工作和休闲娱乐的时间，以及如何开拓我们的职业、培养我们的技能、与人交往和发展关系。这个单子可以无休止地列下去，因为它的局限只是我们想象力的局限。

新技术革命带来的最大的个人挑战之一就是隐私。我们清楚地知道为什么这一点至关重要，然而跟踪和分享有关我们的信息又是这种新联系的关键内容。未来几年，有关失去对我们个人信息的控制将会对我们的生活构成何种影响等问题的讨论只会进一步升温。同样，生物技术和人工智能领域出现的革命将迫使我们重新定义道德和伦理界限。

无论是技术，还是随之而来的破坏性都是人类无法控制的一股外在力量。我们所有人都负有责任通过我们每天作为公民、消费者和投资者所作的决定引导它的发展。因此，我们应当抓住这个机会，利用我们所拥有的力量去塑造第四次工业革命，并引导它朝着一个反映我们共同目标和价值观的方向发展。

资料来源：克劳斯·施瓦布：《我们正在迎来第四次工业革命》，《红旗文摘》，2016年第2期。

材料 2：从工业 4.0 到第四次工业革命

"革命"一词指的是突然出现的剧变。革命伴随着人类历史的始终：每每出现新技术，出现看待世界的新视角，人类的经济体制和社会结构便会发生深刻变革。如果以历史的长河作为参照，这些突然发生的变革可能要持续很多年才能全面展开。

人类生活方式的首次深度转变大约发生在 10 000 年前。当时，通过驯养动物，我们从采集时代过渡到了农耕时代。这次农业革命使畜力和人力得到了结合，推动了生产、运输和交通的发展。此后，粮食产量逐步增加，有效促进了人口增长和人类聚居地面积的扩大，并由此催生了城市化和城市的崛起。

继农业革命之后，到了 18 世纪下半叶，一系列工业革命相继而来。这些革命标志着肌肉力量逐渐被机械力量取代，发展到今天的第四次工业革命时代，认知能力的提高正在促进人类生产力的进一步提升。

第一次工业革命大约从 1760 年延续至 1840 年。由铁路建设和蒸汽机的发明触发的这次革命，引领人类进入机械生产的时代。第二次工业革命始于 19 世纪末，延续至 20 世纪初，随着电力和生产线的出现，规模化生产应运而生。第三次工业革命始于 20 世纪 60 年代。这一次革命通常被称为计算机革命、数字革命，因为催生这场革命的是半导体技术、大型计算机（60 年代）、个人计算机（七八十年代）和互联网（90 年代）的发展。

基于前三次工业革命的各种定义和学术观点，我有理由认为，我们当前正处在第四次工业革命的开端。第四次工业革命始于这个世纪之交，是在数字革命的基础上发展起来的，其特点是：同过去相比，互联网变得无所不在，移动性大幅提高；传感器体积变得更小、性能更强大、成本也更低；与此同时，人工智能和机器学习也开始崭露锋芒。

以计算机软硬件和网络为核心的数字技术早已不是什么新鲜事物，但与第三次工业革命不同的是，数字技术正变得更为精深，一体化程度更高，由此正在引起各国社会和全球经济发生变革。麻省理工学院（MIT）的埃里克·布莱恩约弗森（Erik Brynjolfsson）和安德鲁·麦卡菲（Andrew Mcafee）两位教授在 2014 年合著的同名著作中，将本阶段称为"第二次机器革命"。书中指出，当今世界正处在一个拐点上，通过发展自动化和生产"前所未有的事物"，这些数字技术的影响力将得到全面发挥。

在德国，关于工业 4.0 的探讨方兴未艾。这一概念最早是在 2011 年的汉诺威工业展上提出,它描绘了全球价值链将发生怎样的变革。第四次工业革命通过推动"智能工厂"的发展,在全球范围实现虚拟和实体生产体系的灵活协作。这有助于实现产品生产的彻底定制化,并催生新的运营模式。

然而,第四次工业革命绝不仅限于智能互联的机器和系统,其内涵更为广泛。当前,从基因测序到纳米技术,从可再生能源到量子计算,各领域的技术突破风起云涌。这些技术之间的融合,以及它们横跨物理、数字和生物几大领域的互动,决定了第四次工业革命与前几次革命有着本质不同。

在这场革命当中,新兴技术和各领域创新成果传播的速度和广度要远远超过前几次革命。事实上,在世界上部分地区,以前的工业革命还在进行之中。全球仍有13亿人无法获得电力供应,也就是说,仍有17%的人尚未完整体验第二次工业革命。第三次工业革命也是如此。全球一半以上的人口,也就是40亿人,仍无法接入互联网,其中的大部分人都生活在发展中国家。纺锤是第一次工业革命的标志,它走出欧洲、走向世界花了120年。相比之下,互联网仅用了不到10年的时间,便传到了世界各个角落。

第一次工业革命的经验同样适用于今天的革命。社会在多大程度上接受技术创新,是决定技术进步的主要因素。政府、公共机构以及私营部门都要发挥自身作用,对技术创新持包容性态度,不过同样重要的是,普通公众也要看到长远的效益。

我认为,第四次工业革命所蕴含的能量、影响力和历史意义丝毫不亚于前三次革命。不过我个人也担心,一些因素或将阻碍第四次工业革命的潜力得到有效、全面释放。这种担心主要基于以下两点考虑。

第一,在第四次工业革命到来之际,我们需要反思我们的经济、社会和政治体制,但我认为,目前各方面的领导力水平还不够,对正在发生的变化的认识也存在不足。结果,不管在国家层面还是国际层面,用于管理创新成果的传播、减缓颠覆性影响力所必需的制度性框架远远不足,甚至可以说是完全缺位。

第二,国际社会尚未就第四次工业革命的机遇和挑战形成积极、一致的统一认识。如果我们想为形形色色的个人和群体赋权,避免公众抵触当前正在发生的深刻变革,这样的统一认识必不可少。

资料来源:克劳斯·施瓦布:《第四次工业革命——转型的力量》,中信出版社2016年版。

（二）请结合本章所学知识和下列材料,简要分析以下问题:

1. 世界主要国家是如何应对第四次工业革命的?
2. 中国在第四次工业革命中面临哪些机遇和挑战?
3. 中国应如何应对第四次工业革命带来的挑战?

材料1：如何应对第四次工业革命带来的挑战

以人工智能、大数据、机器人等为代表的新技术推动的第四次工业革命,正在不断走向深入,使人类的生产和生活发生深刻的变化。新技术带来的新工艺、新产品、新应用,不但让生产模式发生改变,也要求生产管理、组织方式进行变革;而新科技所导致人们行为方式、生活模式的改变,以及人与人之间关系的不同,则需要对过去的制度、法律法规做出修正,或者制定新的规则。

1. 新时代催生新技术。

第四次工业革命正在极大地改变我们的生活。网络购物来了,使我们怎样买东西、商家怎样卖东西的方式都与若干年前有了非常大的不同;网约车来了,我们外出打出租车不必再像过去那样在路边招手拦车了。但无论是网络购物还是网络约车,过去的法律法规都没有对这些行为进行规范。所以,后来才有中国社会热议的《网络预约出租汽车经营服务管理暂行办法》的出台,对这种技术催生的新生事物,既不是任其"野蛮生长",也不是"一棍子打死"不让其发展。现在的问题是,这类新技术导致的新的生产生活方式会越来越多,比如,对于自动驾驶汽车上路,中国的道路交通法就需要修订,然后像德国那样为自动驾驶汽车的运行制定法律。这样的事例还有很多,而且还有新的技术会不断产生,需要一个国家在整体上就怎样对新科技革命导致的各方面改变进行监管。

那么现在的问题是:国家该怎样对第四次工业革命带来的许许多多新技术及其产生的社会影响进行管理和规范呢? 其中又有很多重要的问题需要研究。首先,面对新科技革命的兴起,国家制定法律时,是以促进创新、有利于社会生产力水平提高为目的,还是要以保护社会成员不受到新的技术影响过大为宗旨? 其次,法律法规总是要滞后于新生事物,何时出台新的法律法规合适呢? 再次,新科技革命无论是技术本身,还是其产生的社会影响,过去我们都没有经历过,国家该怎样制定相关的制度规范呢? 英国政府就这方面在2019年年中出台了《第四次工业革命的监管政策白皮书》(以下简称《白皮书》),进行了很好的尝试,有不少先进的思想、理念和做法。

2. 新技术带来社会变革。

第四次工业革命给我们的社会带来了许多挑战,对此我们要有充分的认识。这不是一句口号式的话,而是非常迫切的实际需要。为什么这么说,因为很多人对于第四次工业革命主要是看新技术带来的进步,看到生产效率提高、生活便捷的神奇效果。一些国家、很多企业,当然还有很多从事研究的科学家和工程师,更多的是从怎样提高自身及相关方的竞争力的角度思考。但是,作为国家的政策制定者需要从更宏观、更长远的角度来审视。第四次工业革命不仅仅是技术的革命,更将对社会产生深刻的革命性影响,而这需要制定新的法律法规对新技术及其相关的影响进行规范和治理。最近,美国议会对 Facebook 公司将要发行的加密货币进行听证、法国议会通过的对大型互联网科技公司征收"数字税",都是这种工作的体现。尽管这样的制度,可能在国内甚至国际上引发争论、甚至论战,但正像七国集团(G7)的一个工作组说的:Facebook 的 Libra 加密货币等需要受到严格监管,否则它们可能会破坏全球经济的稳定。

其他技术也许不一定能够影响全球稳定,但是正如《白皮书》所指出的:第四次工业革命规模空前,发展速度、性质复杂,它将影响几乎每个国家的每个行业,但也将为个人、地方和企业创造新的机遇和挑战,我们必须对此有所作为。从目前看,即使像英国政府的监管也还不令人满意。目前,只有 29% 的企业认为英国政府的监管方法有助于创新产品和服务有效地进入市场。英国政府认为:若是监管机构未能在未来两到三年内跟上颠覆性变革的步伐,92% 来自不同行业的企业认为这会产生负面影响。

3. 先进理念的引领。

应对第四次工业革命带来的挑战要有先进的理念。看看《白皮书》是怎么阐述的:"监管对创新产生了巨大影响,可以激发新想法,又能阻止其实施;它可以左右投资风险,并引导资金是否用于有价值的研发;它可以影响消费者的信心和需求,并决定企业进入或是退出市场。"国家应对科学和技术创新进行监管,但是监管对创新的影响巨大,怎样既不是让其"野蛮生长"又不"一棍子打死"需要斟酌。这意味着,监管也是需要创新的。第四次工业革命创新速度常常超过监管系统可以适应的速度。达沃斯论坛主席克劳斯·施瓦布(Klaus Schwab)说:第四次工业革命与前几次工业革命相比发展速度更快。第一次工业革命时一项新技术扩散到全球需要几十年的时间,而现在几年就会达到。这对国家的监管提出了更大的挑战!此外,创新越来越模糊各部门之间的界限,也跨越传统的监管界限。这将导致《白皮书》说的"企业可能在提出新命题时面临不必要的障碍,而公民则面对过时的保护措施。这样创新对人和经济的好处可能会丧失"。

因此,英国要在现代工业战略中,致力于开发一种新的、敏捷的监管方法,在支持创新的同时保护公民和环境。比如,英国在金融科技(FinTech)方面提出的"监管沙箱",就是被全球很多国家广泛效仿的先进监管形式。所谓"监管沙箱",就是通过提供一个"缩小版"的真实市场和"宽松版"的监管环境,在保障消费者权益的前提下,鼓励 FinTech 初创企业对创新的产品、服务、商业模式和交付机制进行大胆操作。采用"沙箱"测试,不仅能够让监管机构较为清晰地看待监管制度与创新的辩证关系,及时发现市场过度行为以及因限制创新而有损消费者长远利益的监管规定,并在第一时间进行调整,使得适度监管、包容监管等创新监管精神开花结果。所以,不仅仅 FinTech 需要"监管沙箱",第四次工业革命中许许多多的技术,都需要采用这样类似"监管沙箱"的理念开展创新监管,做到"好的监管"。

4. 必要的体制机制创新。

对于第四次工业革命的监管要有合适的方法,或者说第四次工业革命的监管需要体制机制创新。所谓的体制机制创新就是要改变原来那种制定法律法规的方式,才能适应第四次工业革命的变化。

《白皮书》提出,建立一个"监管地平线委员会",确定技术创新的影响和就支持其快速、安全引入所需的监管改革向政府提出建议。委员会将就整个经济体的创新向政府定期编写报告,并就监管改革的优先事项提出建议。监管地平线委员会将与更广泛的监管环境相契合,它与英国的相关机构,如"数据伦理与创新中心"等专家机构互补,就如何推进改革提出详细的专家建议。"监管地平线委员会"还将协助一系列支持政府如何设计和实施监管的机构,帮助其发挥作用。另外,"监管地平线委员会"也能协助"监管政策委员会"开展工作,考虑如何设计和实施监管。该委员会的职能是审查用于为监管提案提供信息的证据并分析质量。从监管地平线委员会,再到数据伦理与创新中心、更好监管执行体和监管政策委员会,可以看到英国为了做好监管在体制上做了多大的调整!体制变了,相应的工作机制一定要发生大的改变。

第四次工业革命的监管不仅仅是国家政府的工作,还必须要与社会形成共同治理的格局。这点非常重要。创新带来变革和不确定性,可能带来利益,也很有可能带来一定程度的风险和危害。因此,监管体系就是要将此风险控制在公众可接受的水平。要让公众接受创新的风险，在起草法律之前就要考虑利益相关者的意见，并清楚地阐明如何在立法中反映他们的观点。

《白皮书》承诺："我们希望创新者和公众对英国的监管制度充满信心。我们将与社会和行业就如何监管技术创新建立对话。"英国将要求监管视野委员会确定更多公众参与创新监管的优先事项。例如，对于产生道德伦理问题的技术，让更多的公众参与形成适当监管框架。政府部门和监管机构将继续引导公众参与数据伦理与创新中心、更好监管执行体等专家机构合作。另外，英国将鼓励监管机构将公众对话纳入监管试验计划，以便在新产品、服务和商业模式试验时将公众意见考虑其中。

5. 跨国合作与有效监督。

不仅是在国家层面要建立与社会的对话机制，在国际层面不同国家之间如何就第四次工业革命的监管开展合作也非常重要。因为现在的技术应用和发展是跨国界的，技术的监管需要在国际上达成一致才能做到在世界范围内有效的监管。此外，先进国家的监管经验和模式对其他国家也会有很好的借鉴作用。《白皮书》在这方面也有专门计划，英国将与全球伙伴合作，减少创新产品和服务贸易的监管障碍，英国要成为第四次工业革命监管的全球领导者。

对于第四次工业革命的监管，《白皮书》不但给出新的理念、方法，对于每项工作也制定了具体的行动计划。《白皮书》明确说它"是进入第四次工业革命时保持英国世界领先监管环境的长期战略"，这个现代工业战略要使英国成为全球技术创新浪潮的顶峰，从而为企业和消费者带来诸多益处。

第一次工业革命发生在英国，这是为什么呢？一个重要原因是，英国当时建立的金融、公司和知识产权保护制度，非常有助于科技成果的推广。如今，第四次工业革命大潮正汹涌而来，而世界大势今非昔比。但正如诺贝尔经济学奖得主道格拉斯·诺斯（Douglass C. North）说的：工业革命与其说是技术革命，不如说是制度革命。在这样一个大背景下，英国依靠建立良好的监管制度，能否在第四次工业革命中后来居上这需要观察，但其在监管方面的探索值得学习。

资料来源：王元丰：《如何应对第四次工业革命带来的挑战》，《光明日报》，2019 年 10 月 17 日第 14 版。

材料 2：第四次工业革命：中国能成为引领者吗

近来，无人机、智能驾驶汽车、智能机器人、VR（虚拟现实）设备等高科技产品不断涌现，人工智能图景徐徐展开。第四次工业革命的到来，正使得人们的生产生活悄然发生嬗变……

所谓第四次工业革命,即以智能化为核心,以人工智能、物联网等技术为代表的新工业革命。世界经济论坛创始人兼执行主席克劳斯·施瓦布在其著作《第四次工业革命》中,把无人交通工具(自动驾驶汽车和无人机)、3D打印、高级机器人、新材料、物联网与基因工程列为核心推动技术。

在错过前两次工业革命,以及在第三次工业革命中努力追赶的中国,该如何应对新工业革命带来的机遇与挑战?能否成为新的引领者?

1. 第四次工业革命改变了什么。

在无人超市"淘咖啡",顾客可通过扫码进店,随意选购商品,离店时经过一道"支付门",系统会进行自动扣款,并提醒用户扣款额度……专家表示,无人超市的新奇购物体验和节省成本只是表象,关键的是其可借助人工智能、物联网、大数据等技术,掌握顾客的购物习惯,实现精准营销。

"我们实现了豆浆机、电饭煲等数十款智能厨电的物联网应用。"九阳股份有限公司副总裁说,在用户需求倒逼之下,企业进行智能化改造,目前产品已销售到世界50多个国家和地区,年销售额超过70亿元,拥有专利技术2 047项。

在正泰新能源杭州智能工厂,记者看到许多无人驾驶运输车、机械臂正在有序进行作业。据介绍,进行智能化改造之后,生产车间的员工人数大幅下降,节约了大量人力成本,生产效率反而有了很大提升。

专家表示,智能化改造升级会让企业的生产效率大幅提升,降低生产成本,无疑会形成新的经济增长点。

据统计,2017年前5个月,我国战略性新兴产业重点行业主营业务收入同比增长13.3%,其中新能源发电、医药制造、电子测量仪器行业利润率分别达32.1%、10.7%和10.1%;5月份,高技术产业和装备制造业增加值同比分别增长11.3%和10.3%。

国际管理咨询机构埃森哲发布的最新报告称,通过转变工作方式以及开拓新的价值和增长源,人工智能到2035年有望拉动中国经济年增长率明显提升,推动中国劳动生产率提高27%。

实际上,新技术催生的新动能,正是第四次工业革命带来"改变"的缩影。第四次工业革命的新技术会推动产业革命,使生产效率大幅提升,给社会发展带来深刻变化。

"现在中国在无人机、互联网、云计算、生物医药、分享经济等方面有许多领先世界的科技成果,这些将成为中国经济前行的重要驱动力。"施瓦布认为,中国将会成为第四次工业革命的领军者。

2. 中国如何找到未来的钥匙。

造纸术、印刷术、火药、指南针,中国古代的四大发明对世界文明发展进程产生了重要影响,然而,为什么现代科学和工业革命没有在近代中国发生?这道"李约瑟难题"不禁引人深思。日前,斯坦福大学客座教授、《智能的本质》作者皮埃罗·斯加鲁菲在接受记者采访时说,解释这种现象的关键是创新。

在皮埃罗·斯加鲁菲看来,中国有着创新的历史和文化基因,比如今天中国的微信、支付宝等应用,都比国外同类产品有着更好的用户体验。

据施瓦布透露,他是大疆无人机的忠实粉丝。他提到,深圳市大疆创新科技有限公司生产的无人机,可用于航拍、遥感测绘,"是目前世界上最好的无人机"。

歌尔股份有限公司是我国电声行业的一家龙头企业。过去 10 多年,该企业凭借传感器等方面的制造优势,成为三星、索尼公司的重要供应商。"我们在产品的研发、设计等方面有长期积累,在创新中更容易将好点子转化为好产品。"该公司副总裁吉永说。

随着"中国制造 2025"的实施,"中国制造"正在向"中国智造""中国创造"转变,在世界经济舞台上走出一条从模仿、追随到引领的发展轨迹,而这背后的"秘诀"便是创新。

"技术创新给我们带来的改变是不可想象的,我们要拥抱创新,拥抱第四次工业革命。"大连华信计算机技术股份有限公司董事长刘军说。

如何找到未来的钥匙?专家认为,我们必须在创新中寻找出路,只有坚持创新驱动,敢于创新、勇于变革,才能突破经济增长和发展的瓶颈,成为新工业革命的引领者。

然而,目前我国仍面临着关键核心技术掌握不足、处于价值链中低端等困境。专家建议,今后要完善创新链条,促进产学研协同创新,解决重大共性技术难题,加快创新成果向现实生产力转化;同时,继续深化"放管服"改革,加强知识产权保护,完善人才激励政策,优化创新环境,发挥企业创新主体作用,让创新活力竞相迸发。

3. 怎样更好地拥抱新潮流。

早在 1951 年,计算机之父图灵就提到,如果机器能思考,那么它很可能比我们更加明智,这种新的危险,当然让我们焦虑。如今,世界经济论坛发布的《2017

年全球风险报告》对12项新兴技术进行了分析,并认为人工智能和机器人技术最有可能带来负面影响。

不久前,百度集团董事长兼首席执行官李彦宏乘坐智能驾驶汽车驶上北京五环路,引发广泛关注和热议。业内人士称,智能驾驶汽车有利于缓解道路交通拥挤。但也有人担忧,智能驾驶会对公共安全产生不可预知的风险,"不受控"的人工智能可能带来毁灭性灾难。

那么,我们应怎样更好地拥抱新的潮流?专家认为,新兴技术的监管是一个复杂问题,监管不当会制约新技术的发展,就目前而言,应对可能带来风险的新技术进行适度监管,尤其是在标准体系建设、政策法规方面要尽快加以完善。

"科技没有错,带来问题的是技术的使用者,迎接第四次工业革命要做好人的管控。"清华大学热能工程系教授李政说。

另外,施瓦布提到,第四次工业革命将产生极其广泛而深远的影响,也可能产生一些负面效应,包括会加剧不平等,特别是有可能扩大资本回报和劳动力回报的差距,很多人由于不熟悉新技术而变得更加贫穷。

对此,专家建议,对于新工业革命可能带来的就业压力、收入差距拉大等问题,有必要采取措施减少其负面影响,政府要搭建公平、开放的平台,以使更多主体能有参与机会;相关行业的员工要积极应对技术革新的挑战,用新技术和新知识"武装"自己,从而在新兴业态中获得新的就业机会。

资料来源:刘坤:《第四次工业革命:中国能成为引领者吗?》,《光明日报》,2017年7月18日第14版。

材料3:拥抱第四次工业革命　中国准备好了吗?

自世界历史车轮在蒸汽机的轰鸣声中驶入现代社会,工业革命对于人类生产生活方式以及国家竞争力的巨大冲击力一直为世界瞩目。行至今日,以物联网、大数据、人工智能、3D打印等为代表的新技术登上了舞台。

在过去一周,"第四次工业革命"由于2016夏季达沃斯论坛的召开成为最具热度的话题之一。在世界经济论坛创始人兼执行主席克劳斯·施瓦布看来,这场全新革命已经到来,而中国将成为其中的领军者。

回望历史,中国曾多次错失工业革命的契机,深感技术落后、创新不足之痛。正在经历转型的中国能否抓住第四次工业革命的机遇?

1. 弯道超车的机遇。

从调查问卷到大数据,从机器到人工智能,一场技术变革正在悄然发生。从德国"工业4.0"、美国"工业互联网",到"中国制造2025"和"互联网+",新技术变革的趋势已经得到国家战略层面的布局。专家认为,主动迎接第四次工业革命将成为中国提升国际竞争力和加快经济转型升级的重要路径是实现弯道超车的机遇。

世界经济论坛创始人兼执行主席克劳斯·施瓦布在此次达沃斯论坛召开前就对媒体表示:"中国将成为第四次工业革命的领军者。"

中国社会科学院工业经济研究所研究员周民良对海外网表示,尽管第四次工业革命的概念以及是否到来还有待讨论,需进一步观察标志性技术会否得到大规模开发和应用,但各国对此的竞争已经展开。对于中国而言,需抓住这个机遇,在多个领域缩小与发达国家的竞争力差距。

事实上,随着中国经济进入"新常态",把握新工业革命契机不仅是提高国际竞争力的愿景,更成为中国经济转型升级过程中的必然选择。

国务院总理李克强在论坛开幕式的致辞中多次提及中国的经济转型、新动能和传统动能的转换,并表示世界新一轮科技革命和产业革命孕育兴起,为新旧动能转换提供了历史性经济机遇。

有企业家指出,第四次工业革命恰恰与中国供给侧结构性改革的方向相契合:第四次工业革命的信息化、数据化特点将带来市场划分巨变,从而符合个性化消费需求,改变以往大工业模式下产品千篇一律的局面。

2. 科技创新的力量。

中国靠什么参与、甚至领跑新一轮工业革命?不少参会者及学者都提出了相同的观点:科技创新。

前招商银行行长马蔚华认为,科技创新的意义日益凸显。"可能过去我们靠传统,靠人口红利,靠规模、速度发展,但这已经越来越不适应于今天了。GDP有技术含量,才有竞争力,必须通过科技创新提高GDP的质量。"

科技也将为总理在论坛致辞中强调的"着力培养新动能"和"改造提升传统动能"注入显著活力。国务院发展研究中心副主任隆国强在接受海外网采访时表示,新动能的一个重要组成部分即是新技术,而传统动能也需要通过新技术来改造和提升。

专家认为,现阶段我国的经济发展水平、技术研发能力和技术推广体系等为抢占新一轮科技发展先机提供了良好条件。

"如果中国还处于800美元的人均年收入水平,即便有外部的技术创新背景,中国对技术的反应和选择也会受限。"北京大学国家发展研究院教授卢锋在接受海外网采访时说,中国的经济发展使高端技术的应用和推广提供了可能,在经济较发达省份尤为明显。

克劳斯·施瓦布认为中国将成为第四次工业革命领军者的一个重要判断即是"中国已在无人机、太阳能、超级计算机等新兴技术领域处于世界领先水平"。参加达沃斯论坛的不少企业家也表示,经过改革开放 30 多年来的发展,中国科技企业在核心技术、核心元器件方面与世界领先企业的差距正在逐渐缩小,在部分领域甚至没有"代差"。

此外,中国资本市场、创业环境的改善都被认为将助力科技和商业更紧密地结合,从而推动技术落地。

3. 领跑者的考验。

进入新一轮工业革命的领跑者队伍,中国的科技创新还需要做什么?从世界研发投入第二大国,到真正的创新大国、创新强国,中国要走的路还有多远?

作为衡量创新驱动的重要指标,2015 年中国研发总投入(R&D 经费)占 GDP 的比例预计为 2.1%,尚未实现"十二五"期间达到 2.2% 的目标。这表明我国整体科技投入和经济发展规模不匹配,"十三五"要实现 2.5% 的目标任重道远。①

比增加投入更加重要的是,使投入转化为创新能力和创新成果。在这个过程中,将技术研发和市场力量的紧密结合至关重要。

周民良对海外网强调,我国目前科技转化率较低,亟须通过科研体制改革加强产学研之间的横向联系。"技术开发可能是在高校等科研机构,但是技术应用需要企业来做。如果技术没有进入商业领域,就无法获得源源不断的投入和开发。"

科技人才的不足也成为创新能力的一大桎梏。南开大学校长龚克在达沃斯论坛期间表示,我国需下大决心提高优质高等教育资源的供给。

他同时强调,发展科技和教育都不能急于求成。"不能一旦重视起来,就好像明天就要怎么样。要抛弃短视和着急的思路。"

对于企业而言,专家提醒,吸引科技人才不能仅仅依靠薪水,更重要的是拿出诱人的前景。

陶氏化学公司董事长兼首席执行官利伟诚曾对第四次工业革命有过这样的论断:第四次工业革命的界定不能只有技术进步,它还要推动我们价值观的革

---

① 2020 年我国研发(R&D)经费支出与 GDP 之比为 2.40%。编者注。

命。它最重要的发展绝不是3D打印或物联网,而是这些先进技术能够造福全人类。

资料来源:孟珂:《拥抱第四次工业革命 中国准备好了吗?》《人民日报(海外版)》,2016年7月4日第11版。

材料4:寄望第四次工业革命

未来的工厂是什么样子?同一条生产线上可以生产很多种不同的产品,客户可根据自己喜好定制不同款型、不同配置的汽车,工厂接到订单后,不再需要人工转换程序,只需零部件通过自己身上的标示,"告诉"机器采取不同的操作就可以实现,工厂里所有的物理环节都拥有一个"数字双胞胎",通过网络彼此进行智能的连接、沟通和协调,出现问题也能够第一时间发现并自行解决。在一些国家的工厂中,这些已经成为现实。未来,第四次工业革命将使这一趋势延伸得更加深远和广泛,个性化的产品、高效绿色的生产模式、"万物互联"的互动平台等,都将深入我们生活的方方面面。

1. 第四次工业革命浪潮已起。

工业4.0最初是2013年汉诺威工业博览会上德国一些工业组织提出的概念,之后受到全球重视。通过物联网和大数据技术将生产、销售和消费各环节联系起来,实现生产、监测自动化的智能工厂是未来趋势。

工业4.0概念在欧洲叫得很响,在美国则有另一种提法,叫做工业互联网。工业互联网的含义,就是将智能设备、人和数据连接起来,并以智能方式利用这些交换的数据。在现实世界中,机器、设备和网络能在更深层次与信息世界的大数据和分析连接在一起,带动工业革命和网络革命两大革命性转变。业内专家认为,与德国的工业4.0相比,美国的工业互联网范畴更广阔。它试图将人、数据和机器连接起来,形成开放而全球化的工业网络。

工业互联网拥有三大要素,即智能设备、智能系统、智能决策,当这三大要素同机器、设施、组织和网络融合到一起时,工业互联网的全部潜能就体现出来。生产率提高、成本降低和节能减排所带来的效益将带动整个制造业的转型升级。

2. 各国积极制定国家策略。

2015年4月,由德国联邦经济与能源部和联邦教育科研部牵头,一个横跨政治、经济、科学和工会各界的"工业4.0共同平台"正式启动,也标志着工业4.0成为德国国家战略。德国成立了5个工作组分别研究标准、工作、安全、法律和科研五大方向,并提出政策或科学建议。

德国联邦政府在其数字化战略中确定了工业4.0主要扶持的领域,包括自动化技术、3D打印、大数据、云计算、微电子等。"工业4.0共同平台"则于2015年年底发布了德国工业4.0实施战略,为相关科技设定了5个核心主题:一是价值链的水平整合。侧重供应商、中小企业、制造行业等不同企业间的协同合作。二是整个产品周期的端对端工程设计。在产品的生命链条上,每个环节都要实现集成。三是垂直整合与网络化生产。实施关键是可适应性和生产安全,这需要对零部件和软件系统进一步开发,比如建立传感器网络和进行预测式分析等。四是建立与工业4.0相应的社会网络。创造积极向上的工作氛围,除了改善培训和继续学习,还要引入人机系统和辅助系统等。五是跨界技术的继续研发,包括网络通信、宽带网、云计算、数据分析、互联网安全、安全终端和机机对话方案等。实施战略强调,工业4.0涉及行业和部门众多,难以进行准确定义。因此,工业4.0将是一个渐进的制造智能化过程。

2012年2月,美国正式发布了《先进制造业国家战略计划》,从此踏上了新一轮工业革命的道路。2012年,美国通用电气公司率先提出工业互联网概念,随后有美国电报电话公司、思科、IBM等加盟,组建了工业互联网联盟(IIC)。

作为工业3.0时代的优等生,日本希望追上工业4.0的快车,再现"日本制造"的荣光。日本政府推出的《日本再兴战略》将工业4.0视为创造新商业模式的重要契机,重点发展物联网、人工智能和大数据技术,加快人才培养、教育、研究开发、工作方式等领域的配套改革,实现产业结构转型。日本还希望借助机器人等新技术解决少子老龄化等社会问题。

日本经济产业省决定在2016年内开展物联网和人工智能技术的实证试验,通过机器人和人类的协调合作,建立在生产流水线上发现不合格产品即时报警体系,并通过统一不同企业间数据标准,掌握国际标准的制定。日本2016年度财政预算列出13.4亿日元(约合7 700万元人民币)用于物联网的实证试验,其中5亿日元用于智能工厂的建设。

作为世界第二大经济体,中国于2015年5月推出中国版工业4.0纲领性政策文件《中国制造2025》,主动应对新一轮科技革命和产业变革的重大战略选择,其核心是加快推进制造业创新发展,提质增效,实现从制造大国向制造强国转变。

3. 企业争相践行先进理念。

从社会实践来看,全部满足工业互联网要求的实体工厂目前在美国还未出现,但具体某一方面的技术或产品却在不断涌现。以通用电气推出的软件平台Predix为例,这就是一个工业互联网的代表性产品。该平台负责将各种工业生产设备和供应商相互连接并接入云端,同时提供设备性能管理(APM)和运营优化服务。目前通用电气的 APM 系统每天能够监控和分析大约价值 1 万亿美元设备上的 1 000 万个传感器发回的 5 000 万条数据。其终极目标是帮助客户实现生产系统 100% 的无故障运行。Predix 目前主要用于能源、水处理、国防以及通信等领域。这一产品是一个传感器阵列 + 物联网 + 大数据 + 云计算 + 并行计算 + 分布计算 + 智能制造控制系统的操作系统,目前已经在风机阵列监控和铁路网络的调度系统中使用。Predix 有望成为世界工业互联网标准。

目前德国已建成 200 多个工业 4.0 示范或试验项目,如西门子的智能工厂、华为研发的 5G 通信、博世的智能电动工具、汉堡的智能港口等。本报记者不久前参观了帮宝适在法兰克福附近的研发中心,那里的纸尿裤采用 3D 打印技术生产。20 台实时同步照相机和灯光设备组成一套 3D 扫描仪系统,在 1.5 毫秒内能够捕捉到婴幼儿整个身体的表面。研究人员介绍,"我们可以在不打扰宝宝正常状态的情况下,快速便捷地对宝宝的运动行为进行研究,研发更加合身的纸尿裤。"

日本知名工程机械生产商小松建设去年 6 月发布了"连通计划",将遍布全世界的 20 多家工厂的所有生产设备通过无线通信连接起来。通过远程控制系统,即时掌握出厂机械产品的运转情况,为客户提供有效的使用建议,提醒更换零部件。通过连接在机械设备上的传感器,小松发现因为传统测量技术的限制,推土机在建筑工地的作业平均有 30% 的返工率。而利用远程控制系统的三维技术,可以更精准地掌握施工现场的情况,提高工作效率。小松建设还成立了由 160 家供应商参加的"小松绿之会",向关联中小企业开放远程控制系统技术,以实现整个生产链的智能化生产。

中国企业也纷纷加紧投入,期待抓住在新产业革命背景下实现转型的机遇。据百度总裁张亚勤介绍,随着人工智能的应用逐渐成为主流,企业在相应领域大大增加了研发力度,包括无人驾驶汽车、金融和健康等领域,不断推出新产品。

4. 融合发展提供无限可能。

国际金融危机的影响仍未消除,信息技术与制造业的融合所带来的产业变革正在给整个行业带来深远的影响。无论是发展中国家还是发达国家,都希望借助工业 4.0 提振经济,找到新的经济增长点,提高在全球市场中的竞争力。

据统计,德国共有 1 500 万个工作岗位直接或间接与制造业有关。德国政府认为,实现工业 4.0 后,制造业生产力可提高 30%,中小企业尤其获益。

微软创始人比尔·盖茨在2016年达沃斯世界经济论坛年会期间表示,第四次工业革命在许多领域带来了快速和颠覆性变化。许多科技领域的创新正快速推进,数字领域的创新可能继续领跑。计算机认知能力、机器人智能化、物联网以及大数据分析模式,可成为众多行业发展的基础工具。

日本一桥大学教授米仓诚一郎认为,与工业3.0时代重视硬件相比,工业4.0更注重通过软件提高效率。在日益开放和协作的环境下,如何有效保护企业的知识产权成为课题。

斯坦福大学讲师艾米·威尔金森认为,在很多方面,中国一些企业已经走在世界前沿,"如果你仔细研究微信,就会发现它远比美国的同类应用先进得多。"威尔金森还注意到,在"互联网+"时代,中国企业越来越重视知识产权保护。

对于目前中国企业的比较优势,红杉资本全球执行合伙人沈南鹏认为,中国所处的环境对于具有创业精神的管理团队来说有着巨大吸引力。"首先,我们有资本;第二,我们有很好的市场。除了这两个条件外,我们还有一个软因素,就是我们有人才储备。我们要去管理它们,去整合它们。"类似智能手机以及相关零部件的生产,中国已经做得十分出色,之前这些产品的生产工厂都在欧洲、日本,现在则以中国公司为主流。类似智能手机的产品10年前都还没出现,现在却已经快速发展为最重要的沟通工具。中国无人机飞行器市场的快速发展是又一个典型例子。在类似产业中,中国公司做到了弯道超车。

《中国制造2025》把促进大中小企业协调发展作为深入推进制造业结构调整的工作重点,把进一步完善中小企业政策作为战略支撑和保障。中国工商银行董事长在2016年的达沃斯世界经济论坛上表示,要避免中等收入陷阱,中国必须进行全面深刻改革。中国要更重视经济增长的质量,而不是数量。经济增长的驱动力不再像过去简单依靠投资和要素的驱动,而要依靠创新。其中关注中小企业的成长对中国来说尤为重要,因为在解决就业方面,中小企业充满巨大增长潜力和活力。他表示,2015年工行资产负债表上有1.8万亿元人民币用于支持中小企业。

《中国制造2025》将创新驱动、质量为先、绿色发展、结构优化、人才为本作为总体要求。盖茨表示,中国人力资源丰富,人才辈出。中国还为技术创新营造了良好创业氛围,在全球第四次工业革命中中国必将占据重要席位。

清华大学中国与世界经济研究中心主任李稻葵向本报记者表示,许多中国产品的竞争力已非常强,中国企业的技术能力在许多领域正不断升级,而且中国有着全世界最大的人才储备,每年大量理工科专业人才为中国在新一轮工业革命中占据优势提供了保障。阿里巴巴董事局执行主席马云在2016年的达沃斯世界经济论坛晚宴演讲中表示,互联网革命将为中国年轻人创造更多的工作机会。

不论各国的叫法如何,第四次工业革命说到底都是让工业革命插上互联网革命的翅膀,从而大大提高生产率,促进人类文明的进一步发展。

资料来源:管克江、冯雪珺、王如君、田泓、刘栋:《寄望第四次工业革命》,《人民日报》,2016年2月22日第23版。

七、本章扩展材料

1. 中共中央文献研究室:《习近平关于科技创新论述摘编》,中央文献出版社2016年版。

2. 习近平:《在中国科学院第十九次院士大会、中国工程院第十四次院士大会上的讲话》,2018年5月28日。

3. 习近平:《在科学家座谈会上的讲话》,2020年9月11日。

4. 克劳斯·施瓦布:《第四次工业革命——转型的力量》,中信出版社2016年版。

5. 克劳斯·施瓦布、尼古拉斯·戴维斯:《第四次工业革命——行动路线图:打造创新型社会》,中信出版社2018年版。

6. 中华人民共和国国家统计局:《2019年中国创新指数较快增长 创新发展新动能加速聚集》,2020年10月30日。

7.《习近平在中共中央政治局第三十四次集体学习时强调 把握数字经济发展趋势和规律 推动我国数字经济健康发展》,新华网,2021年10月19日。

第三章 不同类型市场经济体制的形成与变迁

一、本章内容摘要

本章从生产关系角度讨论世界经济形成和发展的体制基础。

1. 市场经济是世界经济发展最基本、也是最重要的体制基础,市场经济发展是当代世界经济的基本特点。由于生产力发展水平、经济制度、政治和法律制度以及社会文化传统上的差异,市场经济体制的选择存在多样性。全球性市场经济的形成对世界经济产生了深远影响。

2. 发达国家市场经济体制的调整和演变,与现代经济学主流理论的发展关系紧密。其中,英国市场经济体制是工业化以来第一个市场经济体制,美国自由市场经济体制在1929—1933年大危机后经历了深刻的转型,而法国计划指导型市场经济体制、德国社会市场经济体制、日本政府主导型市场经济体制和瑞典福利国家市场经济体制在发达国家中都颇具代表性。新自由主义于20世纪70年代末80年代初在英美等西方国家占据主流经济学地位,是依据新的历史条件对古典自由主义加以改造形成的更加强调市场化、自由化和私有化的经济理论与政策主张。新自由主义政策主张具有代表性的是英国撒切尔政府的改革和美国里根政府的改革。2008年国际金融危机的爆发宣告了新自由主义政策的破产。

3. 发展中国家数量众多且经济发展潜力巨大。它们的经济发展水平总体较低,但在发展经济的过程中逐步确立了市场经济体制。其中,拉美模式和东亚模式在发展中国家的体制选择上具有典型性。

4. 传统的计划经济体制在历史上曾对苏联和东欧国家的经济发展起过积极的促进作用,但也存在严重弊端。俄罗斯和东欧转型国家在20世纪90年代推行市场化改革时都选择了以"休克疗法"为核心内容的改革方案,均未获得成功。

二、本章基本概念

市场经济体制、美国自由市场经济体制、法国计划指导型市场经济体制、德国社会市场经济体制、日本政府主导型市场经济体制、瑞典福利国家市场经济体制、拉美模式、东亚模式、新自由主义思潮、转型国家、"休克疗法"

三、本章重点和难点剖析

（一）造成市场经济体制多样性的原因

市场经济体制,在本质上是一套有关资源配置的制度安排,由正式制度(显性制度)和非正式制度(隐性制度)所组成。正式制度表现为一整套法律制度和规则,对市场经济活动的参与者具有强制性约束;非正式制度则表现为一定的文化传统、习惯、行为方式以及价值、伦理规范、意识形态等,也对市场经济活动的参与者具有约束性。由于不同国家的经济发展水平、基本经济制度、政治制度、历史文化传统等存在很大差异,因此构成市场经济体制的正式制度和非正式制度也就不同,从而使市场经济体制呈现出多样性。具体来说,造成市场经济体制多样性的原因主要有以下几方面。

第一,生产力发展水平的差别。生产力发展水平反映一个社会的科技进步水平、物质生产能力以及人们的物质文化生活水平。一般来讲,生产力水平越高的社会,用于进行交换的商品越丰富,市场规模也就越大,市场经济的发展水平就越高;相反,一个社会的生产力发展水平越低,市场交换的规模也就越小,市场经济的发展水平也就越低。所以,在世界各国的经济发展水平还存在较大差距的时候,各国的市场经济发展水平和形态也就必然呈现出很大差异和多样性。

第二,经济制度的差别。经济制度规定着一定社会生产、分配和交换的基本原则,规定着该社会生产关系的性质。市场经济体制作为一种经济体制,是一定经济制度所采取的具体组织形式和管理体系,反映社会经济在组织生产、交换、分配过程中采取的资源配置方式。经济制度是经济体制的基础,决定经济体制的根本性质和主要特点,规定着它的发展方向,无论选择何种经济体制,都不能背离经济制度的要求。在现实经济生活中,经济制度的差别主要表现为生产资料所有制结构的差别。不同国家的生产力发展水平不同,生产资料所有制结构就不同,经济制度也就不同,这种差别必然要通过与之相适应的经济体制反映出来,由此决定了不同国家市场经济体制的特点和差异,决定了市场经济体制的多样性。

第三,政治和法律制度的差别。政治和法律制度属于上层建筑的范畴。一个社会的上层建筑通常是由该社会的经济基础决定的,同时又对经济基础发生反作用,或者维护经济基础,或者阻碍经济基础的变化和发展。市场经济体制是一个社会的经济基础的具体实现形式,它的法律基础是由该社会的政治上层建筑奠定的,并得到其保护。市场经济体制的建立和发展不能脱离政治上层建筑,有什么样的政治上层建筑,就有什么样的市场经济体制。目前,世界各国的上层建筑并不是整齐划一的,由于经济发展水平的差别和基本经济制度的差别,各国的上层建筑的形态各不相同,这就决定了各国建立的市场经济体制也具有各自的特点,彼此间存在很大的差异。

第四,社会文化传统的差异。社会文化传统包括伦理、道德、风俗习惯、意识形态等,是一个社会用来调节人与人、人与社会之间关系的重要行为规范。社会文化传统是一个社会在长期的历史发展过程中逐渐形成的,集中反映了一个社会的精神面貌和价值追求,是一个国家和民族区别于别的国家和民族的最显著的标志。市场经济体制不仅仅以一定的法律制度为基础,而且是以一定的社会文化传统为基础的。不同的社会存在着不同的社会文化传统,基于这种不同的文化传统建立的市场经济体制也就呈现很大差别。市场经济体制的建立和发展不可能脱离本国的文化传统,只有符合并反映本国文化传统特点的市场经济体制才能有效地规范人们的市场行为,才能有效地运行。

(二)发达国家市场经济体制的确立与调整

1. 古典经济学与早期自由放任市场经济。

作为古典经济学的起点,亚当·斯密于1776年出版的《国民财富的性质和原因的研究》在评述、批驳重商主义观念与政策的基础上,首次探讨了工业化条件下市场经济发展的特点,揭示了其内在运行机制,并探求了增加财富的途径和方法过程。亚当·斯密主张实行自由放任的经济制度和自然平衡的经济秩序,反对国家干预。进入大机器生产以后,资本主义市场经济发展所面临的问题与斯密时代又不尽相同,以李嘉图为代表的经济学家进一步侧重于从利益分配机制以及银行信用功能对经济发展的影响等角度,深入分析自由市场经济的特点与原理,不断完善和发展古典经济学。直至20世纪30年代以前,以马歇尔为代表的新古典学派,其全部理论分析仍然建立在自由放任的假设基础之上。因此,对市场机制自发调节功能的充分肯定,是当时工业化国家经济生活和经济管理中存在的一个基本事实的反映。

与此相对应的自由市场经济体制时期,大致也相当于18世纪初到20世纪30年代大危机之前这较长的一个历史时期。在这个阶段中,自由企业制度是市场经济运行的主体,股份资本所有制成为大多数企业的基本组织形式,市场机制是调节自由市场经济中资源配置的主要甚至是唯一的方式。

英国工业革命过程中建立的市场经济体制,以及直接从英国移植并发展起来的美国市场经济体制,都是这一时期经济思想和理论在体制确定过程中重要而典型的体现。

2. 20世纪30年代凯恩斯主义的兴起与国家干预经济。

19世纪晚期开始,各主要发达国家先后由自由竞争进入了垄断资本主义时代。随着企业规模的扩大和生产社会化程度的提高,传统体制模式的弊端不断呈现,并最终以经济大危机的形式首先在美国爆发并扩散至整个资本主义世界。1929—1933年大危机的爆发,使市场经济理论与体制都发生了重大变化。1936年,凯恩斯出版了《就业、利息和货币通论》,提出了系统的就业理论和国家干预经济政策主张,这标志着古典学派的自由主义经济理论让位于必须进行国家调节的凯恩斯主义。此后几十年,凯恩斯主义对整个资本主义世界的经济发展产生了重要影响,西方各国普遍将凯恩斯关于实行国家干预和进行宏观调节的理论运用于实践之中,采取了一系列宏观经济政策。

在美国,罗斯福新政正式宣告了市场经济体制中国家干预时代的到来。美国政府对经济的干预和调节主要以市场经济体系中各种法律法规的制定为程序基础,而财政政策和货币政策则是最基本的宏观调控手段。

1929—1933年大危机后,尤其是二战以后,西方主要发达国家的市场经济发展到了现代市场经济阶段,其突出特点是国家干预下的市场经济。但是,由于各国经济发展水平、社会政治结构以及历史文化和意识形态各不相同,政府干预的途径、方法和程度在不同的国家也很不相同,这就使现代市场经济表现为政府与市场关系有不同组合并各具特色的模式。除了英国和美国市场经济体制外,以法国、德国、日本和瑞典为代表的市场经济体制也很有特色:在战后重建的过程中,法国政府选择了适合其国情的计划指导型市场经济体制;联邦德国在美、英、法主导下的战后重建过程中选择了社会市场经济体制;二战后日本的市场经济体制是政府主导型模式的典型代表;北欧的瑞典、挪威和丹麦则同属于福利国家的市场经济体制类型。

3. 20世纪80年代以来新自由主义思潮及其政策表现。

新自由主义产生于20世纪20—30年代,并于20世纪70年代末80年代初在英美等西方国家占据主流经济学地位,是依据新的历史条件对古典自由主义加以改造形成的更加强调市场化、自由化和私有化的经济理论与政策主张。新自由主义包括众多学派,但影响较大的是以英国的哈耶克为代表的伦敦学派和以美国的弗里德曼为代表的现代货币学派、以卢卡斯为代表的理性预期学派和供给学派等。

进入20世纪70年代,由于二战后实行凯恩斯主义积累下来的矛盾集中爆发,资本主义经济陷入滞胀,货币主义和其他新自由主义领域的政策主张渐趋活跃,其具有代表性的是英国撒切尔政府的改革和美国里根政府的改革。

进入21世纪前后,以"华盛顿共识"为代表的新自由主义影响力不断扩大。然而2007年8月美国次贷危机突然爆发,尤其在2008年9月雷曼兄弟公司破产倒闭,美国五大传统投资银行纷纷难以为继之后,金融风暴更是席卷全球,世界经济被拖入自20世纪30年代以来最严重的金融危机。这场全球性金融危机给之前盛行的新自由主义经济理论和经济政策带来沉重打击。新自由主义在本质上继承了资产阶级古典自由主义经济理论的自由竞争、自由经营、自由贸易等思想,并走向极端。在宣扬自由化、私有化和市场化的过程中,一味反对任何形式的国家干预,而这已经被证明是不合理的,也是行不通的。在应对危机的过程中,西方各国的经济政策也经历了不同程度的调整。

（三）拉美模式和东亚模式

拉美地区的各个国家从19世纪初普遍获得民族独立之后,就走出了一条独特的发展道路。依据经济形态的差异,大致经历了初级产品出口导向发展模式、进口替代工业化模式、20世纪80年代的债务危机和90年代的经济改革四个阶段。与此相对应,拉美的经济发展模式经历了从进口替代工业化模式向以出口导向发展模式的转换。

一般认为,拉美模式的主要特征包括：在实施市场经济的基础上,政府对经济生活进行全面而有力、有时甚至是过度的干预；国内市场和民族企业受到过度的保护,从而使其国际竞争力得不到快速的提高；依靠丰富的自然资源,以初级产品出口支持工业化；国内资本积累能力较低,对外资的依赖性较强；重工轻农现象比较严重,农业发展的潜力未能得到充分发挥；分配不均现象突出,等等。这也是一种非常典型的进口替代工业化模式。

传统拉美模式是以进口替代为其主要发展战略。该战略又称内向型经济发展模式,是指发展中国家和地区有意识地推动国内和地区内工业的建立,以本国和本地区生产的工业制成品取代原来依靠进口的产品,以满足本国和本地区市场的需求,并逐步实现工业化。

就具体政策而言,拉美的进口替代工业化也主要是通过国家对经济的直接干预,利用关税、优惠汇率、低息贷款、税收激励、管制和国有化等政策,依靠国家力量在高度保护下发展民族工业。进口替代工业化发展模式使拉美经济实现了长达30年的稳定增长，创造了拉美发展奇迹。但其内在的缺陷对发展的可持续性形成了挑战，进口替代发展战略所带来的内需不足也抑制了经济增长。历史上形成的社会财富分配不公和工业化过程中收入分配日益集中的趋势，都加剧了社会分化和结构性矛盾。由于受到石油危机和发达国家经济滞胀的影响，20世纪70年代中期至80年代初期拉美工业化进程放缓，拉美各国普遍走上了举债发展的道路并进而促发债务危机，引起了经济的持续衰退。

二战后东亚经济的复兴和崛起首先从日本开始，随后又扩散到亚洲"四小龙"和东盟四国等。这些国家和地区的经济发展起步虽然晚于拉美新兴工业国，但从20世纪60年代中期起，它们利用有利的国际经济条件，取得了经济的高速增长。其增长速度之快、持续时间之长，在世界范围内绝无仅有，这些经济体在西太平洋地区已呈现增长的梯度扩散效应，从而创造了举世瞩目的"东亚奇迹"。

世界银行于1993年发表了题为《东亚奇迹》的研究报告，首次提出了东亚模式的概念。认可度较高的共同特征主要包括：高经济增长率，这是东亚模式最主要的标志之一；实行政府主导型的市场经济，强调政府在经济发展中的协调、指导和参与作用；高储蓄率和高投资率，通过高储蓄率形成国内的快速资本积累，通过大规模的投资推动国内经济的迅速发展；国民经济的外向度高，尤其是实行"出口导向型"的经济发展战略；积极引进、吸收和追赶国外先进技术，注意国内产业结构升级换代；构筑阶梯型产业分工，地区内经贸联系紧密，区域内发展形成良性互动，等等。

东亚模式主要特征之一是出口导向经济发展战略。它对东亚国家经济发展具有举足轻重的意义，也是许多后起发展中国家的共同赶超路径。出口导向经济发展战略着重发展出口导向工业，从而使工业品代替初级产品成为出口的主要项目。这一经济发展战略的基本内容可以概括为：建立以出口贸易为中心的经济体系，把经济活动的重心由以本国和本地区市场为主转向以国际市场为主，在扩大工业品出口、参与国际竞争中，由外向型制造业发展来带动产业结构的升级，由此带动整个国民经济的发展。

东亚模式的另一个根本特征就是政府在经济运行和发展中起着十分重要的主导作用。政府的宏观干预和市场机制有效结合，从而形成一种政府主导型市场经济体制。但是在不同经济体和不同时期，东亚各国和地区政府干预经济的程度和方式很不相同，发挥市场机制的作用也不同。

（四）俄罗斯和东欧转型国家的市场化改革

进入20世纪90年代以后，"休克疗法"成为俄罗斯和东欧国家向市场经济转型的重要政策工具，这些国家希望以短暂的"休克"之剧痛来换取宏观经济的稳定，实现经济体制和经济制度快速转型，直接进入资本主义市场经济。

作为一种激进的经济转型方式，"休克疗法"的主要内容包括稳定化、自由化和私有化三个方面。稳定化是指宏观经济的稳定，它是向市场经济过渡的先决条件，主要通过紧缩的货币政策和财政政策来实现。自由化就是释放在计划经济条件下被扼制的市场力量，主要包括价格自由化、企业经营自由化和对外经济活动自由化等。私有化是既包括把国有企业的资产转为私人所有，也包括把它转为法人（股份公司、集体企业）所有，它是有效的市场经济的基础。

俄罗斯和东欧转型国家实行激进的"休克疗法"进行经济转型，本想在最短的时间内实现经济稳定，进而通过经济转型实现富裕和繁荣，然而，事与愿违，"休克疗法"给俄罗斯和东欧国家人民带来的是社会制度的巨大倒退、生产力的严重破坏、人民生活水平的大幅度下降和综合国力的严重削弱。

四、本章课后思考题及答案提示

1. 简述市场经济体制多样性的原因。

市场经济体制在本质上是一套有关资源配置的制度安排，由正式制度（显性制度）和非正式制度（隐性制度）所组成。正式制度表现为一整套法律制度和规则，对市场经济活动的参与者具有强制性约束；非正式制度则表现为一定的文化传统、习惯、行为方式以及价值、伦理规范、意识形态等，也对市场经济活动的参与者具有约束性。造成市场经济体制多样性的原因主要有以下几方面。

第一，生产力发展水平的差别。

第二，经济制度的差别。

第三，政治和法律制度的差别。

第四，社会文化传统的差异。

市场经济体制存在多样性是合乎经济和社会发展规律的，它反映了不同国家社会生产力发展的差异性，以及不同国家政治和社会文化传统的特殊性，具有客观必然性。

2. 试述全球性市场经济的形成对世界经济的影响。

世界各国市场经济取向的改革，导致了全球性市场经济的形成，为经济全球化深入发展提供了重要的体制条件。

第一,全球性市场经济的形成使世界各国经济紧密联系在一起。市场经济是一种利益导向经济,其深刻动因就是资本在运动中不断增殖。资本为了实现其自身价值的增殖,为了在激烈的竞争中取得利润,就必须使自己的活动范围跨越国界,推动商品、资本、技术、劳动力在国际上流动和转移,使世界各国之间形成相互联系、相互依赖的关系,从而将整个世界经济紧密联系在一起。

第二,全球性市场经济的形成使资源在世界范围内进行配置成为可能。全球性市场经济的形成打破了资源配置的地域界限,冲破了民族国家的种种限制,使商品、服务和各种要素在世界范围内可以更加自由地流动,各国可根据各自的比较优势将资源配置到最有效的用途上。

第三,全球性市场经济的形成使世界绝大多数国家的市场实现了国际化。由于市场经济的推动,世界各国的商品交换突破民族国家界限扩展到世界范围。而且这种扩展不仅仅限于技术、资金、商品等物的流通的某种程度的国际化,同时还突出地表现为市场经济原则和其他经济技术规范的全球化。从某种意义上讲,世界市场的发展过程就是在世界范围内形成统一的、规范的市场经济的过程。只有市场经济充分发展了,一个真正意义的无所不包的世界市场体系才会最终形成。

第四,全球性市场经济的形成使既竞争又合作的国际经济关系成为必然要求。全球性市场经济的形成使市场经济的竞争规则扩展到整个世界经济,各国在世界市场上的竞争不断激化,有力地推动了世界经济的发展。同时,全球性市场经济的形成使各国之间的经济利益错综复杂,相互之间的依赖性不断加强。

3. 简述新自由主义的理论、思潮与政策主张。

新自由主义产生于20世纪20—30年代,并于20世纪70年代末80年代初在英美等西方国家占据主流经济学地位,是依据新的历史条件对古典自由主义加以改造形成的更加强调市场化、自由化和私有化的经济理论与政策主张。新自由主义包括众多学派,但影响较大的是以英国的哈耶克为代表的伦敦学派和以美国的弗里德曼为代表的现代货币学派、以卢卡斯为代表的理性预期学派和供给学派等。现代货币学派是新自由主义的典型代表。该学派继承了经济自由主义传统,在"货币"的重要性和作用等问题上同凯恩斯主义存在严重分歧,认为在经济生活中货币是最为重要的因素。该学派从"自然失业率"等理论出发,坚持自由市场经济,强调自由放任、自由竞争,重视均衡增长的自然状态,反对国家过度干预,同时把资本主义经济发展中矛盾的问题外生化。理性预期学派是当代西方新自由主义思潮中影响力甚广的又一重要学派。该学派也接受"自然失业率"假说,同时更强调预期的作用。在他们看来,政府预定的政策效果,会被理性预期所抵消,因此极端地说,任何形式的国家干预经济的政策,归根结底都是徒劳无益甚至有害的。供给学派是20世纪70年代中期在美国兴起的又一个经济学流派。它是作为凯恩斯主义对立面和批判者而出现的。供给学派的理论特点主要有:第一,它全面否定凯恩斯主义的理论与政策,认为其是美国经济滞胀的直接制造者;第二,这一学派在强调生产率提高的基础上,重新肯定萨伊定理,重视市场机制作用;第三,该学派要求降低税率,刺激供给。

综观20世纪60年代后出现的新自由主义思潮,它们具有一些共同的特点。一是反对凯恩斯主义式的过度国家干预;二是夸大自由市场经济体制的自身出清能力和运行效率;三是试图验证自由主义逻辑的正当性与合理性;四是通过宣扬自由化、市场化和私有化等政策主张,试图进一步影响正处于工业化和经济转型进程中的发展中国家。

进入20世纪70年代,由于二战后实行凯恩斯主义积累下来的矛盾集中爆发,资本主义经济陷入滞胀,货币主义和其他新自由主义领域的政策主张渐趋活跃,其具有代表性的是英国撒切尔政府的改革和美国里根政府的改革。20世纪80年代,在绝大多数拉美国家深陷通货膨胀及债务危机双重打击的背景下,1989年,曾任职于世界银行的经济学家威廉森执笔写了《华盛顿共识》,系统地提出指导拉美国家经济改革的各项主张,包括实行紧缩政策防止通货膨胀、削减公共福利开支、金融和贸易自由化、统一汇率、取消对外资自由流动的各种障碍,以及国有企业私有化、取消政府对企业的管制等,得到世界银行的支持。由于这些思想坚持斯密自由竞争的经济思想,与西方自由主义传统一脉相承,后来有人将这些观点称为"新自由主义的政策宣言"。

4. 试述罗斯福新政在美国市场经济体制演变过程中的主要作用。

1929—1933年大危机的爆发,使市场经济理论与体制都发生了重大变化。1936年,凯恩斯出版了《就业、利息和货币通论》,提出了系统的就业理论和国家干预经济政策主张,这标志着古典学派的自由主义经济理论让位于必须进行国家调节的凯恩斯主义。此后几十年,凯恩斯主义对整个资本主义世界的经济发展产生了重要影响,西方各国普遍将凯恩斯关于实行国家干预和进行宏观调节的理论运用于实践之中,采取了一系列宏观经济政策,包括:扩大政府职能;设法提高消费倾向,扩大消费;增加投资,弥补由于消费不足而留下的缺口,尤其是追求充分就业、扩大财政开支、实行"赤字"财政,等等。

在美国,罗斯福新政正式宣告了市场经济体制中国家干预时代的到来。美国政府对经济的干预和调节主要以市场经济体系中各种法律法规的制定为程序基础,而财政政策和货币政策则是最基本的宏观调控手段。由此,美国在传统私有制和自由经营的基础上辅以大范围政策调控,政府对就业、经济增长、通货膨胀以及国际收支平衡等重要的宏观经济指标承担起重要责任。

5. 以俄罗斯和东欧转型国家为例,简述"休克疗法"的实施后果。

进入20世纪90年代以后,"休克疗法"成为俄罗斯和东欧国家向市场经济转型的重要政策工具,这些国家希望以短暂的"休克"之剧痛来换取宏观经济的稳定,实现经济体制和经济制度快速转型,直接进入资本主义市场经济。作为一种激进的经济转型方式,"休克疗法"的主要内容包括稳定化、自由化和私有化三个方面。稳定化是指宏观经济的稳定,它是向市场经济过渡的先决条件,主要通过紧缩的货币政策和财政政策来实现。自由化就是释放在计划经济条件下被扼制的市场力量,主要包括价格自由化、企业经营自由化和对外经济活动自由化等。私有化是既包括把国有企业的资产转为私人所有,也包括把它转为法人(股份公司、集体企业)所有,它是有效的市场经济的基础。

俄罗斯和东欧转型国家实行激进的"休克疗法"进行经济转型,本想在最短的时间内实现经济稳定,进而通过经济转型实现富裕和繁荣,然而,事与愿违,"休克疗法"给俄罗斯和东欧国家人民带来的是社会制度的巨大倒退、生产力的严重破坏、人民生活水平的大幅度下降和综合国力的严重削弱。

第一,经济自由化措施不仅没有实现经济运行机制的顺利转型,反而造成了经济秩序的更加混乱。

第二,私有化不仅没有提高企业的经济效益,反而造成了国有资产的大量流失和金融工业集团的形成。

第三,宏观经济稳定化措施存在着内在矛盾,没有达到稳定宏观经济的目的。

五、本章测试题

(一)判断题

1. 从本质上说,市场是人与人通过物品与服务的等价交换而形成的一种交换关系,市场经济则是市场机制成为资源配置基本手段的国民经济运行方式。
（　　）

2. 全球性市场经济的形成使资源在世界范围内进行配置成为可能。（　　）

3. 东亚模式的主要特征包括出口导向经济发展战略以及政府在经济运行和发展中起着十分重要的主导作用。（　　）

4. 作为一种渐进的经济转型方式,"休克疗法"的主要内容包括稳定化、自由化和私有化三个方面。（　　）

5. 罗马尼亚和保加利亚在 2007 年 1 月加入欧盟。（　　）

6. 新自由主义的政策主张在实践中具有代表性的是美国里根政府的改革和英国撒切尔政府的改革。（　　）

7. 1789 年,美国宪法的诞生标志着美国作为一个国家的开始,也标志着其市场经济体系的形成,为其自由竞争的经济体制的形成和发展奠定了法律基础。
（　　）

8. 传统拉美模式是以出口导向为其主要发展战略,而东亚模式主要特征之一则是进口替代经济发展战略。（　　）

9. 传统的计划经济体制在历史上曾对苏联和东欧国家的经济发展起过积极的促进作用。但从 20 世纪 50 年代中期开始,尤其是进入 20 世纪 60 年代以后,随着社会经济条件的变化,高度集中的计划经济体制暴露出了自身难以克服的缺陷和弊端。（　　）

10. 在俄罗斯大规模的证券私有化过程中,出现了一种金融资本与工业资本相互渗透、不断融合的经济组织形式——俄罗斯金融工业集团。（　　）

（二）不定项选择题

1. 市场经济体制,在本质上是一套有关资源配置的制度安排,由正式制度（显性制度）和非正式制度（隐性制度）所组成。其中非正式制度包括（　　）。

A. 法律制度和规则　　　　B. 文化传统
C. 习惯、行为方式　　　　D. 价值、伦理规范

2. 在构筑古典经济学理论体系的过程中,提出了"看不见的手"的著名论断的是（　　）。

A. 亚当·斯密　　　　　　B. 李嘉图
C. 凯恩斯　　　　　　　　D. 马歇尔

3. 属于福利国家市场经济体制类型的典型代表是（　　）。

A. 德国 B. 瑞典
C. 法国 D. 日本

4. 新自由主义更加强调市场化、自由化和私有化，新自由主义学派主要包括（ ）。

A. 现代货币学派 B. 理性预期学派
C. 供给学派 D. 凯恩斯学派

5. 下列属于造成市场经济体制多样性原因的是（ ）。

A. 政治和法律制度的差别 B. 经济制度的差别
C. 生产力发展水平的差别 D. 社会文化传统的差异

6. 《通论》的作者是（ ）。

A. 亚当·斯密 B. 李嘉图
C. 马歇尔 D. 凯恩斯

7. 属于计划指导型市场经济体制类型的典型代表是（ ）。

A. 德国 B. 瑞典
C. 法国 D. 美国

8. 俄罗斯市场经济发展中存在的问题不包括（ ）。

A. 市场经济的"制度质量"有待提高
B. 不少企业缺乏创新动力
C. 人力资本质量偏低
D. 加入欧盟后面临压力

六、本章阅读材料及案例分析

请结合本章所学知识和下述材料分析中国特色社会主义市场经济体制与其他国家的市场经济体制有何共性和特性。

材料1：中国市场经济体制的独特魅力究竟何来

中国自1978年实行改革开放，经过最初十几年实践与理论的艰苦探索，于1992年党的十四大报告中明确提出了建立社会主义市场经济体制的改革目标，从此之后，中国的改革开放全面展开，中国经济也随之进入持续的高速增长轨道。2010年之后，中国经济总量稳居世界第二。2012年以来，中国经济进入新常态，增长速度有所回落，但是，在党中央的领导下，中国的改革开放继续朝着坚持和完善中国特色社会主义市场经济体制的方向全面推进，中国经济发展依然充满了活力。在整个世界经济持续低迷的背景下,中国不仅继续保持着全世界最快的经济增长速度,而且经济增长的质量和效益也不断得到提高。实践已经充分证明,建立和完善中国特色社会主义市场经济体制的发展道路是一个伟大的创举,是实现党所确立的"两个一百年"奋斗目标和实现中华民族伟大复兴的成功之路。

1. 在多种经济制度和体制的比较下,认识中国特色社会主义市场经济体制的本质特征及其优越性。

有比较才有鉴别。要认识中国特色社会主义市场经济体制的本质特征及其优越性,一个比较直观的方法就是进行多种经济制度和体制的比较。在当今世界上,大体存在着四种主要的经济制度和体制:一种是典型的资本主义经济制度和体制,存在于欧美、日本、韩国、俄罗斯等国家;一种是传统的社会主义经济制度和计划经济体制,存在于古巴、朝鲜等国家;一种是前资本主义经济制度和体制,存在于非洲及中东等一些国家;一种是中国特色社会主义市场经济体制。

从人类历史发展规律的角度来说,存在于一些国家的前资本主义制度和体制,多半是一种封建的甚至是更为陈旧的制度和体制,这些制度和体制从根本上来说是不适应现代社会生产力发展需要的,因此,实行这种制度和体制的国家往往经济社会发展十分缓慢。存在于一些国家的传统社会主义经济制度和计划体制,由于排斥市场经济机制,实行单一的计划管理,从而使经济发展的动力和活力受到严重的束缚;同时由于受到发达国家的封锁,这些国家又不得不实行闭关锁国政策,无法广泛吸收整个世界发展的各方面文明成果。因此,这些国家的经济社会发展也是困难重重甚至是举步维艰。存在于欧美等国家的资本主义制度和体制,曾经是世界上最先进的制度和体制,并且在当今世界上仍然占据着主导地位。但是,由资本主义固有的内在矛盾所决定的这种制度的历史局限性,已经通过周期性的经济危机和金融危机、社会的贫富两极分化日益严重、经济增长乏力、世界发展的日益不平衡、生态危机的不断加深等各个方面得到充分表现。相比于这些制度和体制而言,中国特色社会主义市场经济体制的根本特征是,在中国共产党的领导下实行社会主义基本制度与市场经济的有机融合,从而具有三个方面的优越性:一是坚持党的领导,从而最大限度地发挥出特有的政治优势;二是坚持社会主义基本经济制度,从而最大限度地发挥出社会主义的优越性;三是坚持和发展社会主义市场经济体制,从而最大限度地发挥出市场经济的优越性。这三个方面的优势和优越性的有机统一,使中国特色社会主义市场经济体制成为当今世界上最先进的制度和体制,这正是中国经济社会不断获得稳步发展的制度基础和根本原因。

习近平总书记明确指出:"中国特色社会主义有很多特点和特征,但最本质的特征是坚持中国共产党领导。"在坚持党的领导前提下发展社会主义市场经济,这是中国改革开放取得成功的秘笈之一。世界上许多国家之所以发展不顺,一些国家之所以落入"中等收入陷阱",一个十分重要的原因正在于要么是缺乏先进政党的领导,要么是政治体制混乱,各种党派之间无序竞争,内乱不断,甚至发生内战。从经济与政治的关系来说,从来没有离开经济的政治,也从来没有离开政治的经济,政治与经济是互相联系和互相制约的。在长期的实践中,中国形成了由马克思列宁主义武装起来的中国共产党领导下的多党合作和政治协商制度,这种具有中国特色的社会主义民主政治制度,既不同于西方资产阶级的议会民主制度,也不同于一些国家的独裁专制制度,是最适合中国国情的人民民主政治制度。坚持共产党领导下的政治民主制度,是中国特色社会主义市场经济体制的强大政治基础和前提,是中国特色社会主义市场经济体制具有强大生命力的政治制度根源。

2. 中国的改革要始终坚持通过经济体制改革,不断完善社会主义经济制度这一总原则。

习近平总书记明确指出:"我们是在中国共产党领导和社会主义制度的大前提下发展市场经济,什么时候都不能忘了'社会主义'这个定语。之所以说是社会主义市场经济,就是要坚持我们的制度优越性,有效防范资本主义市场经济的弊端。"十一届三中全会以来,中国的改革始终坚持通过经济体制改革不断完善社会主义经济制度这一总原则,而不是像苏联和东欧国家那样,把经济体制改革变成了彻底放弃和颠覆社会主义经济制度。在改革开放的过程中,中国逐步形成了以公有制经济为主体,多种所有制经济共同发展的基本经济制度,以这样一个基本经济制度为前提和基础的市场经济,与纯粹以生产资料私有制为基础的资本主义市场经济相比,具有多方面的优势和优越性。

我国现阶段的公有制经济主要包括国有企业和农村集体所有制经济两种主要形式。从国有企业方面来看,国有企业在我国经济社会发展中具有多方面的重要地位和作用,具体来说:第一,国有企业是我们党的执政基础,是实现党对经济工作的领导的重要抓手,是实现党的战略方针的主力军,是实现政府宏观经济管理和调控目标的重要依靠力量。

第二,国有企业是我国社会主义初级阶段公有制经济的主要形式,是我国社会主义经济制度的重要支柱,是初级阶段社会主义生产关系的重要载体,体现着工人阶级和劳动者的主体地位,比任何私有制经济形式都能够更好地发挥劳动者的劳动积极性和创造性,也比任何私有制经济形式都能够更好地体现社会公平和实现共同富裕。

第三,我国国有企业一方面具有企业的一般属性,从而能够按照市场经济规律和社会生产力发展规律参与市场竞争,为社会创造和提供有益产品和服务,满足社会需要,并为国家创造大量利润和税收;同时我国国有企业又是具有特殊性质的企业,承担着多方面的社会职能,在保障就业、劳动安全、公共服务、环境保护、产品安全、知识产权保护、维护国家安全等各方面具有比一般企业更多的优越性和社会效益。

第四,国有企业是我国参与国际竞争的主力军和生力军。从总体上来看,经过改革以后所形成的我国现有国有企业,普遍建立了现代企业制度,企业规模大、管理规范、科研创新能力强,进入世界五百强的中国企业多半都是国有企业,这一事实充分证明了我国国有企业具有日益强大的国际竞争力。

第五,我国国有企业与非公有制企业以及外资企业存在广泛的各种合作,已经有机融入市场经济和世界市场,已经成为真正的市场主体,从而具有强大的生命力和活力。总之,国有企业的大量存在及其不断发展,是中国特色社会主义市场经济体制具有强大生命力的重要经济制度根源。

改革开放以来,我国农村实行土地集体所有制基础上的家庭联产承包责任制,一方面,保持了农业公有制经济的基本性质,在政治上保持了党对农业和农民的领导,在经济上避免了土地私有化必然产生土地兼并以及由此而带来的农民两极分化和大面积贫困化;另一方面,家庭联产承包责任制的实行把亿万潜在的农村富余劳动力解放出来,通过市场机制为城市工业化的快速发展提供了源源不断的劳动力,同时极大地促进了乡镇企业的发展。更为重要的是,我国农村土地集体所有制为我国开展大规模公共建设提供了独有的制度保障,使我国城镇建设、公共基础设施建设、城市房地产业等各方面获得了高速高效的发展,充分体现了社会主义农村集体所有制经济的巨大优越性。党的十八大以来,随着农业经营体制的深化改革,我国农村集体所有制所特有的制度优势将会得到更进一步的发挥。

改革开放40年来,我国非公有制经济获得了长足发展,在促进经济增长、就业、税收、技术创新等各方面都发挥了重要作用,成为中国特色社会主义基本经济制度以及中国特色社会主义市场经济的重要组成部分。需要指出的是,作为中国特色社会主义市场经济重要组成部分的非公有制经济主要是指民族非公有经济,而不包括外资企业。由于我国非公有制经济是在中国共产党的领导下、在公有制经济为主体的前提下得到发展的,因此,我国非公有制经济具有明显的二重性:一方面,它在一定程度上具有与典型的资本主义经济相似的性质,即主要是以赢利为目的的;另一方面,它又受到国家法律和政策的鼓励、引导、调节和约束,从而使其综合作用主要表现为促进社会生产力的发展以及服务于国家和社会需要。十八大以来,党中央一再重申"两个毫不动摇"的原则,并且在全面深化改革中,通过积极发展混合所有制和大力推进政府行政体制改革,继续为我国非公有制经济的发展创造各种更为有利的条件。实践证明,进一步促进我国非公有制经济的健康发展,是保持我国市场经济发展活力和进一步促进整个国民经济持续发展的重要途径。

3. 中国实行社会主义市场经济体制是一个伟大的创举。

习近平明确指出:"在社会主义条件下发展市场经济,是我们党的一个伟大创举。我国经济发展获得巨大成功的一个关键因素,就是我们既发挥了市场经济的长处,又发挥了社会主义制度的优越性。"[①] 之所以说中国实行社会主义市场经济体制是一个伟大的创举,是因为这样一种经济体制从实践上来说在全世界都是独一无二的,而且在理论上突破和超越了所有传统的经济学理论。按照西方经济学理论,市场经济必须以生产资料私有制为基础和前提,它与以公有制为基础的社会主义是根本对立的,因此,西方经济学理论同样排斥和否定了社会主义市场经济的可能性和可行性,这正是一些西方发达国家至今不承认我国市场经济地位的理论来源。

受传统社会主义政治经济学理论和西方经济学理论的影响,在我国社会主义市场经济体制已经被实践证明不仅是可行的而且是成功的现实背景下,仍然有许多人对于中国特色社会主义市场经济体制抱着一种怀疑甚至否定的态度。其中一些人认为社会主义最终只能是计划经济,搞市场经济只不过是一种权宜之计,持这种观点的人往往把我国现实经济社会发展中存在的各方面问题简单地完全归罪于市场经济;另外一些人则认为社会主义市场经济不是真正意义上的市场经济,如果中国要搞真正的市场经济,就只能按照西方国家的标准,进一

---

① 中共中央文献研究室:《习近平关于社会主义经济建设论述摘编》,中央文献出版社2017年版,第64页。

步实行经济上的彻底私有化、政治上的所谓民主宪政。实际上,这两种观点早已被中国特色社会主义市场经济实践的伟大成就超越了、否定了。实践已经并将继续充分证明,中国特色社会主义市场经济体制是超越社会主义计划经济体制和资本主义市场经济制度的最先进的经济制度和体制,其先进性就在于,一方面它充分地发挥了社会主义优越性,另一方面它又充分发挥了市场经济优越性,这两种优越性的有机统一,使中国特色社会主义迸发出巨大的活力,拥有无限美好的发展前景。

资料来源:邱海平:《中国市场经济体制的独特魅力何来》,人民网－人民论坛,2017年8月22日。

材料2:充分发挥社会主义市场经济制度优势

基本经济制度是经济制度体系中具有长期性和稳定性的部分,对经济制度属性和经济发展方式具有决定性影响。党的十九届四中全会审议通过的《中共中央关于坚持和完善中国特色社会主义制度、推进国家治理体系和治理能力现代化若干重大问题的决定》(以下简称《决定》),首次把公有制为主体、多种所有制经济共同发展,按劳分配为主体、多种分配方式并存,社会主义市场经济体制三项制度并列,都作为社会主义基本经济制度,这是我们党对社会主义基本经济制度作出的新概括,必须深入学习领会,全面准确理解。其中,深入认识和准确理解将社会主义市场经济体制作为基本经济制度的内在逻辑,对于坚持和完善社会主义基本经济制度,充分发挥社会主义制度的优越性,解放和发展生产力,推进经济实现高质量发展,无疑具有重大意义。

1. 社会主义市场经济体制把社会主义制度和市场经济有机结合起来,在改革开放实践中彰显巨大优势。

社会主义市场经济是前无古人的伟大创举。社会主义能否搞市场经济?这是一个世界性的课题,马克思主义经典作家没有讲过,西方经济学家认为二者互不兼容。我们党立足中国国情和发展阶段,创造性地提出在社会主义条件下发展市场经济,创造性地建立起富有活力的社会主义市场经济体制。这是对社会主义建设规律新的认识和升华。

过去我们对市场经济规律缺乏科学认识,总是将市场经济与资本主义制度画等号,认为社会主义不能搞市场经济,只能搞计划经济。改革开放以来,我们党在深刻总结国内外正反两方面发展经验的基础上,从我国社会主义初级阶段的基本国情出发,冲破传统思想和体制的桎梏,实现了从高度集中的计划经济体制向社会主义市场经济体制的转变,用改革开放40多年的时间走过了发达资本主义国家几百年的工业化历程,创造了经济快速发展的奇迹。实践证明,在社会主义条件下搞市场经济,符合中国国情,更有利于资源的合理配置、更有利于解放和发展生产力、更有利于人民生活水平的提高,极大地推进了我国的社会主义现代化建设。社会主义市场经济比传统的单一计划经济模式更有效,也比资本主义市场经济更具优越性。我们党把社会主义市场经济体制一并纳入社会主义基本经济制度的范畴,有助于完善社会主义的基本经济制度体系,强化社会主义市场经济体制的稳定性、基础性作用。

总之,社会主义基本经济制度把社会主义制度和市场经济有机结合起来,是在革命、建设特别是改革开放伟大实践中形成和确立的,是被实践检验、拥有巨大优越性的制度,既有利于解放和发展社会生产力、改善人民生活,又有利于维护社会公平正义、实现共同富裕。必须坚定不移地推进社会主义市场经济的发展,在实践中不断发挥社会主义市场经济的强大活力。

2. 把社会主义市场经济纳入社会主义基本经济制度的范畴,本质上是由社会主义的制度属性决定的。

市场经济作为一个一般性概念,是对各种具体形态的市场经济的抽象。这种抽象具有重要的方法论意义,但在实践中它总是与一个国家的基本国情、社会制度紧密联系在一起的。国情不同决定了各国市场经济模式的多样性,社会制度的不同则决定了市场经济模式的制度属性。市场经济与资本主义结合在一起就是资本主义的市场经济,与社会主义结合在一起就是社会主义的市场经济。市场经济与社会制度结合在一起,就不仅具有经济体制的意义,不再是一个单纯的资源配置方式,同时也具有了基本经济制度的属性,对经济发展的方向、制度属性有着重要影响。

与市场经济相联系的所有制性质和分配方式一旦发生了变化,市场经济的性质也就会发生相应变化。我国在发展市场经济的过程中之所以坚持和强调社会主义的制度性质,就在于我们党对于市场经济的这种制度属性始终保持着清醒的认识。比如,在经济体制改革之初,邓小平就指出,在社会主义条件下搞市场经济,"归根到底是社会主义的,是社会主义社会的"。发展市场经济必须坚持社会主义基本原则,明确要求"一条是公有制经济始终占主体地位,一条是发展经济要走共同富裕的道路,始终避免两极分化"。江泽民也强调:"我们搞的是社会主义市场经济,'社会主义'这几个字是不能没有的,这并非多余,并非画蛇添足,而恰恰相反,这是画龙点睛。所谓'点睛',就是点明我们的市场经济的性质。"

我国在建立和完善社会主义市场经济体制的过程中,正是由于始终把握了社会主义的制度性质,并从现实国情出发,在坚持"四项基本原则"的基础上,在所有制方面实行了公有制为主体、多种所有制形式并存,在分配制度方面实行了按劳分配为主体、多种分配方式并存,在资源配置方面,强调既要充分发挥市场在资源配置方面的积极作用,又要发挥好政府的作用,才最终走出了一条中国特色的社会主义经济发展道路。实践证明,社会主义市场经济从来都是与社会主义制度融为一体的,它既是社会主义社会资源配置的基本方式,也是社会主义的基本经济制度。《决定》把社会主义市场经济作为我国的基本经济制度,这是对改革开放40多年特别是党的十八大以来经济发展成就和经验的一个科学总结,是习近平新时代中国特色社会主义经济思想的重要创新和发展。

3. 坚持党的领导是充分发挥社会主义市场经济制度优势的根本保证。

中国特色社会主义制度是党的领导和经济、政治、文化、社会、生态文明等各方面制度的总和,是一整套紧密联系、内在协调、相互支撑的制度体系。坚持党对经济工作的集中统一领导,是中国特色社会主义制度的一大优势。发挥党总揽全局、协调各方的领导核心作用,是我国社会主义市场经济体制的一个重要特征。在社会主义条件下搞市场经济是我们党的伟大创举。我国经济发展获得巨大成功的一个关键原因,就是我们既发挥了市场机制的长处,又发挥了社会主义制度的优越性。我们党为什么能够提出社会主义市场经济体制并发挥出这一制度的显著优势呢?追本溯源,这是由党的先进性所决定的。

中国共产党是按照马克思主义理论建立的,以实现全人类的解放为最终目标,以为中国人民谋幸福为初心,以为中华民族谋复兴为使命,始终把全心全意为人民服务作为党的宗旨。因此,我们党始终强调党的一切工作都是为了人民、都要依靠人民,不能有任何私利,必须坚持以人民为中心,始终坚定地站在人民的立场上。

正是这样的崇高追求和坚定的人民立场,才使我们党能够以非凡的勇气和能力,一旦认识到市场经济更有利于推进生产力发展,改善人民生活,便大胆尝试,推动实现了经济体制的变革。因为坚持以人民为中心,中国共产党在领导经济建设、发展市场经济的过程中,始终强调防止"两极分化",强调走共同富裕的道路。针对市场失灵带来的负面影响,我们党大力加强社会主义精神文明建设,坚持开展反腐败斗争,在推进经济发展的进程中,坚定地把握住了社会主义的正确方向,并通过政府制定经济规划、开展重大工程、提升公共服务、应对重大风险挑战等举措,发挥了社会主义制度集中力量办大事的突出优势,创造了比资本主义市场经济更高的生产效率,创造了举世公认的经济快速发展奇迹和社会长期稳定奇迹。因为坚持以人民为中心,我们党在探索推进社会主义市场经济的过程中,能够立足实际、统筹兼顾,充分调动了各方面的积极性,并通过不断深化对外开放,为发展社会主义市场经济拓展了更为广阔的空间。也正是这种崇高追求和人民立场,我们党才能够集聚一批又一批一心为民、无私奉献的优秀干部队伍和人才队伍,以广大人民群众获得更多的获得感、幸福感、安全感为目标,不断推进改革开放,不断提升经济治理能力,为实现中华民族伟大复兴奠定坚实的经济基础。

资料来源:蔡常青:《充分发挥社会主义市场经济制度优势》,《光明日报》2019年12月25日第6版。

材料3:建立社会主义市场经济体制是伟大创造

习近平在庆祝改革开放40周年大会上的重要讲话中指出:"前进道路上,我们必须毫不动摇巩固和发展公有制经济,毫不动摇鼓励、支持、引导非公有制经济发展,充分发挥市场在资源配置中的决定性作用,更好发挥政府作用,激发各类市场主体活力。"这一重要论述高度概括了我国经济体制改革的伟大成就和创新成果。回顾40年来我们党带领人民进行的艰辛探索,建立社会主义市场经济体制是一个前无古人的伟大创造,是我们取得举世瞩目发展成就的经济体制基础。深刻认识我国建立社会主义市场经济体制的理论逻辑和实践创新,有利于在新时代坚持社会主义市场经济改革方向、加快完善社会主义市场经济体制,促进经济社会持续健康发展。

1. 在公有制为主体的社会主义条件下可以发展市场经济。

西方主流经济学认为,发展市场经济有两个前提:一是社会分工,二是财产私有。如果没有社会分工,企业生产的产品都相同,就用不着交换。如果财产不是私有,就没有办法进行商品交换。这一理论逻辑根深蒂固,导致在很长一段时间里,人们都认为市场经济与公有制是不可兼容的。

党的十一届三中全会作出把党和国家工作中心转移到经济建设上来、实行改革开放的历史性决策。进行经济建设、推动经济发展,就要提高资源配置效率。理论和实践都已证明,市场配置资源是最有效率的形式。那么,在以公有制为主体的社会主义条件下能否发展市场经济呢?改革开放之初,理论界围绕这个问题进行了热烈讨论。1992年邓小平同志发表南方谈话明确指出,市场经济不等于资本主义,社会主义也有市场。党的十四大明确提出,我国经济体制改革的目标是建立社会主义市场经济体制。这表明,我们党在解决公有制与市场经济能否结合、怎样结合问题上迈出了决定性步伐,逐渐搞清楚了建立社会主义市场经济体制的理论逻辑。

首先,商品交换的制度前提并不是生产资料所有权,而是产品所有权。马克思虽然说过"私有权是流通的前提",但他所说的私有权并非生产资料私有权,而是商品私有权。马克思指出,"商品不能自己到市场去,不能自己去交换。因此,我们必须找寻它的监护人,商品占有者。"[①] "对于那种还要进入流通的商品的所有权,就表现为直接从商品占有者的劳动中产生的所有权"[②]。这就是说,商品生产者即便没有生产资料所有权,但如果拥有产品所有权,就可以进行市场交换。比如,在封建社会后期,西欧一些国家的货币地租逐渐发展起来,没有土地(生产资料)所有权的佃户可以向地主租赁土地,生产出的产品可以归佃户所有,并且可以到市场出售。

其次,生产资料所有权与经营权可以分离,因而生产资料所有权与产品所有权也可以分离。在历史上,借贷经济的出现推动了所有权与经营权的分离。以银行为例。银行信贷资金主要来自储户存款,信贷资金的所有权归储户,而银行通过支付利息从储户那里获得资金的经营权。这样,信贷资金贷放给谁、收益如何分享、呆坏账怎样处置等皆由银行决定,无需征得储户同意。如此一来,所有权与经营权就分离了。生产资料所有权与经营权的分离,必然带来生产资料所有权与产品所有权的分离。企业只要拥有了产品所有权,就能成为市场交换主体。因此,在公有制为主体的基础上可以建立市场经济体制,其前提是将公有的生产资料经营权委托给企业,让企业拥有产品所有权。

这两点充分证明,"如果财产不是私有,就没有办法进行商品交换"的西方经济学理论逻辑是不正确的,在公有制为主体的社会主义条件下可以发展市场经济。

2. 国有企业改革是建立社会主义市场经济体制的重点和难点。

我国在公有制为主体的基础上建立社会主义市场经济体制,需要解决许多极其复杂的问题,其中的重点和难点是让国有企业成为市场主体。

---

① 《马克思恩格斯文集》第5卷,人民出版社2009年版,第103页。
② 《马克思恩格斯全集》第31卷,人民出版社1998年版,第347页。

党的十一届三中全会后，我国确立了国有企业改革的方针，强调以扩大企业自主权为主要形式，调整国家与企业之间的生产管理权限与利益分配关系，在企业内部建立各种形式的经济责任制。这一时期改革的主要举措是"放权让利"，先是实行国有企业利润留成制度。1981年实行"利润包干制"，企业按核定的利润目标向国家承包，超过的部分归企业留用，完不成的部分由企业自行补齐。此后又实行了"利改税"，把国有企业上缴利润改为缴纳税金，税后利润全部留归企业。

1984年，中央明确提出所有权与经营权分离后，国有企业开始推行多种形式的承包经营责任制，企业有自主选择和安排产供销活动的权利，有权拥有和支配自留资金。1992年，中央颁布《全民所有制工业企业转换经营机制条例》，明确规定企业享有生产经营决策权、产品销售权、资产处置权等经营自主权。事实上，这一时期国有企业已逐步拥有了产品所有权，基本确立了市场主体地位。

从1993年到2002年，随着对外开放的进一步扩大，国有企业发展的外部环境发生了重大变化，市场竞争日趋激烈。这一时期国有企业改革从政策调整进入到制度创新阶段，国有企业开始推行公司制改革。1993年，中央提出建立产权清晰、权责明确、政企分开、管理科学的现代企业制度；1999年，进一步明确公司制的核心是公司法人治理结构，要求明确股东会、董事会、监事会和经理层的职责，形成各负其责、协调运转、有效制衡的公司法人治理结构。到20世纪末，大多数国有大中型企业已初步建立现代企业制度。

此后，国有企业产权制度改革继续深化。2003年10月，党的十六届三中全会提出："大力发展国有资本、集体资本和非公有资本等参股的混合所有制经济，实现投资主体多元化，使股份制成为公有制的主要实现形式。"在这个框架下，中央又正式提出建立"归属清晰、权责明确、保护严格、流转顺畅"的现代产权制度。按照这一思路，国有企业不断深化公司制改革，进一步完善法人治理结构。同时，分类分层推进国有企业混合所有制改革，积极引入各类投资者实现股权多元化，提升国有资本经营效率和效益。

由此可见，我国国有企业改革的过程也是生产资料所有权与产品所有权科学分离的过程。如果说在早期放权让利阶段企业尚不拥有独立的产品所有权，那么，到了承包经营制阶段，经营权与产品所有权就都下放给了企业。后来的股份制改革和混合所有制改革，进一步推动了生产资料所有权与产品所有权分离。今天，我们完全可以自信地说，经过40年改革创新，我国国有企业已经建立起现代企业制度,成为真正的市场主体。

3. 在新的历史起点上加快完善社会主义市场经济体制。

中国特色社会主义进入了新时代,我国经济发展也进入了新时代。经济体制改革的核心问题是处理好政府和市场的关系,使市场在资源配置中起决定性作用,更好发挥政府作用;重点是完善产权制度和要素市场化配置,实现产权有效激励、要素自由流动、价格反应灵活、竞争公平有序、企业优胜劣汰。要坚持"两个毫不动摇",着力构建市场机制有效、微观主体有活力、宏观调控有度的经济体制,激发各类市场主体活力。

完善国有资产管理体制。改革国有资本授权经营体制,加快国有经济布局优化、结构调整、战略性重组,促进国有资产保值增值,推动国有资本做强做优做大,有效防止国有资产流失。市场化改革绝不是要把国有资本私有化,也不是要削弱国有经济,而是通过完善国有资产管理体制和国有资本授权经营体制,调整优化国有经济布局结构,充分释放国有经济的潜力和活力,借助市场机制实现国有资产增值,从而不断发展壮大国有经济,巩固社会主义基本经济制度。

营造公平竞争环境。坚持"两个毫不动摇",全面实施市场准入负面清单制度,清理废除妨碍统一市场和公平竞争的各种规定和做法,支持民营企业发展,激发各类市场主体活力。鼓励和保护企业家精神,降低制度性成本,激发企业创造力。深化商事制度改革,打破行政性垄断,加快要素价格市场化改革;放宽服务业准入限制,完善相关法律法规和市场监管体制,营造稳定公平透明、可预期的营商环境。

创新和完善宏观调控。发挥国家发展规划的战略导向作用,健全财政、货币、产业、区域等经济政策协调机制。更好发挥政府作用,以国家发展规划为战略指导,坚持稳中求进工作总基调,优化宏观调控的目标和手段,为经济持续健康发展营造良好宏观环境。同时,完善促进消费的体制机制,促进消费业态创新发展,增强消费对经济发展的基础性作用。深化投融资体制改革,发挥投资对优化供给结构的关键性作用,以市场需求引导投资向能创造最优产出的领域流动。

深化财税和金融体制改革。加快建立现代财政制度,统筹调配财政资金,科学配置各级政府财力,建立权责清晰、财力协调、区域均衡的中央和地方财政关系。通过全面实施绩效管理,建立全面规范透明、标准科学、约束有力的预算制度。不断深化金融体制改革,增强金融服务实体经济的能力。健全金融监管体系,守住不发生系统性金融风险的底线。健全货币政策和宏观审慎政策双支柱调控框架,深化利率和汇率市场化改革。

资料来源:王东京:《建立社会主义市场经济体制是伟大创造》,《人民日报》,2018年12月26日第7版。

材料4:让市场经济体制更加完善

为进一步降低企业制度性交易成本,天津在全市范围内开展"证照分离"改革全覆盖试点工作;浙江以"最多跑一次"改革为牵引,基本实现开办企业全流程"一件事一日结"目标;宁夏以"数字政府"建设为引领,将开办企业时间压缩至3个工作日以内……各地政府不断出台的改革举措,既推动全面深化改革走深走实,更推动着社会主义市场经济体制更加完善。

党的十九届四中全会对社会主义基本经济制度作出了新概括,一个重要方面就是把"社会主义市场经济体制"作为社会主义基本经济制度的重要内容。我们坚持社会主义基本经济制度,就要加快完善社会主义市场经济体制,充分发挥市场在资源配置中的决定性作用,更好发挥政府作用,全面贯彻新发展理念,坚持以供给侧结构性改革为主线,加快建设现代化经济体系。

中国经济持续高速增长,很大程度上是因为我们把社会主义基本制度和市场经济有机结合起来,形成了社会主义市场经济体制。正是因为我们善于发挥社会主义制度优势,通过集中力量办大事在航天、高铁、大飞机等领域实现突破,同时构建起中国经济的宏观调控体系,确保中国经济不出现大的起伏而能够持续平稳增长。正是因为我们更加注重发挥市场经济的作用,充分调动广大企业家进行创新创造,充分发挥每个人的聪明才智,使得中国在移动支付、电子商务、5G通信等领域弯道超车。

社会主义市场经济体制是在实践摸索中不断形成并发展的。改革开放以来,从把民营经济当成一种"必要的有益的补充",到提出"在公有制基础上的有计划的商品经济",再到明确提出建立"社会主义市场经济体制",我们的认识不断深化。党的十八届三中全会把市场在资源配置中的"基础性作用"修改为"决定性作用",就是为了更好发挥"无形之手"的力量,让一切劳动、知识、技术、管理、资本等要素的活力竞相迸发,让一切创造社会财富的源泉充分涌流。党的十九届四中全会明确提出,建设高标准市场体系,并对从广度和深度上推进社会主义市场经济改革做出重要部署,为的就是给市场主体创造更大发展空间,让规则更趋完善,营造公平开放透明的市场环境,进而实现市场准入畅通、市场开放有序、市场竞争充分、市场秩序规范。

社会主义市场经济是一个有机整体,习近平总书记深刻指出,要讲辩证法、两点论,"看不见的手"和"看得见的手"都要用好。今天,经济体制改革的核心问题仍然是处理好政府和市场关系,党的十九届四中全会要求,厘清政府和市场、政府和社会关系,深入推进简政放权、放管结合、优化服务,深化行政审批制度改革,改善营商环境,就是要加快转变政府职能,该放给市场和社会的权一定要放足、放到位,该政府管的事一定要管好、管到位。更好发挥政府作用,要在保证市场发挥决定性作用的同时,管好那些市场管不了或管不好的事情,激发各类市场主体活力。

完善社会主义市场经济体制,既让市场在资源配置中起决定性作用,又更好发挥政府作用,我们就能更好激发广大人民群众的创造性、解放和发展社会生产力、增强社会发展活力,推动中国经济发展迈向更高境界。

资料来源:陈凌:《让市场经济体制更加完善》,《人民日报》,2019年12月10日第5版。

七、本章扩展材料

1. 中共中央、国务院:《关于新时代加快完善社会主义市场经济体制的意见》,中国政府网,2020年5月11日。

2. 2019年10月31日中国共产党第十九届中央委员会第四次全体会议通过的《中共中央关于坚持和完善中国特色社会主义制度 推进国家治理体系和治理能力现代化若干重大问题的决定》,中国政府网,2019年11月5日。

3. 亚当.斯密:《国富论》,杨敬年译,陕西人民出版社2011年版。

4. Paul Krugman. The Myth of Asia's Miracle, Foreign Affairs, 1994, Vol. 73, No. 6.

5. 世界银行:《东亚的奇迹:经济增长与公共政策》,中国财政经济出版社1995年版。

6. 约瑟夫·E·斯蒂格利茨、沙希德·尤素福:《东亚奇迹的反思》,王玉清、朱文晖译,中国人民大学出版社2003年版。

7. World Bank. Riding the Wave: An East Asian Miracle for the 21st Century, 2017.

第四章 经济全球化与世界经济发展

一、本章内容摘要

本章介绍世界经济当前运行的特征之一——经济全球化。

1. 经济全球化是指在科技革命尤其是信息技术革命的推动下,通过国际贸易、国际金融、国际投资以及技术和人员的国际流动,将世界各国各地区的经济越来越紧密地结合成为一个高度相互融合、相互依存的有机整体的过程。

2. 经济全球化的根本动因是各国对利益最大化的追求以及当代科技革命尤其是信息技术的迅速发展,全球范围内的市场化改革,跨国公司的全球扩张。经济全球化的表现包括贸易自由化、金融全球化、生产国际化、国际分工进一步深化。

3. 经济全球化对发达国家和发展中国家分别带来了不同的积极与负面影响,同时也给世界经济带来一些新问题:加剧了南北差距,使发展中国家发展不足;使世界经济中的不确定因素增多,各国宏观经济调控难度加大;加剧了全球环境污染和生态危机,并使围绕环境问题的国际博弈日趋激化。

4. 在经济全球化进程中,世界经济格局正在发生新变化,现行国际经济秩序面临新挑战,国际竞争与合作出现新趋势。

二、本章基本概念

经济全球化、贸易自由化、金融全球化、生产国际化、全球价值链、产业空心化、发展赤字、反全球化、逆全球化、特里芬难题、微笑曲线、世界经济格局

三、本章重点和难点剖析

(一)经济全球化的内涵与表现

1. 经济全球化的内涵

经济全球化的内涵是指,在科技革命尤其是信息技术革命的推动下,通过国际贸易、国际金融、国际投资以及技术和人员的国际流动,世界各国各地区的经济越来越紧密地结合成一个高度相互融合、相互依存的有机整体的过程。要把握经济全球化的内涵,必须注意以下四点:

① 经济全球化是世界经济发展的新阶段;

② 经济全球化使世界经济真正成为一个有机整体;

③ 经济全球化既是一个过程,也是一种状态,更是一种发展趋势;

④ 经济全球化必将在曲折中不断向前发展。

2. 经济全球化的主要表现

(1) 贸易自由化

贸易自由化是指通过降低或消除贸易壁垒促使商品和劳务在全球范围内自由流动的过程。二战后,经过关贸总协定主持下的多轮多边贸易谈判,贸易自由化程度不断提高,全球贸易额的增长一直快于全球生产。20世纪80年代以来,一方面得益于现代科技发展,通信、运输更为便捷,贸易手段日趋先进,交易成本大幅下降,使更多的商品和服务转而成为"可贸易品";另一方面得益于各国政府纷纷采取更为开放的贸易政策,使全球贸易的规模能以更快的速度持续增长,对外贸易在各国国民经济中的地位和作用进一步提高,以致成为许多国家经济增长的"引擎"。在国际贸易规模扩大的同时,贸易结构也发生重大变化,服务贸易、技术贸易以及产业内贸易、跨国公司内部贸易在全球贸易中的比重不断上升,加工贸易在许多发展中国家甚至超过了传统贸易。此外,贸易自由化也表现为国际贸易体制和规则更为规范,随着"乌拉圭回合"的结束和世界贸易组织的建立,其对国际贸易规范的范围和作用趋于扩大,即使在经历了2008年国际金融危机的情况下,贸易自由化仍是各国贸易政策的主导取向。显然,贸易自由化已成为当今经济全球化的重要表现。

(2) 金融全球化

金融全球化是指各国各地区在金融业务、金融政策等方面相互交往和协调、相互渗透和扩张、相互竞争和制约,从而使全球金融市场日趋开放、金融体系日趋融合、金融交易更加自由的过程。20世纪80年代初,发达国家以放松金融管制为主要内容的金融自由化浪潮的兴起,以及信息技术在金融领域的广泛使用,导致金融创新日新月异,金融衍生工具层出不穷,使得全球金融市场、金融交易和金融机构融为一体的速度越来越快,世界各大金融中心和金融市场已成为一个有机的整体,金融交易的时空差异、货币差异已被降到最低限度,制度障碍、政策障碍也越来越低。由于全球金融市场的高度一体化,大规模的资金流动可以在瞬间完成,使得国际金融资本在全球范围大规模快速流动,国际金融市场上"热钱"的规模日益庞大。

(3) 生产国际化与全球价值链

生产国际化是指从事跨国经营的企业在全球范围内建立分支机构,并借助母公司与分支机构之间各种形式的联系,在组织和管理体制上突破民族国家疆域的限制,逐步建立以价值增值为基础的跨国生产体系的过程。20世纪90年代以来,跨国公司进一步充分利用在资金、管理、营销网络、专有技术等方面的优势,将其与东道国自然资源、劳动力和市场等要素优势相结合,进行跨国生产和经营,实现生产要素的最佳配置和利润最大化。跨国公司的国际直接投资规模成倍增加,生产国际化程度不断提高,全球生产、销售网络逐渐形成。

20世纪90年代以来,随着现代科技的迅速发展和跨国公司全球产供销网络的形成,国际分工进一步深化,其形式和格局都发生了显著变化,其中最突出的是水平型国际分工越来越倾向于同一产品的不同型号的分工,同一产品不同零部件之间的分工,甚至于同一零部件的不同加工工艺和加工流程之间的国际分工。在这种全球范围的国际分工体系当中,生产过程的各个环节通过跨国生产网络被组织起来,使各国各地区的生产成为跨国公司全球价值网络上的一个环节。进入21世纪,跨国公司在全球范围内的生产要素配置有了更进一步的深化和发展,国际新型生产网络和全球价值链不断发展壮大。

(二)经济全球化对发达国家的影响

1. 经济全球化对发达国家的积极影响

第一,经济全球化使发达国家通过对外贸易和投资渠道获取了巨额经济利益。经济全球化使全球范围内的贸易自由化进程加快,为发达国家扩大出口贸易提供了更为广阔的国际市场。它们不仅继续在全球贸易总额中居于支配地位,而且通过具有更高附加价值的制造业产品尤其是高科技产品以及服务、技术专利等的出口获益更多。经济全球化发展带来的投资自由化,使发达国家对外投资急剧扩大,不仅为其国内过剩资本找到了获取高额垄断利润的投资场所,也带来了资本品和技术出口贸易的扩大,使其跨国公司得以充分利用国外的自然资源和廉价劳动力,实现全球资源的优化配置,获取更大的市场份额,从中获取多重经济利益。

第二,经济全球化过程中的主导地位为发达国家对外经济扩张带来了更为广阔的活动空间和潜在利益。由于发达国家是经济全球化的主导者,自然成为经济全球化游戏规则的制定者。当今世界最具影响力的国际经济组织,如国际货币基金组织、世界贸易组织等,都被以美国为首的发达国家所主导。发达国家常常以此为活动舞台,以其强大的经济实力为后盾,垄断国际经济规则的制定权,谋求在国际经济活动中的潜在利益。例如,要求发展中国家不顾国情和经济承受能力对其开放服务贸易市场,提出不切实际的知识产权保护要求,采取各种手段迫使部分国家货币快速升值,等等,其目的都是为了获取更多的贸易、投资利益,并长期维持不公正、不合理的国际经济秩序。

第三,经济全球化加快了发达国家的产业结构升级,使其获得国际分工深化的巨大利益。经济全球化的不断深化,使广大发展中国家成为发达国家转移劳动密集型产业以及高能耗、高污染产业的目的地,这些产业在发展中国家所生产的大量产品,又由前来投资的跨国公司返销到发达国家。这既为发达国家消费者提供了价廉物美的产品,满足了其生产、生活所需,也使其节约了资源,避免或减轻了对环境的污染,更使其得以将更多经济资源投入到具有更高附加价值的资本密集型和技术密集型产业尤其是金融业中,从而实现了产业结构的升级。进入 21 世纪以来,随着经济全球化的加速发展,发达国家还对发展中国家积极开展服务外包,旨在进一步利用发展中国家服务行业劳动力价格低廉的好处,使其自身的经济结构进一步高级化。

第四,经济全球化有助于发达国家引进人才。经济全球化所造成的科技全球化和人员流动全球化,为受过良好教育、具有高技能的劳动力的跨国流动创造了条件,而人力资源已经成为当前最重要的资源和各国争夺的焦点。利用各种条件吸引全球科技前沿和产业高端的高层次人才,既大大节省了发达国家高素质人才的培养成本,也成为发达国家特别是美国提高科学技术水平与产业国际竞争力的最重要手段。

2. 经济全球化对发达国家的消极影响

第一,经济全球化加大了发达国家的金融风险。随着金融全球化的不断扩展和深化,全球金融资本的流动速度加快,规模不断增大,使巨额资金的调度更为便捷,一方面很容易造成发达国家资金的充溢和流动性泛滥,另一方面又由于国际资本特别是国际"热钱"的过度投机使金融市场的不稳定性增强,风险加大,对金融活动实施有效监管的难度增加。在金融全球化使国与国之间的金融联系更加紧密的条件下,一国金融市场的波动,极有可能通过各种传染机制传导和扩大为国际金融危机,进而将所有国家都不同程度地卷入其中。2007 年开始的美国次贷危机最终演变成一场全球性金融危机,充分证明了金融全球化所蕴含的巨大风险。

第二,经济全球化使部分发达国家出现产业"空心化"。所谓产业"空心化",是指以制造业为中心的物质生产部门的资本和企业向国外转移,使得这些部门的就业减少,其在国民经济中的地位明显下降的过程。欧美发达国家之所以会出现产业"空心化",根本原因是资本追逐更高的投资利润,经济全球化则加速了这一进程。由于经济全球化加速发展,发达国家的经济结构不断调整,对外投资迅速扩大,使得发达国家的制造业特别是其中以劳动密集型产业为代表的传统制造业成为所谓"夕阳产业"而迅速外移,以致整个制造业在国民经济中的比重日趋下降,由此也带来这些行业的就业职位的流失。显然,产业"空心化"和制造业职位的流失会在一定程度上加剧这些国家的失业状况,因此发达国家的部分工会成员往往对经济全球化持否定态度。

(三)经济全球化对发展中国家的影响

1. 经济全球化给发展中国家带来的机遇

第一,参与经济全球化为发展中国家充分利用国内国外两种资源、两个市场实现经济现代化提供了可能。由于历史和现实原因,发展中国家普遍面临着发展经济以及尽快实现经济现代化的紧迫任务,而要实现经济现代化就必须要有资金、技术和先进的管理经验,同时还要有市场。在当今世界经济中,发达国家占据绝对主导地位,这些资源以及市场等要素绝大部分都为发达国家所拥有,发展中国家如果不参与经济全球化便不可能获得实现经济现代化所必需的资源,也不可能获得商品销售所必需的市场。

第二,经济全球化为发展中国家带来了显著的贸易、投资利益,使其得以发挥比较优势,实现更快的经济发展。其一,通过吸引外资,大大缓解了发展资金匮乏的瓶颈约束,同时也引进了先进技术和管理经验。跨国公司在发展中国家投资设厂,带动了所在地的经济发展,扩大了就业,提高了居民收入,增加了税收,促进了地区经济的发展,加快了工业化、城镇化的进程。其二,贸易和投资自由化有助于发展中国家发挥劳动力资源丰富的比较优势,提高了自然资源的利用效率。其三,贸易自由化为发展中国家的加工贸易产品赢得了不断扩大的销售市场,在增加外汇收入的同时,也为发展中国家进入发达国家的市场提供了机会。其四,通过承接发达国家对外产业转移和服务外包,有助于发展中国家通过学习效应,提升自己的技术能力,为发展中国家发挥后发优势,实现经济起飞和更好更快发展创造了条件。

2. 经济全球化对发展中国家的负面影响

由于不公正、不合理的国际经济秩序的存在,经济全球化在给发展中国家带来经济发展机遇的同时,也带来了冲击和负面影响。

第一,发展中国家的经济主权和经济安全受到挑战。经济全球化以经济市场化、贸易自由化、生产和投资跨国经营为基础,而市场经济的发展要求资金、技术、劳动力等生产要素在全球范围内自由流动;金融自由化要求各国开放金融市场,减少对外汇市场和金融资本流动的限制;跨国公司的全球战略目标是追求垄断利润,其本能要求是不受任何民族国家边界的约束。由于发展中国家经济发展水平较低、市场经济体制不够完善,上述这些都会对其宏观经济管理和控制能力构成挑战。国际分工的深化,全球生产网络的形成,使一国贸易收支差额等指标的经济含义变得模糊,经济收益的核算更加困难;现代网络通信技术的发展则使发展中国家的权力受到侵蚀和削弱。加之国际经济组织影响力的增强以及发达国家跨国公司的无孔不入,都对发展中国家的经济安全构成严峻挑战。

第二,国际资本加速流动,加大了发展中国家的金融风险。金融全球化条件下,大量资本流入发展中国家,虽有推动发展中国家经济发展的积极作用,但也会使其面临着巨大的金融风险,尤其在发展中国家金融体制尚不健全、监管能力不强的情况下,如果盲目地、过快地开放国内金融市场,放松监管,将促使金融风险暴露甚至酿成金融危机。20世纪80年代以来发展中国家频繁发生的金融危机,使其蒙受巨大经济损失。尤其是1997年发生的亚洲金融危机,一度使其中部分国家长期快速经济增长积累的成果丧失殆尽,损失惨重。

第三,盲目承接发达国家的产业转移容易损害经济可持续发展能力。发展中国家在承接发达国家劳动密集型、高能耗、高污染产业转移时,往往易患"投资饥渴症",导致盲目、重复引进,甚至不惜以免费或廉价提供土地、任由外资企业排污、压低工资、提供各种超国民待遇等为条件,其结果是资源过快枯竭,环境受到污染,本土企业发展受到抑制。另外,发展中国家为吸引外资还常常采取"以市场换技术"策略,但因其具体实施过程失当,往往未能引进真正的先进技术,所引进的只是在发达国家已经过时、淘汰的技术或设备,同时却让发达国家的跨国公司占领了本国市场,造成本国民族品牌的消失,本国产业萎缩或为外资所占领。如果发展中国家盲目引进外资,不但不能加快产业结构升级,反而会对本国经济的可持续发展能力造成严重损害。

第四,经济全球化会使发展中国家的国家安全受到威胁。由于经济全球化由发达国家主导,发达国家在对发展中国家输出资本、技术和先进管理经验的同时,也极力推销西方的意识形态、价值观念以及文化和社会制度。为了借经济全球化之机,实现资本主义的"一统天下",某些敌对势力甚至不惜挑起发展中国家的社会动乱,以达到其不可告人的目的。实际上,社会稳定与经济发展是相辅相成的,没有社会的稳定就不可能带来经济的发展,任何社会动乱都会严重伤害发展中国家的经济发展,所以在经济发展的同时必须高度注意解决社会矛盾,为经济的长期稳定发展提供有力保障。

(四)经济全球化背景下世界经济面临的新问题

1. 经济全球化加剧了南北差距,使发展中国家面临"发展赤字"

发展中国家与发达国家原有的经济发展差距巨大,而各自从经济全球化中得益又极不平等。在经济全球化过程中,发达国家在国际分工中处于价值链的高端,它们获取了贸易自由化所带来的绝大部分利益,发展中国家通过对外贸易获取的大量外汇储备流入了西方发达国家,发展中国家发展经济急需的大量优秀人才也被吸引到了发达国家,这些都使经济全球化带来的利益大部分为发达国家所获得。随着经济全球化的加速发展,发展中国家发展速度缓慢、经济社会发展落后成为当今世界最根本的矛盾,尤其是最不发达国家在经济全球化过程中日益被"边缘化"和"外围化"。

2. 经济全球化使世界经济发展的不确定因素增多,各国宏观经济调控难度加大

在经济全球化背景下,世界经济发展之所以具有更多不确定性,更易引起经济的动荡不安,根本原因在于市场经济体制在全球的扩展。在市场经济体制下,市场机制对生产和流通的调节具有一定的盲目性,经济运行易于发生波动,总供给和总需求的严重失衡还会导致周期性经济危机。更重要的是金融自由化、全球化的发展使金融资本流动加速,规模更大,投机性加强。尤其是金融创新日新月异,金融衍生产品层出不穷,规模庞大的国际"热钱"和对冲基金使金融交易与实体经济活动几乎完全脱节,成为纯粹的金融赌博,这对那些金融体制有缺陷、监管不力的国家来说,风险和动荡在所难免。此外,在贸易自由化条件下,商品与要素的大规模自由流动,也极易受到国际市场风云变幻的影响,国际游资在国际市场上对大宗商品和战略物资的恶意炒作,使其价格大起大落,全球股市、汇市、期市更是变化莫测,大大加剧了世界经济的动荡与不安,对各国政府的宏观经济管理和调控构成严峻挑战。

3. 经济全球化加剧了全球环境污染和生态危机,威胁人类社会可持续发展

人类发展与自然环境之间的矛盾由来已久,现代工业在给人类带来物质

文明的同时也带给人类各种环境问题。随着经济全球化的深入,环境污染和生态环境破坏也很快跨越国界向全球扩展。发达国家出于提高其自身生活环境质量和降低环保成本的需要,将原有的高能耗、高污染的产业转移到发展中国家。这种做法使发达国家减少了对环境保护的投入,获得了高额的利润,结果却造成了高污染、高能耗产业的跨境转移与全球生态环境的破坏。此外,一些发达国家为了减少处理有害垃圾的费用和避免污染本国环境,还借贸易自由化之机千方百计把大量危险废物和有害垃圾出口到发展中国家。从发展中国家来看,为了加速本国工业化进程以适应经济全球化发展的需要,往往只顾眼前利益而不顾环境保护和资源的承受能力,结果是发达国家居民享受到了来自发展中国家的物美价廉的产品,而污染却留在了生产这些产品的发展中国家。

4. 经济全球化深入发展的同时,反全球化和逆全球化势力不断抬头

反全球化开始是左翼社会运动,最早可以追溯到20世纪末。反全球化的代表是劳工、环保、学生、人权和宗教组织以及左翼社会团体等。他们声称,全球化对他们的就业造成了巨大冲击,导致收入分配不平等,非熟练工人工资下降,环境恶化等严重问题。反全球化的抗议者们在世界银行、国际货币基金组织、欧盟、七国集团等全球机构和组织定期召开的重大会议上举行大规模的集会、游行和抗议活动,并时常引发暴力冲突。

反全球化的抗议和游行并没有阻断全球化继续前进的脚步。2001年以后,反全球化的呼声渐渐弱化,经济全球化进一步发展。2008年国际金融危机后,以右翼民粹主义为代表的逆全球化势力逐步兴起。2016年6月,英国"脱欧"公投以51.9%对48.1%获得通过,掀起了逆全球化的大潮。紧接着,2016年11月,美国总统大选尘埃落定,新一届美国政府全面实施保护主义、单边主义和本国优先主义政策,成为逆全球化的急先锋。2016年12月,意大利修宪公投失败,宪法修正案被否决,极力反对全球化的反修宪阵营获得胜利,这次事件再次助长了逆全球化的趋势。与20世纪末的反全球化相比,逆全球化的代表是发达国家的产业工人、农民、社会弱势群体,他们的共性是低收入与低教育。此轮逆全球化的特征表现为各主要发达经济体对全球化、贸易投资自由化、区域经济一体化的态度发生了逆转性的变化,美英等"盎格鲁-撒克逊式"的自由竞争资本主义国家成为逆全球化的主要推动者。

四、本章课后思考题及答案提示

1. 简述经济全球化的动因与主要表现。

（1）经济全球化的动因。

经济全球化加速发展的根本原因，是世界各国对本国利益最大化的追求，其中特别是主导着经济全球化发展的发达国家的垄断资本追求利润最大化的本质冲动。科技革命、全球范围的市场化改革、跨国公司的全球扩张、区域经济一体化以及冷战结束等因素也发挥了重要的作用。当代科技革命尤其是信息技术的迅速发展为经济全球化提供了物质基础和现实可能，全球范围内的市场化改革为经济全球化创造了体制条件，跨国公司的全球扩张是经济全球化的主要载体和推动力量。

（2）经济全球化的主要表现。

① 贸易自由化；② 金融全球化；③ 生产国际化与全球价值链。

2. 试述经济全球化对发达国家和发展中国家所带来的正面与负面影响及对世界经济带来的新问题。

（1）经济全球化对发达国家的影响。

① 经济全球化对发达国家的积极影响。第一，经济全球化使发达国家通过对外贸易和投资渠道获取了巨额经济利益；第二，经济全球化过程中的主导地位为发达国家对外经济扩张带来了更为广阔的活动空间和潜在利益；第三，经济全球化加快了发达国家的产业结构升级，使其获得国际分工深化的巨大利益；第四，经济全球化有助于发达国家引进人才。

② 经济全球化对发达国家的消极影响。第一，经济全球化加大了发达国家的金融风险；第二，经济全球化使部分发达国家出现产业"空心化"。

（2）经济全球化对发展中国家的影响。

① 经济全球化给发展中国家带来的机遇。第一，参与经济全球化为发展中国家充分利用国内国外两种资源、两个市场实现经济现代化提供了可能；第二，经济全球化为发展中国家带来了显著的贸易、投资利益，使其得以发挥比较优势，实现更快的经济发展。

② 经济全球化对发展中国家的负面影响。由于不公正、不合理的国际经济秩序的存在，经济全球化在给发展中国家带来经济发展机遇的同时，也带来了冲击和负面影响。第一，发展中国家的经济主权和经济安全受到挑战；第二，国际资本加速流动，加大了发展中国家的金融风险；第三，盲目承接发达国家的产业

转移容易损害经济可持续发展能力；第四，经济全球化会使发展中国家的国家安全受到威胁。

（3）经济全球化背景下世界经济面临的新问题。

① 经济全球化加剧了南北差距，使发展中国家面临"发展赤字"；

② 经济全球化使世界经济发展的不确定因素增多，各国宏观经济调控难度加大；

③ 经济全球化加剧了全球环境污染和生态危机，威胁人类社会可持续发展；

④ 经济全球化深入发展的同时，反全球化和逆全球化势力不断抬头。

3. 简述经济全球化背景下世界经济格局的主要变化。

世界经济格局是指世界经济中具有不同经济发展水平和特点的各组成部分（各国各地区）所处的地位、状态及其相互关系。一个国家或地区在世界经济格局中的地位和作用，主要取决于它的经济发展水平、经济规模以及对世界经济发展的影响力。

20世纪80年代末90年代初，随着苏联解体、东欧剧变和经互会解散，二战结束时所形成并曾长期存在的两极格局宣告结束。美国是20世纪80年代兴起的信息技术革命和经济全球化的主导者，因此也成为从中获益最多者。这为其在20世纪80年代实现二战后持续时间最长的经济增长，以及20世纪90年代中后期形成"新经济"提供了条件。正是经过这两次创纪录的长期经济增长，使得美国的经济实力重新有了提升，成为世界经济中的唯一超级大国。进入21世纪以来，世界经济格局发生了翻天覆地的变化。具体来说，世界经济格局的变化主要体现在以下三个方面：

第一，美国的世界霸主地位受到挑战。尽管美国的经济总量居世界第一位，然而在经济全球化条件下，各国经济高度相互融合、相互依存，单个国家已不可能主宰世界经济，世界上的各种重大政治经济问题，诸如反对恐怖主义、应对全球气候加速变暖等问题并非一个国家倚靠经济强权就能解决，美国已不具备这种综合实力。另外，日本、西欧的经济实力已较二战后初期大为增强，特别是欧盟作为一个经济集团，依靠一体化带来的集合力量在经济上已经具有与美国相竞争的实力。

第二，新兴市场和发展中经济体崛起。进入21世纪以来，以"金砖国家"为代表的新兴市场和发展中经济体紧紧抓住了经济全球化所带来的发展机遇，实现了经济较快发展。从长远来看，这些新兴市场和发展中经济体蕴藏着更大的发展潜力，其经济增长速度远大于老牌资本主义发达国家，代表了世界经济未来的发展趋势，也是世界经济增长的新引擎。此外，新兴市场和发展中经济体在迅速发展的同时，也会辐射和带动其他发展中国家的增长，在经济全球化中互利共赢，逐渐打破过去几十年由西方主导的世界经济秩序，力图构建全球普惠、共赢与包容发展的全球经济治理体系。

第三，中国经济力量不断壮大。在美国的世界霸主地位面临挑战、欧洲老牌资本主义强国经济增长乏力的同时，作为新兴市场和发展中经济体的代表，中国经济快速增长，积极参与全球治理，在世界政治经济舞台上扮演着越来越重要的角色。

4. 简述现行国际经济秩序的主要缺陷。

现行国际经济秩序是在二战后初期广大发展中国家处于基本无权地位的情况下，按照发达资本主义国家的意志和需要建立起来的，是发达国家在国际生产和流通领域的垄断地位的体现。随着经济全球化的加速发展，现行国际经济秩序的缺陷暴露无遗。

首先，现行国际货币体系的缺陷主要表现在：其一，美元既是美国的主权货币又是国际主导储备货币，必然会产生所谓"特里芬难题"。只要这一难题存在，美国经常项目逆差和外部世界顺差几乎不可避免，从而使世界经济失衡无法根本解决。其二，美国依靠美元的国际本位货币地位而成为国际货币体系的"中心国"和"准世界中央银行"。凭借该特权，美国一方面向发展中国家"征收"铸币税，让大量实体资源从发展中国家流向美国，另一方面又向世界输出货币，将汇率调整与经济调整的责任转嫁给发展中国家，加剧了南北两极分化。其三，美元与黄金脱钩以后，美国可以无约束地对外倾销其货币，金融垄断资本可借金融创新之机创造出各种衍生金融产品，致使国际游资越滚越多。储备货币多元化后，由于美元信用动摇，汇率发生剧烈波动，国际投机加剧，进一步造成金融市场动荡，致使金融危机频发，严重冲击和危害发展中国家金融稳定。其四，现行国际货币体系缺乏民主性和平等性，美国在国际货币基金组织决策中拥有绝对否决权，在国际经济交往中掌握着控制权，广大发展中国家的利益被忽视，只能处于被控制地位，失去经济自主权。其五，现行国际货币体系缺乏有效的国际收支调节机制，调节渠道有限，国际货币基金组织在对发展中国家提供援助时，常常附加种种苛刻条件甚至干涉其内政。

其次,就国际贸易体制来看,虽然以关贸总协定和世界贸易组织为核心的多边贸易体制在推动贸易自由化进程、规范世界贸易行为准则、解决贸易争端等方面发挥了重要作用,但其缺陷也十分明显。主要体现在,发达国家掌握话语权,主导着贸易自由化进程,对发展中国家提出各种不切实际的开放市场要求,而发展中国家的要求又受到忽视,利益被损害;发达国家频频使用反倾销、反补贴、保障措施等贸易救济手段对发展中国家出口产品进行限制,严重损害发展中国家贸易利益。另外,在现行国际分工体系中,发达国家处于国际价值链高端,获取了国际贸易的主要利益,而发展中国家只能从事简单的加工装配,始终未能摆脱所谓"微笑曲线"效应,其结果是发展中国家出口数额很大,但实际获益甚少。

总之,在现行国际经济秩序下,西方发达国家长期垄断着国际经济规则的制定和相关国际组织的话语权,发展中国家只能处于被动地位。这是造成经济全球化发展过程中各国受益不均、南北差距显著扩大的最重要原因,改革势在必行。

5. 试述经济全球化背景下国际竞争加剧、合作加强的原因。

经济全球化进程中各国之间竞争激烈的主要原因是:首先,经济全球化使市场经济体制在全球范围内扩展。市场经济本质上就是竞争经济,通过竞争达到优胜劣汰。其次,虽然经济全球化使各国经济高度相互融合、相互依存,但是各国经济主权依然独立,各国之所以参与经济全球化,根本目的在于实现本国利益的最大化,相互利益的碰撞不可避免。再次,经济全球化使各国开放程度大为提高,国家边界的保护作用下降,各国企业都将会面对来自国外竞争对手的激烈竞争,在竞争对手和竞争手段更多、竞争更加激烈复杂的情况下,只有不断提高效率、增强竞争能力才能使自己立于不败之地,否则就将遭到淘汰。最后,科技进步使得各国时空距离缩小、要素流动更为快捷和便利,促使国际竞争日趋激烈。

在经济全球化背景下各国间竞争日趋激烈的同时,也需要加强国际经济合作,主要是因为:首先,应本着求同存异的原则,切实尊重各国主权和选择发展道路、发展模式的权利,尊重文明多样性,营造支持各国根据本国国情实现和平、稳定、繁荣的国际环境,努力使各国在交流借鉴、取长补短中相得益彰、共同进步,坚持通过对话和协商,以和平方式解决国际争端。其次,应坚持国家不论大小、强弱、贫富都是国际社会平等一员,以民主、包容、合作、共赢的精神实现共同安全,坚定不移地奉行多边主义和国际合作,推进国际关系民主化。最后,努力提升发展中国家特别是新兴经济体在国际经济事务中的话语权,改变由少数发达国家决定国际经济事务的状况,充分利用联合国、二十国集团、"金砖国家"等各层次的多边合作机制,开展务实有效的合作。

五、本章测试题

(一) 判断题

1. 经济全球化作为世界经济发展史上的一个新阶段,与以往的历史阶段相比较,其最主要、最鲜明的两大特征是高度的对外开放和全面的相互依存。（ ）
2. 世界贸易组织是经济全球化的载体和主要推动力量。（ ）
3. 经济全球化所导致的收入分配差距扩大、贫富悬殊的现象在发达国家不存在。（ ）
4. 参与经济全球化为发展中国家充分利用国内国外两种资源、两个市场实现经济现代化提供了可能。（ ）
5. 2007年始于美国的次贷危机最终演变成一场全球性金融危机,充分证明了金融全球化所蕴含的巨大风险。（ ）
6. 经济全球化可能使部分发达国家出现产业"空心化"和制造业职位的流失。（ ）
7. 全球范围内的市场化改革,为经济全球化创造了体制条件。（ ）
8. 在现行国际经济秩序下,西方发达国家长期垄断着国际经济规则的制定和相关国际组织的话语权,发展中国家只能处于被动地位。这是造成经济全球化发展过程中各国受益不均、南北差距显著扩大的最重要原因。（ ）
9. 收入分配恶化是逆全球化现象的根本动因;经济危机以及复苏乏力是逆全球化现象的直接动因。（ ）
10. 发展中国家只要承接了发达国家的产业转移,就会使自身的经济可持续发展能力受到损害。（ ）

(二) 不定项选择题

1. 经济全球化是指,在科技革命尤其是信息技术革命的条件下,通过（),世界各国各地区的经济越来越紧密地结合成一个高度相互融合、相互依存的有机整体的过程。

　　A. 国际贸易　　　　　　　　B. 国际金融
　　C. 国际投资　　　　　　　　D. 技术和人员的国际流动

2. 经济全球化加速发展的根本原因是( )。

A. 世界贸易组织的推动

B. 世界各国对本国本民族利益最大化的追求,特别是主导着经济全球化发展的发达国家的垄断资本追求利润最大化的本质冲动

C. 发展中国家的强烈诉求

D. 全球范围的科技革命

3. 20世纪80年代末90年代初,(   )使原来两极格局而导致的两个平行的互相对立的世界市场被打破,在世界范围内逐步形成了统一的世界市场和各种类型的市场经济体制。

A. 苏联解体及东欧剧变　　　　B. 布雷顿森林体系崩溃

C. 世界贸易组织成立　　　　　D. 欧盟联盟成立

4. 经济全球化给发展中国家带来的贸易投资与经济利益包括(   )。

A. 有助于发展中国家发挥劳动力资源丰富的比较优势,提高了自然资源的利用效率

B. 有助于发展中国家通过承接产业转移与服务外包,发挥自己的学习效应,提高技术能力

C. 可能会让发达国家的跨国公司占领本国市场,造成本国民族品牌的消失,本国产业萎缩或为外资所占领

D. 为发展中国家进入发达国家的市场提供了机会

5. 进入21世纪以来,以"金砖国家"为代表的新兴市场和发展中经济体紧紧抓住了经济全球化所带来的发展机遇,实现了经济较快发展。下列不属于"金砖国家"的是(   )。

A. 印度　　　　　　　　　　　B. 韩国

C. 南非　　　　　　　　　　　D. 巴西

6. 经济全球化给发展中国家带来的负面影响包括(   )。

A. 经济主权和经济安全受到挑战

B. 金融风险增大

C. 盲目承接发达国家的产业转移容易损害经济可持续发展能力

D. 国家安全受到威胁

7. 随着经济全球化的加速发展,发展中国家发展速度缓慢、经济社会发展落后成为当今世界最根本的矛盾,尤其是最不发达国家在经济全球化过程中日益被(   )。

A. 边缘化   B. 中心化
C. 外围化   D. 多元化

8. 下列属于经济全球化背景下世界经济面临的新问题有（　　）。
A. 加剧了南北差距，使发展中国家面临"发展赤字"
B. 加剧了全球环境污染和生态危机
C. 反全球化和逆全球化势力不断抬头
D. 世界经济发展的不确定因素增多

六、本章阅读材料及案例分析

请结合本章所学知识以及下列案例材料分析以下问题：

1. 为什么说经济全球化是不可逆转的历史大势？
2. 经济全球化对不同类型国家和地区产生哪些经济影响？
3. 中国应如何应对经济全球化？

材料1：经济全球化是不可逆转的历史大势

——论习近平主席在首届中国国际进口博览会开幕式上主旨演讲

历史车轮滚滚向前，时代潮流浩浩荡荡，只有顺势而为，才能挺立潮头、把握未来。

"世界上的有识之士都认识到，经济全球化是不可逆转的历史大势，为世界经济发展提供了强劲动力。"在首届中国国际进口博览会开幕式主旨演讲中，习近平主席洞察历史规律、把握时代潮流，深刻阐明了经济全球化的发展大势，明确提出了各国积极推动开放合作、实现共同发展的三点倡议。在保护主义、单边主义抬头，经济全球化遭遇波折之际，习近平主席的演讲指出了共建一个更加美好世界的正确方向，向世界传递着开放合作、共同发展的强大正能量。

人类可以认识、顺应、运用历史规律，但无法阻止历史规律发生作用。经济全球化促进了商品和资本流动、科技和文明进步、各国人民交往，是社会生产力发展的客观要求和科技进步的必然结果，不是哪些人、哪些国家人为造出来的。正如习近平主席所指出的："说其是历史大势，就是其发展是不依人的意志为转移的。"世界经济的大海，你要还是不要，都在那儿，是回避不了的。想人为切断各国经济的资金流、技术流、产品流、产业流、人员流，让世界经济的大海退回到一个一个孤立的小湖泊、小河流，是不可能的，也是不符合历史潮流的。经济全球化的历史大势不可逆转，必将浩荡前行，道理正在于此。

顺应经济全球化的历史大势,就应坚定开放合作信心,共同应对风险挑战。当今世界正面临百年未有之大变局。在新一轮大发展大变革大调整中,各国经济社会发展联系日益密切。同时,单边主义、保护主义愈演愈烈,多边主义和多边贸易体制受到严重冲击。必须看到,困扰世界的很多问题并不是经济全球化造成的,把困扰世界的问题简单归咎于经济全球化,既不符合事实,也无助于问题解决。唯有从纷繁复杂的局势中把握规律、认清大势,以合作应对一切挑战,引导好经济全球化走向,消解经济全球化的负面影响,在理念上更加注重开放包容,方向上更加注重普惠平衡,效应上更加注重公正共赢,才是顺应大势的正确抉择。唯有坚持开放的政策取向,旗帜鲜明反对保护主义、单边主义,推进贸易和投资自由化便利化,才能让经济全球化的正面效应更多释放出来,更好惠及每个国家、每个民族。

顺应经济全球化的历史大势,就应积极推动开放合作,实现共同发展。开放合作是科技进步和生产力发展的必然逻辑,是增强国际经贸活力的重要动力,是推动世界经济稳定复苏的现实要求,是促进人类社会不断进步的时代要求。"坚持开放融通,拓展互利合作空间""坚持创新引领,加快新旧动能转换""坚持包容普惠,推动各国共同发展",习近平主席在演讲中对各国提出的倡议,正是对经济全球化历史大势的把握和顺应,也是在世界经济格局深刻变化的形势下,推动经济全球化更好造福各国人民的务实选择。大道至简,实干为要。拿出更大勇气,拿出务实行动,共同建设开放型世界经济,推动经济全球化朝着更加开放、包容、普惠、平衡、共赢的方向发展,才能让各国人民共享经济全球化和世界经济增长成果。

历史是勇敢者创造的。一遇到风浪就退回到港湾中去,那是永远不能到达彼岸的。顺应历史大势,把握时代潮流,携手同心,同舟共济,我们就一定能够让世界更美好、让人民更幸福。

资料来源:人民日报评论员:《经济全球化是不可逆转的全球大势——论习近平主席在首届中国国际进口博览会上主旨演讲》,《人民日报》,2018年11月7日第1版。

材料2:大江大河,奔腾向前

2018年首届中国国际进口博览会上,有100多家美国企业参展,3.6万多平方米的参展面积位列前3名。2019年,美国企业更加踊跃,报名参展的数量超过190家,参展面积达到4.75万平方米,居各参展国首位,由此可以看出美国企业对中国市场的重视和热情。这也从一个侧面表明,合作共赢始终是世界发展的主旋律,经济全球化始终是不可阻挡的大趋势。

"长江、尼罗河、亚马孙河、多瑙河昼夜不息、奔腾向前,尽管会出现一些回头浪,尽管会遇到很多险滩暗礁,但大江大河奔腾向前的势头是谁也阻挡不了的。"在第二届中国国际进口博览会开幕式主旨演讲中,习近平主席以气势磅礴的江河为喻,深刻揭示了经济全球化的不可逆转。在贸易保护主义和逆全球化思潮泛起的背景下,这一登高望远的判断,更加深邃厚重,更显责任担当。

经济全球化是人类社会科技进步和生产力发展的必然结果。回看历史,第一次工业革命催生国际分工,英国棉纺厂加工来自世界各地的棉花,棉布成为最早的全球化商品。20世纪70年代以来,信息技术革命席卷全球,以互联网为代表的数字经济使得人们生活在一个互为邻里的"地球村"中。面向未来,人工智能、大数据、量子通信、区块链等新一轮科技革命和产业变革正在积聚力量,它们本身所具有的开放、共享等特征,将进一步推动经济全球化深入发展。这是历史规律,也是时代潮流,不可能以人的意志为转移。

在生产要素自由流动的全球市场中,不同国家能够充分发挥自身优势,开展良性竞争,在互通有无中积累财富,改善国民生活。中国的进博会就是典型的例子。以进博会为平台,来自孟加拉国贫困地区的手工黄麻工艺品摆进上海商场的橱窗,美国夏威夷的新鲜水果现身中国的茶饮店,意大利企业的"网红"小家电牵手中国电商……自由贸易创造了真正的双赢、多赢局面,经济全球化进程极大促进了财富增长和社会发展。"智者建桥梁,愚者筑高墙",倘若以邻为壑、故步自封,甚至把一己之利凌驾于人类利益之上,最终只能是损人不利己。

经济全球化不可阻挡,各个国家渴望和平与发展的心愿也不可阻挡。新中国成立70年来特别是改革开放40多年来,积极融入全球市场、参与国际分工,逐渐发展成为全球第二大经济体。如今,更多发展中国家希望汲取中国成功的经验,期待在公平有序的国际环境中扩大对外开放,深度参与经济全球化进程,进而在国际贸易中创造更多财富、改变国家命运。没有谁能够阻挡世界各国人民迈向美好生活的脚步,也没有谁能抑制世界各国人民对和平、发展、进步的渴望。

曾担任国际货币基金组织总裁的拉加德这样评价进博会:"今天的中国正在搭建三座桥:通往世界之桥,通往繁荣之桥,通往未来之桥。"中国是经济全球化的坚定维护者,是自由贸易的坚定捍卫者,更是人类社会美好未来的忠诚守望者。中国开放的大门只会越开越大,并将以更多务实行动和举措,助力经济全球化的时代浪潮长河浩荡、奔腾不息。

资料来源:彭飞:《大江大河,奔腾向前》,《人民日报》,2019年11月6日第8版。

材料3:经济全球化潮流不可阻挡

经济全球化是社会生产力发展的客观要求和科技进步的必然结果,为世界经济增长提供了强劲动力,促进了商品和资本流动、科技和文明进步、各国人民交往。然而,2008年国际金融危机以来,一些国家政策内顾倾向加重,保护主义抬头,逆全球化思潮暗流涌动。特别是2018年以来,美国罔顾国际规则,违背世界贸易组织基本精神和原则,采取单边主义做法,发起针对中国等国家的贸易战,破坏了国际贸易关系和经济秩序,是一种逆全球化举动。自由贸易是世界经济发展和各国合作共赢的必然要求,以其为核心的经济全球化是不可阻挡的时代潮流,符合世界各国共同利益。作为世界第二大经济体、第一大工业国、第一大货物贸易国和第一大外汇储备国,作为世界和平的建设者、全球发展的贡献者和国际秩序的维护者,中国有责任也有能力应对美国挑起的贸易战,坚决捍卫自由贸易和多边体制,推动经济全球化深入发展。

1. 自由贸易是经济全球化的核心。

在现代经济学开山之作《国民财富的性质和原因的研究》中,亚当·斯密提出专业化分工是提高劳动生产率的终极源泉,并研究了专业化分工与自由贸易的关系。之后,大卫·李嘉图提出比较优势原理,奠定了现代贸易理论的基础。当代经济学家则把要素禀赋纳入其中,不断完善基于比较优势原理的贸易理论,形成了赫克歇尔—俄林—萨缪尔森贸易理论,并已载入经济学教科书,成为各国经济学家和政策制定者倡导自由贸易的学理依据。

在漫长的世界经济发展史上,虽然自由贸易理念被广泛接受并转化为具体措施的过程并非一帆风顺,国际贸易发展也经历了起伏,但毋庸置疑的是,当代发达国家的经济发展无一例外得益于国际分工和国际贸易发展。以自由贸易为核心的经济全球化促成了贸易大繁荣、投资大便利、人员大流动、技术大发展,已经成为当今世界不可逆转的时代潮流。在经济全球化的带动下,科技进步日新月异,交通、通信等基础设施快速发展,货物和信息在国际范围的流通成本大幅降低;金融的深入发展使国际范围的融资更加便利,全球资本流动规模日趋扩大；越来越多的国家和地区加大对外开放力度，选择融入世界经济体系与面向国际市场发展经济，大大拓展了国际分工的深度和广度。进入20世纪90年代以来，经济全球化发展迎来了新高潮，全球贸易和外商直接投资以更快速度增长，直到2008年国际金融危机前，世界贸易增长速度都稳定地快于世界经济增长速度。新兴市场国家和发展中国家成为这一轮经济全球化高潮的积极参与者，贸易依存度迅速提升，并在全球产业链中占据了重要地位，分享了经济全球化红利。经济全球化帮助新兴市场国家和发展中国家取得减贫的突出成效，缩小了与发达国家的发展差距。

中国是经济全球化的受益者，更是贡献者。20世纪70年代末，中国开启了波澜壮阔的改革开放伟大征程。1986年，中国向关贸总协定（世界贸易组织的前身）提出恢复创始缔约方地位的申请，并于2001年加入世界贸易组织，全面参与国际分工和经济全球化，逐步发展成为全球供应体系的重要组成部分和"世界工厂"。1978—2016年，中国货物贸易出口和进口总额分别以19.33%和18.12%的年均增速快速增长。1983—2016年，中国实际利用外商直接投资额名义上增长了近136倍，成为举世公认的开放大国。

40年来，中国坚持改革开放不动摇，严格遵循世界贸易组织原则和相关国际规则，积极参与经济全球化和国际分工，把丰富的劳动力资源转化为人口红利，形成了有利于经济增长的劳动力供给、较高储蓄率和投资回报率，促进了资源配置效率提高，显著提升了制造业产品的比较优势和国际竞争力。中国经济持续快速增长，为全球经济稳定增长作出越来越大的贡献。中国同一大批国家联动发展，使全球经济发展更加平衡。中国减贫事业取得巨大成就，使全球经济增长更加包容。中国改革开放持续推进，为开放型世界经济发展提供了重要动力。

2. 美国大范围挑起贸易战使经济全球化遭遇逆风。

美国是经济全球化的最大受益者，长期自诩为自由贸易最重要的推动者。但近年来特别是去年以来，它转而不承认自己从自由贸易中获益，而是大讲美国面对着不公平的国际贸易；不再积极推动经济全球化，而是日益成为经济全球化的破坏者。2018年，美国对多国加征关税，大范围挑起贸易战，其做法危害世界经济发展。作为世界第一大经济体和经济全球化曾经的主导者，美国转向贸易保护主义，使自由贸易和经济全球化遭遇逆风。

其实在历史上，美国并非一直崇尚自由贸易，而是以长期实行贸易保护主义著称。只是在第二次世界大战之后,美国工业具备了全球竞争力,国际政治经济格局也发生了很大变化,美国才意识到自己有必要也有能力通过自由贸易获益,因而摇身一变成为世人所知的自由贸易倡导者和经济全球化主导者。今天,美国对于自由贸易和经济全球化的态度又发生了逆转,其原因无外乎这三点:一是以打贸易战为威胁获取更大利益,二是为了转嫁其国内矛盾,三是为了维护其经济霸主地位,遏制其他国家发展。

在20世纪80年代和90年代这一轮经济全球化高潮之前,实行计划经济的国家和许多工业化水平较低的发展中国家都没有参与到国际贸易体系之中,国际贸易主要发生在工业化国家之间。国际贸易的各参与方在发展水平及资源禀赋上没有明显差异,因而这个时期的国际贸易并不是典型的依据比较优势原理而是依据规模经济差异进行的,贸易的结果通常也不改变参与国家的生产要素相对回报水平。但20世纪90年代以后,国际贸易则更多地发生在发达国家与发展中国家之间,本质上是前者以充裕的资本要素与后者丰富的劳动力要素进行交换。于是,发达国家资本回报率得到提高而劳动报酬有所降低,发展中国家劳动报酬显著提高而资本回报率有所降低。在美国,以跨国公司为载体的资本所有者从经济全球化中赚得盆满钵满,但同时也出现了劳动力市场两极化和中产阶级规模缩小、收入差距扩大等问题。与此同时,新兴市场国家和一大批发展中国家快速发展,在国际贸易和投资中所占比重大幅上升,推动世界经济格局发生深刻变化。这些情况令美国一些人陷入深深的紧张和焦虑。

实际上,美国国内面临的问题原本可以从经济学中找到答案,通过实施政府再分配政策可以有效解决基于比较优势的国际贸易中劳动报酬降低问题。但由于新自由主义传统作祟,美国执政者不仅没有采取必要的政府再分配措施,反而打算放弃自由贸易原则。在他们看来,通过打贸易战或以打贸易战相威胁逼迫对方作出让步,可以起到榨取更多利益和遏制其他国家发展的双重作用。

11年前,正是由于美国国内政策失误,才导致美国次贷危机并演变成为国际金融危机,严重冲击了世界经济,损害了各国利益。如今,美国又单方面挑起针对多国的贸易战,也会导致许多国家宏观经济波动,加剧市场不稳定预期,诱发货币市场异常反应,伤害各国经济。所以说,美国的贸易保护主义和霸凌做法贻害全球。

3. 自由贸易和经济全球化是不可逆转的大势。

虽然美国的贸易保护主义给经济全球化带来严峻挑战,但自由贸易和经济全球化依然是人类社会发展不可逆转的大势。自由贸易和经济全球化既是全球范围生产力高度发展的必然结果,也是当今时代各国经济发展的必由之路。

新兴市场国家和发展中国家已经成为经济全球化的有力推动者。2017年,中等收入和低收入国家的经济总量占世界经济总量的比重达到36.2%,对当年全球GDP增量的贡献率高达54.2%;商品和服务出口总额占世界的比重为30.0%,对世界商品和服务出口增量的贡献率为36.2%。新兴市场国家和发展中国家对经济全球化具有强烈需求,而且成为越来越重要的贡献者,必然会有力推动自由贸易和经济全球化持续深入发展。

贸易保护主义和逆全球化不得人心。诺贝尔经济学奖获得者萨金特指出,对于美国来说,贸易政策的最高决定权在于人民,即厂商、进出口商和消费者等。虽然一些热衷于实行保护主义和逆全球化政策的政治家,以制造业回归、扩大就业、打赢贸易战等说辞短期内可能博取一些民众的支持,但贸易保护主义终究是没有赢家的零和博弈,会造成全球贸易萎缩、全球产业链和价值链遭到破坏,在伤害贸易伙伴的同时也必然伤害到本国企业和劳动者。因此,那些一时被蒙蔽的选民,最终会明白"没有自由贸易就没有共赢,没有共赢也不会有单一赢家"的道理。

经济全球化是不可阻挡的时代潮流,今天要解决的问题是适应和引导好经济全球化,消解经济全球化的负面影响,让它更好惠及各国人民。推动经济全球化健康发展,从国际角度看,既需要建立健全有效治理机制,也需要树立合作共赢的发展理念。从各国内部角度看,需要出台更具包容、普惠、平衡性的经济和社会政策,尤其是完善社会保障政策,以更好融入经济全球化。习近平主席倡导的构建人类命运共同体理念,深刻反映时代潮流,代表人类文明进步方向,有利于推动建设一个开放、包容、普惠、平衡、共赢的经济全球化。这一理念已被写入联合国多项决议文件,得到世界广泛认同。

4. 坚守底线、保持定力,坚定不移推进改革开放。

经济全球化大势和中国改革开放不断深化,决定了中国日益成为经济全球化的积极推动者和重要建设者。当前,中国发展的外部环境发生了明显变化:一是直接面对美国单方面挑起的贸易战,二是作为大型经济体和开放型经济体身处经济全球化遭遇逆风的国际环境。面对这些外部挑战,我们既要牢牢守住底线、积极有效应对,又要保持耐心和定力,坚定不移推进改革开放。

妥善应对贸易摩擦。贸易战没有赢家。我们不主动挑起贸易战,也不热衷于贸易战,但深知一味退让并不能阻止贸易战。面对美国单方面挑起的贸易战,我国的应对策略是符合理论逻辑和国际惯例的,即在始终保持协商与合作大门敞开的同时,针对对方的无理行动予以针锋相对的反制,并将美国单边主义行为诉诸世界贸易组织争端解决机制。我们应保持战略定力,继续按照既定部署和节奏,坚定不移地推进改革开放;与世界各国一道,坚定不移地维护自由贸易原则和多边贸易体制。

持续扩大对外开放。习近平主席指出:"让世界经济的大海退回到一个一个孤立的小湖泊、小河流,是不可能的,也是不符合历史潮流的。"2018年4月,习近平主席在海南博鳌亚洲论坛上宣布了扩大对外开放的一系列新的重大举措,表明了中国坚定不移推进改革开放的决心。通过推进"一带一路"建设和加强区域经济合作,中国持续推进对外合作多边化与贸易多元化,在继续从对外开放中获得发展动力的同时,也在为维护自由贸易、推动经济全球化朝着更加开放、包容、普惠、平衡、共赢的方向发展作出更大贡献。

努力做好自己的事。在外部环境发生明显变化的情况下实现趋利避害,关键是在全面深化改革的前提下做好自己的事。要按照党的十九大的部署,坚持稳中求进工作总基调,坚决贯彻落实新发展理念,持续深化供给侧结构性改革,推动经济高质量发展不断取得新进展,确保中国经济始终立于不败之地。与此同时,还要积极应对从中等偏上收入阶段迈向高收入阶段过程中遇到的成长烦恼,着力转变发展方式、调整经济结构、转换增长动力。面对贸易战的直接和间接冲击,我们要加强社会保障体系建设,织牢社会保障网,发挥好社会政策的托底功能。只要我们阵脚不乱、坚定做好自己的事,就能从容应对国际贸易摩擦和贸易保护主义,中国经济稳中向好的大势就无可动摇。

资料来源:蔡昉:《经济全球化潮流不可阻挡》,《人民日报》,2018年9月12日第7版。

七、本章扩展材料

1. 习近平:《共担时代责任 共促全球发展——在世界经济论坛2017年年会

开幕式上的主旨演讲》,2017 年 1 月 17 日。

2. 习近平:《共建创新包容的开放型世界经济——在首届中国国际进口博览会开幕式上的主旨演讲》,2018 年 11 月 5 日。

3. 习近平:《登高望远,牢牢把握世界经济正确方向——在二十国集团领导人峰会第一阶段会议上的发言》,2018 年 11 月 30 日。

4. 习近平:《开放合作　命运与共——在第二届中国国际进口博览会开幕式上的主旨演讲》,2019 年 11 月 5 日。

5. 习近平:《让开放的春风温暖世界——在第四届中国国际进口博览会开幕式上的主旨演讲》,2021 年 11 月 4 日。

第五章　区域经济一体化与世界经济发展

一、本章内容摘要

本章介绍世界经济当前运行的另一特征——区域经济一体化。

1. 根据一体化发展的程度与层次不同,区域经济一体化有特惠关税区、自由贸易区、关税同盟、共同市场、经济联盟等类型。

2. 二战结束特别是 20 世纪 90 年代以来,区域经济一体化迅猛发展,其主要原因是:国际分工的深化,经济发展不平衡和世界经济多极化,寻找有利的贸易条件和投资环境,寻求经济效益,WTO 主导的全球多边贸易体系陷入困境以及地缘竞争的需要。

3. 世界范围内主要区域经济一体化组织包括欧洲联盟、北美自由贸易区、亚太经济合作组织、东南亚国家联盟、南美洲国家联盟和非洲联盟等。

4. 中国积极参与区域经济一体化进程,不但积极参与自贸区谈判,而且逐渐在区域经济一体化及规则制定中发挥引领作用。

5. 区域经济一体化的发展对成员国经济的影响表现在促进成员国商品的自由流动和贸易的增长,加速成员国对外直接投资的发展,促进成员国内部分工及合作的发展。区域经济一体化的发展提高了区域经济一体化组织的整体实力和经济影响,推动了其他区域经济一体化组织合作的进程,并正在改变世界经济格局。区域经济一体化的发展对世界经济的影响表现在改变了国际分工和专业化格局,同时也对国际经济秩序造成冲击和影响。

二、本章基本概念

区域经济一体化、特惠关税区、自由贸易区、关税同盟、共同市场、经济联盟、欧洲联盟、北美自由贸易区、亚太经济合作组织、东南亚国家联盟、《跨太平洋伙伴关系协定》《区域全面经济伙伴关系协定》

三、本章重点和难点剖析

(一)区域经济一体化的类型

根据一体化发展的程度与层次的不同,区域经济一体化的类型大致有特惠关税区、自由贸易区、关税同盟、共同市场、经济联盟等形式。

1. 特惠关税区

特惠关税区亦称特惠贸易安排或特惠贸易协定,是指成员国之间对全部或部分商品规定较为优惠的关税,但各成员国保持其独立的对非成员国的关税和其他贸易壁垒。这是区域经济一体化中层次最低和最松散的组织形式。

2. 自由贸易区

自由贸易区是指各成员国之间取消关税及其他贸易壁垒,各成员国有权对非成员国设定关税和数量限制。为了防止非成员国商品通过关税较低的成员国进入关税较高的成员国,成员国之间仍然设有海关,并实行商品原产地规则。自由贸易区是当今世界区域经济一体化过程中最常见的组织形式。

3. 关税同盟

关税同盟除了具有自由贸易区的特征之外,它还要求成员国采取共同的关税及共同的对外贸易政策。

4. 共同市场

共同市场除了具有关税同盟的特征之外,还要求允许劳动力、资本等生产要素在成员国之间自由流动。

5. 经济联盟

在共同市场的基础上,经济联盟的成员国在包括财政、金融、货币、农业、工业和社会政策在内的各个领域实行统一的经济政策,并对涉及本地区发展的重大经济事项采取共同立场。经济联盟还常与货币联盟结合在一起,货币联盟的形式有很多种,其最高形式要求发行统一货币和实行统一货币政策。

(二)区域经济一体化与经济全球化的关系

1. 区域经济一体化和经济全球化的联系

第一,经济全球化促进区域经济一体化发展。经济全球化条件下,生产力高度发展,必然要求打破民族国家边界的限制,以在全球范围内实现要素自由流动和资源的优化配置。但每个民族国家都有自己的边界和不同的利益追求,正是这一矛盾促使那些有着更多共同利益的国家通过组建区域性经济一体化集团以在更大范围内实现资源的优化配置,同时也可通过经济集团的组建,对集团外产品实行差别待遇以应对来自非成员国产品的竞争。

第二,区域经济一体化和经济全球化的发展过程是相互融通的。区域经济一体化的起步阶段,多以自由贸易区或关税同盟为主要形式,基本目标是解决一定范围内的贸易自由化问题;经济全球化的初期阶段多以追求贸易自由化作为核心内容。当经济全球化进入生产国际化和金融全球化阶段时,区域经济一体化的发展开始涉及国际直接投资、跨国公司以及加强政府宏观经济政策协调等问题,区域经济一体化的内涵不断丰富。

第三,区域经济一体化和经济全球化的实践过程是相互促进的。从某一个角度来看,区域经济一体化与经济全球化所追求的目标基本上相同,即实现规模经济、提高经济运行效率和增强产品的市场竞争力,但其达到相关目标的手段和范围大小有一定差异。区域经济一体化通过集团内部的商品、劳务及生产要素的自由流动,实现资源的优化配置,深化成员国之间的专业化分工,在推动集团内经济发展的同时也推动了全球生产、贸易和投资的发展进程。经济全球化则推动了世界各国之间的多边合作机制的建立和发展。在世界贸易组织、世界银行、国际货币基金组织等国际组织的协调和管理下,区域经济一体化和国际竞争正朝着更加规范有序的方向发展。

2. 区域经济一体化和经济全球化的区别

第一,区域经济一体化具有背离经济全球化趋势的效应。二战后的区域性经济集团虽然在降低集团内贸易壁垒的同时并不提高对集团外产品的壁垒,但由于它只将集团贸易自由化的好处提供给集团内产品,实际上背离了关贸总协定的最惠国待遇原则,造成了对集团外产品的差别待遇,保护了集团内产品,有碍于产品的自由流动,因而具有与经济全球化趋势相悖的一面。

第二,在区域经济一体化和经济全球化过程中,主权国家扮演着不同角色。区域经济一体化是区域内各国突破主权限制,通过签订政府间协议而建立起来的一种国际经济一体化组织,通常以主权国家让渡部分经济权力为代价,有时甚至还让渡部分政治权力。而经济全球化通常是由市场力量推动,国家在其中一般并不承担强制义务。

第三,区域经济一体化与经济全球化的发展动力不同。区域经济一体化主要是由国家推动,通过政府间双边或多边协定建立地区性经济一体化组织。经济全球化是由市场力量推动的生产、贸易、投资、金融等经济行为在世界范围内的大规模活动,是资本和劳动等要素在全球范围内的配置与重组。因此,可以认为,跨国公司是经济全球化的微观主体,经济全球化在很大程度上是由跨国公司主导的经济活动。

(三)欧盟、北美自由贸易区等代表性区域经济一体化组织的发展

1. 欧盟的建立与发展

法国在1950年提出了"舒曼计划"。法国、联邦德国、意大利、比利时、荷

兰、卢森堡六国于1951年4月签订了为期50年的《欧洲煤钢共同体条约》。1957年3月，上述六国在罗马签署了《欧洲经济共同体条约》和《欧洲原子能共同体条约》（统称《罗马条约》）。1958年1月1日，《罗马条约》生效，欧洲经济共同体和欧洲原子能共同体正式成立。1967年7月，欧洲煤钢共同体、欧洲原子能共同体与欧洲经济共同体合并，组建欧洲共同体（European Communities，EC，简称欧共体），又称欧洲共同市场，此即为欧盟的前身。

1973年，英国、爱尔兰和丹麦加入欧共体。1979年，欧洲货币体系诞生，内容包括欧洲货币单位（European Currency Unit，ECU）、欧洲汇率机制和欧洲货币基金。1981年，希腊加入欧共体。1986年，葡萄牙和西班牙加入欧共体。

1991年12月，欧共体马斯特里赫特首脑会议谈判达成了《欧洲经济联盟条约》，亦称《马斯特里赫特条约》（简称《马约》），同意建立欧洲中央银行，发行统一货币，确定了分三阶段实现欧洲经济与货币联盟的时间表。《马约》在1993年11月1日正式开始生效，从而宣告了欧洲联盟（European Union，EU，简称欧盟）的产生。1994年1月，欧洲经济与货币联盟建设进入第二阶段。1995年1月，奥地利、芬兰和瑞典加入欧盟，成员国数增至15个。1998年6月，欧洲中央银行在德国法兰克福正式成立。1999年1月，欧元正式启动，欧元区内各国货币与欧元的汇率被锁定。2002年1月1日，欧元正式发行并投入流通。2004年5月，匈牙利、波兰、捷克、斯洛伐克、斯洛文尼亚、爱沙尼亚、立陶宛、拉脱维亚、马耳他和塞浦路斯10国加入欧盟，其成员国数从15个增至25个。2007年1月，保加利亚和罗马尼亚加入欧盟，使其成员国从25个增至27个。2007年12月，欧盟各国首脑签署了《里斯本条约》，2009年12月1日，《里斯本条约》生效，这意味着欧盟在欧洲一体化道路上又迈出了坚实的一步。2013年7月1日，克罗地亚正式成为欧盟第28个成员国。但是，欧盟的发展并非一帆风顺。2016年6月24日，英国通过全民公投，宣布退出欧盟，并经谈判后于2020年1月31日正式"脱欧"。

欧盟经济一体化的三大支柱分别为关税同盟、单一市场、经济与货币联盟。

2. 北美自由贸易区的建立和发展

1992年12月，美、加、墨三国签署了《北美自由贸易协定》，协定于1994年1月1日生效，北美自由贸易区（North American Free Trade Area，NAFTA）正式成立。

美、加、墨三国成立自由贸易区的原因主要包括：首先，从这三个国家之间的相互关系来看，一个美国领导的、加拿大和墨西哥为南北两翼的政治结构，以及美国和加拿大为核心、墨西哥为辅助的经济格局,符合三个国家相互合作和共同发展的愿望。其次,美、加、墨三国出于自身利益考虑,希望通过合作来共同应对外部压力,尤其是来自欧洲经济一体化运动不断发展的挑战。再次,北美自由贸易区是世界上第一个由发达国家和发展中国家一起参与组成的"南北型"区域经济一体化组织。它的成功实践开辟了发达国家与发展中国家进行区域经济一体化运动的新路。

2017年,美国政府提出重新进行自由贸易协定谈判。美国的主要目标是要减少美国对加拿大和墨西哥的贸易逆差,要让美国农产品、畜牧产品和服务业更多地出口到北美其他国家。重新启动谈判反映了美国贸易保护主义倾向加剧。2018年9月30日,美、墨、加三国自由贸易协定(USMCA)重新签署。

（四）区域经济一体化产生的经济影响

1. 区域经济一体化对成员国经济的影响

对成员国而言,区域经济一体化可以带来更多的贸易和投资机会,随着内部分工的专业化和劳动生产率的提高,成员国在合作与协调一致的基础上不断提高国际竞争力。但是区域合作也会对成员国国内某些经济或产业部门带来较大的冲击,同时区域经济一体化也意味着成员国必须让渡部分经济权力。

（1）促进成员国商品的自由流动和贸易的增长

区域经济一体化促进了成员国贸易的自由化和经济增长。在区域经济一体化组织内部,随着阻碍国际贸易的关税和非关税壁垒不断减少和消除,各国贸易政策和规则逐步协调和统一,成员国间商品、服务及生产要素能够不同程度地得到自由流动和配置,交易成本不断下降,这必然促使成员国之间的经贸往来和合作增加,进而促进成员国的经济增长。

（2）加速成员国对外直接投资的发展

区域经济一体化加速了成员国资源的集中和重新配置。随着一体化程度的深入,成员国之间的市场边界逐步消除,各国企业可以凭借自身的优势和影响,结合区域经济一体化所带来的制度性保障加大对外投资。

（3）促进成员国内部分工及合作的发展

区域经济一体化进程正在不断推动成员国内部的生产分工、专业化协作及国际技术合作。区域经济一体化直接影响着各成员国的产业部门结构,促进新工业部门的发展,淘汰旧的生产方式。在经济全球化和科技革命飞速发展的背景下,各成员国能够集中有限的资源,运用先进的生产技术,优先发展在国际市场上具有竞争能力的产业部门,并在区域集团内部保持资源共享、优势互补的格局,极大地提高了劳动生产率,促使整体经济快速增长。

(4) 对成员国的不利影响

区域经济一体化组织通常具有不同程度的"贸易转移效应"。区域经济一体化使成员国对外实施统一关税,对其他国家的歧视可能会导致外部进口减少,转为从区域内成员国进口,从而贸易方向发生转变,产生贸易转移。由于原来从外部市场进口成本低,贸易转移使成员国进口成本增加,福利减少。另外,各国的经济发展水平不平衡,各国的发展目标和承受能力不同,在很大程度上限制了各成员国在区域经济一体化组织内相互协调经济政策的空间,区域合作的各种摩擦与冲突不断。英国"脱欧"、美国重新签署 USMCA 就是对区域经济一体化的反思和调整。

2. 区域经济一体化对区域外经济的影响

(1) 推动区域外国家区域经济合作的进程

一方面,区域经济一体化能够为成员国带来诸多好处,这对区域外国家而言就产生了示范效应;另一方面,区域经济集团对区域外产品的差别待遇,也会使其在与集团内产品的竞争中处于不利地位,从而阻碍了非成员国利益的实现。因此,在竞争效应的作用下,其他国家另行组建区域经济集团势在必行。

(2) 对区域外国家的歧视

区域经济一体化的一些规则促使区域内生产者倾向于在区域内配置原材料或中间产品,资源配置的方向会偏离国际贸易的比较优势原则。区域经济一体化组织虽然保护了区域内部产业的发展,但对于区域外却无疑是一种歧视性的存在。如果区域经济一体化覆盖的产品范围越广、差异性越大,则对区域外的歧视程度就越高,从而阻碍全球范围内的贸易自由。

(3) 改变着区域间的经济格局

区域经济一体化的发展导致国家集团或者国家联盟的形成,这必然改变地缘经济面貌。随着区域经济一体化的进程,原先的一国市场如今扩大为数个国家的共同市场,经济和贸易政策也在逐步实现统一,那些没有加入区域经济组织的国家,则面临被孤立和被边缘化的局面。现在,无论是欧洲还是美洲、非洲或者亚洲,都在经历重新整合以及联合发展的过程,也就是地区经济格局日益变化的过程。

3. 区域经济一体化对世界经济的影响

区域经济一体化通过促进区域内部经济增长、实现贸易和投资自由化、提高竞争与效率等渠道,促进了世界经济的发展。二战后国际贸易、国际金融的大发展以及跨国公司的全球运作,均与区域经济一体化有着密切联系。不过,也应当清醒地认识到,区域经济一体化也会给世界经济带来负面冲击,并产生日益严重的集团冲突和不平等竞争等问题。

(1) 区域经济一体化对世界经济的积极作用

区域经济一体化的兴起和发展极大地促进了世界范围内的资源配置效率的提高以及生产专业化、社会化和国际化的发展。贸易、投资的自由化以及科技革命的发展改变了国际分工的格局,推动了世界经济结构的调整和变化。国际分工正在不断深化,区域经济一体化的发展进一步加速了专业化大生产和国际分工的进程。越来越多的商品、劳务、资本在跨国自由流动,资源的有效配置和市场竞争推动了经济全球化和区域经济一体化的共同发展。

(2) 区域经济一体化对世界经济的负面影响

区域经济一体化也具有一定的负面效应。首先,区域经济一体化的发展会加剧世界经济发展不平衡,大国经济发展对区域经济集团具有决定性的作用。从欧洲和北美各自经济一体化的进程来看,美、日、欧及新兴市场国家和地区之间的经济不平衡现象并没有实质性的改变。其次,区域经济一体化具有一定程度的排他性,这将加剧各地区之间的对抗。尽管这些对抗的基础局限在经济竞争的领域,但很难保证经济利益的变化不会导致政治冲突和安全隐患。最后,国家主权是区域经济一体化发展过程中无法回避的问题。区域经济一体化的代价之一就是成员国要让渡部分国家权力。在享受区域经济一体化带来的利益时,国家主权往往会受到来自外部的影响或侵蚀。因此,如何平衡和处理区域经济一体化与国家主权之间的关系,对于民族国家以及国际政治经济关系的发展具有重要意义。

四、本章课后思考题及答案提示

1. 什么是区域经济一体化?区域经济一体化有哪些主要类型?

区域经济一体化,是指两个或两个以上的国家或地区通过达成某种承诺或者签订条约和协议,在成员间逐步取消贸易壁垒和生产要素流动障碍,形成区域性经济合作组织的过程。

根据一体化发展的程度与层次的不同,区域经济一体化的类型大致有特惠关税区、自由贸易区、关税同盟、共同市场、经济联盟等形式。

2. 区域经济一体化的动因是什么？如何理解区域经济一体化与经济全球化的关系？

（1）区域经济一体化的产生和广泛发展绝不是偶然的,它是在经济全球化的背景下生产力和生产关系发展的必然结果,有其深刻的经济、社会和政治的原因。

① 国际分工的深化；

② 经济发展不平衡和世界经济多极化；

③ 寻找有利的贸易条件和投资环境；

④ 寻求经济效益；

⑤ WTO 主导的全球多边贸易体系陷入困境；

⑥ 地缘竞争的手段。

（2）区域经济一体化与经济全球化的关系。

① 区域经济一体化和经济全球化的联系：第一,经济全球化促进区域经济一体化发展。第二,区域经济一体化和经济全球化的发展过程是相互融通的。第三,区域经济一体化和经济全球化的实践过程是相互促进的。

② 区域经济一体化和经济全球化的区别：第一,区域经济一体化具有背离经济全球化趋势的效应。第二,在区域经济一体化和经济全球化过程中,主权国家扮演着不同角色。第三,区域经济一体化与经济全球化的发展动力不同。

3. 试分析欧盟、北美自由贸易区、亚太经合组织等主要区域经济合作组织的发展与现状。

（1）欧盟的建立与发展。

法国在 1950 年提出了"舒曼计划"。法国、联邦德国、意大利、比利时、荷兰、卢森堡六国于 1951 年 4 月签订了为期 50 年的《欧洲煤钢共同体条约》。1957 年 3 月,上述六国在罗马签署了《欧洲经济共同体条约》和《欧洲原子能共同体条约》（统称《罗马条约》）。1958 年 1 月 1 日,《罗马条约》生效,欧洲经济共同体和欧洲原子能共同体正式成立。1967 年 7 月,欧洲煤钢共同体、欧洲原子能共同体与欧洲经济共同体合并,组建欧洲共同体（European Communities, EC,简称欧共体）,又称欧洲共同市场,此即为欧盟的前身。

1973 年,英国、爱尔兰和丹麦加入欧共体。1979 年,欧洲货币体系诞生,内容包括欧洲货币单位（European Currency Unit，ECU）、欧洲汇率机制和欧洲货币基金。1981年，希腊加入欧共体。1986年，葡萄牙和西班牙加入欧共体。

1991年12月，欧共体马斯特里赫特首脑会议谈判达成了《欧洲经济联盟条约》，亦称《马斯特里赫特条约》（简称《马约》），同意建立欧洲中央银行，发行统一货币，确定了分三阶段实现欧洲经济与货币联盟的时间表。《马约》在1993年11月1日正式开始生效，从而宣告了欧洲联盟（European Union，EU，简称欧盟）的产生。1994年1月，欧洲经济与货币联盟建设进入第二阶段。1995年1月，奥地利、芬兰和瑞典加入欧洲联盟，成员国数增至15个。1998年6月，欧洲中央银行在德国法兰克福正式成立。1999年1月，欧元正式启动，欧元区内各国货币与欧元的汇率被锁定。2002年1月1日，欧元正式发行并投入流通。2004年5月，匈牙利、波兰、捷克、斯洛伐克、斯洛文尼亚、爱沙尼亚、立陶宛、拉脱维亚、马耳他和塞浦路斯10国加入欧盟，成员国数从15个增至25个。2007年1月，保加利亚和罗马尼亚加入欧盟，使其成员国从25个增至27个。2007年12月，欧盟各国首脑签署了《里斯本条约》，2009年12月1日，《里斯本条约》生效，这意味着欧盟在欧洲一体化道路上又迈出了坚实的一步。2013年7月1日，克罗地亚正式成为欧盟第28个成员国。欧盟经济一体化的三大支柱分别为关税同盟、单一市场、经济与货币联盟。

但是，欧盟的发展并非一帆风顺。2016年6月24日，英国通过全民公投，宣布退出欧盟，并经谈判后于2020年1月31日正式"脱欧"。

（2）北美自由贸易区的建立和发展。

1992年12月，美、加、墨三国签署了《北美自由贸易协定》，协定于1994年1月1日生效，北美自由贸易区（North American Free Trade Area，NAFTA）正式成立。

美、加、墨三国成立自由贸易区的原因主要包括：首先，从这三个国家之间的相互关系来看，一个美国领导的、加拿大和墨西哥为南北两翼的政治结构，以及美国和加拿大为核心、墨西哥为辅助的经济格局，符合三个国家相互合作和共同发展的愿望。其次，美、加、墨三国出于自身利益考虑，希望通过合作来共同应对外部压力，尤其是来自欧洲经济一体化运动不断发展的挑战。再次，北美自由贸易区是世界上第一个由发达国家和发展中国家一起参与组成的"南北型"区域经济一体化组织。它的成功实践开辟了发达国家与发展中国家进行区域经济一体化运动的新路。

2017年,美国政府提出重新进行自由贸易协定谈判。美国的主要目标是要减少美国对加拿大和墨西哥的贸易逆差,要让美国农产品、畜牧产品和服务业更多地出口到北美其他国家。重新启动谈判反映了美国贸易保护主义倾向加剧。2018年9月30日,美、墨、加三国自由贸易协定(USMCA)重新签署。

(3)亚太经济合作组织的建立和发展。

亚太经济合作组织(Asia-Pacific Economic Cooperation, APEC,简称亚太经合组织)从亚洲和太平洋地区的一个区域性经济论坛和磋商机构起步,经过30年的发展,已逐渐发展为亚太地区一个重要的经济合作论坛,在推动区域贸易和投资自由化、加强成员间经济技术合作等方面具有不可替代的作用。

1989年11月,澳大利亚、美国、加拿大、日本、韩国、新西兰和东盟6国在堪培拉举行了亚太经济合作组织第一届部长级会议,宣告了亚太经济合作组织的成立。1991年11月,中国以主权国家身份、中国台北和中国香港以地区经济体名义正式加入亚太经合组织。截至2014年9月,亚太经合组织共有21个正式成员和3个观察员。

从本质上说,亚太经合组织并非区域经济一体化组织,而仅仅是太平洋东西两岸和太平洋内经济体讨论本地区重要经济问题的官方论坛,迄今为止它没有一项强制性的条约或协定,其宗旨和目标是:相互依存,共同受益,坚持开放性多边贸易体制和减少区域内贸易壁垒。目前,建立亚太自由贸易区(Free Trade Area of the Asia-Pacific, FTAAP)成为APEC讨论的焦点议题之一。

4. 区域经济一体化对世界经济有哪些影响?

(1)区域经济一体化对世界经济的积极作用。

区域经济一体化的兴起和发展极大地促进了世界范围内的资源配置效率的提高以及生产专业化、社会化和国际化的发展。贸易、投资的自由化以及科技革命的发展改变了国际分工的格局,推动了世界经济结构的调整和变化。国际分工正在不断深化,区域经济一体化的发展进一步加速了专业化大生产和国际分工的进程。越来越多的商品、劳务、资本在跨国自由流动,资源的有效配置和市场竞争推动了经济全球化和区域经济一体化的共同发展。

(2)区域经济一体化对世界经济的负面影响。

区域经济一体化也具有一定的负面效应。首先,区域经济一体化的发展会加剧世界经济发展不平衡,大国经济发展对区域经济集团具有决定性的作用。从欧洲和北美各自经济一体化的进程来看,美、日、欧及新兴市场国家和地区之间的经济不平衡现象并没有实质性的改变。其次,区域经济一体化具有一定程度的排他性,这将加剧各地区之间的对抗。尽管这些对抗的基础局限在经济竞争的领域,但很难保证经济利益的变化不会导致政治冲突和安全隐患。最后,国家主权是区域经济一体化发展过程中无法回避的问题。区域经济一体化的代价之一就是成员国要让渡部分国家权力。在享受区域经济一体化带来的利益时,国家主权往往会受到来自外部的影响或侵蚀。因此,如何平衡和处理区域经济一体化与国家主权之间的关系,对于民族国家以及国际政治经济关系的发展具有重要意义。

五、本章测试题

（一）判断题

1. 特惠关税区亦称特惠贸易安排或特惠贸易协定,是区域经济一体化中层次最低和最松散的组织形式。　　　　　　　　　　　　　　（　　）

2. 当代世界区域经济一体化迅速发展,涌现出许多区域一体化组织,其中亚太经合组织（APEC）属于共同市场。　　　　　　　　　　（　　）

3. 共同市场除了具有关税同盟的特征之外,还要求允许劳动力、资本等生产要素在成员国之间自由流动。　　　　　　　　　　　　　（　　）

4. 区域经济一体化和经济全球化的实践过程是相互促进的,但区域经济一体化也具有背离经济全球化趋势的效应。　　　　　　　　　（　　）

5. 自由贸易区是当今世界区域经济一体化实践过程中最常见的组织形式。
　　　　　　　　　　　　　　　　　　　　　　　　　　　　（　　）

6. 欧盟是当今世界一体化程度最高的区域经济一体化组织。（　　）

7. 区域经济一体化通过促进区域内部经济增长、实现贸易和投资自由化、提高竞争与效率等渠道,促进了世界经济的发展,但同时也在一定程度上加剧了世界经济发展不平衡。　　　　　　　　　　　　　　　　（　　）

（二）不定项选择题

1. 以下属于区域经济一体化发展的动因的是（　　）。

A. 国际分工的深化

B. 经济发展不平衡和世界经济多极化

C. 寻找有利的贸易条件和投资环境

D. 地缘竞争的手段

2. 由两个或两个以上的国家所组成的区域经济一体化组织内部各成员国之间取消关税及其他贸易壁垒，各成员国有权对非成员国设定关税和数量限制。同时为了防止非成员国商品通过关税较低的成员国进入关税较高的成员国，成员国之间仍然设有海关，并实行商品原产地规则。这种区域经济一体化形式是（　　）。

　　A. 关税同盟　　　　　　　　B. 共同市场

　　C. 自由贸易区　　　　　　　D. 经济同盟

3. 下列区域组织中，目前有中国加入的是（　　）。

　　A. ASEAN　　　　　　　　　B. USMCA

　　C. APEC　　　　　　　　　　D. TPP

4. 亚洲及太平洋地区经济合作组织成立于（　　）。

　　A. 1994 年　　　　　　　　　B. 1986 年

　　C. 1989 年　　　　　　　　　D. 1991 年

5. 共同市场与经济联盟相比，前者未实现（　　）。

　　A. 生产要素在成员国之间的自由流动

　　B. 成员国统一的对外关税政策

　　C. 货物在成员国之间的自由流动

　　D. 成员国统一的宏观经济政策

6. 下列不属于欧元区成员国的是（　　）。

　　A. 法国　　　　　　　　　　B. 英国

　　C. 德国　　　　　　　　　　D. 斯洛文尼亚

7. 世界上第一个由发达国家和发展中国家一起参与组成的"南北型"区域经济一体化组织是（　　）。

　　A. 东南亚国家联盟

　　B. 欧洲联盟

　　C. 北美自由贸易区

　　D. 区域全面经济伙伴关系协定（RCEP）

六、本章阅读材料及案例分析

（一）请结合本章所学知识和下列材料，简要分析以下问题：

1. 英国为什么要"脱欧"？

2. 英国"脱欧"会产生哪些影响？

材料1：财政紧缩引发了英国"脱欧"吗？

近年来西方民粹主义的兴起，在一定程度上被归因于对全球化的政治反弹。全球化产生的分配效应会带来赢家和输家。一个正常运转的国家可以通过福利制度补偿全球化的输家，而如果削减福利则相反。2016年英国"脱欧"公投中"脱欧"派获胜的一个重要驱动因素是2010年以来财政紧缩的福利制度改革。

2010年的英国大选中，右翼的保守党击败此前长期执政的工党上台，并随即开始兑现竞选承诺，缩减政府开支，其中的重点就是削减福利（见图5-1）。福利缩减恶化了英国底层民众的生活状况，使得他们在"脱欧"派的煽动下转向了民粹主义。这使得2010年改革后，"脱欧"派的支持率就不断上升，并最终导致了2016年"脱欧"公投的结果。

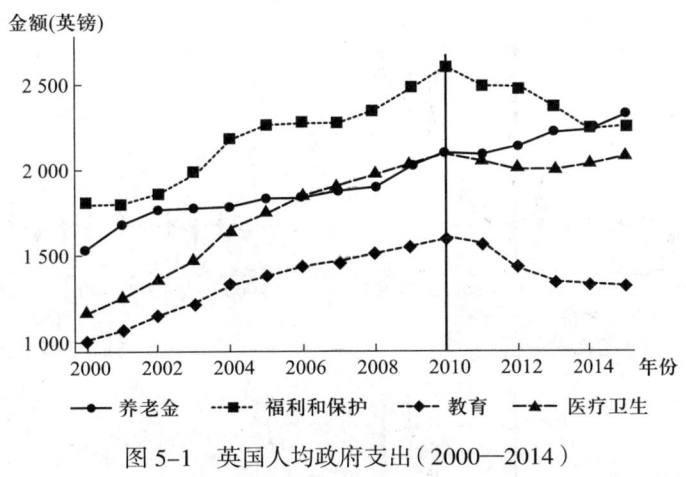

图 5-1　英国人均政府支出（2000—2014）

2010年之后，一直主张"脱欧"的英国独立党（UKIP）在英国议会、欧洲议会和地方议会等所有选举类型中的支持率都大幅上升（见图5-2）。

对英国独立党的支持随着受教育程度低的居民人口比例的上升而逐渐上升，并且对英国独立党的支持与低人力资本衡量标准之间的相关性在2010年之后才显著增强。独立党得票率上升主要来自那些就业大军中受教育程度较低群体占比较高，或是日常性工作（routine jobs）、零售、制造业工作岗位占比较高的地区。这些就业群体或岗位，是在全球化和技术进步过程中相对容易被替代，因而收益较少、受损较多的群体。这些受教育程度较低的群体对福利的依赖不断增强。因而削减福利的改革自然影响到他们投票的结果，具体如图5-3所示。

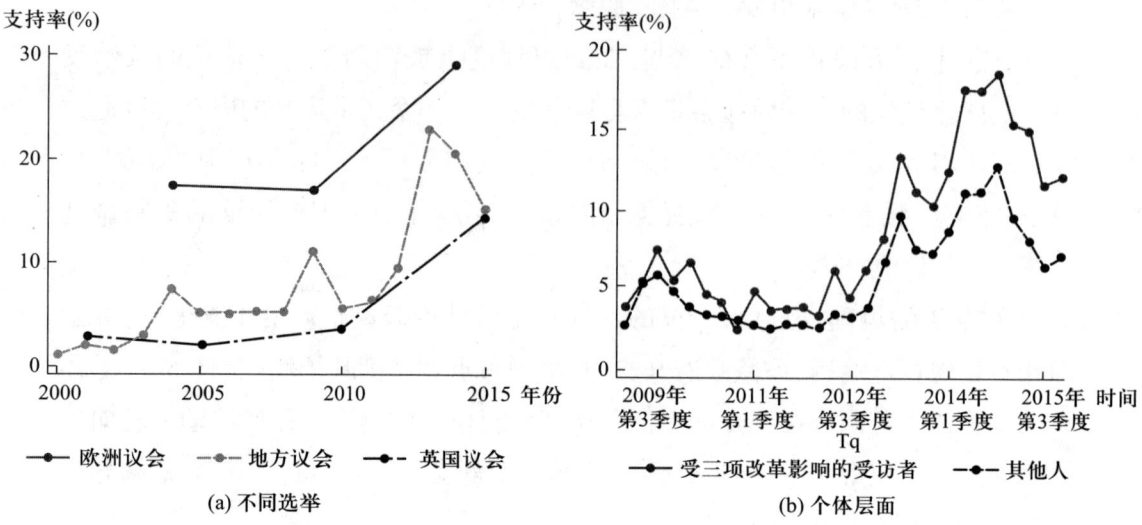

图 5-2　英国独立党在议会选举和个体层面的支持率（2000—2015）

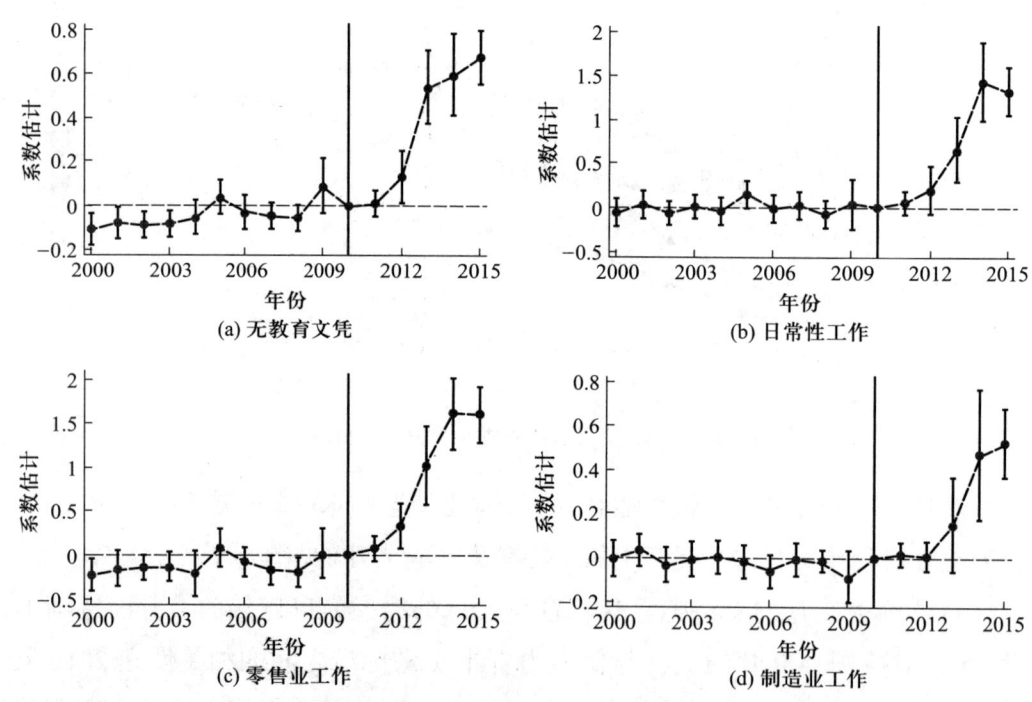

图 5-3　教育资格、社会经济地位和 2001 年常住人口部门就业对
英国独立党支持率影响的非参数效应

另外，通过分别研究财政紧缩的总体冲击、市政税津贴（CTB）、残疾生活津贴（DLA）和卧室税（BTX）等的变化，也证明了财政紧缩与英国独立党的选举投票支持率之间存在很强的正相关关系，具体如图 5-4 所示。

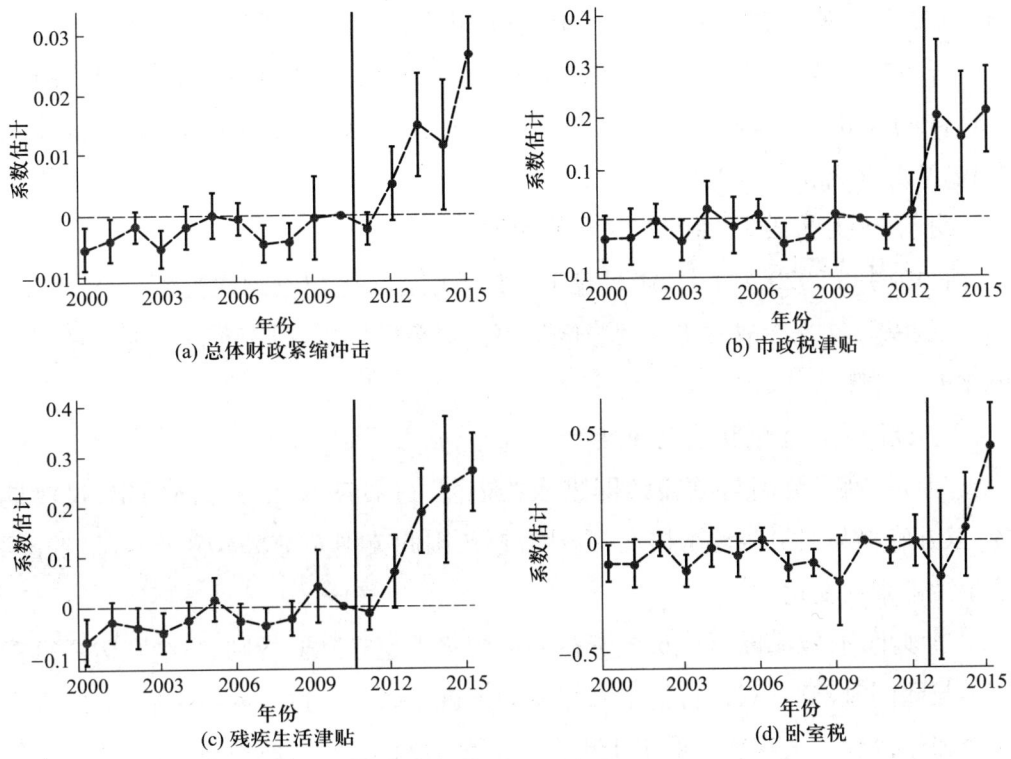

图 5-4　总体和特定财政紧缩措施对英国独立党支持率影响的非参数效应

根据估计,一个受到福利削减改革影响的人,在"脱欧"公投中支持"脱欧"的可能性,至少会提高 6.8%。因此,如果不是财政紧缩改革政策,"留欧"派更有可能在 2016 年的"脱欧"公投中获胜。

资料来源:Thiemo Fetzer:"Did Austerity Cause Brexit?" *American Economic Review*, 2019, Vol. 109, No.11, pp. 3849-3886.

材料 2:谁投票支持英国"脱欧"?

此前对 2016 年英国脱欧公投的分析使用了地区层面的数据或基于投票数据的小样本。前者可能存在生态谬误,后者可能存在小样本偏差。我们在英国最大的家庭调查"了解社会"(Understanding Society)中使用了数千名受访者的个人层面数据,其中包括"脱欧"公投问题。我们发现,投票支持"脱欧"的主要涉及老年人、白人,受教育程度低、很少使用智能手机和互联网、领取福利救济、健康状况不佳和生活满意度低的人。这些结果与投票区总水平上的相应模式结论是一致的。因此,我们没有找到生态谬误的证据。此外,我们还发现,英国各地区的预测精度在地理上是不均匀的,其中强"留欧"区和强"脱欧"区更容易预测。我们还发现,在具有相似社会经济特征的个人中,工党支持者更有可能支持"留欧",而保守党支持者更有可能支持"脱欧"。

资料来源:E. Alabrese, S. O. Becker, T. Fetzer, & D. Novy:"Who Voted for Brexit？Individual and Regional Data Combined". *European Journal of Political Economy*, 2019, Vol. 56, pp. 132–150.

材料 3：英国正式"脱欧"意味着什么？

伦敦时间 2020 年 1 月 31 日晚 11 时，英国正式退出欧洲联盟。

"脱欧"，这一冷战后重大地缘政治事件对英国国内政局、英欧关系及欧洲一体化进程意味着什么？

1. 英国人的生活将有何改变？

"脱欧"后，英国与欧盟随即进入"脱欧"过渡期。双方此前约定，过渡期内，双方货物与人员流动均按现有规则进行，因此英国人将基本感受不到"脱欧"给生活带来的变化。

过渡期内，没有欧盟成员国资格的英国仍需遵守欧盟规则、缴纳欧盟预算费用。与此同时，英欧双方将就未来贸易关系进行谈判。过渡期结束后，英国人生活会如何改变很大程度上取决于英欧在金融、贸易、渔业、航空业、医药和安全等一系列领域的谈判情况。

"脱欧"过渡期至 2020 年底结束。英国议会已立法禁止过渡期延长到 2021 年。但欧盟方面表示担心，英欧双方很难在目前确定的过渡期内达成一份令各方满意的全面协议。

2. "脱欧"对英国外交有何影响？

英国历史性地退出欧盟，对英欧关系将是一次重大考验。虽然英国强调，"脱欧"后，欧盟仍是英国的主要伙伴，但过去几年出现的"脱欧"危机毫无疑问已提升英欧之间的信任成本。双方在安全、贸易等领域的合作是否会受影响，更多还是取决于双方在"脱欧"过渡期内对未来伙伴关系的谈判结果。

英国"脱欧"后，急需重振经济、提升国际地位，并充实"全球化英国"建设的实质性内容，这意味着除商签英欧贸易协议外，与其他国家转签、新签自贸协定也将是"脱欧"后的重要任务。

英国《金融时报》副主编马丁·沃尔夫认为，"脱欧"后英国的外交政策将不得不更加倚重于其他大国，英国在许多问题上将被迫"站队"。

中国现代国际关系研究院欧洲所副研究员杨芳认为，"脱欧"后，英国将加大对美国等传统盟友、英联邦国家及新兴市场等非欧盟国家与地区的外交投入。

"在可预期的未来,美国仍将是英国最重要盟国,安全与情报合作是维系传统英美关系的强大纽带,自贸谈判则是下一阶段两国关系发展的重点。"

3. 欧洲一体化会受挫不前吗?

英国将在2020年底正式结束"脱欧"过渡期后,退出欧洲共同市场和欧盟关税同盟。分析人士认为,英国"脱欧"可能导致其他国家效仿,这让人有理由相信欧洲一体化面临停滞乃至倒退的风险。

不过,也有人认为,英国"脱欧"对欧盟将是一次警醒,欧盟将更加重视内部改革,应对一体化进程中的诸多问题。

"全球化"概念首倡者之一、英国社会科学院院士马丁·阿尔布劳在回复新华社记者的书面采访中说,他并不认为英国"脱欧"将阻碍全球化和欧洲一体化进程。他说:"与自由贸易相比,科技、文化和创新在推动欧洲一体化进程中的作用更大。"

资料来源:桂涛、杨晓静:《英国正式"脱欧"意味着什么》,新华网,2020年2月1日。

材料4:"脱欧"对英国经济意味着什么

在"脱欧"公投三年多后,2020年1月31日英国终于正式离开欧盟。但对英国经济来说,"脱欧"仅仅是一个开始,英国的贸易规则将被重构,金融业面临冲击,劳动力短缺问题也将加剧。

首先,英国和欧盟、美国等主要贸易伙伴的自由贸易规则将发生改变。1月31日正式"脱欧"后,英国与欧盟的贸易关系将进入过渡期,在12月31日过渡期结束前,英国与欧盟有11个月时间进行贸易谈判。如果没有达成任何贸易协议,英国和欧盟的贸易将回到世界贸易组织(WTO)的框架内进行。

欧盟是英国最大贸易伙伴。市场分析普遍认为,英国与欧盟有可能在过渡期结束前达成有限的货物贸易协议;但双方在渔业、金融服务业等领域存在较大分歧,在有限时间内达成全面贸易协议的可能性较低。

美国是英国继欧盟之后的第二大贸易伙伴,但由于目前英国寻求对美国科技企业征收数字税,而美国则威胁对英国汽车加征关税,双方离完成自贸谈判还有很长一段路要走。

此外,对于和欧盟已经存在自贸协议的经济体,英国需要通过谈判续签;对于尚未和欧盟达成自贸协议的经济体,"脱欧"后的英国也可以启动谈判。

其次,英国金融业的国际地位可能受到冲击。金融业是英国的支柱性产业之一,英国也是全球最大金融服务净出口国,并且其中超四成出口面向欧盟。"脱欧"后,英国金融企业在欧盟享有的准入程度将下降。

安永会计师事务所 2019 年的一项调查显示,由于英国"脱欧",金融服务公司正在转移价值约 1 万亿英镑(1.3 万亿美元)资产,并将约 7 000 个工作岗位从伦敦转移到其他欧洲城市。

不过,得益于长期积累的金融基础和蓬勃发展的金融科技,英国作为全球金融中心的地位短时间内仍难撼动。伦敦金融城最新发布的报告显示,伦敦目前占全球外汇交易额的比重超过 40%,仍居全球第一。

再次,"脱欧"可能加剧英国劳动力短缺问题,尤其是在农业、建筑、医疗护理等依赖欧盟熟练劳动力行业这一问题更为突出。而劳动力短缺可能进一步损害英国经济增长潜力。

英国政府预计在 2020 年 3 月公布新移民政策白皮书,希望在"脱欧"过渡期结束后立即施行新移民政策。英国政府表示,希望不分国籍吸引高技术移民人才,但未来整体移民数量将会下降。

资料来源:杨海若、孙晓玲:《"脱欧"对英国经济意味着什么》,新华网,2020 年 2 月 1 日。

材料 5:"脱欧"对外商投资和生产的影响

我们估计了英国退出欧盟(俗称"脱欧")后,成本增加对外国生产商的影响。我们的预测是基于一个多国新古典增长模型的模拟,该模型包括跨国公司投资于研发、品牌和其他无形资本,这些无形资本被其在国内外的子公司非竞争性地使用。我们分析了英国脱欧后的几种情况。首先,我们假设英国单方面对来自其他欧盟国家的外国直接投资(FDI)施加更严格的限制。随着欧盟技术在英国的应用越来越少,英国公司增加了对自己研发和其他无形资产的投资,这会付出昂贵的代价,英国公民的福利会变低。如果欧盟保持开放,则其公民从英国增加的投资中会获得适度收益,因为它在欧洲各地的子公司可以毫无成本地使用技术。如果我们假设欧盟对英国的外国直接投资施加了同样的限制,那么欧盟公司会更多地投资于自己的研发,从而有利于英国。在英国和欧盟的外国直接投资成本较高的情况下,我们预计英国企业的对外投资和生产将大幅下降。英国增加国际贷款,为其他国家的国内外生产提供资金,英国的外国直接投资流入也会增加。英国消费下降和休闲上升,意味着对福利的影响微乎其微。在欧盟,投资和生产的下降幅度不大,但欧盟公民的福利却明显下降。最后,如果在过渡期间,英国减少对其他主要外国投资者(如美国和日本)的限制,流入英国的外国直接投资和英国福利都会大幅上升。具体模拟结果参见原文。

资料来源：Ellen R. McGrattan and Andrea Waddle, The Impact of Brexit on Foreign Investment and Production, NBER Working Paper No. 23217, March 2017.

材料6："脱欧"不确定性的影响

英国退出欧盟（脱欧）的可能性增加，降低了双边出口价值和贸易参与。这些影响正在增加跨产品的贸易政策风险，并且对英国和欧盟出口商的影响是不对称的。我们估计，在平均4.5%的关税下，英国脱欧概率持续翻番，将使欧盟—英国双边出口值平均降低15个对数点，对欧盟而言，降幅大于英国出口商。英国和欧盟之间不会发生贸易战。

资料来源：Alejandro Graziano, Kyle Handley, and Nuno Limão, Brexit Uncertainty and Trade Disintegration, NBER Working Paper No. 25334, December 2018.

材料7："脱欧"对英国企业的影响

我们利用对英国企业的一项重大新调查来评估2016年6月英国脱欧公投的影响。我们得出了三个主要结论。首先，英国退出欧盟的决定带来了广泛而持久的不确定性增加。其次，预计英国脱欧将在2016年6月投票后的三年内逐步减少约11%的投资。投资下降的时间比公投时预计的要长，这表明这种不确定性的规模和持续性可能推迟了企业对脱欧投票的反应。最后，据估计，在公投后的三年里，英国的脱欧进程使英国生产率下降了2%至5%。这一降幅很大程度上是来自企业内的负面效应，部分原因是企业每周都会安排好几个小时的高层管理时间来制定应对脱欧计划。我们还发现，由于生产率更高、国际风险更大的企业受到的负面影响比生产率更低的国内企业更大，负向的企业间效应也较小。具体实证结果参见原文。

资料来源：Nicholas Bloom, Philip Bunrn, Scarlet Chen, Paul Mizen, Pawel Smietanka, and Gregory Thwaites, The Impact of Brexit on UK Firms, NBER Working Paper No. 26218, September 2019.

材料8："脱欧"持续影响英国进出口贸易

英国国家统计局日前公布的数据显示，2021年一季度，英国与非欧盟国家货物贸易额达到943亿英镑，超过与欧盟国家828亿英镑的货物贸易额；英国与欧盟国家货物贸易额（不含贵金属）环比下降20.3%，而与非欧盟国家货物贸易额仅环比下降0.4%。

欧盟历来是英国的主要货物贸易伙伴，但脱欧引发了英国对欧盟贸易的萎缩。2021年1月，英国对欧盟贸易出现断崖式下跌，根据英国铁路运输协会的数据，英国2021年1月对欧盟的出口量下跌68%，欧盟在英国进出口贸易中的份额仅占36%，而以往英国一半以上的进口额来自欧盟。

不过，从2021年2月起，英国同欧盟贸易额出现了增长和部分复苏，出口贸易几乎恢复到2020年12月的水平，并超过了2020年的平均水平。从数据表现来看，在1月英国同欧盟贸易量断崖式下跌后，2月对欧盟贸易出现部分反弹，3月反弹趋势在汽车贸易驱动下得到维持，但3月英国对欧盟的进出口贸易表现依然不及脱欧前的预期，欧盟贸易额占英国进出口贸易总额约48%，低于英国脱欧前的正常水平，显示出脱欧可能会长期改变欧盟在英国进出口贸易中的地位。

脱欧的贸易影响具有长期缓慢释放的特点。英国国家统计局认为，疫情持续流行和经济衰退使得脱欧在多大程度上导致短期贸易中断或长期供应链调整还难以判断。分析人士称，脱欧对贸易产生的负面效应具有长期性，对贸易增长和供应链稳定产生的影响将持续5年甚至更长时间，而新冠肺炎疫情更多在疫情严峻期导致供应链中止和需求的短期下滑。

非关税壁垒上升是英欧之间贸易下滑的关键因素。虽然英欧之间达成了"零关税"自贸协定，但大规模的非关税壁垒依然存在。英国预算责任办公室估计，与脱欧前相比，额外的贸易壁垒将使英国经济规模萎缩约4%，英国脱欧影响需要六个月以上的时间才能完全释放，而这一影响却需要15年才能被完全消化。

根据英国中小企业协会（FSB）统计，多达五分之三以上的英国公司，尤其是制造商，因边境延误、海关成本和监管检查而面临困难。11%的出口商正在考虑永久停止对欧洲市场的出口。11%的企业已经或正在考虑在欧盟市场内部设立分支机构，以简化出口流程。大多数在欧洲开展业务的英国企业都受到发货延迟的影响。超过一半的进口商和出口商支付额外的咨询费用，雇用法律顾问帮助他们处理与欧盟商业活动有关原产地规则、海关和增值税的文书工作，以及对产品质量的检查申报。英国的出口商在向欧洲出口时虽然名义上获得零关税待遇，但全新的、大量烦琐的"文书工作"提高了这些同欧盟有贸易联系或存在上下游产业链关联的英国企业的生产成本，并抑制了这些企业的出口贸易量。

脱欧也给英国的金融服务业出口带来新的挑战。受脱欧影响，大型银行、保险公司和资产管理公司将数千人和数十亿资本从伦敦金融城转移到法兰克福、巴黎、阿姆斯特丹和都柏林的新中心，以便与欧洲大陆的客户无缝对接。新冠肺炎疫情客观上给企业搬迁和人员流动造成了困难，这减缓了伦敦金融机构向欧洲大陆迁移的进程。随着疫情得到有效控制，迁移可能会加速，因为英欧之间于3月下旬达成的金融服务谅解备忘录须由所有27个欧盟成员国签署才能实施,但这一过程迟迟未开始,这影响了大型银行、资管机构和客户对伦敦金融城的脱欧后发展预期。

脱欧促使英国寻求建立与非欧盟国家的贸易伙伴关系。目前随着疫苗的接种率上升,新冠肺炎疫情在英国和欧洲大陆的蔓延势头明显放缓,英国对欧盟贸易的增长速度将会快于对非欧盟国家,但未来可能会出现欧盟对英国进出口贸易增长的贡献率低于非欧盟国家的情况,给英国的全球贸易网络带来结构性影响。以2021年3月的数据为例,从非欧盟国家进口的商品增加了15亿英镑,主要由来自中国的进口服装和鞋子、口罩等防护用品拉动,这也使得中国取代德国,成为英国最大的单一进口市场。同期,英国对非欧盟国家的商品出口增加了13亿英镑,主要由对美国汽车出口拉动。

分析认为,英国脱欧在贸易上唯一令人感到乐观的方面可能是英国能够重新打造自己的全球贸易协定,拓展与非欧盟国家之间的贸易,特别是将目光投向亚太市场,与非欧盟国家的贸易增长前景将在很大程度上抵消英国同欧盟贸易壁垒上升带来的不利影响。2020年10月英国已经同日本达成了自由贸易协议,目前英国与澳大利亚加速自贸协定谈判,并将积极加入CPTPP视为脱欧后调整英国全球贸易网络的核心内容。

资料来源:马翩宇:《脱欧持续影响英国进出口贸易》,《经济日报》,2021年6月10日第4版。

(二)请结合本章所学知识和下列材料,简要分析美国要求对北美自由贸易协定进行重新谈判的原因及影响。

材料1:重谈自贸协定 美向加墨施压

为了扩大美国的经济利益,特朗普自上台以来采取了一系列贸易保护措施。面对存续了23年之久的北美自由贸易协定,特朗普态度频变,数次向加拿大和墨西哥施加压力。

1. 指责"史上最糟协定"

据报道,美国总统特朗普日前和加拿大、墨西哥两国领导人通电话后在推特发文说,美国与两个邻国在重新谈判中,"很可能"达成协议。不过,如果无法达成"一个公平的交易",北美自由贸易协定将被终止。

北美自由贸易协定于1994年1月正式生效,是由美国、加拿大和墨西哥三国签订的区域自贸协定。自协定正式生效以来,几近"零关税"的贸易便利极大地推动了三国间的市场融合,拉动了三国间的贸易总额。

但是，美国总统特朗普自竞选开始就多次批评北美自贸协定，把近年来美国制造业工作的流失全部归咎于以其为代表的双边或多边自贸协定。在竞选中，特朗普甚至将北美自由贸易协定称为"史上最糟糕的贸易协定"，并承诺在上任后100天内对其进行重新谈判。

2. 迎合"经济民族主义"

表面上看，美国坚持重新修订北美自由贸易协定是为了增加国内就业数量，但有分析认为，这更多的是出于特朗普政府自身的政治考量。

加拿大前外交部长约翰·贝尔德曾表示，改变协定的推力不仅来自白宫，更有遍布美国、日益高涨的保护主义情绪。中国人民大学国际关系学院副院长金灿荣在接受本报采访时称，美国就业岗位数量的下降在很大程度上是科技进步的结果，不能简单地归咎于北美自由贸易协定。"经济学家一般认为，美国失业劳工80%是被工厂机器人取代的，海外竞争所占的比重仅为20%。"金灿荣说。

从政治动员的角度看，美国重谈协定可以被认为是特朗普政府对国内民粹主义的迎合。金灿荣表示："政治家不便让工人阶级憎恨机器人，而是让他们憎恨墨西哥农民，这种'经济民族主义'有利于争取政治支持。"此外，重谈协定也是为了满足特朗普"建功立业"的执政需要，"为了保证做出有利于美国的调整，特朗普一上任就要求分别和加拿大、墨西哥单独谈判，避免二者联手对付美国。"

3. 难解"三方利益失衡"

目前看来，美国政府同加拿大和墨西哥就北美自贸协定达成一致并没有那么容易。

据路透社报道，加拿大驻美大使戴维·麦克诺顿认为，美加之间没有"真正问题"，"危险"是美国减少对墨贸易逆差时加拿大会受到连带伤害。然而据美国有线电视新闻网报道，特朗普此前称，为了扭转贸易逆差，他并不害怕与加拿大发生贸易战。

墨西哥方面，外交部长路易斯·比德加赖日前表示，墨西哥拒绝单方面同美国重新磋商北美自由贸易协定。比德加赖还强调，若美国政府当真为填补修建边境隔离墙的费用而向墨西哥进口产品征税，作为反制，墨西哥同样会有"选择性"地对美国产品征收关税。

对于当前三方同意重新协商的态度，金灿荣认为是加拿大和墨西哥对特朗普政府的妥协："北美自由贸易区成立以来，收益分配的不平衡使加拿大、墨西哥成为了美国额外的经济领地。面对强硬的美国政府,加拿大和墨西哥担心谈判结果对他们不利。但目前二者只能通过争取三边谈判方式,防止美国继续施加压力。"

资料来源:鹿琦:《重谈自贸协定 美向加墨施压》,《人民日报(海外版)》,2017年4月29日第6版。

材料2:北美自贸协定"大修"不易

日前,美国总统特朗普正式通知国会,将就北美自由贸易协定进行重新谈判,美国贸易代表罗伯特·莱特希泽当天向国会致信说,北美自贸协定是20多年前达成的,在这段时期内美国经济和商业已发生巨大变化,北美自贸协定的许多部分已经"过时",特朗普总统打算与加拿大和墨西哥就北美自贸协定的"现代化"启动谈判。此前,美国政府还多次威胁退出该协定。

北美自由贸易协定是美国、加拿大及墨西哥在1992年8月签署的全面贸易协议,1994年生效,据此建立的北美自由贸易区是当时世界上最大的区域经济一体化组织。北美自由贸易区建成后,美加墨三国多数商品实行零关税,三边贸易额大幅提升。目前,加拿大和墨西哥分别是美国第二大、第三大贸易国。2015年,美加贸易额为6 627亿美元,美墨贸易额为5 836亿美元。

但是近年来,北美自由贸易协定的政策红利递减,美国经济增长乏力,居民收入差距拉大,尤其是在中西部制造业岗位流失,引发民众不满。自协定签署之后,美国同墨西哥和加拿大之间的贸易逆差增长迅速,直到金融危机之后才稍有缓解,但是同墨西哥的贸易逆差处在高位,近年来在600亿美元左右。

莱特希泽称,重新谈判的目的是给美国企业更加"公平""有利"的地位。特朗普及美国政府态度在此问题上的变化同美国民意的演变不无关系。

据美联社报道,北美自由贸易协定重新谈判,美国国内不同利益群体诉求并不相同。作为支持特朗普当选的关键选民,美国蓝领工人期待特朗普在谈判新的贸易协定,保住美国国内投资,创造就业机会等方面有所行动。

但是另一方面,美加墨三国经济已经紧密联系在一起,三国之间贸易额不断上升,形成"你中有我、我中有你"的局面,即使是美国国内的制造业,零部件也有很大一部分来自墨西哥等地。因此,美国企业和投资者出于对成本的考虑,并不愿意仅仅为了"保住美国就业机会"的政治目标而投资。此外,北美自由贸易协定减少了贸易壁垒,为美国农产品出口提供了便利条件,2016年,美国在农业上的贸易顺差超过200亿美元。因此,美国农民希望继续保持低关税水平。

根据美国统计局的数据,美国自加拿大和墨西哥进口的中间产品占到美国从这两个国家总进口的一半,得克萨斯、伊利诺伊、密歇根、纽约、俄亥俄、华盛顿等州中间产品的进口额超过150亿美元,在蒙大拿、怀俄明、佛蒙特州进口自北美的中间产品占到其全部中间产品进口额的80%以上,这显示很多州的经济已经同加拿大和墨西哥紧密相连。

美国国会已经表达了对修改协定的关切。参议院财政委员会主席奥林·哈奇日前表示,美国当前面临更新和完善北美自贸协定的机遇,但行政部门应谨记不要损害北美自贸协定给美国经济带来的益处。

美国有线电视新闻网的分析则认为,退出或者大修协定并不会解决美国的就业问题,当一国成本上升的时候,必然导致部分工作机会流失,即使美国资金不投向墨西哥,还会投向拉美其他国家或者亚洲等地区。

资料来源:张朋辉:《北美自贸协定"大修"不易》,《人民日报》,2017年5月24日第22版。

材料3:美墨加三国领导人在阿根廷签署新版贸易协定

1. 艰难

美国总统唐纳德·特朗普、加拿大总理贾斯廷·特鲁多、墨西哥总统恩里克·培尼亚·涅托11月30日在阿根廷出席二十国集团(G20)领导人第十三次峰会期间签署新协定。协定名为《美国—墨西哥—加拿大协定》,将代替施行24年的《北美自贸协定》。

签署协定前,特朗普说:"这是一场斗争,斗争有时会促成伟大友谊,它真的好极了。"他签字后说:"它(协定谈判)漫长且艰难。"

特朗普认定《北美自贸协定》部分条款让美国"吃亏",威胁退出,2017年4月宣布重新谈判。

特鲁多说,新版协定"消除了导致严重经济不稳定性的风险"。他不忘就美国向加拿大钢铝产品加征高额关税"敲打"特朗普,同时批评美国通用汽车公司在北美大幅裁员决定是"沉重一击"。

11月30日是墨西哥总统培尼亚执政最后一天。他说,协定将"开启新时期"。

2. 变化

美联社报道,新版协定将给北美贸易带来变化。《北美自贸协定》施行24年,新版协定增添数字经济内容,以反映这一新兴经济业态近年发展;美国农产品获得更多加拿大市场准入。

最大变化可望出现在汽车产业。新版协定鼓励汽车制造商在美国或加拿大扩大投资,要求40%的汽车零部件需要在时薪不低于16美元的地区生产,旨在排除人工成本较低的墨西哥。违反这一规定生产的汽车将不适用于零关税政策。

资料来源:刘秀玲:《美墨加三国领导人在阿根廷签署新版贸易协定》,新华网,2018年12月2日。

材料4:美国贸易开启"麻将模式"

新版美墨加协定开启了北美地区与世界其他地区脱钩模式,使北美区域价值链成为一个相对独立的生产网络,还增加了针对所谓"非市场经济"国家的"毒丸"条款。更需警惕的是,美墨加协定很可能被复制推广,成为美国与其他国家双边贸易协议的模板。

曾经以贸易立国的美国现如今改变了"打法",从多边合作的"桥牌模式"转向了单边主义的"麻将模式",看住上家,憋住下家,盯住对门。随着新版美墨加贸易协定定稿,美国过上了"闭门造车"的小日子。

美国贸易代表莱特希泽、墨西哥外交部副部长塞亚德和加拿大副总理弗里兰10日在墨西哥城签署了"美国—墨西哥—加拿大协定"(美墨加协定)修订版,替代此前的《北美自由贸易协定》。

美国总统特朗普在2016年大选期间曾承诺要改写或退出《北美自由贸易协定》。特朗普上任后,一面施压、一面密谈,试图赢得民主党议员、工会和墨西哥官员对修订版贸易协定的支持。

2018年年底,美墨加三国已完成了贸易谈判,但新的美墨加协定需要得到3国立法机构批准,才能继续向前推进。

美国众议院议长、加州民主党议员佩洛西12月10日表示,支持修订后的美墨加协定,众议院预计将在本月底之前通过表决批准这一协定。

佩洛西在谈到美墨加协定时说:"我们与政府在这项立法问题上取得了长足进展,我们为美国工人取得的这一胜利感到无比自豪。"

新协定对国民待遇与市场准入、原产地原则、数字贸易、争端解决等多个领域的标准与实施作出了细致规定。除了在原《北美自由贸易协定》基础上新增数字贸易等章节外,还增加了许多"排他性条款",其中最具争议的是针对墨西哥的汽车制造业条款、针对加拿大的农产品条款和针对"非市场经济"国家的"毒丸"条款。

在汽车制造业方面,新协定给了墨西哥5年过渡期,规定5年内逐步实现每辆汽车75%以上的零部件必须来自北美原产地(原来为62.5%),且汽车制造商

70%以上的钢铁和铝原料必须来自美墨加,这对墨西哥来说是沉重的负担。作为全球最具吸引力的汽车生产地之一,日本、韩国、德国、中国等国的汽车制造商都在墨西哥设厂。该条款将把这些国家中很大一部分汽车制造商排除在外,汽车供应链将逐步向北美转移。

在新协定中,加拿大同意让美国奶农进入加拿大奶制品市场,这意味着加拿大牛奶价格将明显下降。此外,新协定还将增加美国小麦、猪肉对加拿大的出口。

另外,新增的"毒丸"条款提到,如果美墨加三国中任一国与"非市场经济"国家达成自贸协定,需提前3个月通知其他缔约方,并在签署协议前至少30天将拟签文本提交给各缔约方审阅。而且,另外两方可以自行选择在6个月内退出美墨加协定,达成自己的双边协定。也就是说,未来加拿大和墨西哥想与所谓的"非市场经济"国家签署自贸协议,都需递送美国政府审阅。

美墨加贸易协定改写了全球价值链,把北美区域价值链单独拿出来,开启了与世界其他地区脱钩的模式。新协定使北美区域价值链成为一个相对独立的生产网络,与区域外国家的贸易和产业关联度低于区域内国家,这对部分区域外国家的汽车产业及巴西钢铁行业造成了负面冲击,违背了国际贸易中的比较优势理论,可能带来北美区域价值链重构效应、贸易转移效应和投资转移效应。

更需警惕的是,莱特希泽曾表示,美墨加协定将成为美国后续贸易协议的模板。这意味着,"非市场经济"国家自贸区限制性条款,以及区域性的排他条款,可能会被美国复制推广至与其他国家的双边贸易协定中。

建国仅仅200多年的美国,曾经只是一个"美洲的美国"。二战结束后,由于国力不断强大,美国成为"世界的美国"。随着新版美墨加协定的签订,美国将再次回归"美洲的美国",开启"闭门造车"的发展模式。

资料来源:关晋勇:《美国贸易开启"麻将模式"》,《经济日报》,2019年12月13日第12版。

(三)请结合本章所学知识和下列材料,简要分析RCEP的特点及其将会产生的影响。

材料1:《区域全面经济伙伴关系协定》(RCEP)第三次领导人会议联合声明

我们,东南亚国家联盟成员国和澳大利亚、中国、印度、日本、韩国和新西兰的国家元首/政府首脑,于2019年11月4日在泰国曼谷召开第三次RCEP领导人会议。

我们回顾了2012年在柬埔寨金边发表的关于启动RCEP谈判的联合声明，以及通过的《RCEP谈判指导原则和目标》。在这些文件中我们承诺达成一个现代、全面、高质量和互惠的经济伙伴关系协定。

在快速变化的全球形势下，完成RCEP谈判将展示我们支持在本区域营造开放贸易投资环境的共同承诺。我们进行的RCEP谈判旨在进一步扩大和深化区域价值链，造福我们的企业，包括中小企业，并提升我们的工人、生产者和消费者的福祉。RCEP在为强有力的多边贸易体制提供支持、促进区域内各经济体发展的同时，将显著增强本地区的未来发展前景，为全球经济作出积极贡献。

我们欢迎部长们提交的关于2013年启动的RCEP谈判的成果报告。

我们注意到，十五个RCEP成员国已经结束全部20个章节的文本谈判以及实质上所有的市场准入问题的谈判。我们指示它们启动法律文本审核工作，以便在2020年签署协定。

印度有重要问题尚未得到解决。所有RCEP成员国将共同努力以彼此满意的方式解决这些未决问题。印度的最终决定将取决于这些问题的圆满解决。

资料来源：《区域全面经济伙伴关系协定》（RCEP）第三次领导人会议联合声明，中华人民共和国商务部新闻办公室2019年11月4日。

材料2：世界最大自贸区呼之欲出，10问10答带你看懂RCEP

2019年11月6日国务院政策例行吹风会上，商务部副部长兼国际贸易谈判副代表王受文介绍《区域全面经济伙伴关系协定》（RCEP）谈判有关情况并答记者问。RCEP谈判历时7年过程如何？中国在谈判中发挥了什么作用？RCEP有什么好处？……中国政府网、国务院客户端"10问10答"为你带来最全梳理。

1. RCEP谈判的由来？

RCEP谈判于2012年由东盟10个国家发起，邀请澳大利亚、中国、印度、日本、韩国、新西兰6个国家参加，目标是在与这些国家签署的各个"10+1"自贸协定基础上进一步完善，达成一个现代的、全面的、高质量的、互惠的新的大型自贸协定。

2. RCEP谈判过程是怎样的？

谈判从2013年正式开始，到2019年已历经7年，在这7年之中先后举行了3次领导人会议、19次部长级会议、28轮正式谈判。在这7年的谈判过程中，各方都做出了巨大努力，克服了很多困难，特别是在过去的一年，各方都展现了强烈的政治意愿,全力加快进程。目前达成的谈判结果充分照顾了各方的利益关切,体现了参与方发展诉求的最大公约数。

此次李克强总理在泰国曼谷出席第三次 RCEP 领导人会议,会议正式对外宣布 15 个成员国整体上结束谈判,这标志着世界上人口最多、成员结构最多元化、发展潜力最大的自贸区建设取得了重大的突破。

3. RCEP 何时正式签署?

自贸协定谈判分为文本谈判和市场准入谈判,RCEP 文本谈判已经全部结束,市场准入谈判已经实质性结束,只剩下一些很少的遗留问题。领导人在声明里指示谈判团队立即启动文本的审核工作,目标是在 2020 年签署协定。① 印度还有一些重要的问题尚没有解决,其他国家将与印度共同努力来继续解决这些问题。印度将在这些问题得到圆满解决之后,再决定是否加入。大家非常欢迎印度能够尽快加入这个协定。

4. 为什么说 RCEP15 建成之后将会是世界上最大的自由贸易区?

根据 2018 年数据,整体上已经结束谈判的 RCEP15 个成员国人口达到了 22 亿,GDP 达到 29 万亿美元,出口额达到 5.6 万亿美元,吸引的外商投资流量 3 700 亿美元,这些指标基本都占全球总量的 30% 左右,有的略少于 30%,有的略多于 30%。所以 RCEP15 建成之后,将会是世界上最大的自由贸易区。如果印度在未来解决有关问题加入之后,它的规模还会进一步扩大。

5. RCEP 对区域内国家有哪些好处?

一是 RCEP15 是对现有的各个"10+1"自贸协定集体的升级,将会形成区域内统一的规则体系。有一个词叫"意大利面条效应",东盟 10 个国家和其他 5 个国家分别签了协定,这么多的协定,原产地规则、投资开放规则、服务贸易规则都不一样,像"意大利面条"一样裹在一起。现在 RCEP 有一个集体的升级,形成统一的规则,这对本区域内的工商界和进出口企业都是有极大的便利,它有助于降低经营成本,减少经营的不确定风险。

二是有助于构建本区域内的供应链和价值链。在这个区域里面原来是一对一的,现在大家成了集体的区域,形成一个统一的自由贸易区,这有助于本地区

---

① 2020 年 11 月 15 日,东盟 10 国和中国、日本、韩国、澳大利亚、新西兰共 15 国家正式签署了 RCEP。2021 年 11 月 2 日,东盟秘书处宣布文莱、柬埔寨、老挝、新加坡、泰国、越南 6 个东盟成员国和中国、日本、新西兰、澳大利亚 4 个非东盟成员国已正式提交批准书,达到协定全效门槛。根据协定规定,RCEP 将于 2022 年 1 月 1 日对上述 10 国开始生效。编者注。

内根据比较优势来形成供应链和价值链,对本区域内的商品流动、技术流动、服务流动、资本流动,包括人员跨境流动都会有非常大的好处,形成"贸易创造"效应。本地区内,企业都可以参与原产地的价值累积,对促进区域内的相互贸易投资有非常大的好处。

三是原来区域外的企业要到这里来投资,要面临着不同的规则,现在区域内的规则统一了,对区域外的投资者来说,进入一个国家,就意味着进入到整个区域的国家,发展的市场和空间都会大大增长,所以有助于本地区吸引区域外的投资。

6. RCEP 对中国有哪些好处?

2018 年,我们对这 14 个国家的出口达到 6 200 亿美元,进口达到 7 600 亿美元。2018 年我们总的贸易额是 4.6 万亿美元,对这 14 个国家的总贸易额就超过 1.3 万亿美元,占的比重非常高,对于扩大对区域内国家的进出口都会有很大的好处。

中国 2018 年对这 14 个国家的投资达到 160 亿美元,吸引区域内外资达到 140 亿美元,所以这个规模也是很大的,这对于我们稳外贸、稳外资,发展健康、可持续、平稳的对外贸易和投资关系,意义也是非常大的。

具体来说,对于我们消费者以及对于我们需要依赖这些地区进口原材料、零部件的企业来说,由于取消关税和非关税壁垒,成本就会大大减少,都会从中获益。所以,对于我们的企业、对我们的工人、对我们的消费者,都会有很大的好处。

7. RCEP 对世界有哪些好处?

现在全球的单边主义、保护主义在上升,全球经济下行压力大,贸易增长速度显著下降。在这样的情况下,RCEP 作为本地区区域一体化的重要成果,作为世界上最大的自由贸易协定,将会对提振世界经济信心、提振投资者信心有特别大的好处。

从规则领域来说,现在 RCEP15 方有最发达的国家,有最不发达的国家,经济发展水平迥异,文化背景、政治体制都不一样,这么不同的多样性的国家能够走在一起,达成这样一个协议,对于未来全球经贸规则的制定也具有重要和深远的意义。

8. 如何看待印度方面的担心?

第一,印度所存在的这些问题,不只是和中国的问题,而是和所有的其他的

15方都存在的一些问题。第二，印度方面有一些产业担心RCEP可能会增加印度的贸易逆差。

印度在货物贸易方面确实有一些逆差，但印度在服务贸易方面是有顺差的。整体来说，印度的经常项目项下有逆差，但逆差只占到GDP的1.7%，国际上公认的安全区域是经常项目的逆差在GDP的4%以内，印度现在逆差只有1.7%，应该说它的国际收支是健康的，而且印度最近几年经济发展很迅速，应该说也是值得庆贺的。

在自贸协定里面，它有一些担心，自贸协定签署了以后，因为减税，从别的国家进口会多，印度的逆差是不是会增加，对它的产业是否有影响。对这个事，自贸协定里有一些专门的区域保障措施，这个保障措施规定，进口国把关税降低后，若进口增长的很多，对国内产业有一些损害，则可以把关税恢复到原来的最惠国待遇的水平。所以区域保障措施实际上是一种安全阀，能解决对国内产业冲击的担心。

签了自贸协定以后，会对一国出口有很大好处，特别是像RCEP这样区域性的，有15~16个国家参与的自由贸易协定，会形成一个区域价值链，会给出口带来很大的好处。举个例子，假定一个服装，印度如果现在生产的服装向中国出口，就要交关税，如果加入了自贸协定以后，区域价值链发挥作用。中国从澳大利亚、新西兰进口羊毛，因为我们是自贸协定了，是RCEP了，所以可能未来会免税进口羊毛，进口之后在中国织成布料，这个布料可能又出口到印度，印度用这个布料织成服装，这是澳大利亚新西兰的羊毛很好，中国的面料很好，到印度织成服装，印度的劳动力有竞争优势，变成服装之后再出口到韩国、日本、中国等其他国家，都可能是免税的，这样会促进印度纺织服装业的发展，解决它的就业，对它的出口也是非常有好处的。

中国已经和不少国家签署了自由贸易协定，这些国家在与中国签署自贸协定之后，它们对中国的出口增长很迅速。比如说现在南美的智利、秘鲁，澳大利亚、新西兰，包括东盟，中国都已成为这些国家的最大出口市场，这就得益于自贸协定的签署。所以我们理解印度的一些产业会有一些担心，但是RCEP也会给印度产业带来巨大的出口机会。

9. RCEP这个自贸协定的质量如何？

它将是一个全面的、现代的、高质量的和互惠的自由贸易协定。

首先，它是一个全面的自贸协定。它有20个章节，包括自贸协定基本的特征,货物贸易、服务贸易、投资准入以及相应的规则。

其次,它是一个现代的自由贸易协定。大家知道,比如说电子商务在WTO的协定里并未明确体现,因为当时电子商务还没有多少发展,今天电子商务已经是国际贸易中的重要形式。我们的协定包括电子商务、知识产权、竞争政策、政府采购、中小企业等内容。

再次,这个协定是一个高质量的自由贸易协定。它在货物贸易方面,整个开放水平达到90%以上。一般来说,高水平的自贸协定达到95%以上,水平稍微低的在80%以上。RCEP货物贸易达到90%以上,比WTO各国的开放水平要高得多。在投资方面,用负面清单的方式进行投资准入谈判。

最后,它是一个互利互惠的自贸协定。这主要体现在货物贸易、服务贸易、投资和规则领域方面都实现了利益平衡。特别是,这个协定里还纳入了经济技术合作等方面的规定,给予了老挝、缅甸、柬埔寨等最不发达国家一些过渡期的安排,包括为这些成员提供更有利的条件,让他们能够更好地融入区域经济一体化。

10. 中国在RCEP谈判中发挥了什么作用?

对于RCEP谈判中方一直高度重视,习近平主席在首届中国国际进口博览会开幕式、二十国集团领导人峰会、亚信峰会等重要场合,多次呼吁各方尽早达成RCEP协定。习近平主席就RCEP议题多次与相关国家领导人深入交流意见。李克强总理连续三年出席RCEP领导人会议,阐述中方对推动早日达成RCEP协定的主张和看法。在2018年第二次RCEP领导人会议上,李克强总理提出了"要踢好临门一脚"的呼吁,这对于谈判增强了信心和动力。

过去几年,中方参加了所有的部级谈判,28轮的技术谈判,中方都没有缺席,而且积极做出我们的贡献,28轮里面有3轮是在中国举办的,在南宁、天津、郑州开了三次会议。部长级会议对RCEP谈判起非常重要的推动作用,2019年8月份在北京主办了RCEP的部长级会议,胡春华副总理专门参加会议开幕式,并且作了非常重要的致辞。这次会议对今年结束谈判起到提速作用,各方也给予了充分的肯定。作为中方的谈判团队,我们抱着建设性的态度积极参与各项谈判,以"促谈、促合、促成"的精神推动解决谈判的难点问题。

中国始终在RCEP谈判中发挥积极的建设性作用,另外,在RCEP谈判中起中心作用的是东盟。这是东盟发起的一个谈判,2012年邀请6个国家参与的。所以在这样复杂的谈判里面,有东盟在起中心作用,这是至关重要的,中方一直支持东盟在 RCEP 谈判里所发挥的中心作用。正是东盟的中心作用,使得我们能够克服本地区这么多国家在政治、经济、发展水平、历史传统文化的多样性,最终能够达成一个共识。我们也会继续支持东盟发挥中心作用,来解决遗留的极少数问题,早日完成文本审核,使协议能够如期在 2020 年签署,使它能够发挥作用,为改善本地区以及世界贸易投资环境做出贡献。

资料来源:《世界最大自贸区呼之欲出,10 问 10 答带你看懂 RCEP!》,中国政府网,2019 年 11 月 7 日。

七、本章扩展材料

1. J. Viner: The Customs Union Issue. Carnegie Endowment for International Peace, New York, 1950.

2. 习近平:《把握时代机遇 共谋亚太繁荣——在亚太经合组织第二十六次领导人非正式会议上的发言》,2018 年 11 月 18 日。

3. J. Bhagwati, A. Panagariya: Preferential Trading Areas and Multilateralism: Strangers, Friends or Foes? University of Maryland Center for International Economics Working Paper No. 22, 1996.

4. 习近平:《共同开创亚太经济合作新篇章——在亚太经合组织第二十八次领导人非正式会议上的讲话》,2021 年 11 月 12 日。

5. 习近平:《坚持可持续发展 共建亚太命运共同体——在亚太经合组织工商领导人峰会上的主旨演讲》,2021 年 11 月 11 日。

第六章　国际贸易与多边贸易体制的发展

一、本章内容摘要

本章介绍世界经济的运行渠道之一——国际贸易。

1. 前资本主义时期的国际贸易包括奴隶社会和封建社会两个历史阶段。在这一时期,自给自足的自然经济是人类社会生活的经济基础,商品经济虽然有所发展,但规模和范围仍很有限。在这种情况下,国际贸易的发展极其缓慢,在整个社会经济活动中的作用很小。只有发展到资本主义社会,国际贸易才产生了质的飞跃,并成为资本主义再生产过程中不可缺少的环节和世界经济的重要组成部分。二战以后,世界政治经济形势发生的深刻变化对当代国际贸易产生了深远影响。进入20世纪90年代以后,国际贸易的发展呈现出一系列新特点:国际贸易增长速度超过世界生产增长速度,国际贸易商品结构明显改变,跨国公司内部贸易作用突出,呈现北美、欧盟、东亚三大板块的国际贸易新格局。

2. 国际贸易是世界经济最基本的运行机制。从世界经济形成和发展的历史过程可以看出,国际贸易始终是世界经济增长的引擎,在世界经济发展中具有举足轻重的地位和作用,即优化全球资源配置、促进世界经济增长和促进国际产业转移。

3. 国际贸易政策是指世界各国政府在一定时期内对进出口贸易所实行的政策,是世界经济活动中国与国之间经济贸易关系的基本原则的体现。对外贸易政策基本上可以划分为保护贸易政策和自由贸易政策。20世纪90年代以来,经济全球化和区域经济一体化在促进全球贸易自由化发展的同时,也加剧了各国各地区经济发展的不平衡,引起了新的贸易保护主义。以非关税壁垒为主要政策手段的新贸易保护主义有了许多变化和发展,更具有隐蔽性、挑战性和欺骗性,成为产品和生产要素跨国流动的主要障碍,阻碍了贸易自由化的发展。特别是2008年全球金融危机的爆发和全球实体经济步入衰退后,贸易保护主义重新抬头并正在迅速蔓延。

4. 二战结束以来,国际贸易领域最重大的变化是多边贸易体制的形成和发展,它对世界经济产生了多方面的重大影响。关贸总协定的生效标志着全球多边贸易体制的诞生,世界贸易组织的正式建立标志着一个以贸易自由化为宗旨、囊括当今国际贸易诸多领域的多边贸易体制已经形成。但是,多哈回合陷入困境也使世界多边贸易体制面临严峻挑战。

二、本章基本概念

国际贸易、国际贸易商品结构、国际服务贸易、国际产业转移、国际贸易政策、保护贸易政策、自由贸易政策、技术性贸易壁垒、社会责任标准、倾销与反倾销、保障措施、特别保障措施、多边贸易体制、关贸总协定、非歧视性原则、对等原则（互惠原则）、透明度原则、世界贸易组织、多哈回合。

三、本章重点和难点剖析

（一）20世纪90年代以来国际贸易发展呈现出的新特点

20世纪80年代末90年代初，世界经济发展到全球化阶段，作为世界经济增长引擎的国际贸易蓬勃发展并呈现出一系列新特点。

1. 国际贸易增长速度超过世界生产增长速度

二战前的国际贸易虽有较快发展，但通常其增长速度落后于生产增长速度。例如，1870—1900年世界贸易（出口）年均增长率和世界生产增长率分别为3.2%和3.7%，1900—1913年这两项指标分别为3.8%和4.2%，1913—1929年分别为1.8%和2.7%。二战后，这种情况则发生了根本性变化。半个多世纪以来，国际贸易始终是世界经济增长的引擎，贸易的增长速度通常超过生产的增长速度。1948—1973年，世界贸易年均增长率达到7.8%，同期世界生产年均增长率为6.1%。20世纪70年代中期到80年代中期，世界经济经历了两次经济危机并伴随着能源危机和严重的通货膨胀，国际贸易增长速度有所放慢，20世纪80年代初甚至陷入零增长和负增长的困境。1974—1982年，国际贸易年均增长率为2.4%，大大低于前一时期。从20世纪80年代中期开始，尤其是进入20世纪90年代以来，国际贸易进入二战后又一个新的发展阶段，国际贸易增长速度再次超过世界生产增长速度。1991—1995年，国际贸易年均增长6.2%，同期世界生产年均增长2.7%；1997—2007年，国际贸易实际年均增长率接近6%，超过同期世界生产增长率2个百分点。2008年国际金融危机后，受周期性因素和结构性因素两方面的影响，全球贸易增长速度明显滑落，年均增长速度不到3%，不到金融危机前30年的平均增长速度的一半，也略低于同期世界经济增长速度。2017年，全球商品贸易量增长率自2011年以来首次超过3%，达到4.7%，再次超过经济增长速度。但2018年全球贸易增长3.0%，增幅较2017年回落约1.7个百分点。国际贸易的增长速度超过世界生产的增长速度,是二战后科技革命所带来的生产力水平提高、国际分工深化以及贸易自由化的结果。

2. 国际贸易商品结构明显改变

国际贸易商品结构是指一定时期内各类商品在国际贸易总额中所占的比重。随着科学技术的发展,特别是信息技术革命的不断推进,技术作为生产要素在国际贸易中的作用越来越明显,并在世界贸易结构的变化中发挥着主导作用。国际贸易商品结构的改变主要表现在以下两方面。

第一,国际货物贸易结构改变明显。国际货物贸易是指国家间有形商品进口和出口的一种贸易方式。二战后,尤其是20世纪80年代以来,国际货物贸易结构的变化主要表现为:初级产品在货物贸易总量中所占的比重下降,制成品比重相应上升。例如,1980年初级产品和制成品在国际货物贸易中的比重分别为37%、63%,而到2017年这两项指标则分别为31%、69%。这种变化是普遍的,无论是发达国家或发展中国家都呈现这种趋势。制成品种类繁多,市场广阔,出口遍及全球。制成品在货物贸易中所占比重的提高既反映了世界制造业的迅速发展,也反映了贸易全球化的迅速发展。

第二,国际服务贸易迅速增长。20世纪70年代以来,由于发达国家产业结构的逐步升级和各国政府对服务贸易管制的逐步放宽,国际服务贸易迅速发展并在整个国际贸易中的比重迅速上升。1970年,国际服务贸易总额只有710亿美元,而到1980年则猛增至3 830亿美元,10年间增长4倍多,在此期间,国际服务贸易的发展速度大体与货物贸易持平。20世纪80年代以来,国际服务贸易明显快于货物贸易的增长,年均增长率约为5%,是同期国际货物贸易年均增长率(2.5%)的2倍。进入20世纪90年代,国际服务贸易依然保持迅速增长的势头。1990—1999年,国际服务贸易出口总额从7 827亿美元增长到13 500亿美元,年均增长率为6%,高于同期国际货物贸易5%的增长率。2000—2017年,国际服务贸易年均增速提升至7.8%。服务贸易在整个国际贸易中所占的比重迅速上升,从1970年的10%提高到2017年的23%。

3. 跨国公司内部贸易作用突出

二战以后,跨国公司的兴起和快速发展使国际贸易的很大一部分表现为跨国公司的内部贸易,即跨国公司母公司与子公司、子公司与子公司之间的原材料、中间产品、生产技术和设备的跨国流动。随着跨国公司直接投资的迅速增加,跨国公司的内部贸易也越来越多。根据联合国贸易和发展会议(UNCTAD)

的统计,2018年跨国公司内部贸易大约占世界贸易总量的1/3;而根据经济合作与发展组织统计,其成员国之间的贸易额有近一半是跨国公司内部贸易。跨国公司内部贸易涵盖了产业间贸易、产业内贸易和产品内贸易,但主要是产品内贸易,即中间产品的贸易。由于跨国公司的发展大大推动了世界范围的垂直专业化分工,产品的生产过程被分解了,形成了全球产品价值链的分工。

4. 呈现北美、欧盟、东亚三大板块的国际贸易新格局

进入20世纪90年代以来,随着经济全球化的加深和区域经济一体化的迅猛发展,世界贸易中逐渐形成了北美、欧盟和东亚三大板块的新格局。2017年,三大板块占世界贸易的比重分别为14.3%、38.4%和27.7%。从北美看,美国凭借其在世界经济中的绝对优势继续发挥对北美自由贸易区的领导作用,并促进该区域国家的经济发展,从而进一步加强北美自由贸易区在国际贸易中的地位。从欧盟看,作为一个拥有28个成员国(2020年1月英国正式"脱欧")、制度建设最完备、一体化程度最高的区域经济一体化组织,虽然面临区域内部经济结构调整缓慢、区域整合难度增加等问题,但是作为世界经济中最大的贸易区和最大的市场,欧盟对世界贸易发展和贸易格局的变化产生着重大影响。从东亚看,随着日本经济逐渐走出20世纪90年代的低迷、中国的崛起以及其他东亚国家的迅速发展,作为一个整体,东亚已经成为世界经济中最具活力的区域。上述三大板块推动了世界经济的增长和全球贸易的发展,但也促进了贸易集中度的提高,导致了世界贸易的发展更加不平衡。而国际贸易在国家和地区间的发展不平衡表明,国际贸易关系面临更多的挑战和风险。

(二)国际贸易在世界经济发展中的地位和作用

国际贸易是世界经济最基本的运行机制。从世界经济形成和发展的历史过程可以看出,国际贸易始终是世界经济增长的引擎,在世界经济发展中具有举足轻重的地位和作用。

1. 优化全球资源配置

国际贸易作为世界经济的基本运行机制之一,主要是以商品、服务交换的形式来实现资源的优化配置。国际分工是国际贸易的基础,没有各国之间的分工协作,国际贸易不可能形成和发展。参与国际分工国家的生产要素禀赋不同,通过国际分工可以相互取长补短,用最合理的方式配置生产要素以达到最大的产出效率。每个国家都根据自己的比较优势从事专业化生产,可以使各国的生产要素得以充分利用,提高参与国际分工各国的经济效率和消费水平。

国际贸易为各国生产要素的优化配置和比较优势的充分发挥创造了条件，大大拓宽了一国资源配置的空间。它通过商品和服务的交换使得生产要素跨越国界，在世界范围内进行配置，从而有效地利用了资源。例如，18世纪中期，英国的海外农产品进口不但弥补了英国国内农产品的需求缺口，而且使英国有可能在减少农产品生产的情况下，将国内资源转移到更具优势的纺织、钢铁等工业部门，在世界经济中取得领先优势。20世纪60年代以来，一些发达国家加速了劳动密集型产业的国外转移，并将这些产业的生产要素转移到高技术、高附加值的计算机、信息网络和服务产业，并取得了全球性领先优势。

2. 促进世界经济增长

经济增长是人类长期以来普遍关心的问题。理论上讲，国际贸易是经济增长的重要推动力量。在世界经济发展到全球化的今天，对外贸易是一国融入世界经济的重要途径，也是经济增长的必要条件。任何一个国家要实现经济增长和经济发展，就必须具备实现经济增长和发展所必需的可供追加的生产要素，即生产资料和劳动力。同时，生产资料和劳动力的扩大再生产，还必须有追加的生产资料和生活资料。随着社会分工和经济的发展，任何一个国家都不可能单独解决社会资本再生产所必需的生产资料和生活资料，必须依靠对外贸易。

在现代经济条件下，资本积累与技术进步是经济增长的关键。国际贸易则通过促进资本积累、增加投资和技术进步间接地带动经济增长。这对于资本短缺的发展中国家来说，尤其具有重要意义。一国出口的增加表明市场的扩大，即增加了该国的总需求水平。这时，出口就起到投资的作用：当社会生产力处于过剩状态时，出口部门生产的扩大将增加就业；国民收入与消费水平的提高，将引起其他部门增加生产，进而把就业水平和国民收入水平提高到一个新的层次；最终，国民收入将会数倍于出口增量而扩张，使经济增长过程得以持续进行。此外，国际贸易还将带来一国技术水平的提高。随着竞争加剧，日益激烈的竞争使得企业在重视研究开发与技术创新的同时，也促使企业大力借鉴国外的先进技术和管理经验，从而提高自身的技术水平。

总体来看，国际贸易对于一国的经济增长具有较强的推动作用，从而带动整个世界经济的增长。从二战后的世界经济发展趋势看，国际贸易的增长速度一直明显高于世界生产的增长速度，这表明国际分工的深化和细化促进了国际贸易规模的扩大和结构的变化，从而使国际贸易成为世界经济增长的引擎。

3. 促进国际产业转移

根据比较优势理论，一国依据其比较优势参与国际贸易，但一国的比较优势并不是一成不变的。随着一国某种生产要素的积累与增加，必然导致其比较优势的变化，从而有助于该国经济结构转型能力的提高和部门结构的变化。20世纪50年代以来，随着科技革命的兴起和各国经济发展水平的提高，欧美等发达国家的产业结构向知识密集型、高新技术密集型方向转变，而把劳动密集型、资本密集型和一般技术密集型产业转移到其他发展中国家和地区，从而形成了国际产业转移。

一般来说，国际产业转移是指某些产业从一个国家和地区通过国际贸易和国际投资等多种方式转移到另一个国家和地区的过程。二战以后，主要发达国家和地区以边际产业为"领头雁"快速向发展中国家和地区实施产业转移，转出产业的层次由低到高递进展开。20世纪五六十年代，欧美一些发达国家将一些劳动密集型产业（如纺织、塑料玩具、电子装配等）转移到墨西哥、新加坡、韩国、中国台湾和中国香港等新兴工业化国家和地区。20世纪80年代以来，随着承接发达国家产业转移的国家和地区工业化水平的提高，这些产业又逐步转移到中国和东南亚其他国家。随着国际贸易、国际投资的迅速发展，国际产业转移的速度、规模和范围也在不断扩大，而且产业转移的技术层次也在不断提升。进入21世纪以来，金融、信息服务等现代服务业也出现了转移扩散的趋势。

（三）20世纪90年代以来新贸易保护主义的表现形式

20世纪90年代以来，经济全球化和区域经济一体化在促进全球贸易自由化发展的同时，也加剧了各国各地区经济发展的不平衡，引起了新的贸易保护主义，其主要表现形式如下。

1. 技术性贸易壁垒

技术性贸易壁垒（简称技术壁垒）是指一国以维护国家安全、保障人类健康、保护生态环境、保证产品质量等为借口，滥用世界贸易组织有关保护条例，采取的一些阻碍其他国家商品自由进入该国市场的技术性措施。随着贸易自由化进程的推进和关税壁垒向非关税壁垒的演变，国际贸易中的技术壁垒也由其保证产品质量、保护消费者利益和生态环境的初衷退化为阻碍他国商品进口的贸易障碍。在各种非关税壁垒中，技术壁垒约占30%。当前国际贸易中的技术壁垒主要表现为苛刻的技术标准、安全标准、包装规定、检验标准和认证制度等几种形式。2008年国际金融危机爆发以来，美国、日本以及欧盟在商品标准、技术法规和技术认证制度等方面更是设置了多种技术壁垒,特别是各种技术认证制度差异性大,认证难度和成本费用高,正成为欧美国家贸易保护的主要形式。

2. 社会责任标准

社会责任标准是指以保护劳动者劳动环境和生存权利为借口采取的贸易保护措施。社会壁垒的主要标准是由美国的非政府组织——经济优先权委员会(2001年更名为"社会责任国际")于1997年推出的全球第一个可用于第三方认证的社会责任标准(Social Accountability 8000, SA8000)。该标准是基于《国际劳工组织宪章》《联合国儿童权利公约》《世界人权宣言》而制定的一种以保护劳动环境和条件、劳工权利等为主要内容的管理标准体系。它包括童工、强迫劳动、就业歧视、组织工会和集体谈判权、健康与安全、工时、工资、惩罚措施和管理体系9个方面,强调企业或组织在赚取利润的同时,必须主动承担对环境、社会和利益相关者的责任,其宗旨是确保供应商所供应的产品符合社会责任标准的要求。目前,社会责任标准认证越来越多地出现在跨国公司和全球大采购集团订单的附加条件中。虽然SA8000的初衷是好的,但现在许多发达国家将其作为限制发展中国家商品进入本国市场的手段。

3. 反倾销

倾销是指一国产品以低于正常价值的价格向他国销售,因此被认为是一种价格歧视,属不正当的商业竞争行为。倾销会扰乱国际市场秩序,对进口国的相关产业造成损害或威胁。由于它违背市场经济运行所要求的公平原则,扭曲了竞争机制下的价格水平,因此不仅遭到各国立法的抵制和惩罚,也受到国际法律和规则的谴责。《关税与贸易总协定》及世界贸易组织的《反倾销协议》对反倾销的相关问题作出了较为详细和明确的规定。《反倾销协议》允许当一国产业受到他国不正当竞争威胁时采取反倾销措施,即向倾销进口产品征收反倾销税,以保护本国产业的发展。但是,随着世界自由贸易体制的加强和传统关税壁垒的作用受到限制,越来越多的国家将其对本国的贸易保护转向了反倾销这一世界贸易组织所允许的合法的贸易保护手段,甚至出现了滥用反倾销条款、以反倾销之名行贸易保护之实的现象,使反倾销的理论目标和实际操作发生严重背离,并成为一些国家实施非关税壁垒和贸易歧视的手段。这在一定程度上致使反倾销从反对不公平竞争的初衷走向了它的反面,变成了贸易保护主义的利器。

4. 保障措施

保障措施也称一般保障措施,是世界贸易组织《保障措施协议》所允许的保护国内产业免受进口损害的贸易救济手段。保障措施是指当某项产品进口急剧增长并对进口方国内相关产业造成严重损害或严重损害威胁时,进口方政府可对该进口产品实施的限制措施。在贸易自由化过程中,保障措施对于防止因国外商品的大量涌入而对国内产业造成严重损害,保护本国幼稚工业,促进国内产业适应国际贸易的激烈竞争具有重要意义,因此被视为保障国家经济安全的"安全阀"。保障措施与同属贸易救济措施的反倾销措施和反补贴措施不同,后两者针对的是不公平贸易,而保障措施针对的是公平贸易条件下的进口产品。该制度的这一特点为各国所重视,都将保障措施作为重要的对外贸易救济制度。

5. 特别保障措施

特别保障措施是世界贸易组织成员利用特定产品过渡性保障机制针对来自特定成员的进口产品采取的措施,即在世界贸易组织体制下,在特定的过渡期内,进口方政府为防止来源于特定成员方的进口产品对本国相关产业造成损害而实施的限制性保障措施。针对中国的特别保障措施实际上是发达国家将中国视为非市场经济国家的产物。《中国加入世界贸易组织议定书》第 16 条"特定产品过渡性保障机制"中规定:在中国加入世界贸易组织后的 12 年内,如原产于中国的产品在进口至任何世贸组织成员领土时,其增长的数量或依据的条件对生产同类产品或直接竞争产品的国内生产商造成或威胁造成市场扰乱,则受此影响的世贸组织成员可请求与中国进行磋商,以期寻求双方满意的解决方法。如磋商一致,则中国应采取行动以防止或补救此种市场扰乱;如磋商未果,则受影响的世贸组织成员有权在防止或补救此种市场扰乱所必需的限度内,对中国产品采取撤销减让或限制进口措施。

(四)关贸总协定与世界贸易组织的基本原则

关贸总协定规定了许多关于贸易的国际规则,其基本原则可以概括为如下几个方面。

第一,非歧视性原则。该原则又称无差别待遇原则。这一原则规定:缔约国在与贸易相关的事项中相互之间不得有任何歧视。如果缔约一方根据某种理由而实施某种限制或禁止措施时,这种限制或禁止措施也必须适用于其他缔约方。无歧视待遇原则主要通过最惠国待遇原则和国民待遇原则来实现,也是公平贸易原则的体现。

第二,自由贸易原则。这一原则是指通过成员方的多边贸易谈判,削减关税和减少其他贸易壁垒,扩大成员方之间的货物贸易和服务贸易。自由贸易原则以关贸总协定的共同规则为基础,以多边谈判为手段,以争端解决为保障,以贸易补救措施为"安全阀",并通过关贸总协定安排的过渡期方式体现对不同国家的差别或优惠。自由贸易原则主要通过关税减让和非关税贸易壁垒的削减来实现。

第三,对等原则(也称互惠原则)。这是关贸总协定的重要原则,也是关贸总协定关税减让谈判的基础。对等分为双边对等和多边对等。双边对等指的是关贸总协定两个缔约方之间相互给予对方关税减让或特权,多边对等指的是将双边对等原则扩大到多个缔约方之间。关贸总协定就是通过缔约方以对等减让以及相互提供对等的方式来实现贸易自由化。对等原则有例外规定,即允许缔约方在某些特殊情况下撤回它已作出的关税减让。

第四,透明度原则。这一原则是指缔约方应公布所制定和实施的贸易措施及其变化情况(如修改或废除等),不公布的不得实施,同时还应将这些贸易措施及其变化情况通知关贸总协定。缔约方所参加的有关国际贸易政策的国际协议也在公布和通知之列,以便于各成员方政府和企业了解和熟悉,从而提高国际贸易的可预见性和稳定性。透明度原则包括贸易措施的公布和贸易措施的实施两个方面。关贸总协定一直把透明度原则作为其基本原则之一,要求各缔约方增强贸易规章和政策措施的透明度,在公平、公正的基础上发展相互间的经济贸易关系。

世界贸易组织取代关贸总协定后,继承了关贸总协定的基本原则,除了在货物贸易领域继续推进自由化外,还在服务贸易、与贸易有关的知识产权以及与贸易有关的投资措施等新的领域加以适用和推广。与关贸总协定的不同之处在于,世界贸易组织是契约式的贸易组织,法律基础更加巩固,对成员方权利与义务的约束更强,因此也就更加完善和具有权威性。

四、本章课后思考题及答案提示

1. 简述二战后国际贸易的新特点。

二战后,在科技革命的作用下,国际分工不断深化和细化,社会生产力水平进一步提高。同时,一系列发展中国家走上了独立发展民族经济的道路,积极参与国际分工。所有这些都对当代国际贸易的发展产生了深远的影响。20世纪80年代末90年代初,世界经济发展到全球化阶段,作为世界经济增长引擎的国际贸易更是蓬勃发展并呈现出一系列新特点。

（1）国际贸易增长速度超过世界生产增长速度

二战前的国际贸易虽有较快发展，但通常其增长速度落后于生产增长速度。二战后，这种情况则发生了根本性变化。半个多世纪以来，国际贸易始终是世界经济增长的引擎，贸易的增长速度通常超过生产的增长速度。国际贸易的增长速度超过世界生产的增长速度，是二战后科技革命所带来的生产力水平提高、国际分工深化以及贸易自由化的结果。

（2）国际贸易商品结构明显改变

国际贸易商品结构是指一定时期内各类商品在国际贸易总额中所占的比重。随着科学技术的发展，特别是信息技术革命的不断推进，技术作为生产要素在国际贸易中的作用越来越明显，并在世界贸易结构的变化中发挥着主导作用。国际贸易商品结构的改变主要表现在以下两方面。

第一，国际货物贸易结构改变明显。国际货物贸易是指国家间有形商品进口和出口的一种贸易方式。二战后，尤其是20世纪80年代以来，国际货物贸易结构的变化主要表现为：初级产品在货物贸易总量中所占的比重下降，制成品比重相应上升。制成品在货物贸易中所占比重的提高既反映了世界制造业的迅速发展，也反映了贸易全球化的迅速发展。

第二，国际服务贸易迅速增长。20世纪70年代以来，由于发达国家产业结构的逐步升级和各国政府对服务贸易管制的逐步放宽，国际服务贸易迅速发展并在整个国际贸易中的比重迅速上升。

（3）跨国公司内部贸易作用突出

二战以后，跨国公司的兴起和快速发展使国际贸易的很大一部分表现为跨国公司的内部贸易，即跨国公司母公司与子公司、子公司与子公司之间的原材料、中间产品、生产技术和设备的跨国流动。随着跨国公司直接投资的迅速增加，跨国公司的内部贸易也越来越多。跨国公司内部贸易涵盖了产业间贸易、产业内贸易和产品内贸易，但主要是产品内贸易，即中间产品的贸易。由于跨国公司的发展大大推动了世界范围的垂直专业化分工，产品的生产过程被分解了，形成了全球产品价值链的分工。

（4）呈现北美、欧盟、东亚三大板块的国际贸易新格局

进入20世纪90年代以来，随着经济全球化的加深和区域经济一体化的迅猛发展，世界贸易中逐渐形成了北美、欧盟和东亚三大板块的新格局。三大板块推动了世界经济的增长和全球贸易的发展，但也促进了贸易集中度的提高，导

致了世界贸易的发展更加不平衡。而国际贸易在国家和地区间的发展不平衡表明,国际贸易关系面临更多的挑战和风险。

2. 试述 20 世纪 90 年代以来新贸易保护主义政策的主要内容。

20 世纪 90 年代以来,经济全球化和区域经济一体化在促进全球贸易自由化发展的同时,也加剧了各国各地区经济发展的不平衡,引起了新的贸易保护主义。以非关税壁垒为主要政策手段的新贸易保护主义有了许多变化和发展,更具有隐蔽性、挑战性和欺骗性,成为产品和生产要素跨国流动的主要障碍,阻碍了贸易自由化的发展。特别是 2008 年国际金融危机的爆发和全球实体经济步入衰退后,贸易保护主义重新抬头并正在迅速蔓延,其主要表现形式如下。

（1）技术性贸易壁垒

技术性贸易壁垒（简称技术壁垒）是指一国以维护国家安全、保障人类健康、保护生态环境、保证产品质量等为借口,滥用世界贸易组织有关保护条例,采取的一些阻碍其他国家商品自由进入该国市场的技术性措施。

（2）社会责任标准

社会责任标准是指以保护劳动者劳动环境和生存权利为借口采取的贸易保护措施。目前,社会责任标准认证越来越多地出现在跨国公司和全球大采购集团订单的附加条件中,许多发达国家将其作为限制发展中国家商品进入本国市场的手段。

（3）反倾销

《关税与贸易总协定》及世界贸易组织的《反倾销协议》对反倾销的相关问题作出了较为详细和明确的规定。《反倾销协议》允许当一国产业受到他国不正当竞争威胁时采取反倾销措施,即向倾销进口产品征收反倾销税,以保护本国产业的发展。但是,随着世界自由贸易体制的加强和传统关税壁垒的作用受到限制,越来越多的国家将其对本国的贸易保护转向了反倾销这一世界贸易组织所允许的合法的贸易保护手段,甚至出现了滥用反倾销条款、以反倾销之名行贸易保护之实的现象,使反倾销的理论目标和实际操作发生严重背离,并成为一些国家实施非关税壁垒和贸易歧视的手段。这在一定程度上致使反倾销从反对不公平竞争的初衷走向了它的反面,变成了贸易保护主义的利器。

（4）保障措施

保障措施也称一般保障措施,是世界贸易组织《保障措施协议》所允许的保护国内产业免受进口损害的贸易救济手段。保障措施是指当某项产品进口急剧增长并对进口方国内相关产业造成严重损害或严重损害威胁时,进口方政府可对该进口产品实施的限制措施。在贸易自由化过程中,保障措施对于防止因国外商品的大量涌入而对国内产业造成严重损害,保护本国幼稚工业,促进国内产业适应国际贸易的激烈竞争具有重要意义,因此被视为保障国家经济安全的"安全阀"。保障措施与同属贸易救济措施的反倾销措施和反补贴措施不同,后两者针对的是不公平贸易,而保障措施针对的是公平贸易条件下的进口产品。该制度的这一特点为各国所重视,都将保障措施作为重要的对外贸易救济制度。

(5)特别保障措施

特别保障措施是世界贸易组织成员利用特定产品过渡性保障机制针对来自特定成员的进口产品采取的措施,即在世界贸易组织体制下,在特定的过渡期内,进口方政府为防止来源于特定成员方的进口产品对本国相关产业造成损害而实施的限制性保障措施。针对中国的特别保障措施实际上是发达国家将中国视为非市场经济国家的产物。

3. 简述关贸总协定的宗旨和原则。

关贸总协定的宗旨是:各缔约方本着提高生活水平、保证充分就业、保障实际收入和有效需求稳定增长、充分利用世界资源、扩大商品生产和交换、促进经济发展的目的,来处理它们在贸易和经济发展方面的相互关系,彼此减让关税,取消各种贸易壁垒和歧视性待遇,实现贸易自由化。

关贸总协定规定了许多关于贸易的国际规则,但其基本原则可以概括为如下几个方面。

第一,非歧视性原则。该原则又称无差别待遇原则。这一原则规定:缔约国在与贸易相关的事项中相互之间不得有任何歧视。无歧视待遇原则主要通过最惠国待遇原则和国民待遇原则来实现,也是公平贸易原则的体现。

第二,自由贸易原则。这一原则是指通过成员方的多边贸易谈判,削减关税和减少其他贸易壁垒,扩大成员方之间的货物贸易和服务贸易。自由贸易原则主要通过关税减让和非关税贸易壁垒的削减来实现。

第三,对等原则(也称互惠原则)。这是关贸总协定的重要原则,也是关贸总协定关税减让谈判的基础。对等分为双边对等和多边对等。双边对等指的是关贸总协定两个缔约方之间相互给予对方关税减让或特权,多边对等指的是将双边对等原则扩大到多个缔约方之间。关贸总协定就是通过缔约方以对等减让以及相互提供对等的方式来实现贸易自由化。

第四,透明度原则。这一原则是指缔约方应公布所制定和实施的贸易措施及其变化情况(如修改或废除等),不公布的不得实施,同时还应将这些贸易措施及其变化情况通知关贸总协定。

4. 试述关贸总协定和世界贸易组织对世界多边贸易体制的贡献。

在关贸总协定的推动下,世界各国先后进行了八轮多边贸易谈判,达成了范围广泛的贸易自由化协议。其中前五轮谈判主要致力于削减关税和减少贸易壁垒的问题,后三轮谈判则更多地转向非关税壁垒问题,特别是乌拉圭回合谈判进一步将关注点由货物贸易扩展到服务贸易和与贸易有关的知识产权等领域,开始了进一步完善多边贸易体制的新尝试。通过缔约方的一系列谈判和协议,从削减关税和减少非关税壁垒两个方面促进了全球自由贸易的发展。

世界贸易组织取代关贸总协定后,继承了关贸总协定的基本原则,除了在货物贸易领域继续推进自由化外,还在服务贸易、与贸易有关的知识产权以及与贸易有关的投资措施等新的领域加以适用和推广。与关贸总协定的不同之处在于,世界贸易组织是契约式的贸易组织,法律基础更加巩固,对成员方权利与义务的约束更强,因此也就更加完善和具有权威性。可以看出,从关贸总协定到世界贸易组织,世界贸易多边制约形式的形成和演变历程也是全球多边贸易体制不断发展和完善的过程,是世界贸易朝着更加自由化、规范化方向发展的过程。自成立以来,世界贸易组织作为贸易自由化的推动者对世界经济和国际贸易的发展作出了新的贡献,主要表现在:进一步促进了货物贸易自由化;推动了服务贸易自由化;促进了发展中国家的贸易发展。

5. 从多哈回合的视角分析世界贸易组织面临的挑战与发展前景。

2001年11月,在卡塔尔首都多哈举行的世界贸易组织第四次部长级会议上,各成员一致同意开始新一轮多边贸易谈判,并规定谈判时间为2001年11月至2005年1月1日。为了强调对发展问题的重视,又将新启动的谈判命名为"多哈发展议程"(Doha Development Agenda, DDA),简称多哈回合。多哈回合是世界贸易组织成立以来启动的第一轮多边贸易谈判,也是到目前为止涵盖议题范围最广、目标最宏伟、参与方最多的一轮多边贸易谈判,对于全球贸易体系的平衡稳定发展具有重要意义。

多哈回合共列出20项工作计划,其中涉及谈判的大体上可分为9个大类:农业、非农产品市场准入、服务贸易、知识产权、规则、争端解决、贸易与环境、"新加坡议题"、贸易与发展。多哈回合谈判议题的广泛性与复杂性,成员方发展水平的差异性与利益取向的多元化,发展中国家整体力量的崛起和多边贸易体制内部结构的权力变化,特别是发达国家在补贴问题上不愿作出妥协和让步等诸多因素,导致多哈回合谈判旷日持久、陷入困境。可以说,世界贸易组织体制下的首轮多边贸易谈判,从启动前的历经磨难到启动后的一波三折,是在世界多边贸易体制下发达国家与发展中国家长期以来的利益冲突和重重矛盾的集中体现,是在经济全球化发展过程中国与国涉及经济利益的重大问题上难以取得共识的一个例证,是在经济全球化浪潮与反全球化活动相互交织的深刻背景下在成员之间展开的一场史无前例的、错综复杂的政治角逐和利益博弈。

经济全球化进程的复杂曲折,世界经济格局、国际政治版图和国家权力结构的交替转换,已经对全球多边贸易体制的运行产生巨大而深远的影响。在世界经济增速减缓的背景下,多哈回合谈判的困境使世界多边贸易体系的前景更加暗淡,同时对世界贸易组织多边贸易体制的运行机制和决策模式提出了严峻的挑战。

五、本章测试题

（一）判断题

1. 国际贸易是一个历史范畴,它是在一定的历史和社会经济条件下产生和发展起来的。只有发展到封建社会,国际贸易才产生了质的飞跃。　　（　　）

2. 1815年英国制定《谷物法》的目的旨在反对贸易保护,推行自由贸易。
（　　）

3. 社会责任标准是指一国以维护国家安全、保障人类健康、保护生态环境、保证产品质量等为借口,滥用世界贸易组织有关保护条例,采取的一些阻碍其他国家商品自由进入该国市场的技术性措施。　　（　　）

4. 二战后的贸易自由化是一种有选择的贸易自由化,在一定程度上是和贸易保护主义结合在一起的。　　（　　）

5. 跨国公司内部贸易涵盖了产业间贸易、产业内贸易和产品内贸易,但主要是产业间贸易。　　（　　）

6. 保障措施与同属贸易救济措施的反倾销措施和反补贴措施不同,后两者针对的是不公平贸易,而保障措施针对的是公平贸易条件下的进口产品。　　（　　）

（二）不定项选择题

1. 通过成员方的多边贸易谈判,削减关税和减少其他贸易壁垒,扩大成员方之间的货物贸易和服务贸易,这是关贸总协定的（　　）。

A. 非歧视原则 B. 互惠原则
C. 自由贸易原则 D. 透明度原则

2. 以下关于对外贸易政策表述错误的选项是（ ）。

A. 对外贸易政策有两种基本类型即自由贸易政策和保护贸易政策

B. 重商主义由于重视商业所以主张采取自由贸易政策

C. 对外贸易政策属于上层建筑,是为经济基础服务的

D. 自由贸易政策也称自由贸易制度,是指政府通过减免关税和减少其他贸易壁垒,实现商品和服务等自由进出口,在国内外市场上自由竞争

3. 世界多边贸易体制的非歧视原则主要体现在（ ）。

A. 成员方对外贸体制的改革

B. 给予成员方最惠国待遇和国民待遇

C. 成员方遵循磋商调解的争端解决方式

D. 成员方对贸易政策采取公开透明方式

4. 国际服务贸易具体方式包括（ ）。

A. 跨境交付 B. 境外消费
C. 商业存在 D. 自然人流动

5. 世界贸易组织根据关贸总协定第八轮谈判达成的《建立世界贸易组织协定》于（ ）正式成立。

A. 1994年1月1日 B. 1995年1月1日
C. 1995年12月1日 D. 1996年1月1日

6. 一国究竟采取自由贸易政策还是保护贸易政策,是基于以下哪些因素综合考虑的结果？（ ）

A. 国家经济发展战略 B. 经济发展水平和经济实力
C. 产品的国际竞争力 D. 国际经济环境

7. 超保护贸易政策的表现是（ ）。

A. 贸易保护受益者为一般的工业资产阶级

B. 贸易保护措施只限于关税

C. 贸易保护对象是幼稚工业

D. 贸易保护方式是在垄断国内市场的基础上对国外市场进行进攻性扩张

8. 世界贸易组织成立后发起的、目前陷入困境的谈判是（ ）。

A. 乌拉圭回合 B. 东京回合

C. 肯尼迪回合   D. 多哈回合

六、本章阅读材料及案例分析

（一）请结合本章所学知识和下列材料，简要分析近年来国际贸易发展特点及主要国家和地区在世界贸易中地位的变化。

图 6-1 显示了 1990—2020 年世界商品贸易增长率与世界 GDP 增长率以及二者之比。表 6-1 和表 6-2 分别给出了 1948—2020 年各国（地区）在世界商品出口额和进口额中所占比重的变化。表 6-3 和表 6-4 则分别显示了 2020 年世界商品和服务进出口贸易排名情况。

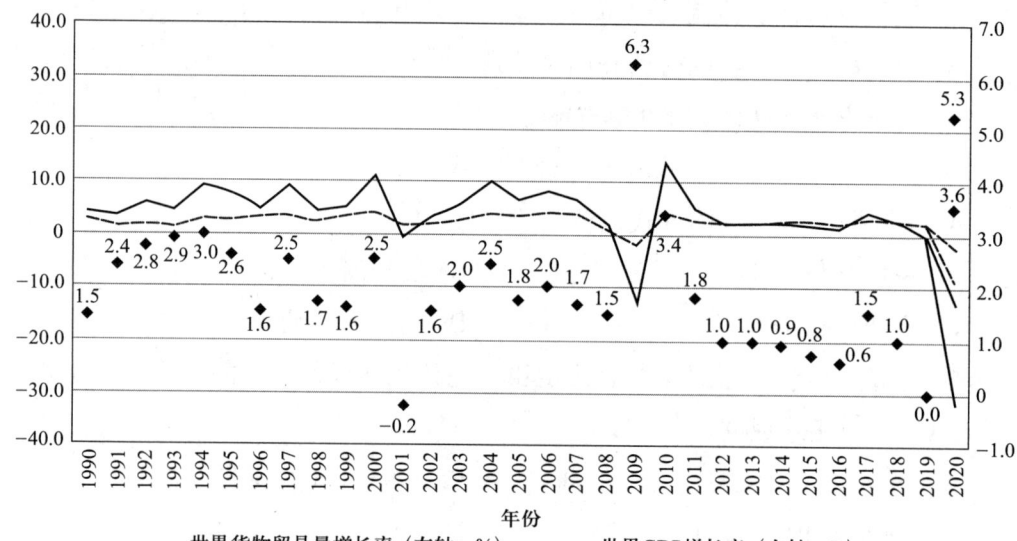

图 6-1 1990—2020 年世界货物贸易量增长率与世界 GDP 增长率（% change and ratio）

资料来源：WTO Secretariat for trade and consensus estimates for historical GDP. Projections for GDP based on scenarios simulated with WTO Global Trade Model.

表 6-1 各国（地区）在世界商品出口额中所占比重的变化 单位：%

地区	1948年	1953年	1963年	1973年	1983年	1993年	2003年	2020年
世界	100.0	100.0	100.0	100.0	100.0	100.0	100.0	100.0
北美	28.1	24.8	19.9	17.3	16.8	17.9	15.8	13.1
其中：美国	21.6	14.6	14.3	12.2	11.2	12.6	9.8	8.4
加拿大	5.5	5.2	4.3	4.6	4.2	3.9	3.7	2.3
墨西哥	0.9	0.7	0.6	0.4	1.4	1.4	2.2	2.4
中南美及加勒比	11.3	9.7	6.4	4.3	4.5	3.0	3.1	3.1

续表

地区	1948年	1953年	1963年	1973年	1983年	1993年	2003年	2020年
其中:巴西	2.0	1.8	0.9	1.1	1.2	1.0	1.0	1.2
智利	0.6	0.5	0.3	0.2	0.2	0.2	0.3	0.4
欧洲	35.1	39.4	47.8	50.9	43.5	45.3	45.9	38.2
其中:德国	1.4	5.3	9.3	11.7	9.2	10.3	10.2	8.1
荷兰	2.0	3.0	3.6	4.7	3.5	3.8	4.0	4.0
法国	3.4	4.8	5.2	6.3	5.2	6.0	5.3	2.9
英国	11.3	9.0	7.8	5.1	5.0	4.9	4.2	2.4
苏联/独联体	2.2	3.5	4.6	3.7	5.0	1.7	2.6	2.7
非洲	7.3	6.5	5.7	4.8	4.5	2.5	2.4	2.2
其中:南非	2.0	1.6	1.5	1.0	1.0	0.7	0.5	0.5
中东	2.0	2.7	3.2	4.1	6.7	3.5	4.1	4.5
亚洲	14.0	13.4	12.5	14.9	19.1	26.0	26.1	36.1
其中:中国内地	0.9	1.2	1.3	1.0	1.2	2.5	5.9	15.2
日本	0.4	1.5	3.5	6.4	8.0	9.8	6.4	3.8
印度	2.2	1.3	1.0	0.5	0.5	0.6	0.8	1.6
澳大利亚和新西兰	3.7	3.2	2.4	2.1	1.4	1.4	1.2	1.7
东亚6经济体	3.4	3.0	2.5	3.6	5.8	9.6	9.6	10.1

注:东亚6个经济体包括:韩国、新加坡、中国香港、中国台湾、泰国、马来西亚。
资料来源:WTO:"World Trade Statistical Review 2021",p.56.

表6-2 各国(地区)在世界商品进口额中所占比重的变化　　　单位:%

地区	1948年	1953年	1963年	1973年	1983年	1993年	2003年	2020年
世界	100.0	100.0	100.0	100.0	100.0	100.0	100.0	100.0
北美	18.5	20.5	16.1	17.2	18.5	21.3	22.7	18.5
其中:美国	13.0	13.9	11.4	12.4	14.3	15.9	17.1	13.9
加拿大	4.4	5.5	3.9	4.2	3.4	3.7	3.2	2.4
墨西哥	1.0	0.9	0.8	0.6	0.7	1.8	2.3	2.3
中南美及加勒比	10.4	8.3	6.0	4.4	3.9	3.3	2.5	3.0
其中:巴西	1.8	1.6	0.9	1.2	0.9	0.7	0.7	1.0
智利	0.4	0.4	0.4	0.2	0.2	0.3	0.3	0.3
欧洲	45.3	43.7	52.0	53.3	44.1	44.5	44.3	37.3

续表

地区	1948年	1953年	1963年	1973年	1983年	1993年	2003年	2020年
其中：德国	2.2	4.5	8.0	9.2	8.1	9.0	8.0	6.7
荷兰	5.5	4.9	5.3	6.4	5.6	5.7	3.5	3.4
法国	3.4	3.3	4.4	4.8	3.3	3.3	5.2	3.4
英国	13.4	11.0	8.5	6.5	5.3	5.5	5.2	3.7
苏联/独联体	1.9	3.3	4.3	3.6	4.3	1.5	1.4	2.1
非洲	8.1	7.0	5.2	3.9	4.6	2.6	2.2	2.9
其中：南非	2.5	1.5	1.1	0.9	0.8	0.5	0.5	0.5
中东	1.7	2.2	2.3	2.7	6.2	3.3	2.8	3.7
亚洲	13.9	15.1	14.1	14.9	18.5	23.5	23.8	32.4
其中：中国内地	0.6	1.6	0.9	0.9	1.1	2.7	5.4	11.8
日本	1.1	2.8	4.1	6.5	6.7	6.4	5.0	3.7
印度	2.3	1.4	1.5	0.5	0.7	0.6	1.0	2.1
澳大利亚和新西兰	2.9	2.3	2.2	1.6	1.4	1.5	1.4	1.4
东亚6经济体	3.5	3.7	3.2	3.9	6.1	10.2	8.7	9.3

注：东亚6个经济体包括：韩国、新加坡、中国香港、中国台湾、泰国、马来西亚。
资料来源：WTO："World Trade Statistical Review 2021"，p.57。

表6-3　2020年世界商品进出口贸易排名　　单位：10亿美元；%

排名	出口国（地区）	出口额	所占份额	排名	进口国（地区）	进口额	所占份额
1	中国内地	2 591	14.7	1	美国	2 408	13.5
2	美国	1 432	8.1	2	中国内地	2 056	11.5
3	德国	1 380	7.8	3	德国	1 171	6.6
4	荷兰	674	3.8	4	英国	635	3.6
5	日本	641	3.6	5	日本	635	3.6
6	中国香港	549	3.1	6	荷兰	597	3.4
7	韩国	512	2.9	7	法国	582	3.3
8	意大利	496	2.8	8	中国香港	570	3.2
9	法国	488	2.8	9	韩国	468	2.6
10	比利时	419	2.4	10	意大利	423	2.4
11	墨西哥	418	2.4	11	加拿大	414	2.3
12	英国	403	2.3	12	比利时	395	2.2

续表

排名	出口国（地区）	出口额	所占份额	排名	进口国（地区）	进口额	所占份额
13	加拿大	391	2.2	13	墨西哥	393	2.2
14	新加坡	363	2.1	14	印度	372	2.1
15	中国台湾	347	2.0	15	新加坡	330	1.9
16	俄罗斯	332	1.9	16	西班牙	325	1.8
17	瑞士	319	1.8	17	瑞士	291	1.6
18	西班牙	307	1.7	18	中国台湾	288	1.6
19	阿联酋	306	1.7	19	越南	263	1.5
20	越南	283	1.6	20	波兰	257	1.4
21	印度	276	1.6	21	俄罗斯	240	1.3
22	波兰	271	1.5	22	阿联酋	226	1.3
23	澳大利亚	250	1.4	23	土耳其	219	1.2
24	马来西亚	234	1.3	24	澳大利亚	208	1.2
25	泰国	231	1.3	25	泰国	207	1.2
26	巴西	210	1.2	26	马来西亚	190	1.1
27	捷克	192	1.1	27	奥地利	172	1.0
28	爱尔兰	179	1.0	28	捷克	170	1.0
29	沙特阿拉伯	173	1.0	29	巴西	166	0.9
30	土耳其	169	1.0	30	瑞典	149	0.8
31	奥地利	169	1.0	31	印度尼西亚	142	0.8
32	印度尼西亚	163	0.9	32	沙特阿拉伯	133	0.7
33	瑞典	156	0.9	33	匈牙利	115	0.6
34	匈牙利	120	0.7	34	爱尔兰	98	0.6
35	丹麦	108	0.6	35	丹麦	97	0.5
36	斯洛伐克	86	0.5	36	罗马尼亚	92	0.5
37	南非	86	0.5	37	菲律宾	91	0.5
38	挪威	84	0.5	38	斯洛伐克	84	0.5
39	智利	72	0.4	39	南非	84	0.5
40	罗马尼亚	71	0.4	40	挪威	80	0.5
41	芬兰	66	0.4	41	葡萄牙	78	0.4
42	菲律宾	64	0.4	42	以色列	70	0.4
43	葡萄牙	62	0.3	43	芬兰	68	0.4

排名	出口国（地区）	出口额	所占份额	排名	进口国（地区）	进口额	所占份额
44	阿根廷	55	0.3	44	埃及	61	0.3
45	伊朗	54	0.3	45	智利	59	0.3
46	卡塔尔	51	0.3	46	尼日利亚	57	0.3
47	以色列	50	0.3	47	希腊	56	0.3
48	乌克兰	49	0.3	48	乌克兰	54	0.3
49	哈萨克斯坦	46	0.3	49	孟加拉	52	0.3
50	斯洛文尼亚	45	0.3	50	巴基斯坦	46	0.3
	以上总计	16 495	93.8		以上总计	16 434	92.3
	世界	17 583	100.0		世界	17 812	100.0

资料来源：WTO："World Trade Statistical Review 2021", p.58.

表6-4　2020年世界服务进出口贸易排名　　单位：10亿美元；%

排名	出口国（地区）	出口额	所占份额	排名	进口国（地区）	进口额	所占份额
1	美国	684	13.9	1	美国	436	9.5
2	英国	339	6.9	2	中国内地	378	8.2
3	德国	305	6.2	3	德国	307	6.7
4	中国内地	278	5.7	4	爱尔兰	296	6.4
5	爱尔兰	262	5.3	5	法国	232	5.0
6	法国	245	5.0	6	英国	201	4.4
7	印度	203	4.1	7	日本	183	4.0
8	新加坡	187	3.8	8	新加坡	172	3.8
9	荷兰	186	3.8	9	荷兰	169	3.7
10	日本	156	3.2	10	印度	153	3.3
11	比利时	113	2.3	11	比利时	115	2.5
12	瑞士	113	2.3	12	瑞士	114	2.5
13	卢森堡	110	2.2	13	韩国	102	2.2
14	西班牙	90	1.8	14	意大利	92	2.0
15	意大利	87	1.8	15	加拿大	90	2.0
16	韩国	86	1.8	16	卢森堡	86	1.9
17	加拿大	84	1.7	17	丹麦	69	1.5
18	丹麦	74	1.5	18	瑞典	68	1.5

续表

排名	出口国（地区）	出口额	所占份额	排名	进口国（地区）	进口额	所占份额
19	瑞典	69	1.4	19	俄罗斯	63	1.4
20	波兰	67	1.4	20	西班牙	60	1.3
21	奥地利	64	1.3	21	阿联酋	58	1.3
22	中国香港	64	1.3	22	奥地利	56	1.2
23	阿联酋	61	1.2	23	中国香港	51	1.1
24	以色列	53	1.1	24	巴西	47	1.0
25	澳大利亚	48	1.0	25	泰国	47	1.0
26	俄罗斯	47	1.0	26	波兰	40	0.9
27	中国台湾	41	0.8	27	沙特阿拉伯	38	0.8
28	挪威	35	0.7	28	中国台湾	37	0.8
29	土耳其	35	0.7	29	澳大利亚	37	0.8
30	泰国	31	0.6	30	挪威	37	0.8
31	菲律宾	31	0.6	31	马来西亚	33	0.7
32	芬兰	29	0.6	32	卡塔尔	33	0.7
33	巴西	28	0.6	33	芬兰	32	0.7
34	罗马尼亚	27	0.6	34	墨西哥	25	0.5
35	捷克	26	0.5	35	以色列	25	0.5
36	希腊	26	0.5	36	土耳其	25	0.5
37	葡萄牙	25	0.5	37	印度尼西亚	24	0.5
38	匈牙利	22	0.5	38	捷克	21	0.5
39	马来西亚	22	0.4	39	尼日利亚	20	0.4
40	越南	19	0.4	40	菲律宾	18	0.4
	以上总计	4 473	91.0		以上总计	4 090	89.0
	世界	4 914	100.0		世界	4 596	100.0

资料来源：WTO："World Trade Statistical Review 2021"，p.60.

（二）请结合本章所学知识和下列材料，简要分析近年来世界贸易组织面临的主要问题。

材料1：发展中成员特殊和差别待遇原则不容否定

2019年1月15日，美国向世贸组织提交了一份分析文件，题为《一个无差别的世贸组织：自我认定的发展地位威胁体制相关性》，之后又据此提出一份总理事会决定草案，要求取消一大批发展中成员享受特殊和差别待遇的权利。作为回应，2月15日，中国、印度、南非和委内瑞拉联合向世贸组织提交了《惠及发展中成员的特殊和差别待遇对于促进发展和确保包容的持续相关性》的分析文件。此后，又有6个发展中成员联署了该份文件。在2月28日世贸组织总理事会上，中国等发展中成员与美国围绕各自提交的文件展开了激烈辩论。以下是中国常驻世贸组织代表张向晨大使的发言：

张向晨大使在2019年2月28日世贸组织总理事会上的发言

会议议程第六项

主席先生，

发展是世贸组织的一项重要议题，关系到广大成员利益和世贸组织未来。对于美方提交的分析文件（WT/GC/W/757/Rev.1），相信很多成员都有话要说。美方文件多次提到中国，我也有必要做出回应。

概括而言，美方文件忽视了发展中成员在人均收入水平、科技发展、经济结构、地区差异、社会管理、发展质量、发展阶段等诸多方面与发达成员的差距，通过选择性使用个别总体指标夸大一些发展中成员的发展水平，进而挑战世贸组织发展中成员自我认定的方法。我们认为，发展中成员与发达成员的经济社会发展鸿沟依然悬殊，发展中成员参与多边贸易体制的能力缺失仍未消除，发展中成员特殊和差别待遇的适用基础并未改变。因此，我们无法认同美方的观点。

美方还提出了另外一份文件（WT/GC/W/764），通过"总理事会决定草案"的形式，要求剥夺相当一部分发展中成员享受特殊和差别待遇的权利。我认为这个文件与刚刚提到的分析文件之间是皮和毛的关系，既然分析文件站不住脚，那么由此衍生出来的所谓"决定草案"自然缺乏合法性，所谓皮之不存，毛将焉附？

在此次总理事会前，中国、印度、南非、委内瑞拉、老挝、玻利维亚、肯尼亚、古巴、中非和巴基斯坦共同提交了《惠及发展中成员的特殊和差别待遇对于促进发展和确保包容的持续相关性》的文件（WT/GC/W/765/Rev.1），秘书处已将这份文件列为今天会议的第七项议题。我过一会儿将在该议题项下阐述中方观点，具体回应美国分析文件的相关内容。

谢谢主席先生。

会议议程第七项

第一次发言

主席先生,

请允许我对文件做一简要介绍,并分享中方的看法。我们的文件包含11页文字和28页图表,共分为6个部分:概要,发展鸿沟,能力缺失,新成员贡献,特殊和差别待遇和自我认定,以及结论。

和美方文件一样,我们在文件中也引用了一些国际机构关于发展的指标和数据,这些指标和数据对于认识和分析不同成员的发展状况及其变化是有帮助的。但是我要强调,世贸组织是多边贸易谈判场所,不是人类社会发展机构。我们应该做的和能够做的,是在世贸组织规则框架下,共同研究世贸组织成员,这其中既包括发达成员,也包括与发达成员相对的、经济社会发展水平较低的发展中成员,如何通过贸易更好地促进国内经济发展、增加就业和减少贫困,而不是把成员分成三六九等。目前世贸组织成员的两分法,反映了多边贸易体制内在的政治逻辑、经济逻辑、法律逻辑以及历史逻辑,特殊和差别待遇是解决发展鸿沟和能力缺失的重要政策工具,不容否定。

主席先生,

我并不否认,过去几十年发展中成员在贸易、经济和社会等方面取得了长足发展。否认这一点,就等于否定自己。但我们也十分清醒,我们和发达成员仍存在巨大差距。2017年,美国人均国内生产总值是 59 531 美元,而中国、印度、南非、巴西和其他许多发展中成员均不足1万美元。而且从绝对增长量数据看,发展中成员和发达成员人均GDP的差距自1995年世贸组织成立以来呈扩大趋势;2016年,发展中成员移动宽带用户比例仅为40.9%,还不到发达成员90.3%的一半;2016年,占全球人口85%的发展中成员,服务贸易出口尚不足全球的30%;2017年,美国的知识产权获取费分别是中国、印度、巴西的27倍、183倍和213倍。纵观美方和我们的文件,显然美方看到的是我们杯子里盛的水比原来多了,而我们更多看到的是杯子还空着半截。这既是观察角度的不同,也是我们所承担的不同历史使命所导致的差异,而我们的使命就是把杯子装满水,这将是一个漫长的历史进程。

毫无疑问,世界在飞快地变化着;同样毫无疑问的是,世界依然具有相对的稳定性。我们既应对变化保持敏感,也要对稳定性予以尊重。感谢美方在文件中列举了不少中国的发展成就,作为中国人,我们为自己取得的这些成就感到骄傲,但我们对中国发展历史阶段和基本国情是有清醒认识的,即我们的国家正处于并将长期处于社会主义初级阶段,中国仍然是世界上最大的发展中国家。

主席先生,

我并不否认,发展中成员之间存在差异,有的发展快些,有的发展慢些。否认这一点,就等于否定常理。但我们充分意识到,作为发展中成员,我们具有许多共同的特点,都尚未实现发展的充分性与平衡性,要么是在这两方面都有较大差距,要么是在某一个方面存在明显的短板。被公认为世界上最穷的最不发达国家的贫困人口占全球38.2%,剩余的61.8%则生活在中国、印度等非最不发达国家;2017年,中国、巴西进入世界500强的制造业企业平均利润分别只有美国的17%和29%;2018年,全球排名前100的大学中只有4所来自发展中成员。即使是那些由于自然禀赋等原因人均收入较高的发展中成员,他们在国家管理体系和现代治理能力方面与发达成员也存在着明显的差距。

主席先生,

我并不否认,特殊和差别待遇是对一般贸易规则的例外。否认这一点,就等于否定历史。但我们非常清楚,特殊和差别待遇不是发达成员给予发展中成员的恩赐,而是他们付出巨大代价换来的谈判结果,是多边贸易规则不可分割的一部分。

发展中成员应当享受特殊和差别待遇的道理并不难懂。他们在旧的国际贸易体制下长期遭受不公平的待遇,亟待纠正。以农业为例,2016年美国的人均农业补贴分别是中国、巴西、印度的70、176和267倍。正像联合国贸发会议专家说的,在经济实力不平等的成员间简单地实行对等市场开放就是一种歧视。为了免于这两种歧视,从"授权条款"到《纺织品和服装协定》,发展中成员争取特殊和差别待遇的努力筚路蓝缕、艰辛备尝。在乌拉圭回合中,为了换取纺织品贸易回归多边规则和减少农产品贸易的扭曲,发展中成员在服务贸易和知识产权方面做出了重大让步。而时至今日,发达成员在履行对发展中成员的承诺方面乏善可陈。几十年了,那些"最佳努力"条款静静地躺在纸面上,已经发霉;数以千亿美元的扭曲性农业补贴堆积成山,寸土未削。

主席先生,

我并不否认,发达成员的市场开放程度总体上高于发展中成员。否认这一点,就等于否认事实。但我们全都知道,自1995年世贸组织成立以来,不是发达成员,而是发展中成员,特别是那些新加入世贸组织的发展中成员("12条"小组),为全球贸易自由化进程做出了巨大贡献。在发达成员保持着关税高峰、关税升级、大量农业出口补贴和国内支持的情况下,发展中成员在加入世贸组织过程中和加入时,在市场开放和遵守规则方面做出了范围更广、程度更深的承诺。"12条"小组成员关税化程度高达100%,农产品平均约束税率仅为创始成员的四分之一,平均开放107个服务分部门,而创始成员仅为42个。

中国在加入世贸组织谈判中将农业综合支持量约束为零,将农产品平均关税降至15.7%,自加入之日起即适用《与贸易有关的知识产权协定》。在加入世贸组织后,中国参加了《信息技术协定》扩围谈判,为执行协定每年减少关税收入75亿美元,贡献度显著超过其他参加方。

怀奉献之心,有自知之明;量力而行,尽力而为。我们过去是这么做的,将来也会继续这样做。

主席先生,

我到国外出差时,总会给夫人带件礼物,但是有一样东西我是从来不买的,那就是她的鞋子。因为只有自己的脚才知道什么样的鞋子合适。取消发展中成员自我认定的方法,无异于将选择鞋子的权利交给了别人。

著名经济学家哈耶克曾经说过,尽管事实本身从来不能告诉我们什么是正确的,但对事实的错误解读却有可能改变事实和我们所生活的环境。美国的分析文件提供了部分事实和数据,但它以偏概全的缺点也是显而易见和致命的,容易误导人得出片面的结论。我认为,只有把发展中成员所做的分析文件结合在一起,我们才会看到一副完整的画面。只有在对全部事实进行系统分析后,我们才能尝试着对发展这一重大议题进行有意义的讨论并寻找一些交集。但我要强调,在我们进行这种讨论的同时,发达成员必须切实履行自己承担的义务,把承诺给予发展中成员的特殊和差别待遇真正落到实处。

谢谢主席先生。

第二次发言

主席先生,

我想先对成员,特别是美国的评论做一简要回应,然后对今天的讨论发表一个总体评论。

关于引用杰弗逊总统的话。我感谢谢伊大使的澄清。我相信你是对的,你肯定比我更了解杰弗逊，正像我比你更了解孔子一样。我们都不应该在"江边卖水"。我接受你的订正，我们可以修改我们的文件，引用你刚才提到的另外一句杰弗逊的话"真理是谬误适当而有力的对手"（Truth is the proper and sufficient antagonist to error）。我很喜欢这句话，我想这是我们今天讨论中可以达成的一个共识。

关于美国文件里的一个主要论据人类发展指数（HDI）。我想和大家分享一篇发表在联合国开发计划署网站上的评论文章，这篇文章分析了该指标的缺陷：一是 HDI 仅按国别统计相关数据，没有考虑各国国内的发展落差，如城乡之间、区域之间的差距，而区域发展严重失衡是发展中成员的重要特征；二是基本指标过于片面，仅从人均预期寿命、教育和人均收入三方面评估发展水平，没有考虑到环境、社会福利、人口规模、自然灾害风险等诸多可能阻碍发展的现实因素；三是三大统计指标中的教育和人均收入存在强相关性，可能导致叠加效应，影响最终测算的准确性。我想指出，这篇文章的作者是 Selim Jahan 先生，而他本人正是 HDI 的编写者。

关于我方联合文件的数据。中方并未否定美方文件中的数据本身的可靠性，而是认为美国文件片面选择总量数据，并未准确、全面体现发展中成员的发展现状。因此，我方联合文件旨在通过列出不同类型的数据，使各方对发展中成员有更加全面的了解。当然，对于总量和人均数据孰轻孰重，我想我们不可能在今天达成共识。但正像印度大使迪帕克刚才提到的，现有世贸组织协定中唯一使用过的、用于衡量成员发展水平的指标就是"人均"的概念，即《补贴与反补贴措施协定》第 8.2（b）（iii）项和附件 7。

美方质疑我方联合文件中使用的部分数据与贸易政策的相关性，如网络接入率。在我看来，在当前这样一个信息和数据时代，网络接入率与贸易非常相关。而我认为美国自己在数据选用上使用了双重标准，美方文件中列举的部分例子和数据，如空间技术和国防实力等，这些才与贸易无关。

关于最不发达国家（LDC）问题。LDC 是联合国认可的、有明确界定标准的一群国家。作为发展中成员中最脆弱的经济体，LDC 理应获得更多照顾，享受更多灵活性。但是，LDC 依然是发展中成员大家庭中的一员，确保 LDC 的利益不应以剥夺其他发展中成员所应享受的权利为代价。对于 LDC，我们能做的应该是在发展中成员享受的特殊和差别待遇基础上"做加法"，给予他们额外的照顾，而非对发展中成员的特殊和差别待遇"做减法"。

此外，对于 LDC，提供特殊和差别待遇只是一方面，各成员应继续加大对

LDC 的技术援助和能力建设,切实履行对他们所做出的承诺,包括"双免"(免关税、免配额)。

关于中国的科技进步。中方不否认自身在某些领域的发展较为迅速,我们对拥有登陆月球背面的能力感到骄傲。但应该看到,由于资源禀赋、比较优势等因素,包括中国在内的发展中成员,只是在某一个或某几个特定领域发展较快。衡量一国的发展水平,不能仅看一点、一个领域,而应进行全面的评估。另外,顺便说一句,我们刚刚拥有了一些好东西,却有一些人希望将它扼杀在摇篮中,例如 5G 技术。

关于谈判功能失效。我想呼应刚才印度大使迪帕克说的,世贸组织目前谈判功能失效的原因并非特殊和差别待遇以及自我认定的方法,而是由于发展中成员参与谈判能力缺失,多边贸易体制权力架构不合理所导致的。我一会儿在总体评论中还要讲这个问题。

关于贸易便利化协定(TFA)模式和逐案处理(case by case)方式。我认为 TFA 是一种创造性和务实的方式。没有这个方式,我们就不会有多哈回合的早期收获。但我想说,TFA 模式并不是将成员进行分类,TFA 不同层次的义务是由成员自行选择决定的。我们认为,发展中成员有权在不同的谈判中,根据自身在该领域的情况,通过具体谈判来确定是完全享受特殊和差别待遇或是承担更多的义务,但不能将 case by case 作为一个普遍适用的前置条件,由其他成员代替发展中成员就是否享受、如何享受特殊和差别待遇等做出决定。

关于中国的农业国内支持。在昨天的农业委员会例会上,我来自首都的同事向成员们提供了中国农业政策的许多解释和说明,包括所谓的"爆箱"问题。他们也表明要以符合世贸组织规则和中国加入承诺的方式解决相关问题。但我想向大家说明中国农业面临的"两板"困境,即由于世贸组织规则和我们的入世承诺形成的有限度的"天花板"以及国内价格上涨造成的不断提升的"地板"。我们都知道衣服太紧了纽扣会崩掉,这正是发展中成员需要通过特殊和差别待遇获得政策空间的原因。

关于发展与市场开放的关系。我认可开放是促进发展的重要工具,正因为如此,中国一直以各种方式推进中国市场的开放,包括单边的、双边的、区域的和多边的措施。但我们需要建立适当的机制进行市场开放的谈判,并在谈判中取得平衡的结果,还要解决发展中成员的具体关注,包括合理的公共政策目标。

中国一直在推进金融服务的开放,我只想举一个例子,截至 2017 年年底,外资银行在华营业性机构总数达到 1 013 家,是 2002 年中国刚刚加入世贸组织时的 5 倍。在华外资银行总资产达到 4 800 亿美元，是 2002 年的 9 倍。

主席先生，

感谢发言的世贸组织成员对我方提交文件的评论。今天的讨论是有意义的，对我而言，分析性的讨论总比哲学性的辩论和意识形态的争论要好。不过，数据、图表、指标等总会归结到一定的观点上。

美国提出的问题无非是世贸组织今后是否应该限制给予发展中成员，特别是部分发展中成员特殊和差别待遇。在美国同事的眼里，特殊和差别待遇似乎是多边贸易体制的一大漏洞，而在我看来那只是发展中成员迫不得已走的一条羊肠小道。特殊和差别待遇是什么？无非是我过去曾概括的 4 个 "L"（less，减让范围窄一些；lower，减让幅度低一些；longer，减让时间长一些；later，减让开始晚一些）而已。

我认为，发展问题的核心并不是发展中成员是否愿意在未来谈判中做出更大贡献，而是他们能否获得平等的谈判权力。有些人只看到了表面上成员之间承诺水平的不一致，却没有看到背后多边贸易谈判结构的不平衡。谈判的议题由谁来设置？谈判的进程由谁来主导？谈判的结果由谁来决定？如果这些不平衡继续表现为少数发达成员实际拥有的某种特权的话，那么通过特殊和差别待遇减少这种失衡所造成的不利影响，就是发展中成员的唯一选择。

因此，与其推动分类、毕业这些政治上不可行、技术上无法操作的倡议，还不如做出一些切实的努力，帮助发展中成员提高谈判参与度和履行协议的能力，鼓励、吸引他们根据自己的能力大小做出相应贡献。以我们正在进行的渔业补贴谈判为例，有谁不愿意保护我们共同的海洋资源，有谁不愿意实现世界渔业的可持续发展？但是，如果我们不能在谈判开始和过程中对广大发展中成员的合理关切，如监管制度不完善、履行通报义务存在困难以及种群评估能力缺失等挑战进行有效处理，那么谈判的结果必然是一大批发展中成员寻求新纪律的例外。推而广之，如果世贸组织不能对多边贸易谈判权力结构进行根本改革并取得实际成果，试图以任何方式剥夺发展中成员的特殊和差别待遇都是不公正的，也是不可能实现的。

谢谢主席先生。

资料来源：《发展中国家特殊和差别待遇原则不容否定——张向晨大使在 2019 年 2 月 28 日世贸组织总理事会上的发言》，中华人民共和国商务部常驻世界贸易组织代表团网站，2019 年 3 月 1 日。

材料 2：强调发展目标，反对美国荒诞的 WTO 改革建议

1. 美国政府手握大棒向发展中国家开价。

美国总统特朗普当地时间（2019 年）7 月 26 日签署备忘录，指示美国贸易代表使用一切可用手段确保世界贸易组织（WTO）对发展中国家地位进行改革，阻止那些"自我宣称"为发展中国家但并不具备合适经济指标支持的国家，在 WTO 谈判中享受特殊和差别待遇的灵活性。这是 WTO 成员积极推动 WTO 改革之时，美国总统以最强硬、单边主义方式向发展中国家做出的谈判开价。

备忘录大致有以下内容：第一，对 WTO 发展中国家"自我宣称"的身份认定方式提出质疑。第二，对发展中国家利用这一身份谋求灵活性待遇提出质疑。第三，指责发展中国家在 WTO 谈判中寻求更低的承诺，严重阻碍了 WTO 谈判进展，损害了其他成员利益。第四，大量篇幅点名批评了中国。第五，表达了美国"改革"的决心，备忘录写道"美国将投入所有必要的资源来改变世贸组织对发展中国家地位的态度，使那些发达经济体再也无法利用毫无根据的好处"。第六，单边的执行、威胁措施。美国宣称："自备忘录签署 90 天内，如果美国贸易代表认为世贸组织并未在发展中国家地位改革上取得明显进展，美方可能单方面采取行动。"特朗普给出了美国的威胁清单，包括美方将单方面取消他国作为发展中国家的地位、美国将发表黑名单、美国国家安全委员会和国家经济委员会协商采取措施，美国将不支持某些发展中国家的经合组织成员（OECD）地位等。

事实上，美国贸易代表早已为特朗普发表这一荒诞的备忘录准备好了弹药。2019 年 2 月，美国贸易代表向 WTO 提出了认定发达国家的 4 个标准：OECD 成员、20 国集团（G20）成员、世界银行对"高收入"的分类或至少占全球商品贸易的 0.5%。这样以多个国际机构的标准去划分 WTO 成员的方法如此简单，真的是特朗普政府的特色。以 G20 标准来说，该集团是建立在美国等 7 个发达国家集团（G7）的基础上的，1997 年东南亚金融危机使 G7 认识到加强发达国家与新兴经济体为代表的发展中国家之间对话十分重要，从而建立了 G20。当时被认定的发展中国家怎么如今就成了发达国家？

4 月 26 日，美国贸易代表莱特希泽向 WTO 中发展中国家贸易部长们致信说："在特朗普总统的指示下，我正与你们取得联系，请你们支持这一倡议，同意在当前和未来的世贸组织谈判中放弃特殊和差别待遇。"

7 月 26 日美国总统备忘录中没有提及美国的 4 个标准，但称"大约三分之二的世贸组织成员通过在世贸组织框架下'自我宣称'为发展中国家的方式享受特殊待遇和履行较低的承诺……"看来，要开启WTO改革，美国的条件是先洗牌列阵。

2. 美国的提议遭到普遍反对。

许多发展中国家都对美国的做法提出反对。5月7日，在WTO总理事会会议上，南非强调主权原则，并表示："世贸组织成员中有三分之二以上是发展中国家……对于将被视为'发达'或'发展中'成员的内容，没有达成一致的定义；每个成员都有权决定哪个类别最适合自己，而不是任何其他成员强加'毕业'标准。"

5月13日至14日，在印度，17个发展中国家的贸易部长明确表示："特殊和差别待遇是多边贸易体系的主要特征之一，对将发展中国家纳入全球贸易至关重要。"

一位南美贸易特使在日内瓦说："发展中国家希望在世贸组织进行包容性改革"，已经有多个国家向WTO总理事会提交了提案，指出了多边主义危机的真正原因是"一些现有多边贸易规则中的不平等和不平衡为发达成员提供了固有优势"。

中国驻WTO大使张向晨多次表示，发展问题的核心并不是发展中成员是否愿意在未来谈判中作出更大贡献，而是他们能否获得平等的谈判权力。有些人只看到了表面上成员之间承诺水平的不一致，却没有看到背后多边贸易谈判结构的不平衡。张向晨强调，发展中成员的特殊和差别待遇是多边贸易体制历史及其规则的一部分。发展中成员与发达成员的经济社会发展鸿沟依然悬殊，他们参与多边贸易体制的能力缺失仍未消除，发展中成员特殊和差别待遇的适用基础并未改变。

即便是发达国家也表示强烈不满。挪威曾对美国贸易代表提出的划分标准公开评价道："既不现实也不一定有用。"挪威指出："问题应该是如何设计科学应对成员所面临的发展挑战，谈判的结果才是重要的，而不是成员的分类。"

3. 发展中国家的优惠，是太多还是太少。

特朗普政府认为发展中国家享受了贸易制度中太多的优惠，应该"毕业"。实际上，发达国家中恰恰唯有美国没有权利说这样的话。发展中国家可以反问一下特朗普政府：美国履行过承诺，给予过发展中国家真正的优惠待遇吗？

普惠制是发达国家给予发展中国家出口制成品和半制成品，包括某些初级产品的一种普遍的、非歧视的关税安排，这是WTO体系内发达国家承诺给予发展中国家的优惠制度。当联合国贸发组织最初设计这个制度的时候,希望普惠制是一个统一的制度,但发达国家不同意采取统一的优惠方案,而制定了各自的方案,充分体现了"灵活性"。

美国与加勒比海国家达成过普惠协定,但事实证明,这不过是一纸空文,美国国会不同意其中有实际意义的内容。特朗普政府对普惠制兴致寥寥,正不断提高普惠制门槛,试图让这一政策彻底消亡。

发展中国家如果实质性地希望得到美国的优惠,必须付出更多的代价。美国贸易代表莱特希泽试图用普惠制作为砝码与发展中国家讨价还价,他在官方场合说"受惠国选择与美国贸易代表合作,以满足贸易优惠资格标准,或面临强制执行行动。美国政府致力于确保其他国家在我们的贸易关系中遵守协议。"印度、乌克兰等刚刚被终止了普惠制待遇,在美国贸易代表处的网站上,厄瓜多尔、印度尼西亚正在接受 2019 年普惠制审议,来自美国环境组织、劳工组织的多个部门对这些国家表达了不满。可见,获得美国对发展中国家的优惠要付出不少代价,包括接受美国对其人权、环境方面的指责。

20 世纪 70 年代,中国曾向美国申请获得普惠制优惠,美国未曾授予中国普惠制待遇,其依据是 1974 年《美国贸易法》,中国属于被美国排除在受惠国行列外的发展中国家——共产主义国家。根据《美国贸易法》,共产主义国家享受普惠制待遇须具备以下条件:获得最惠国待遇;是世界贸易组织的成员和国际货币基金组织的成员。中国加入 WTO 后,实质性达到了《美国贸易法》的条件,但仍不在受惠国之列,从来没有获得过相应的好处。

WTO 成员已经认识到,那些掌握规则制定权的国家最懂得灵活性,那些使富裕国家福利最大化的政策在促进发展中国家发展时起不到相同效果。特朗普政府抱怨发展中国家享有太多优惠,有多少人能够相信?

4. 发展中国家的谈判权利,是太大还是太小。

特朗普签署的备忘录指责发展中国家在 WTO 谈判中寻求更低的承诺,严重阻碍了 WTO 谈判进展。事实上,发展中国家的谈判权利长期被忽视,发展问题从来没有得到真正重视。

在 WTO 及其前身关贸总协定(GATT)中,贸易谈判一直是围绕着发达国家的利益展开的。强权在 GATT 第一回合谈判中就得到体现,发展中国家拥有最大利益的服装纺织品和农业两个部门一直被排挤在谈判桌外。

20 世纪 80 年代,发展中国家积极参与了乌拉圭回合谈判,但谈判能力不足。前东非共同体副秘书长阿里·木奇盛曾说过:"我们参与乌拉圭回合最后的结果是出台了一些协定,这些协定应该说更有利于发达国家,对发展中国家是非常不利的,是很不平衡的。这是因为我们当时签字的时候,还没有弄明白这个回合到底是怎么回事,我们搞不清楚签的是什么东西。"

此轮 WTO 改革的谈判尚未开启,美国不谈如何帮助发展中国家建立谈判能力,而是倒打一耙,指责发展中国家试图寻求更低的承诺,这样的开局怎么能让 WTO 为发展服务?

乌拉圭回合后,发展赤字在扩大。在生产领域,很多发展中国家尚未实现工业化,没有参与到全球价值链分工中;在贸易上,发达国家在世界贸易市场中经常出现垄断情况,通过价格歧视、渠道等影响国际市场,这是对发展中国家的不公平待遇;在技术上,众多发展中国家研发能力不足,与发达国家相比有差距,特别是在步入第四次工业革命之际,发展中国家和发达国家的技术鸿沟正在拉大。因此,发展中国家应在谈判中享有更多的政策空间,只有这样,WTO 谈判才能进行下去。大棒是不管用的,理解和现实的合作才能赢得发展中国家对 WTO 改革的积极投入。

5. 发展中国家,是吓大的还是自己长大的。

在 WTO 的谈判历史上,很少看到一国总统签署一个轻视多边规则、满是威胁条款的谈判建议。WTO 可以首先讨论一下特朗普备忘录的威胁条款是否合理合法,然后再考虑美国的谈判建议。

WTO 谈判机制历来主张民主,寻求共识,达成一致,这可以说是谈判决策的灵魂。在数次 GATT/WTO 的谈判中,即便强权能发生作用,但程序上也应该尊重"协商一致"的民主方式。美国高举大棒开出谈判条件的方式从根本上践踏了 WTO。

特朗普备忘录中的威胁条款荒唐地展示了美国"单边主义的国际领导"。备忘录任意制定威胁条款,将发展中国家地位问题和国家安全等诸多问题挂钩,严重践踏了 WTO 法的严谨性;用某一特殊问题绑架 WTO 谈判进程,实质性地破坏了 WTO 改革进程。

二战后,发展中国家饱受不公平待遇,应对美国式霸权积累了一定经验。发展中国家之所以推动 WTO 改革就是要改变规则制定中的不平等现象,相信广大发展中国家有足够的定力能应对美国的单边主义谈判方式。

6. 中国的声音。

在中国申请加入 WTO 的谈判中,中国始终坚持世贸组织作为一个国际组织,没有中国这个最大的发展中国家的参加是不完整的;中国只能作为一个发展中国家加入。从中国加入议定书等法律文件和中国的行动看,中国不仅没有滥用发展中成员待遇,还承担了比一般发展中成员更多的义务,这些努力在一定程度上得到了WTO的认可。

针对特朗普备忘录的荒诞内容,中国与广大发展中国家一样,绝不允许用简单的方式重新定义国家类别,要尊重现有WTO规则,坚决反对美国单边主义的谈判方式。

中国应率先强调:WTO改革应以发展为目标,着力解决发展赤字问题。应该说,强调发展体现了对人的基本需求的一种广泛尊重和对国际经济制度本身实现重大范式变革的终极呼唤。

2018年6月,中国发布《中国与世界贸易组织》白皮书,白皮书阐述了中国致力于人的发展、全球共同发展的价值取向。白皮书写道:"中国将以更大力度、更高水平的对外开放促进全球共同发展,为各国分享中国红利创造更多机会。中国愿与全球贸易伙伴一道,推动经济全球化朝着更加开放、包容、普惠、平衡、共赢的方向发展,让不同国家、不同阶层、不同人群共享经济全球化的好处。"这就是中国的声音。

资料来源:程大为:《强调发展目标,反对美国荒诞的WTO改革建议》,《经济日报》,2019年7月28日第3版。

七、本章扩展材料

1. WTO: World Trade Statistical Review. https://www.wto.org/english/res_e/statis_e/wts_e.htm.

2. WTO: World Trade Report. https://www.wto.org/english/res_e/reser_e/wtr_e.htm.

3. WTO: Trade and tariff data. https://www.wto.org/english/res_e/statis_e/statis_e.htm.

4. UN Comtrade Database. https://comtrade.un.org/.

5.《中国与世界贸易组织》白皮书,中华人民共和国国务院新闻办公室网站,2018年6月28日。

6.《中国关于世贸组织改革的立场文件》,中华人民共和国商务部世界贸易组织司网站,2018年12月17日。

7.《中国关于世贸组织改革的建议文件》,中华人民共和国商务部世界贸易组织司网站,2019年5月14日。

8. 李坤望、蒋为、宋立刚:《中国出口产品品质变动之谜:基于市场进入的微观解释》,《中国社会科学》2014年第3期。

9. 唐宜红、张鹏杨:《全球价值链嵌入对贸易保护的抑制效应:基于经济波动视角的研究》,《中国社会科学》2020年第7期。

第七章　国际货币体系与金融自由化

一、本章内容摘要

本章介绍世界经济运行的另一渠道——国际金融。

1. 国际货币体系经历了国际金本位制、布雷顿森林体系和牙买加体系。现行国际货币体系呈现出储备资产多元化、汇率制度多样化以及国际收支调节手段多样化的特征。现行国际货币体系在促进世界经济发展的同时,也带来新的风险。从国际货币体系发展的长期历史来看,国际货币体系改革从没有间断过,每一次改革总是与当时的经济社会背景相联系,改革的内容和侧重点也往往出现一些新的特点和情况。

2. 从20世纪80年代起,发达国家和发展中国家开展了不同内容的金融自由化。在此推动下,金融创新得到了飞速发展,这虽然有利于提高金融机构的运行效率,促进经济发展,但同时也造成金融机构的经营风险加大,增加了金融监管的难度,降低了整个金融体系的稳定性,致使金融危机不断爆发。

3. 金融自由化与金融创新在取得较大成效的同时,也容易引发金融危机。金融危机通过冲击金融体系、国际贸易、国际投资等渠道对世界经济造成严重影响。金融危机,是指金融资产、金融机构、金融市场的危机,具体表现为全部或大部分金融指标的急剧恶化。这些恶化的金融指标主要包括短期利率,证券、房地产和土地等资产的价格。金融危机使整个金融体系陷入混乱,从而丧失其为经济活动分配资本的功能,进一步导致整个经济体系的震动,并可能引发经济危机。当金融危机在多个国家和地区同时发生时,就爆发了国际金融危机或世界金融危机。国际金融危机具有影响范围广、破坏程度大的特点,20世纪80年代后爆发的几次金融危机最后都演变为国际金融危机。世界金融形势的动荡不安迫切需要各国加强在国际金融领域的监管合作。目前主要的国际金融监管组织包括巴塞尔银行监管委员会、国际证监会组织、国际保险监督官协会、金融稳定委员会等,但是目前国际金融监管合作机制仍亟待完善。

二、本章基本概念

国际货币体系、国际金本位制、布雷顿森林体系、牙买加体系、黄金输送点、

特别提款权、金融自由化、金融抑制、金融深化、金融发展、金融创新、表外业务、金融危机、国际金融监管与协调《巴塞尔协议》

三、本章重点和难点剖析

（一）国际货币体系的含义及主要包括的内容

国际货币体系又称国际货币制度、国际货币体制,是为了适应国际经济活动的需要,各国政府对货币在国际上的支付结算及其货币关系所确定的规则、惯例和机构安排的总称。

国际货币体系主要包括以下内容。

1. 国际储备资产的确定

国际储备资产是一国官方持有的用于国际支付和维持本国货币汇率的流动性资产。国际储备资产的确定问题主要包括使用何种货币作为国际支付货币,一国应持有何种货币作为储备资产,以及国际储备资产的供给等。

2. 汇率制度的安排

汇率制度指一国货币当局对本国汇率变动的基本方式所做的一系列安排或规定。汇率制度安排具体包括一国采取固定汇率制度还是浮动汇率制度,一国货币与其他货币之间的汇率按照何种规则制定并维持,一国货币是否可以自由兑换,一国的对外支付是否受到限制,等等。

3. 国际收支的调节

世界各国国际收支的平衡是国际货币体系正常运转的基础。目前国际收支的调节有三种方式:市场机制的自发调节,各国政府独立进行的国际收支调节,以国际经济政策协调为基础的国际收支调节。当一国的国际收支失衡时,如果不能通过本国国内经济政策或外汇政策来恢复,那就只能通过国际协定、国际金融组织和外国政府提供贷款或各国政府协调政策等,使各国公平合理地承担国际收支责任来达到国际收支平衡。

4. 国际货币关系的协调及其组织

国际货币关系的协调是国际货币体系的重要内容,它指有关国家和国际组织在汇率政策、货币政策、外汇市场干预以及国际收支调节等货币金融领域的协商与合作。为此专门建立的国际货币金融机构和组织通过制定各国共同认可和遵守的规则与制度,协调各国与国际货币活动有关的经济政策,保证国际货币体系的正常运转。

(二) 国际金本位制、布雷顿森林体系和牙买加体系的主要特征

1. 国际金本位制的主要特征

第一,黄金充当国际货币,履行国际支付、国际结算和国际储备的职能。黄金可以自由铸造、自由兑换并可以在国家之间自由流动。

第二,各国货币均以一定数量的黄金定值,实行固定汇率制。各国货币都具有法定的含金量,各国货币间的汇率由各国货币含金量之比来决定,汇率虽有波动,但始终维持在黄金输送点之间。

第三,国际收支自动调节。在金本位制下,可通过物价-黄金流动机制使一国国际收支自动恢复平衡。即一国出现国际收支逆差时,本国黄金开始外流,本国货币供给量减少,国内物价下跌,使本国商品国际竞争力上升,出口增加,国际收支恢复平衡。国际收支顺差的情况与此相反。

2. 布雷顿森林体系的主要特征

第一,美元成为世界上主要的国际货币与国际储备资产。《国际货币基金组织协定》规定,各国货币对美元保持固定汇率,并且把美元与黄金的比价固定在35美元兑换1盎司黄金。美元与黄金挂钩、其他成员国货币与美元挂钩的双挂钩制度将美元置于国际货币体系的中心地位,布雷顿森林体系实质上就是以美元作为基本储备货币的金汇兑本位制,美元与黄金处于同等的地位,外国政府在一定条件下可以用美元向美国兑换黄金。

第二,各国实行固定汇率制度。通过双挂钩制度,各成员国货币按照货币含金量确定与美元的比价,各国不得随意更改货币的含金量。通过盯住美元,各成员国间汇率彼此固定,一般只能在平价上下1%的幅度内波动。各国货币当局有义务在外汇市场上进行干预以保持汇率的稳定。只有当一国的国际收支出现根本性不平衡时,经IMF批准才可以调整汇率水平。但在实践中,只要汇率的波动幅度在平价的10%以内,一国都可以自行决定。

第三,IMF框架下的国际收支调节。由于布雷顿森林体系实行的是双挂钩制度,因此只要成员国(美国除外)严格遵守运行规则,国际收支就像国际金本位制下一样可以自动调节。同时,IMF帮助各成员国进行国际收支调节。IMF规定,成员国不得限制经常项目的支付,也不得实行歧视性的货币措施,减少并取消外汇管制。这样,一成员国就可以自由地动用与一些成员国的顺差来支付其与另一些成员国的逆差。同时,IMF还通过"稀缺货币"条款规定贸易盈余国也应在国际收支失衡调节中承担相应责任。

3. 牙买加体系的主要特征

（1）储备资产的多元化。牙买加体系下,国际储备体系呈现出以美元为主导,包括其他国际货币和特别提款权等在内的多元化局面。

（2）汇率制度的多样化。牙买加体系对于浮动汇率制合法化的承认,使世界各国在汇率制度选择上有了更大的操作空间。IMF将目前国际上存在的汇率制度分为无独立法定货币的汇率制度、货币局制度、其他传统的固定盯住汇率制度等8种。

（3）国际收支调节手段的多样化。牙买加体系下的国际收支调节可以通过多种方式进行,包括汇率政策调节、国内宏观经济政策调节以及国际货币金融组织（如IMF）干预等多种手段。浮动汇率的合法化使得成员国可以通过汇率调节来调整国际收支。当一国出现国际收支赤字时,该国也可以实行紧缩性的财政政策和货币政策。IMF在一国的国际收支调节中也发挥着一定的作用。

（三）现行国际货币体系对世界经济的影响

国际货币体系的目标在于保障国际贸易和世界经济的稳定发展,促进国际收支平衡。从现行国际货币体系运行来看,其对世界经济的发展既存在正面的作用,也存在负面的影响。

1. 现行国际货币体系在一定程度上促进了世界经济发展

首先,国际储备资产的多元化,促进了其他国际货币的发展,为国际储备资产的供给提供了多种渠道,有利于缓解美元作为主要储备资产的供给压力,在一定程度上保证了全球流动性的充足性与可获得性,从而为世界经济发展提供了保障。

其次,多种汇率制度的实行赋予各国在汇率制度选择上以更大的操作空间。布雷顿森林体系崩溃之后,各国根据自身情况选择适合自己国情的汇率制度,大部分发达国家选择了浮动汇率制,而大部分发展中国家则选择了不同程度的盯住发达经济体货币的固定汇率制,降低了布雷顿森林体系下固定汇率制度对各国的硬性约束,可以更好地促进本国经济战略的实施。

再次,多种国际收支调节手段为各国国际收支调节带来了极大的灵活性,避免了外部经济环境变化对国内经济调整的巨大压力。

2. 现行国际货币体系的不足对世界经济运行造成了负面影响

首先,储备资产虽然呈现出多元化局面,但美元依然占据主导地位,"特里芬难题"依然存在。体系规则的弱化,致使美国在享受货币国际化好处的同时,却没有承担应有的义务,更没有相应的约束,这为国际货币体系带来了新的风险。

其次,汇率安排允许各国根据自身情况选择合适的汇率制度,赋予各国更大的政策选择空间和经济灵活性,但是也相应加剧了不同货币特别是主要发达经济体货币之间的汇率波动。

再次,国际收支调节虽然方式众多,但是调节效力却越来越差。例如IMF的调节对逆差国提供的融通资金规模有限,并且带有过多的限制条件,同时其对逆差国和顺差国的监督效力越来越差。

最后,全球流动性创造与供给缺乏管理和监督,造成资本在全球范围内大规模流动,给各国特别是新兴市场和发展中经济体带来极大风险。

（四）发达国家和发展中国家金融自由化的主要内容

1. 发达国家

发达国家金融改革的主要内容是放松金融管制,鼓励金融自由化和相互竞争。

（1）利率自由化改革

1929—1933年大危机后,利率管制一直是发达国家金融管制最基本、最广泛的管制措施之一,因此,在放松金融管制的进程中,对利率限制的放松便成为各国金融自由化改革的主要内容。

（2）汇率制度变革与外汇管制放松

利率自由化是发达国家对内价格管制放松的重要举措,而汇率改革是发达国家对外价格管制放松的重要内容,这包括两个方面的内容:一是对汇率制度的改革,二是对外汇管制的放松。

（3）金融市场开放

放松外汇管制的过程也是开放国内金融市场的过程。

（4）金融机构业务综合化

1929—1933年大危机后,各资本主义国家普遍对金融业实行分业经营与管理,20世纪80年代随着金融自由化和全球化的发展,各国金融机构开始突破原有的专业分工界限,综合经营各种金融业务。

2. 发展中国家

20世纪八九十年代,几乎与发达国家金融自由化改革同步,从亚洲到拉美,从中东到非洲以及转型的中东欧国家,均展开了以金融深化或金融发展为特征的金融改革。东亚和拉美是发展中国家金融自由化的典型代表,其金融自由化的内容主要包括以下几个方面。

（1）金融体制改革、减少信贷控制

为提高金融体系效率，发展中国家大多采取了自由化、私有化措施来鼓励金融机构之间的竞争，提升管理水平。金融抑制的一个重要特征，就是政府对信贷配给实行严格控制，因此自由化改革的一个方面就是尽量减少政府对于信贷的配给控制。

（2）利率自由化

利率自由化几乎是发展中国家金融自由化的共同内容。

（3）金融市场开放与外汇体制改革

随着金融自由化和全球化的发展，大部分发展中国家开始实行对外金融市场开放，放松资本流入与流出限制。

（五）金融创新的内涵及主要特征

金融创新有广义和狭义两种内涵。广义的金融创新是指为适应经济发展的需要，而创造出新的金融市场、金融制度、金融机构、金融工具以及金融调节方式。狭义的金融创新是指金融工具的创新。

金融创新的特征包括以下几方面。

1. 金融工具不断推陈出新

金融工具的创新是 20 世纪 70 年代以来国际金融创新的核心内容。金融工具的创新就是把各种金融工具原有的属性予以分解，然后再重新安排、组合，使之能够适应新形势下市场中金融资产价格波动的风险，满足套期保值的需要。

2. 融资方式的证券化

20 世纪 80 年代爆发的国际债务危机，使人们清醒地认识到银行贷款债权难以转让的危害性，以及可转让流通债券的优势。因此，银行传统国际信贷业务包括银团贷款逐年减少，而国际债券业务却迅速增长，融资方式的证券化趋势出现，而且成为衡量一国金融市场和金融创新程度的重要标准。

3. 表外业务的多样化

表外业务是商业银行从事的未列入资产负债表，通过提供担保和服务收取佣金或服务费的业务活动。20 世纪 80 年代以来，随着金融产品与金融工具的不断创新，各国商业银行的资产业务所占比重及盈利空间不断缩小，表外业务得到了长足发展。

4. 金融机构的同质化

金融同质化是所有的金融机构正在提供同质的或类似的产品与服务。这是二战以后各国原先普遍推行的专业化金融体系被金融创新所冲垮,金融机构的业务日益交叉,走向多样化和综合化的结果。

(六)金融自由化与金融创新对世界经济产生的影响

金融自由化与金融创新在其快速发展过程中,可能为金融发展与世界经济带来正面影响,也可能成为国际金融危机与经济危机的根源。

金融自由化与金融创新的正面影响:

1. 减少政府对金融体系的干预

在金融自由化的推动下,市场发现价格机制可以更有效地发挥作用,有利于提高资源配置效率,促进经济增长。

2. 促进金融机构市场竞争

金融自由化与金融创新突破了金融机构传统的分工格局,也逐渐形成彼此业务全面交叉、全能化、综合化的混业经营格局,从而加剧了金融机构之间的竞争,有助于提高服务质量和工作效率,提高整个金融体系的运作效率。

3. 推动金融改革

金融创新是金融改革的结果,金融创新又反过来推动着金融改革。这是因为,金融业务和金融工具的创新使传统的金融制度成为金融业进一步发展的障碍,促使金融制度必须进行相应的改革与调整,并鼓励和刺激新一轮的金融创新。

但是,在金融自由化推动下,金融管制的放松、金融创新的发展以及高新技术的应用使国际短期资本的流动规模成倍增长,速度也越来越快,金融风险逐渐加大。金融风险主要表现在以下几个方面:

(1)国际金融市场规模不断扩大,金融风险增加;

(2)汇率与利率波动剧烈引发金融风险;

(3)金融创新及金融衍生工具迅速发展带来巨大的金融风险;

(4)国际资本的过度投机加剧金融风险;

(5)金融监管不力使金融风险更不易控制;

(6)金融运行与实体经济脱节的现象正在加重,经济泡沫产生的风险加大。

(七)国际金融危机的含义和特点

金融危机是指金融资产、金融机构、金融市场的危机,具体表现为全部或大部分金融指标的急剧恶化。这些恶化的金融指标主要包括短期利率,证券、房地产和土地等资产的价格。金融危机使整个金融体系陷入混乱,从而丧失其为经济活动分配资本的功能,进一步导致整个经济体系的震动,并可能引发经济危机。当金融危机在多个国家和地区同时发生时,就爆发了国际金融危机或世界金融危机。

国际金融危机的特点包括:

1. 金融危机是以货币危机为中心的综合性金融危机

从金融危机发生的历史来看,二战前的金融危机一般以银行危机和股市危机为主,而在二战后爆发的金融危机则表现为以货币危机为中心,并发展成综合性的金融危机。

2. 金融危机的传染性越来越大

随着金融自由化的日益深入,汇率及利率的剧烈波动以及国际游资频繁的流动,一个国家的金融危机往往可能波及周边国家或国际资本市场,引起地区性或全球性的金融危机。

3. 金融危机爆发的频率高且持续时间长

从 20 世纪 70 年代开始,一方面,金融危机爆发的间隔时间越来越短,爆发的频率越来越高。从 80 年代开始爆发的金融危机包括 80 年代的拉美债务危机,90 年代的欧洲货币危机、墨西哥金融危机、亚洲金融危机、俄罗斯金融危机,以及 21 世纪的阿根廷金融危机、美国金融危机、欧洲主权债务危机等。另一方面,金融危机持续的时间比以前更长。一个国家或地区受到强烈的金融冲击后并不会立即平静下来,而是通过各种渠道向其他国家和地区扩散,这造成被感染金融危机区域范围的扩大,也拉长了危机的长度。

(八)金融危机对世界经济的影响

1. 金融机构面临严重的经营危机与信任危机

金融危机致使金融体系将危机之前积累的矛盾暴露出来,突出表现为问题金融机构的资产严重缩水、债务增加和流动性不足,并通过多米诺骨牌效应波及原本健康的金融机构,继而造成金融机构大面积停业、整顿甚至倒闭、重组。

2. 汇率剧烈波动

金融危机发生后,汇率剧烈波动,给国际经营和外汇兑换带来重大影响,这不仅不利于国际贸易和国际投资的平稳发展,也会对一国的实体经济产生深远影响。

3. 部分陷入金融危机的国家经济濒临破产

金融危机发生后,部分国家因对外依存度高、外汇储备不足而受到严重冲击。

4. 金融危机对世界经济造成重大冲击

以 2008 年国际金融危机为例,金融危机对世界经济造成重大影响,2009 年世界经济全面下滑,并在较长时间内处于低位运行,主要体现在以下几方面:第一,全球经济负增长。第二,投资水平大幅下降。第三,贸易和对外直接投资增速下降。第四,低物价、低利率。第五,原材料价格大幅下降。

(九)现阶段国际金融监管合作机制应该注重的主要内容

近年来随着金融危机的频繁爆发,特别是美国次贷危机引发 2008 年国际金融危机,再一次暴露了金融监管国际合作的缺陷,因而现阶段的国际金融监管合作机制应该注重以下几个方面。

1. 改革不合理的国际金融监管框架

现有的国际金融监管框架主要是在发达国家主导下建立的,发展中国家的利益和声音长期不能得到合理反映。因此,在发展中国家经济实力日益增强、金融影响力和重要性不断提高的情形下,为加强国际金融监管、提升国际金融监管的效力和效果,必须改革目前不合理的国际金融秩序,特别是改变国际金融治理结构,不断提升发展中国家的发言权。

2. 扩大金融监管国际合作机制的范围

目前金融监管的实质性国际合作往往被局限在发达国家。20 世纪 90 年代以来,一些发展中国家已经成为国际金融市场的重要参与者,任何一个国家的金融业出现问题和风险,都会直接或间接对有关国家乃至整个世界金融体系的稳定和运作效率产生影响。因此,在加强对国际金融体系审慎监管的过程中,把新兴市场国家和发展中国家纳入就显得十分必要。

3. 推行更具普遍性的监管原则

虽然各国金融监管的具体内容不尽相同,但金融监管的主要目标要素基本是一致的,各国只有在共同的原则下才能有效地开展金融监管活动。例如,以《巴塞尔协议》及相关文件作为国际银行监管的普遍原则,已经成为金融监管国际合作机制的重要组成部分。尽管《巴塞尔协议》随时代背景不断演进,但是仍存在一些不足。首先,《巴塞尔协议》过于强调定量的最低标准,但是这种最低标准不能有效预防金融危机的国际传递,而且各国不同的经济背景导致这种标准的作用大打折扣。其次,各国金融监管法规和措施参差不齐,使得金融监管的国际合作难度加大。

4. 加强对金融衍生工具的监管合作

作为金融创新的一部分,金融衍生工具具有转移或降低市场风险的功能,但是近年来却越来越多地被用于投机,而衍生工具所具有的高杠杆性,使得任何的操作不慎都会带来重大损失。从2008年国际金融危机的爆发来看,对金融衍生工具的监管还存在着诸多漏洞,在国际金融监管合作方面还存在较大的提升空间。

5. 建立全球性金融风险预警机制

建立及时、有效的金融风险预警机制有助于国际社会以及相关国家的政府尽早采取行动,调整经济政策,以遏制可能爆发的金融危机。

四、本章课后思考题及答案提示

1. 简述国际货币体系的演变过程。

国际货币体系按照不同的分类标准可分为不同的类型。按照历史的演进过程与特征可将国际货币体系大致分为国际金本位制、布雷顿森林体系和牙买加体系。

（1）国际金本位制

国际金本位制是世界上首次出现的国际货币制度,大约形成于19世纪70年代,结束于1914年一战爆发之际。国际金本位制主要有三个特征:第一,黄金充当国际货币;第二,各国货币均以一定数量的黄金定值,实行固定汇率制;第三,国际收支自动调节。

（2）布雷顿森林体系

1944年7月,44国的代表在美国新罕布什尔州布雷顿森林镇举行会议,并签署了《国际货币基金组织协定》,形成了布雷顿森林体系。布雷顿森林体系的主要内容包括以下几个方面:第一,美元成为世界上主要的国际货币与国际储备资产;第二,各国实行固定汇率制度;第三,IMF框架下的国际收支调节。布雷顿森林体系作为一种非对称性的国际货币体系,其运行面临着所谓的"特里芬难题"。这种内在的制度缺陷造成了布雷顿森林体系的瓦解。

（3）牙买加体系

1976年1月,IMF理事会"国际货币制度临时委员会"在牙买加首都金斯顿举行会议,讨论修改《国际货币基金组织协定》相关条款,达成了《牙买加协议》,从而形成了新的国际货币体系——牙买加体系。牙买加体系的主要特征表现为以下三方面:① 储备资产的多元化。牙买加体系下,国际储备体系呈现出以美元为主导,包括其他国际货币和特别提款权等在内的多元化局面。② 汇率制度的多样化。IMF 将目前国际上存在的汇率制度分为无独立法定货币的汇率制度、货币局制度、其他传统的固定盯住汇率制度等 8 种。③ 国际收支调节手段的多样化。牙买加体系下的国际收支调节可以通过多种方式进行,包括汇率政策调节、国内宏观经济政策调节以及国际货币金融组织(如 IMF)干预等多种手段。

2. 现行国际货币体系的主要特征有哪些?

现行的国际货币体系仍为牙买加体系,又被称为"无秩序的体系"或"无体系的体系",其本质特征与先前的货币制度安排最大的区别就表现在秩序的弱化上。现行国际货币体系的主要特征表现为以下三方面:

① 储备资产的多元化。牙买加体系下,国际储备体系呈现出以美元为主导,包括其他国际货币和特别提款权等在内的多元化局面。

② 汇率制度的多样化。牙买加体系对于浮动汇率制合法化的承认,使世界各国在汇率制度选择上有了更大的操作空间。IMF 将目前国际上存在的汇率制度分为无独立法定货币的汇率制度、货币局制度、其他传统的固定盯住汇率制度等 8 种。

③ 国际收支调节手段的多样化。牙买加体系下的国际收支调节可以通过多种方式进行,包括汇率政策调节、国内宏观经济政策调节以及国际货币金融组织(如 IMF)干预等多种手段。浮动汇率的合法化使得成员国可以通过汇率调节来调整国际收支。当一国出现国际收支赤字时,该国也可以实行紧缩性的财政政策和货币政策。IMF 在一国的国际收支调节中也发挥着一定的作用。

3. 试述 20 世纪 80 年代后金融自由化的主要内容。

20 世纪 80 年代后,发达国家金融改革的主要内容是放松金融管制,鼓励金融自由化和相互竞争,具体包括以下几个方面:

① 利率自由化改革;

② 汇率制度变革与外汇管制放松;

③ 金融市场开放;

④ 金融机构业务综合化。

20世纪八九十年代,几乎与发达国家金融自由化改革同步,从亚洲到拉美,从中东到非洲以及转型的中东欧国家,均展开了以金融深化或金融发展为特征的金融改革。发展中国家金融自由化的内容主要包括以下几个方面:

① 金融体制改革、减少信贷控制;

② 利率自由化;

③ 金融市场开放与外汇体制改革。

4. 简述金融危机对世界经济的影响。

(1) 金融机构面临严重的经营危机与信任危机

金融危机致使金融体系将危机之前积累的矛盾暴露出来,突出表现为问题金融机构的资产严重缩水、债务增加和流动性不足,并通过多米诺骨牌效应波及原本健康的金融机构,继而造成金融机构大面积停业、整顿甚至倒闭、重组。

(2) 汇率剧烈波动

金融危机发生后,汇率剧烈波动,给国际经营和外汇兑换带来重大影响,这不仅不利于国际贸易和国际投资的平稳发展,也会对一国的实体经济产生深远影响。

(3) 部分陷入金融危机的国家经济濒临破产

金融危机发生后,部分国家因对外依存度高、外汇储备不足而受到严重冲击。

(4) 金融危机对世界经济造成重大冲击

以2008年国际金融危机为例,金融危机对世界经济造成重大影响,2009年世界经济全面下滑,并在较长时间内处于低位运行,主要体现在以下几方面:第一,全球经济负增长;第二,投资水平大幅下降;第三,贸易和对外直接投资增速下降;第四,低物价、低利率;第五,原材料价格大幅下降。

5. 如何加强国际金融监管的协调与合作?

近年来随着金融危机的频繁爆发,特别是美国次贷危机引发2008年国际金融危机的爆发,再一次暴露了金融监管国际合作的缺陷,因而现阶段加强国际金融监管的协调与合作应该注重以下几个方面:

① 改革不合理的国际金融监管框架;

② 扩大金融监管国际合作机制的范围;

③ 推行更具普遍性的监管原则;

④ 加强对金融衍生工具的监管合作;

⑤ 建立全球性金融风险预警机制。

五、本章测试题

（一）判断题

1. 在布雷顿森林体系下，根据《国际货币基金组织协定》的规定，各国货币对美元保持固定汇率，并且美元与黄金的比价为35美元兑换1盎司黄金。（　　）

2. 国际金本位制是世界上首次出现的国际货币制度，世界上第一个使用金本位制的国家是美国。（　　）

3. 金融自由化主要是指一国金融部门的运行主要由政府管制逐渐转变为市场力量决定的过程。金融自由化不仅可以提高金融机构服务质量和工作效率，还有助于降低金融危机发生的可能性。（　　）

4. 对于发展中国家来说，金融自由化将减少政府对金融体系的过度干预，通过市场机制来决定利率水平，使储蓄和投资增加，促进经济增长。（　　）

5. 特里芬难题中涉及的基本矛盾在于维持美元与黄金比价和维持美元与各国货币汇率之间的矛盾。（　　）

6. 金融自由化就是要消除任何监管与限制，因为只有完全的自由化才能更好地促进经济增长。（　　）

7. 金融自由化在一定程度上促进了金融风险的产生与国际传递和扩散。（　　）

8. 金融创新既可以转移和分散金融风险，还能够从整体上消除风险。（　　）

9. 从金融危机发生的历史来看，二战后爆发的金融危机以银行危机和股市危机为主，而二战前的金融危机则是以货币危机为中心。（　　）

10. 自20世纪70年代初期布雷顿森林体系崩溃后，金融危机的爆发虽然更加频繁，但危机的传染性和破坏力却越来越小。（　　）

11. 金融危机会通过冲击金融体系、国际贸易、国际投资等渠道对世界经济造成严重负面影响。（　　）

12. 国际清算银行及巴塞尔委员会是国际银行业监督的最重要组织，特别是由于它们属于严格意义上的政府间组织，因而拥有较大的跨国监督权力。（　　）

（二）不定项选择题

1. 以下哪一项不属于发展中国家的金融自由化改革内容？（　　）

A. 金融体制改革　　　　　　　　B. 利率自由化改革
C. 增加信贷控制　　　　　　　　D. 金融开放与外汇体制改革

2. 属于牙买加体系的主要特征的有（　　）。

A. 储备资产的多元化 B. 汇率制度的多样化
C. 国际收支调节手段的多样化 D. 各国实行固定汇率制度

3. 以下哪一项不属于金融创新的特征？（   ）

A. 金融工具不断推陈出新 B. 金融机构之间的界限逐渐被加强
C. 融资方式的证券化 D. 表外业务的多样化

4. 以下哪个选项不属于国际金融危机的特点？（   ）

A. 以货币危机为中心的综合性金融危机

B. 传染性越来越大

C. 持续的时间越来越短

D. 金融危机爆发的频率提高

5. 不属于金融创新的负面影响的有（   ）。

A. 加大了金融机构的经营风险 B. 增加了金融监管的难度
C. 满足了经济发展的多种需要 D. 降低了金融体系的稳定性

6. 以下说法正确的有（   ）。

A. 金融创新在一定程度上加剧了市场投机，由此扩大了金融风险来源

B. 金融创新导致金融机构同质化，加剧了金融机构之间的竞争

C. 金融创新使得金融业务表外化，这使得相关金融风险更不容易监控

D. 金融创新使得金融风险不容易在金融机构之间传播

7. 国际货币体系的内容包括（   ）。

A. 国际储备资产的确定 B. 汇率制度的安排
C. 国际收支的调节 D. 国际货币关系的协调及其组织

8. 以下哪些是金融自由化可能带来的风险？（   ）

A. 加大资本流动，引发金融风险

B. 解除了分业管理制度，风险资产明显增多

C. 金融衍生工具越来越多，容易诱发金融机构的道德风险

D. 提高金融市场的效率并促进经济增长

9. 以下哪一项不属于发达国家的金融自由化改革内容？（   ）

A. 利率自由化改革 B. 汇率制度变革与外汇管制放松
C. 金融市场开放 D. 金融机构主营业务单一化

10. 属于金融风险主要表现的有（   ）。

A. 汇率与利率波动剧烈引发国际金融市场巨幅波动

B. 金融衍生工具迅速发展带来巨大的金融风险
C. 国际资本的过度投机加剧金融风险
D. 金融监管不力使金融风险更不易控制

六、本章阅读材料及案例分析

请结合本章所学知识和下列材料,简要分析 2008 年国际金融危机的产生原因、影响及其启示。

材料1:过度创新与金融风暴——初析国际金融危机的成因、危害及应对(上)

一场震惊世界的金融风暴席卷而来,全球正面临自 20 世纪 30 年代"大萧条"以来最严重的金融危机。由于经济全球化程度的不断加深和全球金融体系的长期失衡,这场源自美国的金融风暴,波及范围之广、冲击力度之强、连锁效应之快都是前所未有的,它给世界各国经济发展和人民生活带来严重影响,引起了世界各国政府和人民的忧虑。可以预见,危机的演变以及各国的应对将对全球金融、经济乃至于政治格局产生深远影响。

这场金融危机的成因,涉及美国的消费模式、金融监管政策、金融机构的运作方式,以及美国和世界的经济结构等各方面因素,尽管各方的说法还不尽一致,但以下几点已为多数人所认同。

1. 房地产泡沫是危机的源头祸水

次贷危机说到底是美国房地产泡沫破灭引发的危机,而房地产泡沫的催生既和美国社会的"消费文化"有关,也和美国不当的房地产金融政策和长期维持的宽松货币环境有直接关系。

美国经济长期以来一直有高负债、低储蓄的特征,不但居民大手大脚地借债消费,而且国家也鼓励大规模借贷和超前消费。近年来,个人消费支出占美国 GDP 的比重达到了 70% 的历史新高。从 2001 年末到 2007 年底的 6 年中,美国个人积累的债务更是达到过去 40 年的总和。可以说,美国政府和社会近年来一直是在债台高筑的危险状态下运行的。

美国人近年来不断增强的消费勇气主要来自房地产价格的持续上涨。为了应对 2000 年前后的互联网泡沫破灭和 2001 年"9·11"事件的冲击,美国联邦储备委员会(简称美联储)打开了货币闸门,试图人为改变经济运行的轨迹,遏止衰退。2001 年 1 月至 2003 年 6 月,美联储连续 13 次下调联邦基金利率,使利率从 6.5% 降至 1% 的历史最低水平。

货币的扩张和低利率的环境降低了借贷成本,促使美国民众蜂拥进入房地产领域。对未来房价持续上升的乐观预期,又使银行千方百计向信用度极低的借款者推销住房贷款。所有的人都把希望寄托在了房价只涨不跌的预期上。在 2001 年至 2005 年的 5 年中,美国自有住房者每年从出售房屋、房屋净值贷款、抵押贷款再融资等套现活动中平均提取了近 1 万亿美元的"收益"。当经济开始周期性下滑,货币政策出现调整,利率提升,房价暴跌,泡沫也随之破灭,整个链条便出现断裂,首先是低信用阶层的违约率大幅上升,从而引发了次贷危机。

2. 金融衍生品过多掩盖了巨大风险

传统上,放贷银行应该把贷款记在自己的资产负债表上,并相应地把信用风险留在银行内部。但是,美国的大批放贷机构却在中介机构的协助下,把数量众多的次级住房贷款转换成证券在市场上发售,吸引各类投资机构购买;而投资机构则利用"精湛"的金融工程技术,再将其打包、分割、组合,变身成新的金融产品,出售给对冲基金、保险公司等。这样一来,提供次贷的银行变魔术般地销掉了账上的抵押贷款这类资产。表面上看,这是皆大欢喜的"金融炼金术":购房者能以极低的首付款甚至零首付获得房产;提供抵押贷款的金融机构不必坐等贷款到期,通过打包出售债权方式便提前回笼了资金;提供资产证券化服务的金融中介可以在不承担风险的情况下赚取服务费;由抵押贷款演变成的各种新型金融产品,又满足了市场上众多投资者的投资牟利需求……据美国经济分析局的调查,美国次贷总额为 1.5 万亿美元,但在其基础上发行了近 2 万亿美元的住房抵押贷款支持债券(MBS),进而衍生出超万亿美元的担保债务凭证(CDO)和数十万亿美元的信贷违约掉期(CDS)。

资产证券化所创造的金融衍生产品本来可以起到分散风险、提高银行等金融机构效率的作用,但是,资产证券化一旦过度,就加长了金融交易的链条,使美国金融衍生品越变越复杂,金融市场也就变得越来越缺乏透明度,以至于最后没有人关心这些金融产品真正的基础是什么,也不知道其中蕴含的巨大风险。

在创新的旗号下,投机行为一波一波地被推向高峰,金融日益与实体经济相脱节,虚拟经济的泡沫被"金融创新"越吹越大,似乎只要倒腾倒腾那些五花八门的证券,财源就可滚滚而来。通常,虚拟经济的健康发展可以促进实体经济的发展,但是,一旦虚拟经济严重脱离实体经济的支撑,就会逐渐演变成投机经济。起初 1 元钱的贷款可以被逐级放大为几元、十几元甚至几十元的金融衍生品,金融风险也随之被急剧放大。当这些创新产品的本源——次级住房信贷资产出现问题时，建立在这个基础之上的金融衍生工具市场就犹如空中楼阁，轰然坍塌下来。

3. 美国金融监管机制滞后，致使"金融创新"犹如脱缰之马

以负有维护美国经济整体稳定重责的美联储为例，它只负责监督商业银行，无权监管投资银行；而负责投资银行的监管方美国证券交易委员会，也只是在2004年经过艰难谈判后才获得监管权的。这就使得像美国国际集团（AIG）这样涉及多领域的"巨无霸"，在相当长一段时间里处于根本无人监管的灰色地带，可以自由自在地进行"金融创新"。

金融评级机制在此次危机中，也出现了严重失误。那么多金融机构的贷款出现了问题，它们发行的金融产品有那么多漏洞，金融评级机构居然"视而不见"，使很多问题债券、问题银行能够长期被评估为"优等"。一位在某评级机构的结构性金融产品部门工作的业内人士形象地说，什么都可以评级，我们甚至可以评估一头被结构化的母牛。这无异于在鼓励华尔街大施"金融炼金术"，肆无忌惮地四处"圈钱"。

由于国际金融体系是以美国为主导的，而美国又无视一些国家多次提出的加强监管的建议，因此，整个国际层面也缺乏有效的金融监管。在监管滞后的整体气氛下，金融机构的贪婪性迅速膨胀。

此次金融风暴，本质上是美国模式市场经济治理思想的严重危机。美国马萨诸塞大学教授大卫·科兹指出，目前的美国金融风暴，是资本主义一种特殊制度形式的产物，也是资本主义的新自由主义形式作用的结果。由于金融管制的解除，没有了国家的密切监管，资本主义的金融部门就会出现内在的不稳定。

冷战结束后，伴随着经济全球化的迅速发展，新自由主义不仅仅只是美国经济政策的基础，也成为美国在全球推行金融自由化的工具。新自由主义虽然对治理20世纪七八十年代西方国家的滞胀起到了一定的疗效，但它不是万能的。

所谓新自由主义，是一套以复兴传统自由主义理想，以尽量减少政府对经济社会的干预为主要经济政策目标的思潮。一些学者称之为"完全不干预主义"，因其在里根时代勃兴，因此又称其为"里根主义"。而"金融大鳄"索罗斯把这种相信市场能够解决所有问题的理念称为"市场原教旨主义"。索罗斯在接受法国《世界报》采访时表示，"（华尔街的危机）是我所说的市场原教旨主义这一放任

市场和让其自动调节理论的结果。危机并非因为一些外来因素,也不是自然灾害造成的,是体制给自己造成了损失。它发生了内破裂。"

新自由主义的模式,突出强调"最少的政府干预,最大化的市场竞争,金融自由化和贸易自由化"。由于美国在国际金融体系中的主导作用,新自由主义的思想对这个体系也形成了极大影响。包括会计制度、市场评级体系、风险控制程序,乃至金融政策,甚至市场适用的语言、计价货币等,统统采用的是美国规则,国际金融体系实际上成了美国金融体系。很显然,这不符合平等、公平、协商的国际原则,无视各国发展阶段、管理水平、经济和社会体制的差异。越来越多的经济学家已经认识到,未来国际金融体系的改革与调整要想取得成果,就必然要触动这一思想基础。

在经济全球化迅速发展的背景下发生的金融风暴,必然会产生比以往更强烈的冲击。

首先,这个全球性的影响来自以美元为主导的国际货币体系。20世纪70年代,在美国主导下建立的以美元为中心的国际货币体系——布雷顿森林体系解体,但是,凭借强大的经济实力,美元仍然是当今国际储备和贸易结算的主要货币。直到目前,美元在国际结算和全球各央行外汇储备中的比重一直维持在60%以上。"领头羊"一出问题,必然产生多米诺骨牌效应,致使全球金融市场迅速陷于极度恐慌之中。

其次,金融全球化让世界在享受全球化带来的红利的同时,也带来了相应的风险。由于金融自由化和经济全球化发展到相当高的程度,今天世界各地都处在不同程度的金融开放之中,大笔"热钱"在全球各地迅速流动,各种令人眼花缭乱的金融衍生品将全球金融机构盘根错节地联系在一起,而美国等发达国家又占据着最为有利的地位。最典型的就是,美国一些金融机构把大量的房地产抵押债券打包后,出售给了很多国家。正因为如此,发源于美国这一全球最大经济体和最发达金融体系的金融风暴,才会造成史无前例的影响。

随着全球金融动荡的加剧,世界各国都不同程度地出现了流动性短缺、股市大跌、汇率震荡、出口下降、失业率上升等现象,全球金融市场和实体经济正面临严峻考验。

金融风暴首先重创了美国的银行体系,粉碎了这个"世界最完备体系"的神话。美国商业银行的市场集中度远远落后于欧洲国家。美国有大量的州立银行与中小银行。这些银行在过去几年内投资了大量的次级抵押贷款金融产品以及其他证券化产品。次贷危机爆发后,它们出现了大面积的资产减记与亏损。这些中小银行抵御危机的能力很差,也很难得到美国政府的救助,因此在未来破产倒闭的概率很高。

在世界范围内,欧洲银行业受殃及最深,因为欧洲银行过分依赖于短期借贷市场,而不是通常的客户储蓄。新兴市场经济体也很难独善其身。金融危机爆发后,大量资金从新兴市场经济体撤离,一些自身经济结构比较脆弱、对外资依赖程度比较高的国家正面临严峻考验。

最令人担忧的是,全球金融危机不可避免地要传导至实体经济领域,拖累甚至阻滞全球经济增长。目前,美国房地产投资已经持续缩减。而在房地产市场与股票市场价格交替下挫的负向财富效应的拖累下,美国居民消费日益疲软。由于自身股价下跌,美国企业投资的意愿和能力均有所下降。而由于能够提供的抵押品价值下跌,美国企业能够获得的银行信贷数量也大幅下降。美国经济在2009年陷入衰退几乎已成定局。欧元区经济、日本经济等发达经济体和部分新兴市场经济体在2009年的增长前景也不容乐观。

由于美国经济占全球比重近30%,其进口占世界贸易的15%,美国经济衰退将导致全球商品贸易量下降,进而影响一些外贸依存度大的发展中国家的出口和经济增长。而危机对实体经济的严重影响,很有可能带来全球范围贸易保护主义的抬头,形成经济复苏的新障碍。大规模救市措施,也会使本来就有巨大财政赤字的美国政府雪上加霜,一旦出现大肆发行债券、印发钞票,势必会导致美元信用下跌,并推高全球通胀率。

规模空前的金融风暴是对世界各国经济治理能力的考验,是对世界各国加强国际合作的诚意与决心的考验。目前,国际社会正密切关注着这场危机的走势,关注着全球各国的应对举措及其所产生的效应。

资料来源:国纪平:《过度创新与金融风暴——初析国际金融危机的成因、危害及应对(上)》,《人民日报》,2008年11月5日第3版。

材料2:呼唤公平合理的国际金融新秩序——初析国际金融危机的成因、危害及应对(下)

一国的次贷危机,引发了席卷各国的金融风暴;全球性的经济危机,呼唤整个世界采取共同的行动。规模空前的国际救市行动,迅即在全世界展开。世界各国在密切关注初步救市效果的同时,正积极谋求下一步的举措,深入思考如何从根本上消除深层隐患,积极探索未来国际金融体系改革和调整的方向。

次贷危机首先是信用危机,救市的首要目标就是要恢复金融市场信心。美国的救市方案主要是通过政府收购金融机构的不良资产、注入资金以增加流动性等方式来救活金融业;而欧盟国家一开始就采取了向金融机构注资,并确保储户不受损失的方式;还有不少国家通过减息、免税的方式来刺激经济,另外一些国家则采取了向市场抛售美元以支持本国货币的做法;有的还运用国家主权财富基金,投资本国股市挽救金融企业。

由政府向金融机构注资,换取部分股权,以解决资本不足的救市方法,通常被称为"暂时的国有化"。这种从稳定金融市场入手、阻止危机向实体经济延烧的传统手段,虽然在历史上曾经奏效,但在本次史无前例的世界性危机中能否再显神威,谁也还说不清。至少在五个方面,人们还"心中无底":

第一,危机尚未看到尽头。目前美国金融机构减记的资产,仅是国际货币基金组织估计的总亏空额的一部分,其中还不知道埋藏着多少"定时炸弹"。不少经济学家认为,风暴仅仅是开始,目前市场流动性仍未完全恢复,一旦未来引发更多的银行等金融机构倒闭,甚至是国家"破产",现有的救援计划,只能是杯水车薪。

第二,现在的救援措施只是短期的、初步的,尽管已产生了一些积极影响,但能在多大程度上阻止金融危机的瘟疫向实体经济传染,目前尚很难断定。虽然各方对衰退程度的评估不尽相同,但大多认为,此次衰退的时间可能会较长,短期救市之后必须有中长期的"后招"紧跟。

第三,很多国家仍然是根据本国利益出手救市,全球缺少更为紧密的合作和协调。最典型的是欧洲的"三步曲":先是"隔岸观火",断言危机与欧洲"相距甚远";几天后就变为"紧急救火",但还是各自为战;最后欧盟才呼吁各成员联手"全力灭火"。经济整合程度最高的欧盟尚且如此,其他就可想而知。国际货币基金组织日前已呼吁各方协调政策,共同应对,在英法领导人的呼吁下,美国开始着手筹备国际金融峰会。但从欧美的立场看,它们之间也存在一定分歧,美国试图确保美元在国际货币体系中的主导地位,但欧盟显然更希望借这次危机对以美国为主导的国际金融体系进行大刀阔斧的改革。

第四,救市如何逐步转向对国际金融体系的有效和全面的改革,尚不明朗。救市只是治标,只有将救市与国际金融体系的改革与调整这一治本之策结合起来,才能有助于信心的全面恢复,并对全球经济真正起到有效的拉动作用。因此,救市的根本问题不仅仅在于稳定市场,更在于怎样才能有助于国际金融体系的改革。

第五,救市能否成功,仍主要取决于发达国家的政策力度,因为它们在全球经济中仍占着大比例的份额。虽然发达国家在此次危机中受损较重,但发达国家处于国际金融体系、贸易体系的上游,它们显然有着更多的手段来避险或转移风险,甚至转嫁危机。这种情况一旦出现,将会给全球经济造成极大伤害,使复苏变得更为遥远。

当然,大难当前,人们不仅看到了危机的严重性,也看到了战胜危机的可能性。危机是史无前例的,而随着经济全球化的发展,现时国际社会所具有的抵御金融风险的能力也是史无前例的,手段比过去更充足,经验比以往更丰富,力量比以往更强大,合作的愿望也比以往更强烈。

虽然人们对本次金融危机的成因和国际金融体系的改革还在不断思索之中,但在如何处理开放与管制、创新与监管的关系方面,一种明确的共识已经形成。这就是在减少金融管制,促进金融对外开放的过程中,必须把握适度的原则,处理好金融自由化和金融管制之间的平衡,处理好金融业与经济整体发展水平的关系,否则,过度的自由化和缺乏有效监管的创新必然带来巨大的风险,造成严重的经济和社会问题。

金融业具有内在的脆弱性,监管是弥补"市场失灵"的必要手段。从国家层面看,有效的金融监管是促进经济发展的重要因素,也是构成全球金融体系第一道防线的基础。伴随着全球金融业关联性与互动性的增强,各国和各经济体应当从管理系统性风险的角度实施监管,并通过加强协调来逐步完善监管体系。当然,加强监管并不意味着因噎废食,不是片面追求金融业稳定而拒绝开放和创新。不同国家由于金融业发展程度的不同,对待金融业的开放与创新的态度也应有所差异,关键在于把握自由化和金融管制之间的平衡。一方面要通过金融创新来为经济服务,另一方面更需要加强金融监管,保证金融安全。

从国际层面看,最紧迫的问题是原有的治理方式已严重滞后,国际金融组织是在用过时的管理方式来应对全新的全球市场。管理缺位、乏力,直接导致了漏洞的出现。正如法国总统萨科齐所说,世界将不能再继续用20世纪经济的工具来运营21世纪的经济。因此,如何加强管理,特别是加强对国际主要货币发行和大型银行的监管是未来需要探讨的一个重要问题。

目前,国际社会就国际金融体系改革的必要性和思路正在形成越来越多的共识。随着市场规则和监控的不断加强,特别是一些制度性措施的落实,市场参与者之间的互信将会逐步恢复。

目前的全球金融体系基本上是发达国家建立起来的,主要体现了发达国家的利益,也更有利于维护发达国家的利益。特别是国际经济旧秩序使少数发达国家控制国际经济调节机制,使国际生产体系、国际贸易体系、国际金融体系建立在不平等基础上,从各方面限制和阻碍了发展中国家的发展。

随着冷战结束、发展中国家的兴起,整个国际经济格局已经发生了很大的变化,少数西方发达国家"独大"的局面被打破。自20世纪90年代,尤其是进入21世纪以来,发展中国家总体经济实力在不断增长。1990至2006年,发展中国家占全球GDP的比重从15.9%上升到25%,对全球经济增长贡献率上升到30%,按购买力平价计算已超过50%。在此背景下,发展中国家对建立国际金融新秩序的呼声日益加大。

国际金融体系应该怎样改革,还有待国际社会的进一步对话、协商与探索,但有一条重要原则是必须明确的,这就是新体系应该充分体现众多发展中国家的利益,尽快改变发展中国家始终处于国际金融体系的边缘,沦为发达国家危机转嫁对象的现状。

改革的具体切口,首先要从对全球金融和经济运行具有重要作用的国际货币基金组织、世界银行和世界贸易组织等机构开始,增大发展中国家的发言权,进而朝着建立公平、公正、包容、有序的国际金融体系的方向努力。

发达国家当然不会轻易放弃传统的优势地位。此次金融危机发生后,个别西方学者就提出,没有中国等国的"过度储蓄"所助长的超低利率,美国等发达国家就无法长期维持"疯狂放纵的金融创新行为和借贷消费",这场危机也就不会出现。这种本末倒置的论调,表面上看是在为那些金融投机商、失职的监管者开脱罪责,实质上是在维护西方在现有国际金融体系中的既得利益。这种颠倒黑白的谬论,只是一种偏激的噪音,连多数西方经济学家都对此难以认同。但可以预料,在未来国际金融体系的改革中,这样的声音还会出现,发展中国家与发达国家之间还会有激烈交锋。

严重的国际金融危机,是在经济全球化不断深入的新背景下发生的。它用事实再次警示人们：经济全球化是一柄双刃剑。它不会自动确保全球经济健康发展，需要以新的思维、新的方式谨慎把握与应对，否则就会产生破坏性的冲击，甚至造成全球性的灾难。

全球各国的救市行动目前正趋向于更加主动，在第一阶段各国政府通过注资银行确保流动性之后，近期又加大力度，普遍采取了降息的做法。这些措施虽然未必能彻底解决问题，但对于恢复市场信心和融资渠道来说，已经产生了一些积极的作用。

全球性危机也在呼唤着全球性应对。前不久在北京闭幕的第七届亚欧首脑会议向全世界发出了呼吁，当此金融危机愈演愈烈之际，国际社会和各国政府应继续加强协调合作，坚定、果断、负责、及时地采取有效措施，综合运用有效可行的经济和金融手段，以达到恢复市场信心、稳定全球金融市场、促进全球经济增长的目标。

目前，世界各国正密切关注即将在美国华盛顿召开的国际金融峰会。人们期望，此次会议既能务实高效地解决当前和今后的问题，又能体现平等、互利、共赢的全球发展伙伴关系，为稳定金融市场、促进世界经济发展作出积极贡献。

资料来源：国纪平：《呼唤公平合理的国际金融新秩序——初析国际金融危机的成因、危害及应对（下）》，《人民日报》，2008年11月6日第3版。

七、本章扩展材料

1. 约翰·莫尔丁等：《世界金融危机史经典丛书》（全6册），机械工业出版社2016年版。

2. 张明：《全球危机下的中国变局》，中国金融出版社2013年版。

3. 杨子晖、周颖刚：《全球系统性金融风险溢出与外部冲击》，《中国社会科学》2018年第12期。

第八章　国际直接投资与跨国公司的发展

一、本章内容摘要

本章介绍世界经济运行的第三个渠道——国际直接投资与跨国公司。

1. 国际直接投资是生产国际化的基础，根据其动因的不同，可以划分为市场寻求型、资源寻求型、效率寻求型和优惠政策寻求型投资。国际直接投资以跨国公司为载体，为国际生产体系的建立和发展提供了强有力的组织保障，不仅扩大了国际生产的规模，还推动了国际分工的深化和世界产业结构的升级。

2. 在国际直接投资规模不断扩大、数量迅速增加的同时，随着国际经济环境的变化，国际直接投资的国别结构、产业结构和布局也发生了许多变化。当前，发展中国家的跨国公司在国际直接投资领域扮演着越来越重要的角色。

3. 在国际直接投资迅速发展的浪潮中，跨国公司发挥了极为重要的作用。跨国公司是世界经济发展的产物，它又反过来对世界经济的发展发挥了重要作用。同时，跨国公司凭借其特有的经营管理和战略组织模式，对母国和东道国的经济发展产生了重要的影响。21世纪初以来，跨国公司的发展出现了一些新的特点和趋势。

二、本章基本概念

国际直接投资、市场寻求型投资、资源寻求型投资、效率寻求型投资、优惠政策寻求型投资、绿地投资、跨国并购、独资经营、合资经营、合作经营、横向FDI、纵向FDI、混合FDI、生产国际化、国际产业转移、跨国公司

三、本章重点和难点剖析

（一）国际直接投资的动因和方式

国际直接投资也称为对外直接投资，是指一国的自然人、法人或其他经济组织单独或共同出资，在其他国家的境内创立新企业，或增加资本扩展原有企业，或收购现有企业，并且拥有有效管理控制权的投资行为。

1. 国际直接投资的动因

（1）市场寻求型

市场寻求型投资是指跨国公司为了追求规模经济效益、扩大原有市场、拓展

新市场和克服贸易壁垒等而进行的对外直接投资。

（2）资源寻求型

资源寻求型投资是指跨国公司为了从国外获取稳定而廉价的自然资源、人力资源、技术与品牌资源等各种生产要素,以降低生产成本,进而增强产品竞争力,提高经济效益而进行的对外直接投资。

（3）效率寻求型

效率寻求型投资是指跨国公司为利用各国在生产要素、经济体制、文化传统和政府政策等方面的差异,在全球范围内配置资源,从而降低生产成本,获得最佳经济效益而进行的对外直接投资。

（4）优惠政策寻求型

优惠政策寻求型投资是指企业为了享有东道国的优惠政策而进行的对外直接投资。20世纪中后期,一些发展中国家在经济发展过程中对资金的需求与日俱增,便利用各种优惠政策吸引外资,这些政策主要包括税收优惠、融资优惠、土地使用优惠政策等。

2. 国际直接投资的方式

国际直接投资的方式可以从以下几种不同的角度进行划分。

（1）从企业设立方式上划分,可分为创办新企业和跨国并购

创办新企业。这是指投资者在国外设立分支机构、附属机构、子公司或与东道国联合创办合资企业等。跨国公司在东道国投资以创办新的企业,这种投资方式也称为"绿地投资"。

跨国并购。跨国并购是跨国兼并和收购东道国企业的统称。跨国兼并是指一国企业购买另一国企业的全部资产,合并组成另一家企业。跨国收购是指一国企业通过资本投入收购另一国企业的资产或股份的方式,取得另一国企业生产和经营的控制权和管理权。

（2）从企业所有权角度划分,可分为独资经营、合资经营和合作经营

独资经营。这是指根据有关法律规定在东道国境内设立由国外投资者全部出资并独立经营的企业的国际直接投资方式。这种投资方式具有以下特点:一是企业全部资本由国外投资者承担,独立经营,自担风险。二是不参与投资与经营的东道国不能分享收益,只能获得税收、土地使用费、公共基础设施管理费等费用的收入。

合资经营。合资经营又称股权式经营,是指两个或两个以上国家的投资者

共同投资创办企业,并共同经营、共担风险,按照股权比例共负盈亏和分享收益的国际直接投资方式。它是国际直接投资中最常见的一种形式。投资各方既可以用资金作为投资股本,也可以用设备、厂房、基础设施、技术、商标等知识产权折价作为投资股本。这种投资方式属于股权参与式投资。

合作经营。合作经营又称契约式经营,是指两个或两个以上国家的投资者通过谈判签订契约(合同、协议)共同投资组成合作企业,并共同管理、共担风险的国际直接投资方式。在这种方式下,合作双方的责任、义务与权利不是以股权比例而是以契约为基础,即根据契约规定的投资方式和分配比例享受收益或承担风险。这种投资方式也被称为非股权参与式投资。

(3)从投资所形成企业的分工上划分,可分为横向FDI、纵向FDI和混合FDI

横向FDI。横向FDI又被称为市场寻求型FDI,当企业在包括母国在内的多个国家同时从事相同或相近产品的生产活动,并向当地销售以满足当地市场需求时,就形成了横向FDI。

纵向FDI。纵向FDI是指企业把产品生产的不同阶段分别配置在成本相对较低的不同国家的一种对外直接投资方式。其基本动机是为了充分利用国家间的要素禀赋差异,故又称效率寻求型FDI。

混合FDI。混合FDI是指企业到国外投资建立与国内生产和经营方向完全不同的子公司,子公司生产的产品同母公司的产品无内在联系。这种投资结构是跨国公司经营多元化的结果和具体表现。

(二)21世纪以来国际直接投资发展的新趋势

1. 国际直接投资发展呈现较大的波动性

2000年,全球国际直接投资流出量达到1.23万亿美元,2001年下降到0.75万亿美元,2002年又比2001年下降了30%。2006年,随着全球企业跨境并购活动的复苏,全球国际直接投资比上一年增长了58%,2007年达到历史最高的2.27万亿美元。2008年国际金融危机的爆发使国际直接投资下跌了15%,2009年下半年跌至谷底,全球国际直接投资流入量又下降了37%,而流出量则下降了约43%。2010—2015年,随着世界经济逐渐复苏,全球国际直接投资流量总体上呈现波动中小幅上升的态势,2016年和2017年,这一趋势又有所下降。

2. 国际直接投资大量流向发展中经济体

2008年以来,国际直接投资流向发生新的变化,流入发展中经济体的国际直接投资占全球的比重呈现较稳定的发展趋势。2014—2017年,全球国际直接投资总量波动较大,但流入发展中经济体的国际直接投资仍保持相对稳定,2017年,全球 FDI 流量从 2016 年的 1.87 万亿美元降至 1.43 万亿美元,下降约 23%。但是,发展中经济体 FDI 流入量占全球 FDI 流入量的比重,却从 2016 年的 36%,上升至 2017 年的 47%。此外,流向发展中经济体的国际直接投资不仅投向劳动密集型产业,投向技术密集型产业的比重也不断加大。

3. 部分发展中经济体已经成为国际直接投资的新主体

2008 年以来,发展中经济体的跨国公司正在崛起,逐渐成为世界投资格局中的重要力量。在国际直接投资来源国的新成员中,中国的对外直接投资发展迅速。

4. 国有跨国公司在对外直接投资中的作用不断扩大

2016 年,全球大约有 1 500 家国有跨国公司,占全球跨国公司总数的 1.5%。但是,这些国有跨国公司在国外的"绿地投资"占全球总数的 11%,远高于 2010 年的 8%,表明国有跨国公司在对外直接投资中的作用正在不断扩大。

(三)国际直接投资的国别结构、产业结构和布局的变化及其原因

1. 国际直接投资来源国结构的变化及其原因

长期以来,发达国家一直是国际直接投资的主要来源国,发展中国家所占份额很小。二战前,英国是国际直接投资的主要来源国。二战后,美国利用其在战争中积累的资本、开发的新技术及布雷顿森林体系所确立的美元的国际货币地位,大举扩张对外直接投资规模,成为世界最大的对外直接投资国。进入 20 世纪 80 年代,随着美国经济的相对衰落,美国在国际直接投资中的地位相对下降,而日本、西欧国家的国际直接投资迅速发展。美国、西欧和日本逐渐成为国际直接投资的"三极",在国际直接投资中占主导地位。90 年代中期以后,美国经济增长强劲,其第一投资大国的地位又得以巩固。进入 21 世纪以来,发展中经济体、转型经济体和独联体国家的国际直接投资流出量有较大的增加。

国际直接投资来源国结构变化的原因包括:

(1)美国经济实力的变化

二战后初期,美国的经济实力大大增强,二战后至 70 年代初,美国的对外直接投资一直占据世界总额的绝大部分。20 世纪 70 年代以来,伴随西欧与日本经济的兴起,美国在全球对外直接投资中的地位有所下降。由于 80 年代美国对外直接投资的相对萎缩,再加上欧盟与日本对美国的直接投资迅速增加,美国在 80 年代末一度失去直接投资净输出国的地位,成为直接投资净输入国。进入 90 年

代后，由于美国鼓励本国企业对外投资，政府积极与外国政府签订双边或多边投资协定，美国再度成为国际直接投资净输出国。在这一时期，跨国公司的并购热潮也成为助推美国再度成为国际直接投资主要来源国的动力。然而，2007年以来，随着美国房地产泡沫的破灭和次贷危机的爆发，以及随后爆发的国际金融危机，美国经济的不景气使其对外直接投资呈现出波动中有所下降的态势。

（2）二战后欧洲经济的复兴与经济一体化的发展

二战后，欧洲经济迅速恢复，特别是1958年欧洲经济共同体的建立，极大地推动了西欧国家对外直接投资的发展。自20世纪60年代以来，西欧国家的跨国公司海外投资扩张速度加快，使其在对外直接投资中的地位大幅上升，甚至还将资本大量投入美国，形成了发达国家之间的双向投资。从70年代起，西欧国家迅速崛起为同美国和日本并行的国际直接投资来源地，共同主导着国际直接投资的浪潮。虽然经历了90年代初期的周期性经济危机，但90年代末欧元区的成立为该地区的对外直接投资提供了较有利的外部环境。在投资增长和欧元升值的背景下，欧盟经济在经历2001—2003年的衰退后，2004—2005年即步入调整和复苏的轨道，2006年开始出现增长。受其影响，欧盟国家对外直接投资也得到较快发展。2010年以后，受国际金融危机的冲击，跨国并购进程减速，欧盟对外直接投资流出量出现下降。

（3）日本经济的崛起与对外直接投资

经过二战后的经济恢复及此后的高速增长，到20世纪60年代末，日本已跻身世界经济大国行列，并成为对外直接投资最多的国家之一，当时日本对外直接投资的主要动机是为了获取资源。1985年"广场协议"签订之后，日元的大幅升值为日本对外直接投资创造了有利条件，这一时期日本的对外直接投资主要是为了寻求生产成本的降低。20世纪90年代，日本经济陷入了持续的衰退和不景气，促使日本跨国公司在寻求进一步降低生产成本的同时，转向以开拓市场为主要目的。在经历了长达十几年的不景气之后，2006—2010年日本对外直接投资年均只有796亿美元，此后随着日本经济出现复苏势头，2012—2017年日本对外直接投资年均达到1 382亿美元，这主要得益于日本企业持续的跨国并购行为。

（4）新兴工业化国家和地区经济的快速发展

20世纪80年代以来，随着发展中国家和地区经济的迅速发展，一些发展中国家和地区逐渐加入对外直接投资的行列。至20世纪90年代末，发展中国家对外直接投资占世界份额已近15%。进入21世纪以来，随着中国等新兴工业化国家和地区经济的快速发展，发展中国家的对外直接投资也得到较快发展，国际直接投资来源国结构开始发生比较大的变化。

2. 国际直接投资流向的变化及其原因

二战前，国际直接投资多为发达国家跨国公司的资源寻求型投资，这些投资70%以上是从发达国家流入发展中国家。二战后，国际分工发生了深刻变化，由二战前以垂直型分工为主的格局转向以水平型分工为主的格局，国际直接投资的流向也随之变为发达国家间的相互投资为主，资本运动呈现为发达国家间的双向流动。20世纪70年代以后，随着各国经济发展和世界经济格局的改变，发达国家和发展中国家的对外投资政策都进行了相应的调整。80年代末90年代初以来，世界经济进入以经济全球化为基本特征的新阶段。进入21世纪以来，随着以"金砖国家"为代表的发展中国家和地区经济的快速发展，它们吸收国际直接投资的比重逐渐提高，国际直接投资流向发生了较大的变化。

具体地说，现阶段国际直接投资流向的变化主要有以下几方面的原因。

（1）亚洲特别是东亚地区经济的持续快速增长

近40年来，亚洲特别是东亚地区经济发展迅速。其中，中国自改革开放以来，经济建设取得巨大的成就，工业体系日趋完善，政治局面稳定。这些有利因素使得外商对华直接投资的规模和质量不断提高，使中国成为世界重要的投资接受国。而曾经创造东亚奇迹的新加坡、韩国、中国香港、中国台湾等国家和地区，其出口导向型的经济增长模式和较好的投资环境，也是吸引外资的重要原因。2008年国际金融危机爆发以后，东亚地区的经济恢复较快。近10年来，亚洲国家经济在中国经济快速发展的带动下，也得到较快发展，使该地区再次成为跨国公司对外直接投资的首选目的地。

（2）拉美和加勒比地区对外资的吸引力逐渐恢复

在经历了1994年的货币危机后，拉美国家经过经济体制和政策的调整，对外资的吸引力逐渐恢复。美国、欧洲和日本对拉美的投资逐渐增多。进入21世纪以来，以加工贸易为吸收外资平台的墨西哥对外资的吸引力有所下降，巴西、智利、哥伦比亚、阿根廷等南美洲资源型国家吸引外国直接投资增长较快。巴西作为"金砖国家"成员之一，成为拉美地区最大的国际直接投资东道国，外国直接投资在拉美和加勒比地区中发挥着越来越重要的作用。

（3）非洲经济发展的势头及其资源和市场的吸引力上升

经过20世纪80年代的停滞,非洲国家在90年代初进行了调整与改革。1993年非洲经济开始回升,增长了1.4%,1995年增长3.0%。进入21世纪以来,非洲经济继续保持平稳增长,2005年、2010年和2015年经济增长率分别达到5.9%、5.0%和5.7%。同时,由于非洲具有丰富的自然资源和有潜力的市场,一些发达国家提出要从战略高度认识非洲的重要性,视非洲为新兴市场的"最后地域"。近年来,一些发展中国家和转型经济体也加大对非洲的投资。2015年、2016年和2017年,非洲的国际直接投资流入量占全球的比重分别达到2.9%、2.8%和2.9%。

3. 国际直接投资产业结构的变化及其原因

与产业结构高级化的演进过程一致,国际直接投资也经历了从初级产业为主到制造业、服务业为主的发展轨迹。20世纪50年代以前,国际直接投资的行业大部分集中于初级产业,投放在制造业的数量有限。50年代至70年代中期,发达国家的对外直接投资中制造业开始逐步占主导地位。20世纪70年代中期以来,在制造业内部,国际直接投资逐渐从投向劳动密集、低成本、低技能的制造业转向资本、技术密集的产业。80年代后,发达国家对服务业的对外直接投资增加较快。当前,第三产业仍然是发达国家对外直接投资额最大的产业。

国际直接投资产业结构变化的原因包括:

第一,全球产业结构的升级促使国际直接投资产业结构高级化。产业结构的升级是经济发展的客观规律,不论是发达国家还是发展中国家,其产业升级都是沿着劳动密集型产业—资本、技术密集型产业—知识密集型产业的方向变动。

第二,跨国公司投资结构的变化直接促使了国际直接投资产业结构的变动。跨国公司对外直接投资的重点经历了从原材料工业向加工工业,从一般标准技术产品向高技术产品,从一般制造业向高新技术产业和服务业转移的过程。跨国公司是国际直接投资的主体,它进行对外直接投资时的产业选择直接影响整个国际直接投资产业结构的变动。

第三,服务业国际直接投资的急剧增长是历史的必然。投资自由化、便利化趋势使世界各国在航空运输、电信、医疗、金融等资本、技术密集型服务业逐步对国际直接投资开放,这有利于推动服务业国际直接投资的发展。与其他产业相比,服务业国际直接投资伴随着更多的软技术和技能,而且一些服务的不可贸易性使得服务业子公司在技能使用、研究开发费用和资本密集程度等方面与母公司极为相似,更具独立性。因此,21世纪以来知识型服务业成为拉动经济增长的主导产业。

(四)跨国公司的定义和基本特征

跨国公司是指以母国为基地,通过对外直接投资,在两个或两个以上国家设立分支机构或子公司,从事国际化生产、销售和其他经营活动的国际性大型企业。

按照联合国跨国公司委员会的定义,跨国公司应具备以下三个要素:第一,跨国公司是指一个企业,其组成实体在两个或两个以上的国家经营业务;第二,跨国公司有一个集中的全球决策体系,各分支机构和子公司应服从共同的政策和统一的战略目标;第三,跨国公司的各组成实体分享资源和信息并分担责任。跨国公司的基本特征包括以下几方面。

1. 生产经营活动跨国化

跨国公司以母国为基地,将其实体分布于不同的国家或地区,在多个国家从事投资和经营活动,由一国的某一大型企业作为其管理、控制和指挥中心。

2. 生产经营方式多样化

生产经营多样化是跨国公司发挥其内部化优势、降低成本和风险的重要途径。与一般的国内企业或一般的涉外公司相比较,跨国公司的全球性生产经营方式明显较多,包括进出口、技术转让、合作经营、管理合同和在海外建立子公司等,其中,尤以在海外建立子公司为其开展和扩大其全球性业务的主要形式。

3. 经营战略全球化

跨国公司在进行战略决策时,要从整个公司的整体利益出发,并着眼于整个世界市场,在全球范围内有效地配置其资源,充分利用各国各地区的优势,并制定相应的生产、销售和拓展等方面的政策和策略,以获得最大限度和长远的高额利润。

4. 内部管理一体化

跨国公司内部诸实体之间存在着不同形式的密切联系,从而使母公司或其内部的其他实体能够共享知识和资源并分担责任。

(五)跨国公司对世界经济的影响

1. 跨国公司的发展对世界经济的总体影响

(1)跨国公司的发展对世界经济的有利影响

第一,扩大了国际贸易。许多跨国公司的国际直接投资都是和国际贸易相伴进行的,并且互相关联、互为补充、互相促进。由于生产国际化的发展和产业内分工的细化,必然引起跨国公司内部各子公司之间的机器设备、原材料和零部件的大量进出口,从而使全球国际贸易总量大大增加。

第二,加速了生产和资本国际化进程。跨国公司对外直接投资的发展通过深化国际分工促进了生产的国际化。它把原来集中于一国国内的生产过程,分成一系列相对独立的环节,并将各个环节的生产转移到各具资源优势的不同的国家或地区进行,使国际分工进一步扩大和加强,生产国际化进一步加深。

第三,优化了全球资源配置。跨国公司有完备的内部全球管理体系,使商品、劳务、资本、人才、信息等各种资源或生产成果能通畅地在全球范围内流动和合理地配置。

第四,促进了全球科技合作和科学技术的发展。跨国公司凭借自己雄厚的资金实力,在全球范围内招揽人才、购置设备,利用来自各国的优秀人才、丰富的物质资源进行国际协作开发。随着研发投入的增加,跨国公司日益将其在母国和东道国整个系统的创新活动一体化,而其分支机构则依据其能力实现专业化,形成了"技术创新的全球化"。

第五,推动了经济全球化的发展。跨国公司的兴起和发展不仅在一般意义上对世界经济格局以及传统的贸易投资等领域产生了重大影响,更推动了经济全球化进程。

(2)跨国公司的发展对世界经济的负面影响

第一,跨国公司的全球经营战略有时会与母国或东道国的国家利益发生冲突。跨国公司有其自身利益,在制定和实施跨国经营战略时,如果自身利益和母国或东道国的利益不一致,跨国公司总是优先考虑自身利益,较少或不考虑东道国甚至母国的国家利益。

第二,一些跨国公司的跨国行业垄断不利于全球资源的优化配置,阻碍先进技术在全球范围的更广泛利用和扩散。

第三,跨国公司常常把环境污染严重的产业向发展中国家转移,对全球环境保护产生负面影响。

第四,一些跨国公司的内部化管理手段破坏了国际市场的公平竞争原则。例如,跨国公司愈演愈烈的逃避税问题。

2. 跨国公司的发展对母国经济的影响

(1)跨国公司的发展对母国经济的有利影响

第一,有利于母国扩大国际市场。跨国公司的对外直接投资不仅带动了生产设备、零部件、原材料、商品和技术的输出,还通过国外分支机构的销售进一步增强母国扩大国际市场的能力。

第二,推动了母国产业结构的升级。跨国公司通过直接投资,在东道国实现增值后重新以利润汇回等方式回到国内,投入到优势产业和新兴产业中,有利于母国产业结构的优化升级,促进了母国经济的发展。一些发达国家在将"夕阳产业"输往发展中国家的同时,还带动了本国闲置设备的输出,减少了本国的环境污染和资源消耗。

(2)跨国公司的发展对母国经济的不利影响

跨国公司的发展可能会削弱母国的资本和技术比较优势。首先,任何一个国家的资本都是有限的。如果对外投资过多,就可能削弱母国的国内投资能力,甚至引起产业"空心化"。其次,国际直接投资把母国大量的资金、先进技术装备和现代管理方法带进东道国,使东道国的产品竞争力得以提升,可能削弱母国产品在国际市场的竞争力。此外,跨国公司在东道国开展的产品研发,可能导致母国创新体系的优势弱化以及技术的流失。

3. 跨国公司的发展对东道国经济的影响

(1)跨国公司的发展对东道国经济的有利影响

第一,缓解东道国资本短缺。促进资本形成历来被认为是跨国公司对东道国(尤其是发展中国家)经济增长的重大贡献。

第二,增加东道国就业。跨国公司对东道国就业的影响,表现在就业数量、就业质量和工作环境等多个方面。

第三,扩大东道国的出口贸易。跨国公司的投资增加了对东道国劳动力和自然资源的利用,直接形成了产品生产能力。不仅如此,跨国公司的投资相对于国内投资总是伴随着"一揽子"资源的转移,它以资本为纽带,将先进设备、生产技术和经营管理模式等转移到东道国,大大提高了东道国企业的生产技术水平和资源配置状况,使产品的质量和产量都得到相应提高,因而大大提高了东道国产品的国际市场竞争力,促进了东道国的出口贸易。

第四,有利于东道国产业技术水平的提高。跨国公司在东道国的生产经营活动必然会带来一些先进技术和管理经验,这些先进技术对东道国相关产业或企业的产品开发技术、生产技术、管理技术、营销技术等,会产生相应的示范、刺激与推动作用,促进东道国产业技术水平的提高。

（2）跨国公司的发展对东道国经济产生的负面影响

国际直接投资的进入，在给东道国特别是发展中国家带来资金、技术、管理经验的同时，也带来了对东道国民族工业的冲击。发达国家实力雄厚的跨国公司利用合资、合作、独资和并购等多种方式，逐步占领发展中国家的市场，甚至垄断发展中国家的整个行业，以至于发展中国家的一些重要经济领域被发达国家的跨国公司所控制。同时，发达国家转移至发展中国家的企业，相当部分是能耗大、污染严重的劳动密集型企业，这给东道国的环境保护带来巨大压力。跨国公司强大的竞争力，也会对发展中国家企业生存和发展产生一定的负面影响。

（六）21世纪初以来跨国公司发展的新特点和趋势

21世纪初以来，跨国公司的发展出现了一些新的特点和趋势，主要有以下几个方面：

① 跨国公司国际化程度有所上升并趋于稳定；

② 跨国公司国际化战略的重点从寻求资源和效率转向寻求市场和战略性资产；

③ 服务业在跨国公司对外投资中的地位显著提升；

④ 发展中国家的跨国公司持续增加；

⑤ 新兴的数字经济型跨国公司显示出强劲的发展动力；

⑥ 国有跨国公司发展迅速并在世界经济中发挥越来越重要的作用。

四、本章课后思考题及答案提示

1. 简述二战后国际直接投资的发展历程。

二战后，国际直接投资发展可以划分为以下三个阶段。

（1）二战结束后到20世纪70年代初的快速发展

二战结束后至20世纪70年代初，是国际直接投资迅速发展并走向成熟的时期。

（2）20世纪70年代中后期到90年代末的高潮迭起

以20世纪70年代中期发生的国际直接投资总额超过国际间接投资总额为标志，国际直接投资逐步形成向全球大规模扩展的新阶段，其间出现了三次国际直接投资高潮。第一次高潮发生在1979—1985年。第二次高潮发生在1986—1990年。第三次高潮发生在1995—2000年。

（3）21世纪以来国际直接投资发展的新趋势

① 国际直接投资发展呈现较大的波动性；

② 国际直接投资大量流向发展中经济体；

③ 部分发展中经济体已经成为国际直接投资的新主体；

④ 国有跨国公司在对外直接投资中的作用不断扩大。

2. 试述国际直接投资的动因和主要方式。

（1）国际直接投资的动因

① 市场寻求型；

② 资源寻求型；

③ 效率寻求型；

④ 优惠政策寻求型。

（2）国际直接投资的方式

国际直接投资的方式可以从以下几种不同的角度进行划分。

① 从企业设立方式上划分，可分为创办新企业和跨国并购；

② 从企业所有权角度划分，可分为独资经营、合资经营和合作经营；

③ 从投资所形成企业的分工上划分，可分为横向FDI、纵向FDI和混合FDI。

3. 简述生产国际化对国际直接投资发展的影响。

（1）生产国际化加速了国际直接投资的发展

生产国际化是指在国际分工不断发展和不断细化的条件下，某个产品生产过程所包含的不同工序或区段被拆解，并分散到不同国家或经济体中进行。一方面，一种产品在多国之间的合作下才能生产出来，生产要素在更大的范围内实现有效配置，参与分工的国家的生产要素得到更有效的利用，提高了生产效率，彼此都获得了相应的利益。另一方面，参与分工合作生产的国家之间存在着一定程度的相互依存关系，使这种分工合作具有相对稳定性。

生产国际化对国际直接投资的促进作用，主要是通过跨国公司的生产经营国际化实现的。跨国公司通过国际直接投资成为生产国际化的载体和组织者。同时，信息网络技术的发展和运输成本的下降也在加速跨国公司实现生产国际化的进程。

（2）生产国际化对国际直接投资区位选择的影响

20世纪90年代中后期，跨国并购成为推动对外直接投资的重要形式，而跨国公司的国际化扩张进一步促进了生产国际化的发展。在这个过程中,生产国际化通过跨国公司全球经营战略的实施,直接影响着国际直接投资的区位选择。发达国家的跨国公司的纵向 FDI 使资本大多流向发展中国家,而其横向 FDI 使资本更多地在发达国家之间流动。进入 21 世纪以来,生产国际化的进一步发展使发展中国家对发达国家的逆向投资悄然发生,国际直接投资布局正在发生一场新的深刻变化。同时,由于许多生产国际化的过程是在彼此相邻的区域内国家之间进行的,这种区域内国家之间的生产国际化的发展,也逐渐形成了一种以区域内分工为特征的区域生产网络。这种区域生产网络的形成,也对国际直接投资的布局产生了重要的影响。

4. 分析二战以来国际直接投资国别结构和产业结构的变化。

(1)国际直接投资来源国结构的变化

长期以来,发达国家一直是国际直接投资的主要来源国,发展中国家所占份额很小。二战前,英国是国际直接投资的主要来源国。二战后,美国利用其在战争中积累的资本、开发的新技术及布雷顿森林体系所确立的美元的国际货币地位,大举扩张对外直接投资规模,成为世界最大的对外直接投资国。进入 20 世纪 80 年代,随着美国经济的相对衰落,美国在国际直接投资中的地位相对下降,而日本、西欧国家的国际直接投资迅速发展。美国、西欧和日本逐渐成为国际直接投资的"三极",在国际直接投资中占主导地位。90 年代中期以后,美国经济增长强劲,其第一投资大国的地位又得以巩固。进入 21 世纪以来,发展中经济体、转型经济体和独联体国家的国际直接投资流出量有较大的增加。

(2)国际直接投资流向的变化

二战前,国际直接投资多为发达国家跨国公司的资源寻求型投资,这些投资 70% 以上是从发达国家流入发展中国家。二战后,国际分工发生了深刻变化,由二战前以垂直型分工为主的格局转向以水平型分工为主的格局,国际直接投资的流向也随之变为发达国家间的相互投资为主,资本运动呈现为发达国家间的双向流动。20 世纪 70 年代以后,随着各国经济发展和世界经济格局的改变,发达国家和发展中国家的对外投资政策都进行了相应的调整。80 年代末 90 年代初以来,世界经济进入以经济全球化为基本特征的新阶段。进入 21 世纪以来,随着以"金砖国家"为代表的发展中国家和地区经济的快速发展,它们吸收国际直接投资的比重逐渐提高,国际直接投资流向发生了较大的变化。

（3）国际直接投资产业结构的变化

与产业结构高级化的演进过程一致，国际直接投资也经历了从初级产业为主到制造业、服务业为主的发展轨迹。20世纪50年代以前，国际直接投资的行业大部分集中于初级产业，投放在制造业的数量有限。50年代至70年代中期，发达国家的对外直接投资中制造业开始逐步占主导地位。20世纪70年代中期以来，在制造业内部，国际直接投资逐渐从投向劳动密集、低成本、低技能的制造业转向资本、技术密集的产业。80年代后，发达国家对服务业的对外直接投资增加较快。当前，第三产业仍然是发达国家对外直接投资额最大的产业。

5. 简述跨国公司的发展对世界经济的影响。

（1）跨国公司的发展对世界经济的总体影响

跨国公司的发展对世界经济的有利影响包括：

① 扩大了国际贸易；

② 加速了生产和资本国际化进程；

③ 优化了全球资源配置；

④ 促进了全球科技合作和科学技术的发展；

⑤ 推动了经济全球化的发展。

跨国公司的发展对世界经济的负面影响包括：

① 跨国公司的全球经营战略有时会与母国或东道国的国家利益发生冲突；

② 一些跨国公司的跨国行业垄断不利于全球资源的优化配置，阻碍先进技术在全球范围的更广泛利用和扩散；

③ 跨国公司常常把环境污染严重的产业向发展中国家转移，对全球环境保护产生负面影响；

④ 一些跨国公司的内部化管理手段破坏了国际市场的公平竞争原则。例如，跨国公司愈演愈烈的逃避税问题。

（2）跨国公司的发展对母国经济的影响

跨国公司的发展对母国经济的有利影响包括：

① 有利于母国扩大国际市场；

② 推动了母国产业结构的升级。

跨国公司的发展对母国经济的不利影响为：

跨国公司的发展可能会削弱母国的资本和技术比较优势。

（3）跨国公司的发展对东道国经济的影响

跨国公司的发展对东道国经济的有利影响包括：

① 缓解东道国资本短缺；

② 增加东道国就业；

③ 扩大东道国的出口贸易；

④ 有利于东道国产业技术水平的提高。

跨国公司的发展对东道国经济产生的负面影响包括：

国际直接投资的进入，在给东道国特别是发展中国家带来资金、技术、管理经验的同时，也带来了对东道国民族工业的冲击。同时，发达国家转移至发展中国家的企业，相当部分是能耗大、污染严重的劳动密集型企业，这给东道国的环境保护带来巨大压力。跨国公司强大的竞争力，也会对发展中国家企业生存和发展产生一定的负面影响。

6. 简述新时代中国在国际直接投资中的地位和作用的变化。

改革开放初期，中国企业开始进行对外直接投资尝试。20世纪90年代以前，中国对外直接投资以初级加工业为主，投资规模较小。20世纪90年代，中国对外直接投资开始较快发展。进入21世纪以来，中国对外直接投资规模不断扩大，2013年超越千亿美元，2015年对外直接投资额首次超过利用外资额，2016年达到1 961.5亿美元，2017年为1 246.3亿美元，对外直接投资额排名由2002年的全球第26位跃升至第2位。同时，中国对外直接投资结构进一步优化，投资区位分布更为广泛，投资行业领域更加丰富，投资主体日趋多元，展现出良好的发展态势。

党的十八大以来，以习近平同志为核心的党中央统筹国内国际两个大局，于2013年提出"一带一路"倡议，鼓励资本、技术、产品、服务和文化"走出去"，对外投资进入全新的发展阶段。目前，中国对外投资规模已位居世界前列，对外投资管理体制和政策体系也更加完善。对外投资的快速发展，不仅提高了中国企业的国际竞争力，推动了中国经济的转型升级，而且与世界各国实现互利共赢、共同发展，为建设开放型世界经济做出了积极贡献。党的十九大着眼于发展更高层次的开放型经济，明确向世界表明中国改革开放的大门会越开越大，面向未来，中国对外投资将以"一带一路"建设为重点，促进国际产能合作，推动形成面向全球的贸易、投融资、生产、服务网络，更好地服务于开放创新、包容互惠的共同发展。

五、本章测试题

（一）判断题

1. 效率寻求型投资是指跨国公司为利用各国在生产要素、经济体制、文化传统和政府政策等方面的差异，在全球范围内配置资源，从而降低生产成本，获得最佳经济效益而进行的对外直接投资。（　　）

2. 合资经营又称契约式经营，合作经营又称股权式经营。（　　）

3. 跨国公司的发展对母国经济只有有利影响，不会产生不利影响。（　　）

4. 与产业结构高级化的演进过程一致，国际直接投资也经历了从初级产业为主到制造业、服务业为主的发展轨迹。（　　）

5. 一些跨国公司的跨国行业垄断有利于全球资源的优化配置，促进先进技术在全球范围的更广泛利用和扩散。（　　）

6. 20世纪80年代中期以来，区域经济一体化趋势重新高涨并迅速发展，加快了区域内贸易自由化和投资便利化的进程，区域内成员之间的国际直接投资已成为当前国际产业转移的一个重要特征。（　　）

7. 21世纪以来国际直接投资发展呈现出持续稳定增长的趋势。（　　）

8. 生产国际化对国际直接投资的促进作用，主要是通过跨国公司的生产经营国际化实现的。跨国公司通过国际直接投资成为生产国际化的载体和组织者。（　　）

（二）不定项选择题

1. 以下哪一项不属于跨国公司的特征？（　　）
   A. 在两个或两个以上的国家经营业务
   B. 各分支机构和子公司应服从共同的政策和统一的战略目标
   C. 分散化的全球决策体系
   D. 各组成实体分享资源和信息并分担责任

2. 国际直接投资是生产国际化的基础，根据其动因的不同，可以划分为（　　）。
   A. 市场寻求型投资　　　　　　B. 资源寻求型投资
   C. 效率寻求型投资　　　　　　D. 优惠政策寻求型投资

3. 跨国公司的发展对东道国经济的有利影响包括（　　）。
   A. 缓解东道国资本短缺　　　　B. 增加东道国就业
   C. 扩大东道国的出口贸易　　　D. 带来对东道国民族工业的冲击

4. 当前,发达国家对外直接投资额最大的产业是(　　)。
   A. 第一产业　　　　　　　　　B. 第二产业
   C. 第三产业　　　　　　　　　D. 制造业

5. 跨国公司的发展对世界经济产生的负面影响有(　　)。
   A. 破坏国际市场的公平竞争原则
   B. 优化全球资源配置
   C. 向发展中国家转移环境污染严重的产业
   D. 损害母国或东道国的国家利益

6. 21世纪初以来,跨国公司的发展出现的新特点和趋势包括(　　)。
   A. 服务业在跨国公司对外投资中的地位显著提升
   B. 国有跨国公司发展迅速并在世界经济中发挥越来越重要的作用
   C. 跨国公司国际化战略的重点从寻求资源和效率转向寻求市场和战略性资产
   D. 新兴的数字经济型跨国公司显示出强劲的发展动力

六、本章阅读材料及案例分析

（一）请结合本章所学知识和下列材料,简要分析近年来国际直接投资的发展特点及其原因。

材料1：近年来 FDI 流量及不同经济体排名

2020年,全球外商直接投资（FDI）流量下降了35%,从2019年的1.5万亿美元降至1万亿美元（如图8-1所示）。这是自2005年以来的最低水平,比2009年全球金融危机后的谷底值还低了近20%。为应对新冠肺炎疫情,世界各地采取的封锁政策减缓了现有投资项目的进度,经济衰退的预期促使跨国公司重新评估新项目。FDI 的下降幅度明显大于国内生产总值和贸易的下降幅度。

2020年发达经济体和转型经济体 FDI 流入量均大幅下降了58%。发展中经济体降幅较小,下降了8%,这主要由于流入亚洲的资本较有韧性（增长4%）。因此,2020年发展中经济体占全球 FDI 流入量的三分之二,比2019年近一半的水平有所上升。

2019年和2020年前20大 FDI 流入额和流出额经济体分别如图8-2和图8-3所示。

第八章　国际直接投资与跨国公司的发展　201

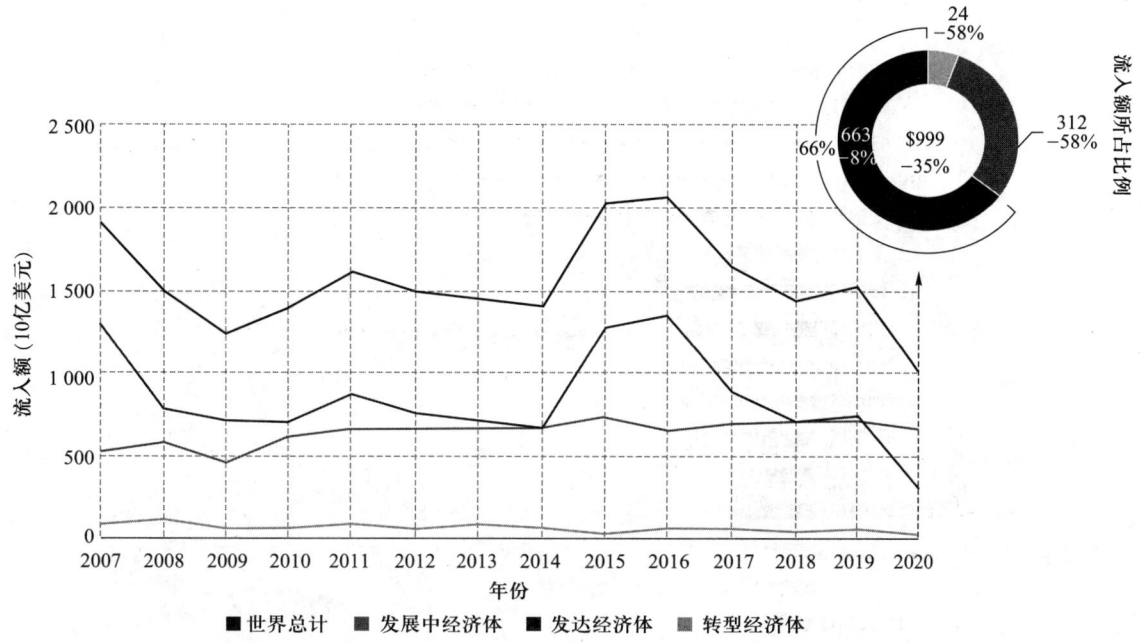

图 8-1　2007—2020 年世界及不同类型经济体 FDI

资料来源：UNCTAD, World Investment Report 2021: p2.

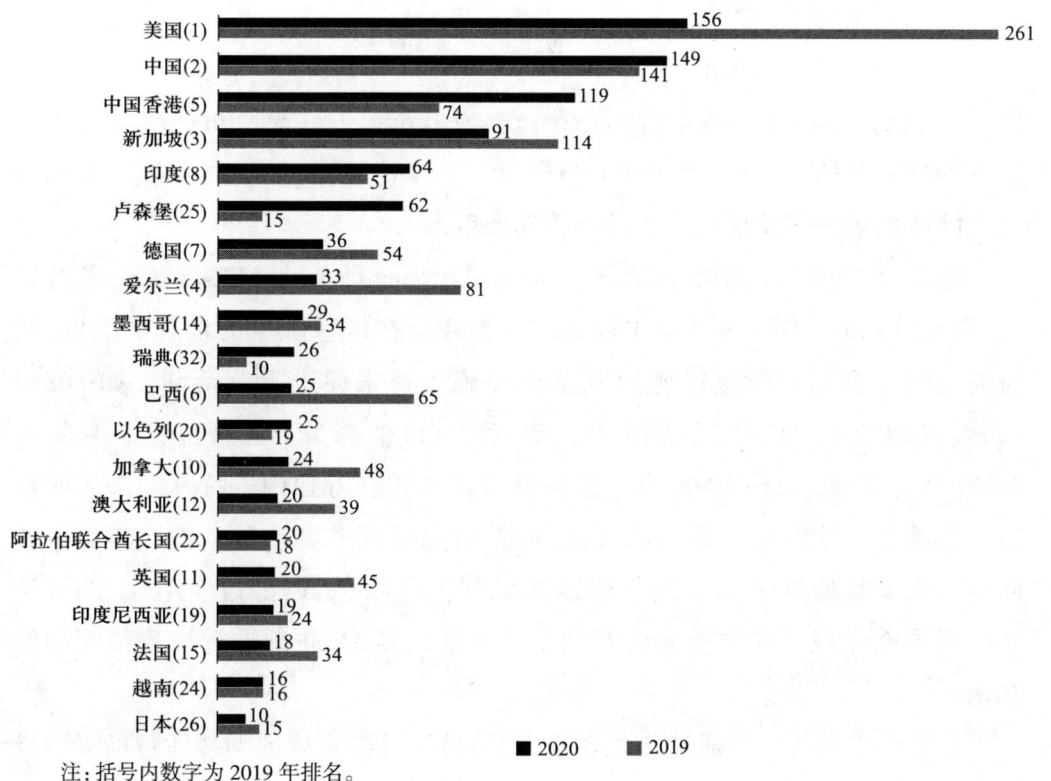

注：括号内数字为 2019 年排名。

图 8-2　2019 年和 2020 年前 20 大东道国（地区）FDI 流入额（单位：10 亿美元）

资料来源：UNCTAD, World Investment Report 2021: p5.

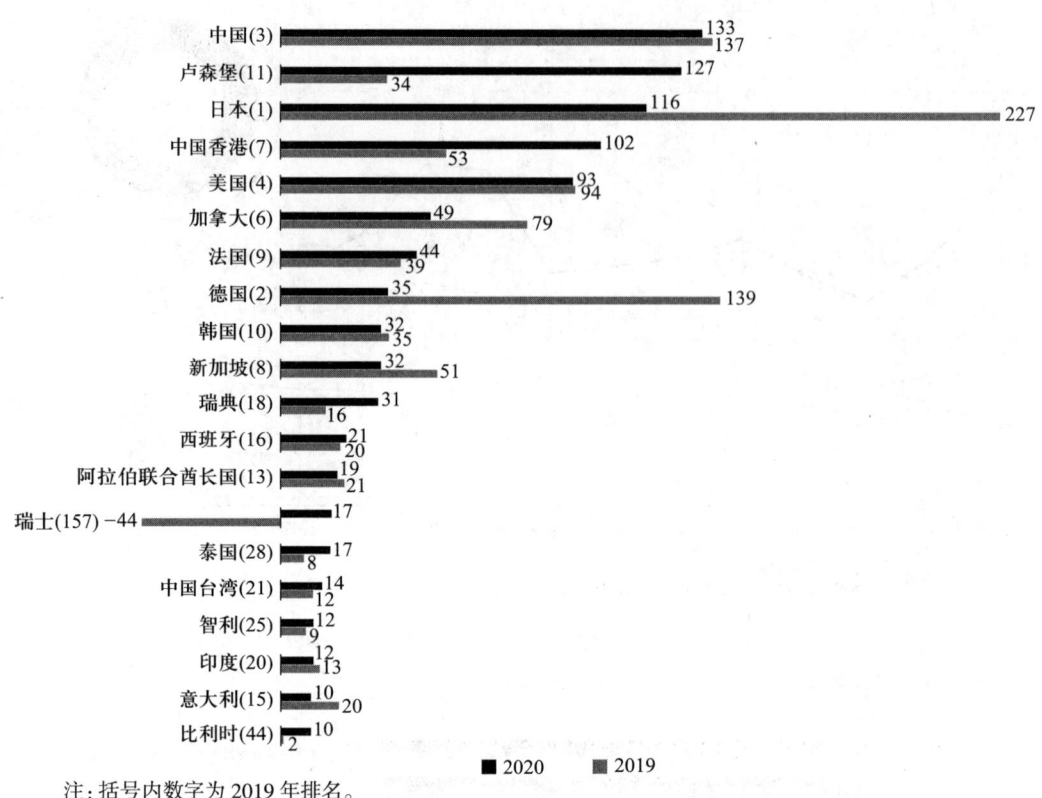

注：括号内数字为 2019 年排名。

图 8-3　2019 年和 2020 年前 20 大母国（地区）FDI 流出额（单位：10 亿美元）

资料来源：UNCTAD, World Investment Report 2021: p7.

材料 2：特殊经济区的发展趋势及其作用

特殊经济区（或称经济特区，Special Economic Zones，SEZs）在大多数发展中经济体和许多发达经济体得到广泛使用。在这些限定的地理区域内，政府通过财政和监管激励措施以及基础设施支持来促进工业活动。如图 8-4 所示，2018 年在 147 个经济体中共有近 5 400 个特殊经济区，较 5 年前的 4 000 个有所增长，还有 500 多个新特殊经济区正在筹建中。特殊经济区的繁荣标志着新一轮的产业政策的实施，也是对国际资本流动日益激烈的竞争的回应。大多数特殊经济区提供财政激励和关税减免，在土地使用权、许可证和执照或就业规则等方面实施有利于工商业的条例，并且进行行政精简和便利化。

通过与广义的经济成功建立联系，经济特区可以直接或间接地帮助吸引投资、创造就业和促进出口。经济特区还可以支持对全球价值链（GVC）的参与、产业升级和多样化。

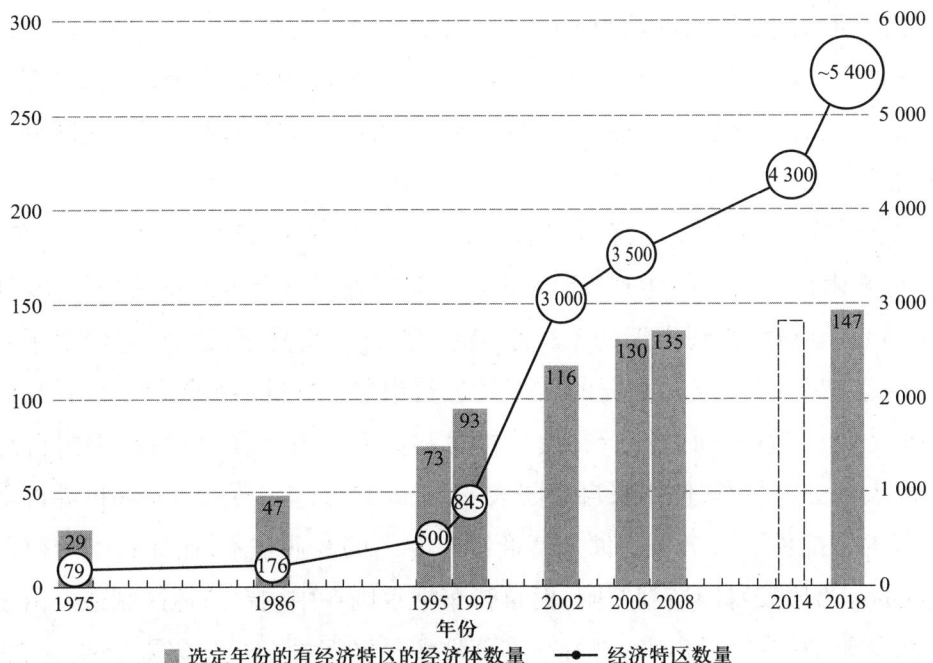

图 8-4　特殊经济区发展的历史趋势

资料来源：UNCTAD, World Investment Report 2019: p129.

（二）请结合本章所学知识和下列材料，简要分析以下问题：

1. 什么是全球价值链（GVC）？
2. 全球价值链贸易近年来发展的特点及其原因。
3. COVID-19 对全球价值链有何影响？

材料 1：GVC 及其发展

（1）什么是全球价值链（Global Value Chain, GVC）？

全球价值链打破了各国的生产流程。企业专门从事某一特定任务或工序生产，而不是生产整个产品（如图 8-5 所示）。

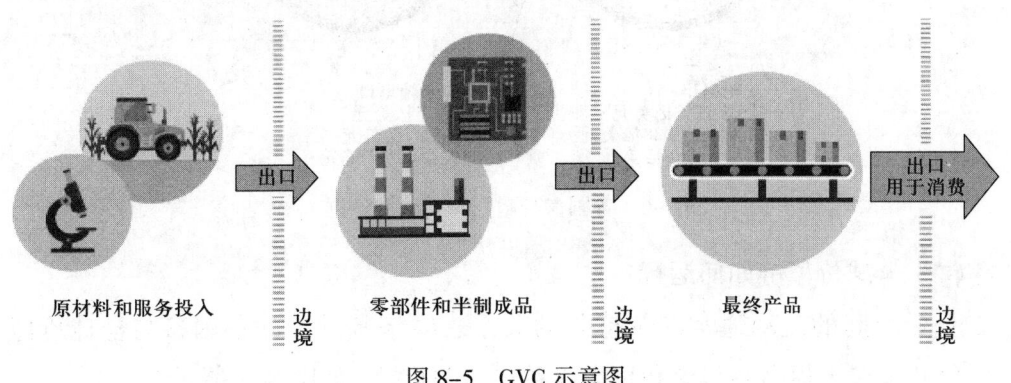

图 8-5　GVC 示意图

全球价值链是销售给消费者的产品或服务生产过程中的一系列阶段。每个生产阶段都会增加价值，至少有两个阶段位于不同的国家。例如，一辆在芬兰组装的自行车，其零部件来自意大利、日本和马来西亚，并出口到埃及，这就是一种全球价值链。

自行车是世界上最流行的交通工具。19世纪初在德国发明的自行车，在19世纪末由荷兰大规模生产，有时车架从英国进口。全球产量后来从1950年的约1 000万辆增长到今天的1.3亿多辆。自行车交易量很大。它们使用来自世界各地，特别是亚洲和欧洲的零部件进行组装（如图8-6所示）。例如，比安奇（Bianchi）在意大利进行所有设计构思和原型开发工作，然后在中国台湾地区组装大部分自行车，使用来自中国大陆、意大利、日本、马来西亚和世界许多其他地区的零部件。每个零部件生产商都有专门的专业技术，比如日本的禧玛诺（Shimano）为比安奇制造刹车闸，而自行车把手则在中国台湾地区制造。由于自行车价值链的扩展，近年来，自行车零部件贸易已超过自行车贸易15%~25%。在芬兰，33%的附加值来自国外，其中13%来自欧盟，11%来自亚洲，5%来自北美。

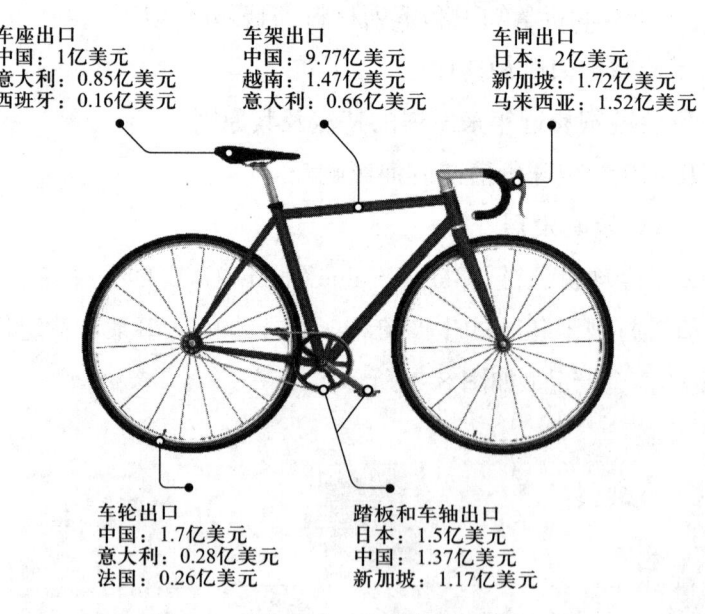

图8-6　各国参与自行车价值链情况

（2）全球价值链如何运行？

企业之间的互动通常涉及持久的关系。经济基础推动各国参与全球价值链。但政策对于提高参与度和扩大收益也至关重要（如图8-7所示）。

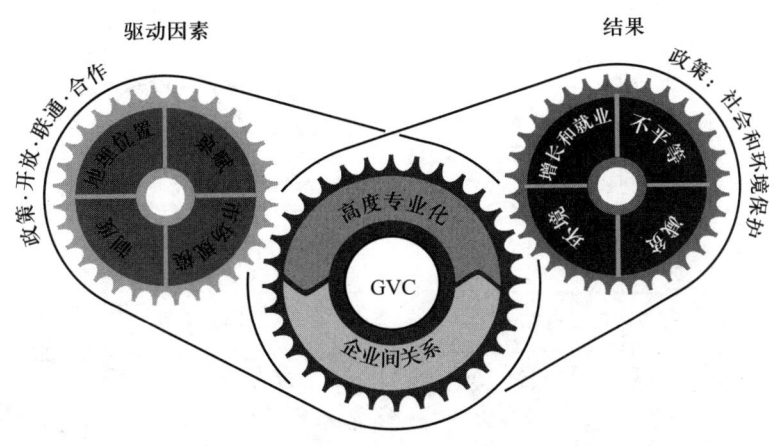

图 8-7 GVC 运行示意图

全球价值链参与度由要素禀赋、市场规模、地理位置和制度质量等基本要素驱动,但这些基本要素不一定是最终决定性的。选择正确的政策可以塑造每一个基本要素,从而影响全球价值链的参与。

高度专业化和持久的企业间关系促进了高效生产和技术扩散,以及沿着价值链获得资本和投入。其结果是生产率和收入的提高超过了各国通过国内生产实现的增长,也超过了它们通过制成品贸易实现的增长。

全球价值链对环境的影响好坏参半。规模效应——指全球价值链经济活动的快速增长——对环境有害;构成效应——指生产工序如何在全球范围内分布——对环境的影响不明确;技术效应——指单位生产的环境成本——对环境的影响是正向的。政策可以减轻不利的环境后果,并促进采用环境友好型技术。对生产和销售的环境成本进行适当定价将鼓励节约和清洁技术。此外,还需要对特定污染物和行业进行监管。

发展中国家将受益于将全球价值链参与带来的就业机会和收益分散到全社会的政策。工业化国家也可以从因技术、贸易和全球价值链扩张而失业的工人的调整政策中受益。就业服务、培训和流动性支持可以帮助工人过渡到生产效率更高的工作岗位。

(3) 全球价值链贸易的变化

图 8-8 给出了全球价值链贸易的变化情况。全球价值链贸易在 20 世纪 90 年代和 21 世纪初增长迅速,但在 2008 年国际金融危机之后出现了停滞甚至下降。

(4) GVC 与 FDI 之间的关系

许多价值链由跨国公司管理和控制,跨国公司在不同地点组织生产。在某

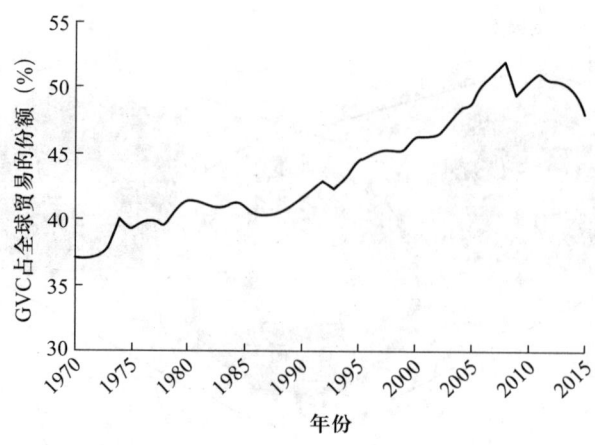

图 8-8　GVC 贸易的发展变化

些情况下,商品生产更接近新客户,交易成本下降(市场寻求型投资);而在另一些情况下,跨国生产是为了利用较低成本的生产要素(效率寻求型投资)。这两种类型的投资都有助于生产的国际分散,但第二种投资对全球价值链的增长尤其重要,这从外国直接投资流量和全球价值链的增长中可以明显看出,尤其是在20世纪90年代之后,二者的关系更为显著(如图8-9所示)。

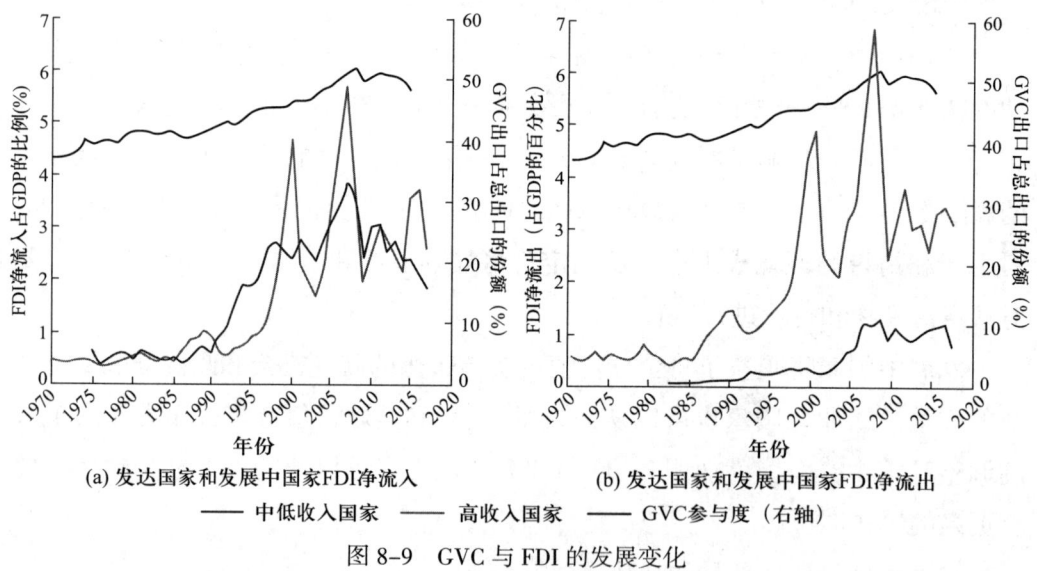

(a) 发达国家和发展中国家FDI净流入　　　(b) 发达国家和发展中国家FDI净流出

—— 中低收入国家　　—— 高收入国家　　—— GVC参与度(右轴)

图 8-9　GVC 与 FDI 的发展变化

资料来源:材料1中资料均来源于 World Bank: World Development Report 2020: Trading for Development in the Age of Global Value Chains.

材料 2:GVC 的类型

根据生产活动是否涉及两个或两个以上国家之间的生产共享,生产活动分为四大类(如图8-10所示)。第一类是国内生产的附加值,由国内最终需求吸收,不涉及国际贸易。在整个生产和消费过程中,没有要素含量跨越国界。第二类是最终产品出口所体现的国内增加值,即传统贸易:产品完全由国内要素制造,要素含量仅为消费而跨越一次国界。第三类是体现在一个国家部门的中间品贸易中的国内增值,由伙伴国用于生产其在当地消费的国内产品,或是直接从伙伴国进口并用于国内消费产品的外国增值。要素含量用于母国以外的生产,一次跨越国界进行生产。因此,它被称为"简单的全球价值链活动"。最后一类是体现在中间品进出口中的附加值,伙伴国用来为其他国家生产出口(中间或最终)产品。在这种情况下,要素含量至少两次跨越国界,因此被称为"复杂的全球价值链活动"。前两种类型的生产活动完全在国界内进行,不存在跨国生产共享,两者的区别在于是否满足国内或国外的最终需求。后两种类型是跨国生产共享活动,两者的区别在于是否满足伙伴国或其他国家的最终需求,以及要素含量跨越国界的次数。国家间投入产出表(ICIO)中的国内和进口投入产出系数矩阵可以用于区分各种生产活动中的国内和国外要素含量。

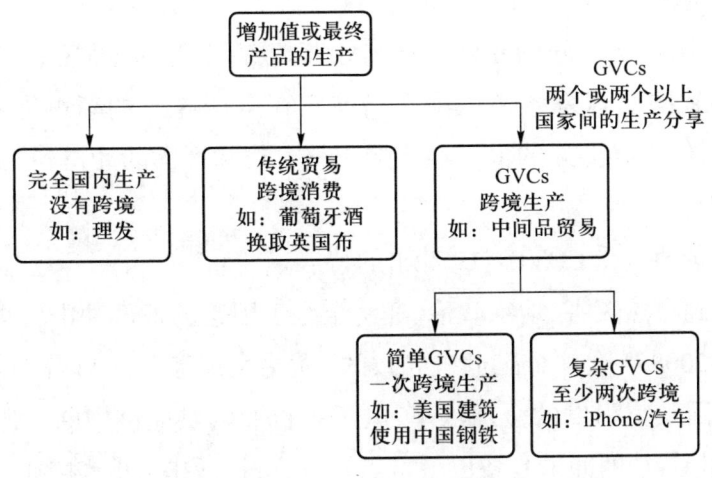

图 8-10 生产活动的分解

图 8-11 给出了 1995—2017 年四种类型生产活动在全球 GDP 中所占份额的变化情况。可以看出,20 世纪 90 年代和 21 世纪初,全球价值链生产活动占全球 GDP 的份额不断上升,而纯国内生产活动的份额则持续下降;而在 2011 年至 2016 年,全球价值链生产活动占全球 GDP 的份额则有所下降,而纯国内生产活动的份额有所上升。

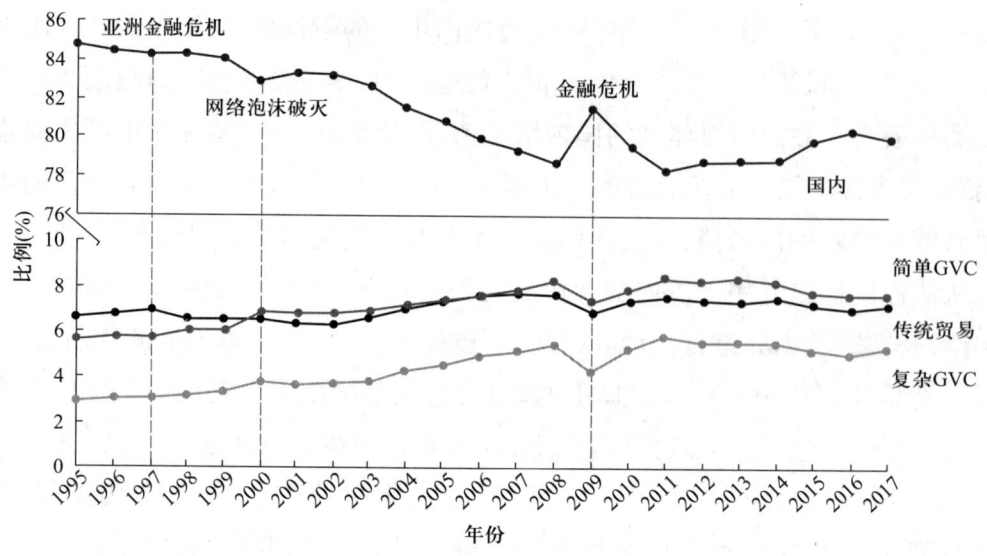

图 8-11 四类生产活动占全球 GDP 的比例

资料来源：以上材料 2 中资料来源于 WTO and other organizations：Global Value Chain Development Report 2019.

材料 3：COVID-19 对全球价值链的冲击及政策启示

全球价值链（global value chain，GVC）是 21 世纪国际生产体系最显著的特征，它使各国经济之间的互联互通与相互依存变得更加紧密，但同时也增强了由此而导致的全球系统性风险。当前正在全球蔓延的新型冠状病毒肺炎（COVID-19）给本已低迷的世界经济造成全方位和严重的冲击，其中 GVC 就是一个关键的作用渠道。

1. 全球价值链受 COVID-19 冲击的特点。

GVC 受到自然灾害、地缘政治、经济金融等因素的外部冲击已早有先例，典型案例包括 2008 年全球金融危机导致的"贸易大崩溃"，2011 年日本大地震和海啸以及泰国洪灾引发的全球汽车、电子等行业的供应链中断。但相比之下，COVID-19 对 GVC 的冲击具备以下特点。首先，COVID-19 直接冲击实体经济，并主要针对人。2008 年次贷危机爆发的主要原因是由于经济泡沫破灭而导致的市场流动性大失血，虚拟经济的资金链断裂是最主要的表现，因此，在应对政策措施上，主要是向市场注入巨量流动性（像美国的"量化宽松"货币政策）以解决"钱"的问题，从而实现经济与金融稳定。而 COVID-19 则从冲击实体经济开始，特别是旅游、航空运输、零售等服务业以及复杂制造业（汽车、电子产品等），进而触发金融市场动荡。实体经济供应链断裂是病毒危机的最主要表现，因此，在应对措施上,主要是加强医疗救助和疫情防控以解决"人"的问题。其次,COVID-19 冲击具有极强的传染性,导致在 GVC 体系内的多元交互影响。尽管之前日本、泰国的自然灾害也造成了全球半导体、计算机、精密仪器设备、汽车等制造业的供应链贸易中断,但这些冲击毕竟只是发生在非常有限的国家和地区,随着灾后重建与产能恢复,负面影响逐步消除。此外其他国家还可以通过寻求替代供应商的方式在短期内化解短缺问题。相比之下,COVID-19 的传播性极强,全球主要国家和地区无一幸免,由于它们之间存在复杂的价值链关联,因此许多行业的 GVC 都会遭到破坏。最后,COVID-19 冲击引发多种形式的贸易保护主义,加剧对 GVC 数量与价格的双重压力与风险。自然灾害冲击对全球贸易政策环境几乎没有影响,金融危机使一些国家出于保护就业与国内市场的考虑采取了进口贸易限制措施,但也主要针对最终产品。随着 COVID-19 的暴发与蔓延,许多国家先是关闭边境、停航停运或禁止进口贸易。最近,贸易保护又进一步扩展到出口贸易,由于担心全球的资源紧缺,许多国家启动对医疗物资、粮食、矿产品、能源等的出口管制。这使得 GVC 不但要面临断裂的威胁,而且还将推动全球重要原材料和工业中间品的价格上涨,进一步严重损害 GVC 体系。

2. COVID-19 怎样冲击全球价值链?

GVC 的特点是产品与服务的多阶段细分、多工序或任务、多国生产、多国销售,由此会形成大量中间品(包括原材料、半成品、零部件、资本品和服务外包等)在全球范围内的多次跨境流动。世界贸易组织(WTO)统计数据显示,进入 21 世纪以来,中间品贸易占全球贸易的比重平均约占 60%,在经济一体化程度最高的欧洲,其比重甚至高达 80%。因此,COVID-19 对 GVC 的冲击主要是通过各国之间中间品贸易的渠道展开的。具体来说,包括以下三个效应,即"关联效应""牛鞭效应"和"二元边际效应"。首先,一个国家在 GVC 中扮演的角色包括两个关联部分:一是向其他国家出口提供中间品;二是从其他国家进口需求中间品。我们称前者为"前向参与",称后者为"后向参与"。如果该国发生较严重的疫情而其他国家无疫情,则在前向参与上对其他国家造成 GVC 供给冲击,在后向参与上对其他国家造成 GVC 需求冲击。相反,如果该国无疫情而其他国家疫情严重,则在前向参与上其他国家对它造成 GVC 需求冲击,在后向参与上其他国家对它造成 GVC 供给冲击。如果全球疫情严重,冲击将是交互式的。其次,由于市场不确定性与经营策略需要,在价值链中上游的供应商往往维持比其下游厂商更高的库存水平,以应付订货需求的不确定性,因此越往价值链上游其生产与订货偏差就越大,这种由需求变异放大而导致的现象称之为"牛鞭效应"。因此,COVID-19疫情导致的下游市场需求萎缩将通过这种乘数效应进一步加大上游供应商的生产、供应、库存管理和市场营销风险,从而导致GVC贸易严重的波动与混乱。最后,一国的出口增长可分解为"集约边际"(intensive margin)和"广延边际"(extensive margin),即"二元边际",其中前者指出口贸易额的增长中来源于规模与数量的部分,而后者指新的出口产品种类或者出口目标国的变更所引起的贸易额波动的部分。对2008年金融危机期间的贸易波动数据分析表明,GVC贸易的调整变化主要是集约边际,表现为危机发生后在原有种类与市场基础上出口数量的大幅度萎缩,而短期的经济下行周期冲击对广延边际的影响较小。这种情形在COVID-19冲击下也会发生。

3. COVID-19对全球价值链的冲击程度。

第一,分析COVID-19对世界范围内GVC的短期影响。根据对外经贸大学GVC数据库的测算,2017年全球GDP中GVC出口附加值(简单与复杂GVC之和)比例为13%。根据国际货币基金组织(IMF)的预测,在新冠肺炎2020年上半年得到控制的假设(情景1)下,全球经济预期增长率将下调0.5%,而在2020年全年流行的假设(情景2)下,全球经济预期增长率将下调1.5%。由此,COVID-19将导致全球GVC出口附加值下降0.065%(情景1)和0.195%(情景2)。如果进一步结合全球GVC出口附加值占总出口的比例(2017年为58%),基于上述情景假设,全球出口总额将分别下降0.11%和0.34%。

第二,分析COVID-19对中国GVC的短期影响。经测算,2017年中国GDP中GVC出口附加值比例为8%。结合IMF和麦肯锡公司的预测,在前述情景1和2下,中国经济预期增长率将分别下调1.32%和2.18%,由此,COVID-19将导致中国GVC出口附加值下降0.106%(情景1)和0.174%(情景2)。进一步结合中国GVC出口附加值占总出口的比例(2017年44%),基于上述情景假设,中国的出口总额将分别下降0.24%和0.39%。

第三,短期内复杂GVC生产受COVID-19的冲击比简单GVC生产更为严重。这主要是因为复杂GVC贸易涉及中间品在全球的多次跨境,在疫情全球蔓延的情况下会显得更加脆弱。根据测算,2017年简单GVC和复杂GVC占全球GDP的比重分别为7.3%和5.5%,中国的相应比率分别为4.9%和3.3%。当前,复杂GVC的主要部门——电子通信产品(如手机)、交通运输设备(如汽车、飞机)、精密仪器等技术复杂产品的制造行业受到的冲击最严重,它们也是预期利润下降幅度最大的部门。

第四,短期内 COVID-19 对具有不同 GVC 特征的行业和国家的影响程度也是不同的。总的来说,技术与知识密集度越高的行业或国家的 GVC 后向参与度略高于前向参与度。由此,对制造型行业(尤其是高端与复杂制造)和国家(如中国、日本、德国、韩国等),COVID-19 对 GVC 的影响以中间品供给冲击(后向参与)为主;对资源型行业、国家和地区(如加拿大、澳大利亚、俄罗斯、中东地区)以中间品需求冲击(前向参与)为主;而对创新型行业和国家(如美国、英国等)两种冲击则兼而有之。

第五,短期内 COVID-19 对区域价值链的中心国家的冲击影响最大。当前,GVC 网络形成以中国、德国、美国为中心的亚洲、欧洲、北美洲三大区域价值链。从中间品供给角度(前向关联)看,中国和美国是简单 GVC 网络的中心国家,而美国和德国是复杂 GVC 网络的中心国家。从中间品需求角度(后向关联)看,美国和德国分别是简单 GVC 和复杂 GVC 网络的中心国家。三国既是中间品的主要提供者,也是中间品的主要需求者,因此三国的疫情发展与防控对稳定全球的供应链体系具有极其重要的影响。

第六,作为全球第二大经济体与贸易大国,中国疫情的防控与逐步复工生产对 GVC 具有积极而重大的意义。根据 WTO 的统计数据,中国出口与进口中间品占全球的相应比重分别为 12.3% 和 14.5%,均位居全球第一位。许多国家和地区高度依赖从中国大陆进口工业中间品,尤其体现在电子通信、汽车、机械和纺织等行业。中国大陆的减产对越南、韩国、日本、中国台湾、泰国、印度尼西亚、马来西亚、新加坡等亚洲国家和地区的冲击将最为严重。此外,中国的经济与贸易形势也关系到以石油、天然气、矿产品与农产品为主要出口产品的中东、拉丁美洲、中亚和北美洲等国家的 GVC 出口。

第七,从中长期看,经受 GVC 中断的短期冲击后,价值链的地区转移与国内替代将会发生。对 GVC 的附加值分解表明,2008 年金融危机之后,全球和中国的 GVC 出口附加值所占比重虽有短暂的恢复,但在总体上保持了下降趋势。这意味着国内价值链近年来迅速发展,其原因既有新兴经济体国内市场规模扩大、国内产业升级、技术创新与发达国家再工业化等主动因素,也有全球贸易保护主义和外部冲击所导致的价值链重组等被动因素。此次 COVID-19 疫情可能会重现或加剧价值链"国内化"的这一中长期趋势,从这个角度说,这反而是中国深化发展完整、高效和安全的国内价值链体系的一次重要机遇。

4. 寻求全球价值链高效和安全管理的应对之策。

从国家角度看，GVC 为优化资源配置、促进要素分工和提升生产率提供了有利条件；从企业角度看，准时制（Just-in-time）生产和精益化供给（lean supply）节约了成本和创造了利润。但是，COVID-19 使人们再一次意识到 GVC 的局部干扰或崩溃将很快导致整个生产体系的失灵。当前，各国需加强政策协调与合作，通过经济救助与刺激方案实现经济稳定，克服恐慌预期，防止生物危机演化成为经济危机。深化国际合作也将是预防"病毒保护主义"最好的疫苗。对此，二十国峰会（G20）应当承担全球责任并发挥领导作用。果断的金融救助与信贷计划是防止 GVC 断裂的重要举措。尚有财政空间的国家应通过减税、扩大支出与转移支付的方式帮助企业渡过难关，这对参与 GVC 的中小企业显得尤为重要。要避免针对疫情的过度贸易限制与反应，更要警惕对传染病的隔离加剧逆全球化倾向，遏制全球病毒保护主义的蔓延。特别是针对药品、医疗器械等抗疫物资的生产应保持进口贸易自由化与便利化，放宽出口管制，通过 GVC 贸易实现规模化和专业化的收益，使人民能够享受低价、高质和多种类选择的福利。此外，确保作为全球供应链支柱的物流网络顺畅和持续运作也十分重要。在中长期内，一是发挥数字经济对加强 GVC 高效管理的重要作用。疫情期间，各国的经验充分表明数字贸易与电子商务为维持基本生产、消费与贸易发挥了极其重要而独特的作用。COVID-19 冲击无疑将进一步刺激和提升未来数字经济产业的发展，特别是通过跨境交付方式增强服务贸易在 GVC 中的作用与地位。数字化产品、数字化传输、数字化平台可以更加有效与便捷地解决贸易在时间与空间的分离问题，为中间品服务贸易（如设计、研发、咨询、管理、专业服务等）提供更灵活的选择。这同时也可以部分抵消实体制造业价值链"去全球化"带来的影响。二是加强对 GVC 的风险管理。从国际层面上看，需要提高对 GVC 的认识与系统性风险评估。可以考虑由 WTO 承担这一工作职责，将监控全球贸易稳定纳入其日常功能范畴。通过与其他国际组织（如联合国贸易和发展会议，UNCTAD）的合作，建立先行指标体系与报告制度进行预警，在危机发生后组织贸易与投资政策协调，并对各国采取的贸易与投资措施进行合规性监控，在必要时通过与国际货币基金组织的合作来加强在贸易融资方面的应急计划，从而援助脆弱国家。从国家层面来看，外部冲击可能会进一步促使一些国家在总体战略上考虑价值链离岸生产与外包的回流，从而致力于加强建立强健的国内产业链与价值链体系，特别是在那些具有重要战略性但又严重依赖少数外国供应商的行业。此外,虽然政府不能轻易与武断地干预微观企业的存货或贸易决策,但可以从国家供应链安全的角度考虑制定一个最低储备计划,就像石油、粮食等安全保障一样。在这方面,美国政府曾于2012年1月制定与实施了《全球供应链安全国家战略》,以确保货物有效和安全流动,并试图建立一个富有弹性的供应链体系,其中战略重点是全球交通与通信等基础设施。从企业层面来看,COVID-19将迫使企业在未来的GVC管理中更好地平衡成本节约和风险分散的战略。跨国公司需要重新规划与思考未来的库存管理、战略储备、物流运输规划、供应商在地理与数量上的多元化、上下游产能协调等战略与商业方案,从而增强供应链的韧性,以应对未来新的外部冲击可能带来的新挑战。同时,企业也将修订GVC脆弱性评估方案以及应急对策方案,以适应此次COVID-19所带来的更加真实的情景。

资料来源:盛斌:《COVID-19对全球价值链的冲击及政策启示》,《国际经济评论》,2020年第3期。

七、本章扩展材料

1. UNCTAD. World Investment Report.

2. John H. Dunning, Sarianna M. Lundan: *Multinational Enterprises and the Global Economy*. Edward Elgar Publishing Limited, 2008.

3. WTO and other organizations: Global Value Chain Development Report 2019.

第九章　全球经济治理

一、本章内容摘要

本章阐释世界经济运行和协调中的全球经济治理机制。

1. 全球经济治理是指国际社会通过协商合作、建立共识、确定规则等方式，保障合理、有序的国际经济秩序规范，并对全球经济事务与经济政策进行协调、指导、管理和干预，以实现全球经济的稳定和可持续增长。全球经济治理是单独的或若干个国家联合起来，通过一系列的国际制度和规则共同解决全球经济问题的过程。这些国际制度和规则构成了全球经济治理的框架，一般分为三类：全球性的、正式的多边国际规则和制度安排；少数国家参与的非正式的国家集团；区域性经济治理。

2. 全球经济治理体系起源于第二次世界大战结束后建立起来的以国际货币基金组织、世界银行、关税与贸易总协定为三大支柱的布雷顿森林体系。二战结束以来，全球经济治理模式经历了由美国主导到美苏对立，再到美日欧三足鼎立，直到现在以二十国集团为代表的多国共议模式。

3. 20世纪90年代，随着全球化进程的加速，全球经济治理的理念再次被强化，尤其反映了发展中经济体对现存国际经济秩序中暴露出的种种弊端的不满和完善国际经济秩序的各种诉求。2008年全球金融危机爆发以来，美欧资本主义国家经济持续低迷，新兴市场和发展中经济体群体性崛起，世界经济格局正在发生深刻变化，全球经济治理体系变革成为当今世界经济发展的迫切需求，也必将对世界经济的进一步发展产生深远的影响。纵观全球经济治理模式的演变，全球经济治理无论从权力结构、组织结构、规则与协定还是决策机制上都发生了显著的变化。这种变化充分反映了经济全球化背景下世界经济格局和各国力量对比的更迭。特别是21世纪以来，随着经济实力和谈判能力的提高，新兴市场和发展中国家积极参与全球经济治理，推动国际经济秩序的变迁，为全球经济治理体系的成熟和完善做出了重要贡献。金砖国家作为新兴市场和发展中国家的典型代表，在推动全球经济治理体系改革的过程中，表现最为突出。

4. 中国所倡导建立的金砖国家新银行、亚洲基础设施投资银行和金砖国家应急储备安排是对现行全球货币与金融体系的有益补充与竞争，并构成了未来由新兴经济体所主导的新型国际金融体系的雏形。在该体系中，国际货币体系将日益多元化,国际金融权力格局趋于均衡,国际金融机构凸显发展导向功能,国际货币与金融治理体系将渐趋完善。

二、本章基本概念

全球治理、全球经济治理、七国集团、二十国集团、77 国集团、金砖国家

三、本章重点和难点剖析

(一)全球经济治理的核心及其基本框架

全球经济治理的核心包括如下三个方面的内容:第一,全球经济治理的实施重要主体是全球多边机构。第二,全球经济治理的主要内容是相关进程,而各个主权国家作为多边机构的成员,通过彼此的互动来影响进程的走向。第三,全球经济治理的绩效是多边机制或规则经国际政策协调而达成和运作的效果。

全球经济治理是若干个国家联合起来,通过一系列的国际制度和规则共同解决全球经济问题的过程。这些国际制度和规则构成了全球经济治理的框架,一般将其分为三类。

1. 全球性的、正式的多边国际规则和制度安排

这是行使全球经济治理责任的全球多边经济机构,主要包括国际货币基金组织、世界银行和世界贸易组织。这三大机构被称为全球经济治理的"三大支柱"。

2. 少数国家参与的非正式的国家集团

全球经济治理的第二个层次是由少数国家参与建立的非正式的国家集团,主要包括七国集团、二十国集团和"金砖国家"峰会等。

3. 区域性经济治理

区域性经济治理是全球经济治理的第三个层次,一般是指地理位置临近的国家或地区凭借其地理空间上的优势达成某些区域性的协定和安排,协调区域内各国财政、金融、贸易等经济政策,以区域经济的整合和共治促进区域经济繁荣发展。区域性经济治理是全球经济治理的重要组成部分,为全球经济治理的有效实施提供了基础。二战后,区域性的经济治理模式逐渐产生并不断发展,集中表现为不同层次的区域经济一体化组织的成立和扩大。重要的区域性经济治理集团有欧盟、北美自由贸易区、东盟、亚太经合组织等。

(二) 全球经济治理体系的演进

1. 美国霸权下的布雷顿森林体系

二战后,美国竭力寻求塑造全球经济、金融、货币霸权,强化美元地位。以美元为中心的战后国际货币金融体系——布雷顿森林体系孕育而生,标志着以美国为主导的全球经济治理体系初步建成。

在布雷顿森林体系下,美元与黄金挂钩,而其他国家货币与美元挂钩,实行可调整的固定汇率制度,美元因而获得等同黄金的地位,成为最主要的国际储备货币。此外,还设立了两个超主权的国际金融机构——国际货币基金组织和世界银行。前者的功能在于监督成员国之间实施稳定和有序的汇率安排,建立经常性交易的多边支付制度,消除外汇管制,并在成员国陷入国际收支与债务清偿危机时提供临时性的资金救助;后者则旨在为发展中国家提供金融贷款、技术援助,或通过担保促进私人投资,从而帮助发展中国家提高生产能力、减少贫困以及保持国际收支平衡。

布雷顿森林体系结束了二战前国际金融领域中的混乱局面,避免了汇率竞争性贬值;固定汇率制在很大程度上克服了汇率的波动,有利于国际贸易及对外投资的发展;国际货币基金组织等国际金融组织的救助缓和了战后许多国家的国际收支危机,推动了其经济复苏与发展,为资本主义国家在20世纪50—70年代的"黄金时代"经济增长提供了重要的制度保证。

正如美国著名经济学家特里芬所预言,布雷顿森林体系存在着严重的"先天缺陷"——美元流动性与美元信用的两难。一方面,作为国际结算及储备货币,美元的供给必须不断增加,这要求美国的国际收支逆差不断扩大;另一方面,作为国际核心货币,美元必须保持币值稳定以维持其信用,这又要求美国必须是长期贸易顺差国。20世纪60年代,美国深陷越南战争,经济实力大为削弱,与此同时,面对来自快速崛起的西欧及日本的贸易竞争,美国的贸易逆差不断增大,从而愈加难以维系美元的汇率稳定。在连续爆发七次美元危机之后,1971年美国尼克松政府最终宣布停止向国外中央银行兑换黄金,这标志着运行了27年的布雷顿森林体系最终瓦解。

布雷顿森林体系的崩溃催生了全球金融治理体系的改革。1976年,国际货币基金组织通过了《牙买加协定》,标志着全球经济进入浮动汇率制的后布雷顿森林时代。它最明显的特征在于汇率安排的多样化和储备货币的多元化。在现行体制下,浮动汇率制与固定汇率制并存,它为各国国内经济政策提供了灵活性与独立性,有助于保持政策的连续性与稳定性。此外,欧元、日元逐步发展成为与美元相抗衡的新的国际储备货币,在很大程度上解决了储备货币供不应求的矛盾。然而,牙买加体系的主要弊端在于难以控制的金融风险与金融冲击。在浮动汇率制下,货币与外汇风险显著增大,在一定程度上抑制了国际贸易的正常活动,并导致资本的跨境无序流动;在多元化国际储备格局下,储备货币发行国仍享有"铸币税"等多种特权,容易导致由少数国家货币扩张和资产泡沫而引发的国际金融不稳定;国际金融危机逐渐成为常态。

2. 七国集团

布雷顿森林体系崩溃后,世界经济不稳定因素加大。1973—1974 年的全球石油危机对资本主义国家经济造成了巨大的冲击,发生了二战以来最严重的经济衰退,致使全球贸易迅速下滑,国际汇兑紊乱,通货膨胀加剧,失业人数激增,各国贸易保护主义抬头。在此背景下,加强世界范围内的政治经济协调的呼声高涨,新的全球治理体系呼之欲出。1973 年 3 月,美国财政部长乔治·舒尔茨邀请英国、法国、联邦德国财政部长在美国白宫图书馆举行首次部长级非正式会议,商讨世界经济走势等相关问题。这个论坛后来被称为"图书馆集团",并定期举行秘密会议。同年 9 月,日本财政部长应邀参会,至此,五国集团初步形成。1976 年,随着意大利和加拿大成为正式成员,七国集团(G7)成立。此后,七国集团国家领导人每年定期会晤,对世界经济发展形势交换看法,以期在财政、贸易、金融、货币等方面的全球经济治理达成共识。

20 世纪 90 年代,伴随着冷战结束和苏联解体,俄罗斯应邀参加七国集团领导人峰会期间的部分会议。1997 年,俄罗斯被接纳为正式成员,七国集团升级为八国集团(G8)。八国集团成立初期,俄罗斯仅参与政治议题的讨论,全球经济治理问题仍然由七国集团首脑会议掌控。2014 年,西方七国以俄罗斯在克里米亚危机里的立场和行动违反多条国际法律和条约为由,决定冻结俄罗斯的成员资格,至此又回到七国集团。七国首脑定期就各国的财政政策、货币政策、汇率政策、贸易政策等宏观经济政策展开讨论,以期促进各国政策的协调一致,缓解各种突发事件和经济危机对各国经济造成的冲击,维持各国经济稳定增长。20 世纪 80 年代,七国集团在货币金融政策的合作上取得了显著的成效,而到了 90 年代,因在货币金融领域的矛盾突出,协调成效不大,七国集团在全球经济治理方面进入了低潮期。

3. 二十国集团

20 世纪 90 年代以来,世界经济形势趋于复杂而多变。一方面,一些发展中国家陆续爆发金融危机。1994年墨西哥金融危机爆发，1997—1998年席卷亚洲的金融危机爆发，1998年俄罗斯金融危机爆发，1999—2002年土耳其金融危机爆发，2000—2001年阿根廷金融危机爆发。另一方面，中国、印度等新兴市场和发展中经济体经济发展态势迅猛。八国集团逐渐认识到经济全球化使得世界各国相互联系、相互影响的程度不断加深，全球经济治理离不开新兴市场和发展中经济体的参与。

在这种背景下，1999年9月，八国集团与澳大利亚、韩国、中国、印度、南非、巴西、墨西哥、阿根廷、印度尼西亚、沙特阿拉伯、土耳其和欧盟组成了二十国集团（G20），以国际论坛的方式召开会议。G20涵盖世界五大洲的主要经济体，覆盖世界2/3以上的人口，GDP总额占世界GDP总额的85%。这就决定了G20在全球经济治理方面的广泛代表性和处理全球经济危机的权威性。1999年12月，G20成员国在德国柏林举行各国财政部长和央行行长会议，就国际金融货币政策调整、世界发展等问题交换了意见和看法。由于以发达国家为主的国际经济组织无法适应全球治理的需求，更无力提出有效的解决方案，所以G20在全球经济治理中的地位与作用开始显著上升。

2008年国际金融危机爆发后，全球经济陷入衰退。此时，全球范围内急需一个能够应对金融危机的对话平台和新型经济合作机制，以阻止经济衰退蔓延。而G20部长级会议已经成立将近10年，形成了比较成熟的运作机制，并在全球经济问题对话和协调方面发挥了积极的作用。鉴于此，G20领导人于2008年在美国华盛顿举行首次会议，G20峰会由部长级峰会提升为领导人峰会。截止到2019年，G20领导人峰会已经连续举办了14届，G20经历了从阶段性的危机管理机制向长期性的全球治理工具的转变，迅速发展为全球经济治理的核心。当前，G20的议题已延展到金融稳定、促进贸易和投资、加强基础设施建设等广泛的全球经济治理问题上。

4. 新兴市场和发展中国家的崛起

二战后，发展中国家在政治上纷纷走上独立的道路，但绝大多数经济发展相对缓慢。以美国为主导的战后全球经济治理体系使南方国家在经济上仍处于不平等的地位，南北差距不断扩大。直到20世纪60年代，南方国家逐渐联合起来，建立石油、咖啡、花生、可可等商品输出国组织，共同维护在世界原料贸易领域的权利，初步展现了发展中国家在全球经济治理上的态度。

1964年，联合国在日内瓦召开第一届贸易和发展会议，设立常设机构，集中处理各国间贸易、金融、投资、技术、可持续发展等领域的相关问题,重点关注发展中国家在全球经济与贸易中所面临的处境,向发展中国家提供技术援助和人才培训,协助其进行债务管理等,以促进发展中国家的经济发展。在第一届贸易和发展会议期间,77个发展中国家成立"七十七国集团",联合发表了《日内瓦联合宣言》,共同呼吁建立公正的全球经济治理体系。1974年,联合国大会第六届特别会议通过了由七十七国集团起草的《建立新的国际经济秩序宣言》和相关的《行动纲领》,规定了建立国际经济新秩序的一系列重要原则,要求所有国家平等地参与国际事务,并且应特别照顾发展中国家的发展需要。

20世纪70年代,两次石油危机的爆发迫使资本主义国家采取紧缩政策,严重影响到拉美等地区发展中国家的出口贸易,引发拉美债务危机,南北矛盾加剧,全球经济治理体系面临挑战。在这一时期,发展中国家参与全球经济治理的方式由南南合作逐渐转向南北对话。1975年,非洲、加勒比海和太平洋地区(简称非、加、太地区)的46个发展中国家与欧洲经济共同体9国签订了贸易和经济援助协定,称为《洛美协定》。此项协定以5年为一个周期,规定了5年内欧共体向非、加、太地区提供财政援助的具体金额。《洛美协定》共执行了4期,推进了南北对话与合作,是迄今最重要的南北合作协定。2000年,《洛美协定》被《科特努协定》取代,南北合作的范围进一步扩大,提高了发展中国家在参与全球经济治理体系中的地位。

1997年亚洲金融危机的爆发,一方面反映了外向型经济国家对世界市场的依赖程度非常大,另一方面反映出全球金融治理体系存在严重缺陷。危机爆发后,中国等发展中大国积极参与国际货币基金组织对亚洲有关国家的援助,并在国内积极转变经济增长方式,努力推行扩大内需政策,保持国内经济持续增长,成为亚洲经济复苏的重要力量。值得注意的是,在应对亚洲金融危机的过程中,中国等发展中国家积极参与到全球经济治理中,并开始发挥越来越重要的作用。

20世纪90年代,一些发展中国家和地区发展尤为迅速,被发达国家和一些国际机构认定为新兴市场国家,典型的是被称为"金砖国家"的中国、印度、俄罗斯、巴西和南非,以及后起的被称为"薄荷四国"的印度尼西亚、尼日利亚、土耳其和墨西哥。新兴市场国家遍布于世界各大洲,联系紧密,互补性强,联合发展,对地区经济和世界经济起着重大的推动作用。进入21世纪以来,新兴市场和发展中国家出现群体崛起之势,其经济增长速度明显快于发达国家。伴随着经济的高速发展,新兴市场和发展中国家积极参与全球经济治理的诉求不断增强,处理国际事务的话语权逐渐提升,对世界经济的可持续发展做出了重要贡献。

(三)全球经济治理模式的变化特征

二战结束以来,全球经济治理模式经历了由美国主导到美苏对立,再到美日欧三足鼎立,直到现在的多国共议模式。纵观全球经济治理模式的演变,全球经济治理无论从权力结构、组织结构、规则与协定还是决策机制上都发生了显著的变化。这种变化充分反映了经济全球化背景下世界经济格局和各国力量对比的更迭。

1. 权力结构的变化

二战后建立起来的以布雷顿森林体系为标志的全球经济治理体系,充分反映了当时世界经济力量的对比。美国独大的世界经济格局决定了二战后初期全球经济治理体系的权力结构是以"中心—外围"为基本特征的单极格局。

二战使美国跃升为世界第一经济强国,而苏联也迅速崛起,成为仅次于美国的世界强国。20世纪80年代末90年代初,东欧发生剧变,苏联解体,西欧和日本经济迅速崛起,国际力量格局发生了新的变化,全球经济治理的权力结构逐渐从美苏两极格局转变为美日欧三足鼎立的新格局。20世纪90年代以来,中国、俄罗斯、印度等新兴市场和发展中国家迅速崛起,经济增长速度领先于世界其他国家,在全球经济治理中的地位不断提升。2008年国际金融危机后,美国和西欧国家经济遭受重创,处理全球化引起的国际性问题的能力有所下降,全球经济治理的权力结构逐渐转变为多国共议格局。

2. 组织机构的变化

二战后相当长的一段时间内,上述组织机构在制定全球经济规则、协调全球经济问题等方面发挥了不可替代的作用。然而,随着经济全球化程度的不断加深,世界各国相互依赖的程度超过了历史上任何一个时期,世界经济领域出现的问题已经不仅仅是传统的国际问题,而是全球范围内的共同问题。

传统全球治理构架缺乏内在的一致性是全球经济治理体系的固有缺陷,这影响到其常规运转与应对挑战的效率。二十国集团的兴起反映了全球金融治理从旧范式向新范式的结构性变革。21世纪初成立的"金砖国家"集团,已经形成以首脑峰会为核心,以高级事务代表、部长和驻多边机构代表会晤为辅助,以工商界、银行界和智库为支撑的综合合作框架,成为全球经济治理的重要组织机构。相比于传统的全球经济治理机构,二十国集团和"金砖国家"集团更高效,更具整体性、包容性和代表性。

3. 规则与协定的变化

近年来,关于全球经济治理的"规则竞争"日益激烈,传统国际组织和机构的规则与协定面临着多重发展困境。全球经济治理正从市场化、自由化、私有化、单一化的价值导向模式向竞争性的议题,特别是发展问题导向模式转变。

4. 决策机制的变化

全球经济治理的良性运转有赖于公平、有效的决策机制。全球经济治理的决策机制应从封闭、集权和排他性的方式转变为开放、多元和包容性的方式。但事实上,IMF 和世界银行的决策机制,是以份额和投票权作为基础。经过多年的实践,IMF 和世界银行的决策层面和操作层面都有悖于全球经济治理的初衷。21 世纪以来,顺应世界经济的发展趋势,G20 和"金砖国家"迅速发展为全球经济治理的重要平台。G20 采取传统大国与新兴市场和发展中国家联合共治的方式,在决策机制上比布雷顿森林体系和七国集团时代更具有开放性和多元性。G20 采取"协商一致"的决策机制,使得新兴市场和发展中国家可以平等地同发达国家在全球经济事务上交换看法。2008 年国际金融危机后,G20 有效地推进了全球金融治理体制改革,增加了发展中国家在 IMF 和世界银行中的投票权,使全球经济治理更具代表性和包容性。

(四)全球经济治理主要领域的变化趋势

1. 全球贸易治理

二战结束初期,全球贸易治理在美国的主导下陆续开展。二战后相当长的一段时间里,全球贸易治理只能在关贸总协定这个平台上通过多轮谈判磋商的方式缓慢推进,全球贸易治理雏形初现。直到 1995 年成立正式的、具有法人地位的国际组织——世界贸易组织,全球经济治理才形成了较为完整的框架。

21 世纪初,鉴于 WTO 多哈回合多边谈判停滞不前,发达国家着力将推进全球贸易治理的协定转向 WTO 多边主义以外的方式。第一个方式是区域贸易协定。第二个方式是诸边(或复边)协定。近十年来,经济全球化深入发展,而全球价值链的兴起和繁荣是经济全球化快速发展的重要特征之一。迅速发展的全球价值链改变了国际生产体系和模式,创造了国际竞争新优势,形成了国际贸易新格局,也催生了全球贸易治理新规则。基于全球价值链的国际贸易新规则主要是通过所谓第二代贸易政策议题体现出来,它更加强调全球中间品进口贸易自由化、贸易和投资的便利化以及贸易标准和规制的融合,将引领全球贸易治理体系的变革。

2. 全球投资治理

全球投资治理是全球经济治理体系的重要组成部分,主要依附于关贸总协定(世界贸易组织)框架而生,一直没有形成独立的治理框架。全球投资协议基本上以双边为主,并处于高度"碎片化"状态,能够发挥实质性作用的全球多边投资治理体系一直没有建立起来。全球投资治理体系的变革主要体现为"第二代"投资政策议题逐渐代替"第一代"议题。"第一代"议题主要围绕赋予外国投资者非歧视性待遇和提供必要的投资保护,包括外资准入与开业、所有权与股权、经营业绩要求、投资者待遇、利润汇回、资金转移、征用、投资激励(税收)、争端解决等。它们均体现在20世纪各国所签署的双边投资协定和为吸引外国直接投资流入而进行的各种政策改革中。"第二代"议题则在继续保障新的投资待遇和公平竞争的基础上,增加了对外国投资者进行必要规制与促进可持续发展的内容,包括投资者义务、企业社会责任、投资便利化、知识产权、竞争政策、劳动力市场管理、土地获取、环境政策、公共治理与机构、反腐败、投资者—东道国争端解决、基础设施与公私合作等。

2008年国际金融危机后,G20在致力于全球贸易、金融治理体系改革的同时,还积极主动引领全球投资治理体系改革。2016年,G20领导人峰会通过了《G20全球投资指导原则》,为全球投资治理体系初步搭建了框架。该指导原则强调全球投资应以实现可持续发展和包容性增长为目标,为未来全球投资治理体系的发展指明了方向。

3. 全球货币与金融治理

尽管布雷顿森林体系早已解体多年,但以美元为核心的全球货币体系和以美国为核心的全球金融体系依然主导着全球经济,以美国为核心的西方发达国家依然把持着国际支付、结算、汇兑与转移等方面的规则和惯例,依然垄断着全球性与区域性的金融机构的权力,依然掌控着国际经济政策的协调机制。全球货币与金融治理体系并未随着国际经济力量与结构的变化而发生根本性的变革,体制性不公正和绩效的不公正还依然广泛存在。

当前,国际经济格局正在发生重大变化,推动全球金融权力格局、运行规则以及组织机构发生变革正当其时。全球货币与金融治理体系的未来格局已初步显现,主要表现在以下两方面:第一,新兴市场与发展中经济体角色升级,国际金融权力格局趋于均衡。第二,金砖银行、亚洲基础设施投资银行等新型机构彰显平等与民主,促进国际金融治理体系渐趋完善。

四、本章课后思考题及答案提示

1. 简述全球经济治理理念的核心

全球经济治理理念的核心包括如下三个方面的内容：第一，全球经济治理的实施重要主体是全球多边机构。第二，全球经济治理的主要内容是相关进程，而各个主权国家作为多边机构的成员，通过彼此的互动来影响进程的走向。第三，全球经济治理的绩效是多边机制或规则经国际政策协调而达成和运作的效果。

2. 简述全球经济治理体系的形成与发展

（1）美国霸权下的布雷顿森林体系

二战后，美国竭力寻求塑造全球经济、金融、货币霸权，强化美元地位。以美元为中心的战后国际货币金融体系——布雷顿森林体系孕育而生，标志着以美国为主导的全球经济治理体系初步建成。

布雷顿森林体系的崩溃催生了全球金融治理体系的改革。1976年，国际货币基金组织通过了《牙买加协定》，标志着全球经济进入浮动汇率制的后布雷顿森林时代。它最明显的特征在于汇率安排的多样化和储备货币的多元化。

（2）七国集团

布雷顿森林体系崩溃后，世界经济不稳定因素加大。1976年，七国集团（G7）成立。七国首脑定期就各国的财政政策、货币政策、汇率政策、贸易政策等宏观经济政策展开讨论，以期促进各国政策的协调一致，缓解各种突发事件和经济危机对各国经济造成的冲击，维持各国经济稳定增长。20世纪80年代，七国集团在货币金融政策的合作上取得了显著的成效，而到了90年代，因在货币金融领域的矛盾突出，协调成效不大，七国集团在全球经济治理方面进入了低潮期。

（3）二十国集团

20世纪90年代以来，世界经济形势趋于复杂而多变。1999年9月，八国集团与澳大利亚、韩国、中国、印度、南非、巴西、墨西哥、阿根廷、印度尼西亚、沙特阿拉伯、土耳其和欧盟组成了二十国集团（G20），以国际论坛的方式召开会议。G20领导人于2008年在美国华盛顿举行首次会议，G20峰会由部长级峰会提升为领导人峰会。截止到2019年，G20领导人峰会已经连续举办了14届，G20经历了从阶段性的危机管理机制向长期性的全球治理工具的转变，迅速发展为全球经济治理的核心。当前，G20的议题已延展到金融稳定、促进贸易和投资、加强基础设施建设等广泛的全球经济治理问题上。

（4）新兴市场和发展中国家的崛起

二战后，发展中国家在政治上纷纷走上独立的道路，但绝大多数经济发展相对缓慢。以美国为主导的战后全球经济治理体系使南方国家在经济上仍处于不平等的地位，南北差距不断扩大。直到20世纪60年代，南方国家逐渐联合起来，建立石油、咖啡、花生、可可等商品输出国组织，共同维护在世界原料贸易领域的权利，初步展现了发展中国家在全球经济治理上的态度。

1964年，联合国在日内瓦召开第一届贸易和发展会议，设立常设机构，集中处理各国间贸易、金融、投资、技术、可持续发展等领域的相关问题，重点关注发展中国家在全球经济与贸易中所面临的处境，向发展中国家提供技术援助和人才培训，协助其进行债务管理等，以促进发展中国家的经济发展。在第一届贸易和发展会议期间，77个发展中国家成立"七十七国集团"，联合发表了《日内瓦联合宣言》，共同呼吁建立公正的全球经济治理体系。1974年，联合国大会第六届特别会议通过了由七十七国集团起草的《建立新的国际经济秩序宣言》和相关的《行动纲领》，规定了建立国际经济新秩序的一系列重要原则，要求所有国家平等地参与国际事务，并且应特别照顾发展中国家的发展需要。

20世纪70年代，两次石油危机的爆发迫使资本主义国家采取紧缩政策，严重影响到拉美等地区发展中国家的出口贸易，引发拉美债务危机，南北矛盾加剧，全球经济治理体系面临挑战。在这一时期，发展中国家参与全球经济治理的方式由南南合作逐渐转向南北对话。1975年，非洲、加勒比海和太平洋地区（简称非、加、太地区）的46个发展中国家与欧洲经济共同体9国签订了贸易和经济援助协定，称为《洛美协定》。此项协定以5年为一个周期，规定了5年内欧共体向非、加、太地区提供财政援助的具体金额。《洛美协定》共执行了4期，推进了南北对话与合作，是迄今最重要的南北合作协定。2000年，《洛美协定》被《科特努协定》取代，南北合作的范围进一步扩大，提高了发展中国家在参与全球经济治理体系中的地位。

1997年亚洲金融危机的爆发，一方面反映了外向型经济国家对世界市场的依赖程度非常大，另一方面反映出全球金融治理体系存在严重缺陷。危机爆发后，中国等发展中大国积极参与国际货币基金组织对亚洲有关国家的援助，并在国内积极转变经济增长方式，努力推行扩大内需政策，保持国内经济持续增长，成为亚洲经济复苏的重要力量。值得注意的是，在应对亚洲金融危机的过程中，中国等发展中国家积极参与到全球经济治理中，并开始发挥越来越重要的作用。

20世纪90年代，一些发展中国家和地区发展尤为迅速，被发达国家和一些国际机构认定为新兴市场国家，典型的是被称为"金砖国家"的中国、印度、俄罗斯、巴西和南非，以及后起的被称为"薄荷四国"的印度尼西亚、尼日利亚、土耳其和墨西哥。新兴市场国家遍布于世界各大洲，联系紧密，互补性强，联合发展，对地区经济和世界经济起着重大的推动作用。进入21世纪以来，新兴市场和发展中国家出现群体崛起之势，其经济增长速度明显快于发达国家。伴随着经济的高速发展，新兴市场和发展中国家积极参与全球经济治理的诉求不断增强，处理国际事务的话语权逐渐提升，对世界经济的可持续发展做出了重要贡献。

3. 试述新兴市场和发展中国家对全球经济治理体系变革的作用

进入21世纪以来，新兴市场和发展中国家出现群体崛起之势，其经济增长速度明显快于发达国家。伴随着经济的高速发展，新兴市场和发展中国家积极参与全球经济治理的诉求不断增强，处理国际事务的话语权逐渐提升，对世界经济的可持续发展做出了重要贡献。新兴市场和发展中国家对全球经济治理体系变革的推动作用主要体现在三个方面：一是开放包容、合作共赢。2008年国际金融危机后，发达国家经济普遍严重下滑，保护主义有所抬头，经济全球化有倒退之势。与此同时，发展中国家借助经济增长的优势，集体呼吁建立开放型经济，合作共赢，反对保护主义，提倡建立公平合理的全球经济治理新体制。二是重视经济结构调整和可持续发展。新兴市场和发展中国家将改革本国经济体制，调整经济结构作为经济持续发展的内在动力，将可持续发展作为经济发展的重要目标。三是构建各国发展共同体和人类命运共同体。新兴市场和发展中国家重视利用七十七国集团、"金砖国家"等机制开展各个领域的对话与合作，联合发展以应对全球化所带来的各种挑战。构建人类命运共同体这一倡议，获得了世界范围内的广泛认同。

4. 全球贸易治理的变化趋势如何？

二战结束初期，全球贸易治理在美国的主导下陆续开展。二战后相当长的一段时间里，全球贸易治理只能在关贸总协定这个平台上通过多轮谈判磋商的方式缓慢推进，全球贸易治理雏形初现。直到1995年成立正式的、具有法人地位的国际组织——世界贸易组织，全球经济治理才形成了较为完整的框架。

21世纪初，鉴于WTO多哈回合多边谈判停滞不前，发达国家着力将推进全球贸易治理的协定转向WTO多边主义以外的方式。第一个方式是区域贸易协定。第二个方式是诸边（或复边）协定。

近十年来，经济全球化深入发展，而全球价值链的兴起和繁荣是经济全球化快速发展的重要特征之一。迅速发展的全球价值链改变了国际生产体系和模式，创造了国际竞争新优势，形成了国际贸易新格局，也催生了全球贸易治理新规则。基于全球价值链的国际贸易新规则主要是通过所谓第二代贸易政策议题体现出来，它更加强调全球中间品进口贸易自由化、贸易和投资的便利化以及贸易标准和规制的融合，将引领全球贸易治理体系的变革。

5. 全球货币金融治理体系的发展趋势如何？

尽管布雷顿森林体系早已解体多年，但以美元为核心的全球货币体系和以美国为核心的全球金融体系依然主导着全球经济，全球货币与金融治理体系并未随着国际经济力量与结构的变化而发生根本性的变革，体制性不公正和绩效的不公正还依然广泛存在。

当前，国际经济格局正在发生重大变化，推动全球金融权力格局、运行规则以及组织机构发生变革正当其时。全球货币与金融治理体系的未来格局已初步显现，主要表现在以下两方面：

第一，新兴市场与发展中经济体角色升级，国际金融权力格局趋于均衡。中国所倡导成立的金砖银行、应急储备安排、亚投行等新型国际金融机构，构成了与现行由美欧日主导的世界银行、IMF、亚洲开发银行等布雷顿森林体系相平行的新体系，这既是对后者在融资安排上有益的补充，也对其形成了制度性的竞争与冲击。以"金砖国家"代表的新兴市场与发展中经济体迅速崛起，力图打破发达国家对国际金融体系的垄断，建立符合自身发展利益需要的国际金融机构，并通过"边际增长"在未来国际金融体系中拥有更显著的话语权与决定权，从而为实现平衡、公正、透明与完善的国际经济新秩序做出贡献。

第二，新型机构彰显平等与民主，促进国际金融治理体系渐趋完善。由新兴市场与发展中经济体所主导建立的国际金融体系，从初始就在内部治理结构上强调体现平等、包容与互补精神，这与世界银行和IMF所遵循的大国主宰、小国从命的"中心–外围"模式形成鲜明的对比。新兴市场与发展中经济体正在通过自己的实际行动及其示范效应，倒逼现行国际金融治理制度的改革。

五、本章测试题

（一）判断题

1. 全球经济治理的核心是通过构建国际组织、机制和规则，形成与不断变化

的国际经济格局相匹配的国际经济秩序,确保全球经济稳定与持续发展。（　　）

2. 以美元为中心的二战后国际货币金融体系——布雷顿森林体系是基于"凯恩斯计划"建立的以美国为主导的全球经济治理体系。（　　）

3. 全球投资治理体系变革中的"第二代"投资政策议题与"第一代"议题相比主要增加了赋予外国投资者非歧视性待遇和提供必要的投资保护等内容。
（　　）

4. 二战结束以来,全球经济治理模式经历了由美国主导到美苏对立,再到美日欧三足鼎立,直到现在的多国共议模式。（　　）

5. 迅速发展的全球价值链改变了国际生产体系和模式,创造了国际竞争新优势,形成了国际贸易新格局,但其对全球贸易治理规则没有影响。（　　）

6. 中国所倡导成立的金砖银行、应急储备安排、亚投行等新型国际金融机构,构成了与现行由美欧日主导的世界银行、IMF、亚洲开发银行等布雷顿森林体系相平行的新体系,这既是对后者在融资安排上有益的补充,也对其形成了制度性的竞争与冲击。（　　）

（二）不定项选择题

1. 下列属于全球性的、正式的多边国际规则和制度安排的有（　　）。

　　A. 国际货币基金组织　　　　B. 世界银行
　　C. 世界贸易组织　　　　　　D. 二十国集团

2. 构成全球治理内容的核心要素包括（　　）。

　　A. 全球治理的价值　　　　　B. 全球治理的规制
　　C. 全球治理的主体和客体　　D. 全球治理的效果

3. 当今全球经济治理权力结构的主要特征包括（　　）。

　　A. 多元化　　　　　　　　　B. 单一化
　　C. 分散化　　　　　　　　　D. 集中化

4. "金砖国家"不包括（　　）。

　　A. 巴西　　　　　　　　　　B. 俄罗斯
　　C. 印尼　　　　　　　　　　D. 南非

5. 全球货币与金融治理体系并未随着国际经济力量与结构的变化而发生根本性的变革,体制性不公正和绩效的不公正依然广泛存在,主要表现在（　　）。

　　A. 将单一主权货币美元作为国际基准货币是导致全球经济失衡以及国际
　　　　金融危机的根本性原因之一

B. 美国主导的全球货币与金融治理体系未能对当前国际经济的格局变化做出正确与积极的反应

C. 在现有的国际金融机构中,以美国为代表的西方国家拥有决策与议事的垄断权,并在业务中推行政治附加条件与西方教条式的价值模式

D. 新兴市场与发展中经济体角色升级,国际金融权力格局趋于均衡

6. 为了适应新的形势需要,G20需要实现的机制创新包括(　　)。

A. 从一种危机应对机制转变为常态性的长效治理机制

B. 与其他国际组织加强协同合作机制

C. 鼓励和响应其成员发挥"探路者"效应

D. 通过创新机制改革推动各国实施结构改革

六、本章阅读材料及案例分析

请结合本章所学知识和下列材料,简要分析二十国集团在世界经济治理中的地位和作用。

材料1:十年同舟路,今朝再扬帆

今年(2018年)是国际金融危机爆发10周年。

10年前,金融危机从华尔街开始,像多米诺骨牌一般迅速蔓延,全球市场和国际社会陷入深度恐慌,担心20世纪30年代"大萧条"的噩梦重演。关键时刻,占世界经济总量85%的二十国集团领导人走到一起。各方平等对话、协调行动,把急速滑向悬崖的世界经济拉回到稳定和增长轨道。二十国集团领导人峰会机制应运而生。

10年来,二十国集团领导人定期会晤,为世界经济把脉开方、举旗定向。从稳定市场、重塑信心到面向未来、推进改革,从财政税收、货币金融到贸易投资、就业民生,从能源气候、可持续发展到数字经济、新工业革命,二十国集团在全球经济治理的方方面面发挥着重要的顶层设计作用,成为公认的国际经济合作主要平台。随着那场危机成为过去,有人似乎认为二十国集团政策协调与合作不再紧迫,有人甚至对二十国集团的作用和发展方向提出了疑问。

那么,二十国集团真的已经完成历史使命,不再重要了吗?答案是否定的。当前,尽管世界经济保持增长,但风险和下行压力不容忽视。单边主义和保护主义给世界经济带来冲击,发达经济体货币政策调整对新兴市场和发展中国家产生负面溢出效应,主要国际机构近年来首次下调了世界经济增长预期。中长期

看,世界经济动能不足、全球经济治理滞后、国际发展失衡等根本矛盾仍未有效解决。尤其值得关注的是,经贸领域的冲突正在向政治、安全领域蔓延,这对世界的和平与稳定不是好消息。

新的 10 年呼唤新的领导力。二十国集团是主要发达国家同新兴市场和发展中国家平等对话协商的重要平台,是全球经济治理进程的重大进步。我们认为,二十国集团应继续发挥国际经济合作主要论坛作用,发扬伙伴精神,体现历史担当,顺应发展潮流,引领合作方向。

二十国集团要继续做多边主义的捍卫者。多边主义是战后国际关系民主化的集中体现,也被证明是完善全球治理、应对共同挑战、实现共同发展的有效方式。推行单边主义、保护主义只会损害我们大家的利益。以世界贸易组织为核心的多边贸易体制是多边主义的重要体现,其作用只能加强不能削弱。中国赞同与时俱进对世贸组织进行必要的改革。我们同时认为,应坚持世贸组织的核心价值和基本原则,应尊重和维护发展中国家的发展权利和发展空间。

二十国集团要继续做伙伴精神的倡导者。世界经济发展到今天,各国利益相互交融,早已成为命运共同体。每一个国家都无法依靠关起门来实现发展、应对挑战。同舟共济的伙伴精神是二十国集团十年合作积累的最宝贵精神财富。我们应继续加强宏观经济政策协调,建设性处理分歧。发达国家应承担起应有责任,在政策制定时考虑对发展中国家的影响。

二十国集团要继续做全球经济治理的完善者。国际金融危机爆发后,二十国集团针对全球经济治理暴露的弊端推行了一系列改革,增强了世界经济的抗风险能力。但这显然仍是一项远未完成的工作。我们应继续落实国际金融体系改革路线图,筑牢金融安全网,增强发展中国家的代表性和发言权,打造公平、公正、包容、有序的国际金融体系,为世界经济保驾护航。

二十国集团要继续做创新增长的领军者。引领世界经济增长是二十国集团的共同责任。当今世界最大问题是增长的动能不足,根本出路在于创新。我们应牢牢抓住新科技革命的机遇,推进新技术应用、数字经济、未来的工作等各领域合作,用实实在在的合作成果彰显二十国集团的生命力和领导力。与此同时,我们也要关注新技术应用给经济、社会、生活带来的冲击和负面影响,帮助人们在收获新技术和新业态发展带来的红利的同时,防止出现新的鸿沟。

二十国集团要继续做包容发展的推动者。杭州峰会上,包容增长首次同强劲、可持续、平衡增长目标同等并列,反映了国际社会对经济增长的再认识。我们应积极推动落实2030年可持续发展议程,加强基础设施互联互通,帮助发展中国家加快发展。为此,要充分听取发展中国家声音,保障发展中国家的发展权益和政策空间,"不让任何一个人掉队"。

"艰难困苦,玉汝于成"。峰会10周年之际,经济全球化和多边合作正遭遇逆风。二十国集团要把握航向,勇立潮头,坚持共商共建共享,引领世界经济冲云破雾,驶向彼岸。即将在阿根廷布宜诺斯艾利斯举行的二十国集团领导人峰会将吸引全球目光,也将对新形势下的国际经济合作展开新的有益探索。迎来改革开放四十周年的中国,是多边主义和开放型世界经济的坚定支持者、维护者、建设者。中国将沿着和平发展、改革开放、互利共赢的道路继续走下去。我们愿同各方加强合作,凝聚共识,共同为世界经济提振信心,为国际合作添砖加瓦,为共同发展贡献力量。

资料来源:王毅:《十年同舟路,今朝再扬帆》,《人民日报》,2018年11月27日第6版。

材料2:为全球经济治理注入正能量

面对世界经济的风云变幻,各国唯有平等协商、团结互助、开放包容、携手合作才能共克时艰,实现互利共赢

二十国集团领导人第十四次峰会将于6月28日至29日在日本大阪举行,习近平主席将与二十国集团成员和嘉宾国领导人、国际组织负责人再度聚首,共商稳定世界经济、推进全球经济治理的大计。在单边主义和保护主义肆虐、全球经贸关系紧张、世界经济不稳定不确定性增多之际,这次峰会受到国际社会广泛关注。

11年前,国际金融危机引发全球市场和国际社会深度恐慌,为应对这场席卷全球的危机,二十国集团领导人峰会机制应运而生。二十国集团成员具有广泛代表性,总人口占全球2/3,国内生产总值占全球近90%,贸易额占全球近80%。11年来,二十国集团在平等互利的基础上加强宏观政策沟通协调,为应对国际金融危机、促进世界经济复苏、推动国际金融货币体系改革等发挥了重要作用。

中国已成为二十国集团的重要参与者和引领者。此次将是习近平主席连续第七次出席或主持二十国集团领导人峰会。从2013年首次参加圣彼得堡峰会,到2016年成功主持以"构建创新、活力、联动、包容的世界经济"为主题的杭州峰会,再到推动2018年布宜诺斯艾利斯峰会就维护多边贸易体制等问题达成多

项重要共识,习近平主席在二十国集团平台上为应对全球性挑战提出切实可行的中国方案,为推动世界经济增长贡献重要的中国智慧,为各国合作共赢提供强大的中国信心,充分展现了中国作为负责任大国的合作精神和开放胸怀。

当前,世界经济下行压力增大,不确定性明显上升,单边主义和保护主义形成一股逆流,冲击国际秩序、多边贸易体制和全球市场信心,世界经济与全球治理走到关键十字路口。在此形势下,世界期待二十国集团机制和大阪峰会继续发挥引领作用,为全球经济治理注入正能量,维护以规则为基础的多边贸易体制,推动世界经济在开放、公平的环境中平稳运行。

"海纳百川,有容乃大。"中国始终倡导建设开放型世界经济,相信多边主义是最符合各国人民利益的必由之路。二十国集团的发展历程,就是一部发达国家与发展中国家同舟共济、携手并进的发展史。面对世界经济的风云变幻,各国唯有平等协商、团结互助、开放包容、携手合作才能共克时艰,实现互利共赢。希望二十国集团继续秉持同舟共济的伙伴精神,加强宏观经济政策协调,促进世界经济稳定增长,特别要突出发展视角,照顾广大发展中国家关切。在当前个别国家升级经贸摩擦的情况下,尤其需要坚持协商一致,妥善处理意见分歧。

习近平主席出席大阪峰会,这是中国国家元首时隔近9年再赴日本出席多边会议。包括首相安倍晋三在内,日本各界人士热烈欢迎习近平主席来日与会,将习近平主席视为重要而尊贵的客人,认为习近平主席与会体现出中方对大阪峰会和日本的重要支持。中日分别是世界第二、第三大经济体,两国有责任、也有能力与各方一道,共同做好世界经济的"稳定锚"和"推进器"。期待在即将召开的大阪峰会上,中日与各方共同努力,为世界经济发展注入信心、增添动力,共同致力于营造自由、开放、包容、有序的国际经济环境与秩序。

资料来源:孔铉佑:《为全球经济治理注入正能量》,《人民日报》,2019年6月25日第2版。

材料3:不忘二十国集团的合作初心

二十国集团领导人第十四次峰会即将在日本大阪举行。当前,世界经济虽处在增长轨道,但动力不足,阻力增大,甚至面临脱轨风险。单边主义、贸易保护主义以及霸凌行径肆虐蔓延,给世界经济秩序带来冲击,国际贸易和投资信心不足。国际社会普遍对此感到担忧,期待本次峰会能够传递积极信号,指明发展方向和出路,提振国际市场信心。

这正是11年前二十国集团举行首次领导人峰会时所秉持的初心。彼时,国际金融危机爆发,各国担忧世界会重蹈上世纪"大萧条"的覆辙。关键时刻,二十国集团领导人走到一起,秉持同舟共济、合作共赢的伙伴精神,平等协商、协调行动,把急速滑向悬崖的世界经济拉回到稳定和增长轨道。二十国集团也由此确立了国际经济合作主要平台的地位,开启了全球经济治理新篇章。

当前国际形势复杂多变,二十国集团更需回望来路,秉持初心。

二十国集团要倡导正确理念。从合作之初聚焦国际金融问题,到目前涵盖贸易、创新、卫生、可持续发展、反腐败等广泛领域,二十国集团议程的不断丰富反映出当今重大问题的全球属性,没有任何一国可以独自应对、独善其身。主要经济体要展现责任与担当,坚持多边合作精神,少一些误解、指责,多一些理解、尊重,让单边主义和霸凌主义没有市场,让平等协商、合作共赢成为不变信条。

二十国集团要把握前进方向。当前,世界经济复苏动能不足,贸易保护主义加剧,更给世界经济增长带来下行风险。面对困难,我们不能简单地将问题归咎于他人,期待一蹴而就地解决问题。各国唯有保持改革勇气,专注高质量发展,通过创新方式破解增长乏力困局,才能从根本上走出"分蛋糕"的窠臼,避免犯下破坏全球价值链、加剧治理碎片化的错误。

二十国集团要坚持发展导向。二十国集团之所以较传统大国协调机制更加有效,在于它是主要发达国家同新兴市场和发展中国家平等对话协商的重要平台。二十国集团应从解决全球发展失衡的根本性问题出发,把发展维度贯穿于数字经济、基础设施、气候变化、能源、环境等诸多问题的讨论中,解决发展中国家在这些领域普遍面临的资金、能力、治理短板,避免新的发展鸿沟。

作为二十国集团重要一员,中国坚守合作初心,致力于为全球经济治理提供中国方案,贡献中国力量。

人们犹记得,在2009年伦敦峰会上,会议新闻中心挂着3个时钟,分别显示"北京时间""伦敦时间"和"华盛顿时间",彰显着中国作为一个开放的发展中大国代表,与各方同舟共济所发挥的重要作用。

人们犹记得,在2014年布里斯班峰会上,中国向二十国集团提交的增长战略包括了134项政策措施。根据国际组织测算,中国是二十国集团全面增长战略的最大贡献者之一。

人们更不会忘记,在2016年杭州峰会上,中国推动各方携手构建创新、活力、联动、包容的世界经济,为世界经济合作指明新方向,进一步推动二十国集团从危机应对向长效治理机制转型。

中国以兼济天下的胸怀和担当,通过自身发展和实际行动,不断为二十国集团发展注入新活力。相信中国将一以贯之地加强同各国互利合作,为世界经济增长作出新贡献。

资料来源:经祎:《不忘二十国集团的合作初心》,《人民日报》,2019年6月27日第3版。

七、本章扩展材料

1. 海外网—学习小组专栏:《习近平的全球治理观》,新华网,2015年10月15日。

2. 微信公众号"1号线上":《习近平的全球经济治理观》,中国新闻网,2017年1月17日。

3. 何亚非:《选择:中国与全球治理》,中国人民大学出版社2015年版。

4. 习近平:《团结行动 共创未来——在二十国集团领导人第十六次峰会第一阶段会议上的讲话》,2021年10月30日。

第十章　世界经济发展不平衡及其变化趋势

一、本章内容摘要

自世界经济形成以来,世界经济发展不平衡是一条具有普遍性的规律。

1. 现阶段世界经济发展不平衡虽有不同的体现,但其主要矛盾或问题表现在发达国家与发展中国家之间经济发展不平衡。从总体上看,最发达国家与最不发达国家之间的经济发展差距在不断扩大,但同时中等发展水平国家特别是新兴工业化国家和地区的数量及其经济发展水平也在不断提升,并成为世界经济发展重要的引导性和稳定性力量。

2. 世界经济发展不平衡的原因是多方面的,包括自然条件、历史因素和社会经济条件等。二战结束以来,不公正、不合理的国际经济秩序,各国历史因素和社会经济条件的差异,科技水平的差距以及各国经济体制和发展战略的差异等因素,是导致现阶段世界经济发展不平衡的主要原因。正因为如此,广大发展中国家争取公正、合理的国际经济新秩序和发展条件与环境的斗争,将是一个相当长时期的艰巨过程。

3. 世界经济发展不平衡对世界经济发展产生了重要影响。虽然它使得世界经济发展面临着许多新的矛盾与问题,但同时也在推动世界经济朝着多极化的方向发展。因此,新兴和发展中经济体的崛起及其影响力的提升,将有助于构建国际经济新秩序,增加发展中国家在世界经济中的话语权,改善发展中国家经济发展的国际环境。

二、本章基本概念

世界经济发展不平衡、全球经济失衡、资源开发型发展战略、进口替代战略、出口导向战略、世界经济多极化、国际经济新秩序

三、本章重点和难点剖析

（一）世界经济发展不平衡的主要表现

世界经济发展不平衡是指世界各国经济增长、经济发展水平和生产力发展水平的不平衡,是当代世界经济的一个重要特征。二战后,世界经济发展不平衡主要表现在国家和地区之间,如发达国家与发展中国家之间、发达国家之间、发

展中国家之间。

1. 发达国家与发展中国家之间经济发展不平衡

二战后,虽然亚洲、非洲和拉丁美洲的广大发展中国家纷纷摆脱帝国主义殖民体系的统治,获得了民族的解放与独立,并且在民族经济的发展上取得了较大的成就。但是,发达国家与发展中国家之间经济发展的不平衡依旧十分突出,主要表现在以下几个方面。

（1）经济增长速度的不平衡

20 世纪 60 年代以来,发展中国家的经济增长速度往往高于发达国家。进入 21 世纪,发展中国家经济的增长速度更明显地高于发达国家。发展中国家与发达国家在经济增长速度方面的不平衡,主要是由于大部分发展中国家的经济规模较小,增长的基数较低,并且所处的经济发展阶段也较低,处在大规模工业化过程之中,因而经济增长的空间较大。而发达国家由于经济规模已经很大,工业化已经完成,处于经济发展的相对较高阶段。所以总体来说,发达国家经济的增长速度要低于发展中国家。

（2）经济发展水平的不平衡

虽然二战以后发展中国家的经济得到了较快发展,其经济增长率明显高于发达国家,但它们的经济发展水平与发达国家相比依然相差很多,并且差距在不断拉大。在经济发展总体水平上,发达国家与发展中国家存在着明显的不平衡。就人均收入来衡量经济发展水平,发达国家与发展中国家的不平衡性更加突出。

（3）经济结构发展的不平衡

经济结构发展的不平衡,是发达国家与发展中国家之间经济发展不平衡的又一主要表现。经济结构发展的不平衡实际上是通过发达国家与发展中国家分别处于不同的发展阶段反映出来的,即体现着一种发展阶段的不平衡性。

二战之前,发达国家经济结构的重心已经完成了由农业向工业的转移。二战之后,发达国家经济结构的重心由工业迅速向服务业转移。发达国家的经济结构明显体现出以服务业为主导的特征,已经进入后工业化社会时期。

二战之后,多数发展中国家经济结构的重心实现了由农业向工业的转移,工业在发展中国家 GDP 中的比重不断上升。总体上看,在发展中国家经济结构中,工业成为发展中国家经济结构的主体,由工业向服务业转移的特征还没有明显体现,大部分发展中国家处于工业社会阶段,而一部分最不发达国家还远未实现工业化。

2. 发达国家之间经济发展不平衡

发达国家之间的经济发展不平衡也是世界经济发展不平衡的重要表现。在二战后的世界经济发展进程中,发达国家之间经济发展不平衡主要表现为美国、欧共体(现为欧盟)和日本之间在不同时期经济发展不平衡。

20世纪50年代,美国在资本主义国家中处于绝对的主导地位。由于二战的破坏,日本和西欧国家的经济遭受沉重打击,与美国的差距巨大。20世纪60年代,日本和西欧国家的经济得到了快速发展,欧共体和日本与美国的经济差距在不断缩小。20世纪80年代,美国、欧共体和日本基本上形成三足鼎立的局面。20世纪90年代中期以来,美国、日本和欧盟之间经济发展呈现出新的不平衡性。日本经济由于泡沫经济的破裂而持续低迷,使美、日、欧之间的不平衡重新加大,扩大后的欧盟经济在总量上一度超过美国。欧盟在发达国家经济中的地位日益重要,但在欧债危机的影响下,其在世界经济中的地位也出现一定程度的下降。

3. 发展中国家之间经济发展不平衡

发展中国家之间的经济发展也同样存在着不平衡性。由于发展中国家之间的经济发展水平存在着差异,它们相互之间收入水平不均等的现象亦十分明显。一些发展中国家的经济实现了快速发展,如新兴工业化国家和地区以及新兴经济体,但还有一些发展中国家的经济仍然停滞不前,这样的国家主要集中在撒哈拉以南的非洲地区。发展中国家之间经济发展不平衡性突出地表现在收入水平的差距上。根据世界银行的统计,只有少数国家进入高收入国家之列,广大的发展中国家主要是中等收入和低收入国家。

(二)现阶段全球经济失衡的含义、表现及其原因

20世纪末以来,全球经济持续失衡成为现阶段世界经济发展不平衡的一个突出现象。全球经济失衡是指世界各国各地区无法实现内部均衡与外部均衡的一种状态,其中尤其是指世界主要国家和地区之间在经济相互依赖基础上国际收支的非均衡状态。这种非均衡状态难以持续,而非均衡的调整将对世界经济总体产生巨大的冲击和影响。

全球经济失衡主要体现为世界经济在国际贸易和国际金融领域的严重失衡。

1. 全球贸易失衡

1996年之后,随着美国经常项目逆差的持续扩大、东亚国家和地区贸易顺差与外汇储备的不断增加,全球经济失衡表现得越来越明显。全球贸易失衡的

盈余方主要集中在亚洲地区,如日本、中国、东盟国家,欧元区国家也属于全球贸易的盈余方。全球贸易失衡的赤字方主要是美国。

2. 全球金融失衡

全球金融失衡与贸易失衡是密切相连的,主要体现为美国在国际金融领域中拥有霸权地位,而通过贸易顺差和资本流入而拥有大量美元储备的东亚国家和地区手中的美元不得不以购买美国国债等方式流回美国,使美国得以维持贸易逆差和大量进口,使失衡不断累积,并被迫成为美国金融霸权的支撑者。

关于全球经济失衡的原因,许多西方学者更多的是从储蓄－投资视角或汇率视角出发进行分析,认为全球经济失衡的主要原因有两个:第一,是由储蓄率差异所导致的各国储蓄－投资缺口,具体而言,就是美国的低储蓄率和亚洲国家的高储蓄率的差异导致了全球经济失衡;第二,是部分国家的汇率低估,即认为一些国家通过低估本币汇率刺激出口激增,导致国际收支的严重失衡。

但事实上,从二战后美国储蓄率与投资率的变动情况来看,两者之间的缺口均没有造成美国经常项目收支大规模的逆差,而且在20世纪90年代中期,当美国储蓄率上升并高于总投资率时,其经常项目收支依然处于逆差状态。所以从长期来看,仅仅从储蓄－投资缺口来解释全球经济失衡是乏力的。另一方面,经验表明,尽管短期内汇率变动会对经常项目收支产生影响,但对于长期持续存在的国际收支不平衡,汇率因素的作用十分有限。所以,这些至多是短期因素,不是导致全球经济失衡的长期原因,更非根本原因。

导致全球经济失衡的根本原因,是二战后国际分工的巨大变化以及以美元为核心的国际货币体系的影响。

(三)世界经济发展不平衡的原因

导致世界经济发展不平衡的原因是多方面的,主要包括不公正、不合理的国际经济秩序,各国不同的历史因素和社会经济条件,科技水平的差距以及各国经济体制和发展战略的差异等。

1. 不公正、不合理的国际经济秩序

不公正、不合理的国际经济秩序带有强烈的霸权主义的性质和特点,是霸权国家强加于国际社会所形成的弱国服从强国、发展中国家服从发达国家的经济秩序。不公正、不合理的国际经济秩序是资本主义世界体系下的产物,使发达国家和发展中国家之间经济发展不平衡日益加大。

2. 历史因素和社会经济条件的影响

在世界经济发展的过程中,各个国家的经济发展具有不同的历史背景和社会经济条件。它们对于各个国家经济发展的影响和作用是不同的,这也是导致世界经济发展不平衡的重要因素。

3. 科技水平的差距

科技水平的差距是形成世界经济发展不平衡的重要因素。科技水平的差距主要是由科技进步的差异导致的。科学技术的空前发展使一些国家能够以跳跃方式超过另一些国家,也就是说,科学技术的进步在不同国家的不同发展速度,会直接或间接地改变国家之间的实力对比,促进或改变世界经济发展不平衡。

4. 各国经济体制和发展战略的差异

在经济发展的过程中,各国都依据各自的国情和经济发展的条件采取了不同的经济体制和发展战略。这些经济体制和发展战略给它们带来了不同的经济发展绩效,这也是导致世界经济发展不平衡的重要原因。

（四）世界经济发展不平衡的影响

世界经济发展不平衡对世界政治经济的各个领域产生了重大的影响。世界经济发展不平衡必然带来国家间经济矛盾与摩擦,并使其更加复杂化;同时,世界经济发展不平衡也使世界政治经济格局在朝着多极化发展的过程中出现了新的变化,并推动着构建国际经济新秩序的斗争不断地向前发展。

1. 国际经济矛盾与摩擦复杂化

世界经济发展不平衡使国际经济矛盾与摩擦进一步复杂化。这种复杂性不仅表现在发达国家之间、发达国家与发展中国家之间,还表现在全球经济层面所有国家共同面对的一系列问题上。

2. 世界经济多极化趋势不断增强

世界经济发展不平衡虽然总体上使南北差距不断扩大,但随着欧盟、日本等发达经济体以及新兴和发展中经济体在世界经济发展中的地位与作用不断增强,美国的经济霸权地位相对削弱,世界经济多极化趋势不断增强。

3. 构建国际经济新秩序的途径日益明确

现行国际经济秩序是二战刚结束时按照发达国家的意志和需要建立起来的,是发达国家特别是美国在国际生产和流通领域的垄断地位的体现。由于这种国际经济秩序的长期存在,使得当今世界经济领域最根本的矛盾是发展中国家发展不足。虽然从20世纪70年代开始,发展中国家就在为建立国际经济新秩序而不懈努力,但是直到目前,广大发展中国家的利益仍得不到保障,经常受到侵害。现行的国际经济秩序是不公正、不合理的,必须对其进行必要的改革。新兴和发展中经济体的崛起及其影响力的提升,将有助于构建国际经济新秩序,增加发展中国家在世界经济中的话语权,改善发展中国家经济发展的国际环境。

（五）构建国际经济新秩序的途径

1. 改变现有的国际分工格局

在当今国际分工格局中,发达国家处于价值链的高端,而发展中国家则处于价值链低端,这种状况使发展中国家在国际贸易关系中处于十分不利的地位。改变这种不合理的国际分工,一方面可以提升发展中国家在国际经济事务中的发言权和决策权,促进发达国家和发展中国家国际地位的平等;另一方面,也将有助于缩小发达国家与发展中国家的贫富差距,缓和世界两极分化的现象。

2. 改善发展中国家的贸易条件

发展中国家为了摆脱发达国家的控制和对发达国家的依赖,就要争取改变发达国家对原材料市场的垄断,提高发展中国家初级产品的出口价格,实现国际商品市场中的平等交换。同时,要改善原材料和初级产品的贸易条件,在发展中国家出口原料、初级产品与进口制成品价格之间建立公平合理的关系;还要反对发达国家的贸易保护主义,要求实行普遍优惠制,并争取发达国家更多地向发展中国家公平转让技术。

3. 改革不合理的国际货币体系

发展中国家为了摆脱发达国家的控制和对发达国家的依赖,就要改变发达国家在金融等方面对发展中国家的控制,改革现行的国际货币体系,建立能够应对国际金融危机且能够保障发展中国家利益的国际货币体系,使广大发展中国家的利益得到保障。

4. 发展中国家的正当要求与合法权益要得到应有的重视

为了保障发展中国家的利益,应该对国际经济组织进行积极的改革。世界贸易组织应为发展中国家积极参与全球贸易规则制定、通过充分的市场准入和减少贸易壁垒创造条件,并对最不发达国家完全开放市场。国际货币基金组织应改革特别提款权的使用方式,增强特别提款权的作用,使非储备货币国家不通过国际收支盈余而获得储备,从而促使实际资源流入发展中国家。加强国际经济组织的体制、机制和运行模式的改革已刻不容缓。

5. 推动构建人类命运共同体,推动建设新型国际经济关系

各国人民要同心协力,构建人类命运共同体,建设持久和平、普遍安全、共同繁荣、开放包容、清洁美丽的世界。要相互尊重、平等协商,要同舟共济,促进贸易和投资自由化、便利化,推动经济全球化朝着更加开放、包容、普惠、平衡、共赢的方向发展。各国在坚持以对话解决争端、以协商化解分歧、尊重世界文明多样性的基础上,积极发展全球伙伴关系,扩大各国的利益交汇点,推进国家间协调和合作,构建总体稳定、均衡发展的大国关系框架,秉持正确义利观和真实亲诚理念加强同发展中国家团结合作,加大对发展中国家特别是最不发达国家援助力度,促进缩小南北发展差距,推动建设相互尊重、公平正义、合作共赢的新型国际经济关系。

四、本章课后思考题及答案提示

1. 世界经济发展不平衡表现在哪些方面?

世界经济发展不平衡是指世界各国经济增长、经济发展水平和生产力发展水平的不平衡,是当代世界经济的一个重要特征。二战后,世界经济发展不平衡主要表现在国家和地区之间,如发达国家与发展中国家之间、发达国家之间、发展中国家之间。

(1) 发达国家与发展中国家之间经济发展不平衡

① 经济增长速度的不平衡。20世纪60年代以来,发展中国家的经济增长速度往往高于发达国家。进入21世纪,发展中国家经济的增长速度更明显地高于发达国家。发展中国家与发达国家在经济增长速度方面的不平衡,主要是由于大部分发展中国家的经济规模较小,增长的基数较低,并且所处的经济发展阶段也较低,处在大规模工业化过程之中,因而经济增长的空间较大。而发达国家由于经济规模已经很大,工业化已经完成,处于经济发展的相对较高阶段。所以总体来说,发达国家经济的增长速度要低于发展中国家。

② 经济发展水平的不平衡。虽然二战以后发展中国家的经济得到了较快发展,其经济增长率明显高于发达国家,但它们的经济发展水平与发达国家相比依然相差很多,并且差距在不断拉大。在经济发展总体水平上,发达国家与发展中国家存在着明显的不平衡。就人均收入来衡量经济发展水平,发达国家与发展中国家的不平衡性更加突出。

③ 经济结构发展的不平衡。经济结构发展的不平衡,是发达国家与发展中

国家之间经济发展不平衡的又一主要表现。经济结构发展的不平衡实际上是通过发达国家与发展中国家分别处于不同的发展阶段反映出来的,即体现着一种发展阶段的不平衡性。

二战之前,发达国家经济结构的重心已经完成了由农业向工业的转移。二战之后,发达国家经济结构的重心由工业迅速向服务业转移。发达国家的经济结构明显体现出以服务业为主导的特征,已经进入后工业化社会时期。

二战之后,多数发展中国家经济结构的重心实现了由农业向工业的转移,工业在发展中国家GDP中的比重不断上升。总体上看,在发展中国家经济结构中,工业成为发展中国家经济结构的主体,由工业向服务业转移的特征还没有明显体现,大部分发展中国家处于工业社会阶段,而一部分最不发达国家还远未实现工业化。

(2)发达国家之间经济发展不平衡

发达国家之间的经济发展不平衡也是世界经济发展不平衡的重要表现。在二战后的世界经济发展进程中,发达国家之间经济发展不平衡主要表现为美国、欧共体(现为欧盟)和日本之间在不同时期经济发展不平衡。

20世纪50年代,美国在资本主义国家中处于绝对的主导地位。由于二战的破坏,日本和西欧国家的经济遭受沉重打击,与美国的差距巨大。20世纪60年代,日本和西欧国家的经济得到了快速发展,欧共体和日本与美国的经济差距在不断缩小。20世纪80年代,美国、欧共体和日本基本上形成三足鼎立的局面。20世纪90年代中期以来,美国、日本和欧盟之间经济发展呈现出新的不平衡性。日本经济由于泡沫经济的破裂而持续低迷,使美、日、欧之间的不平衡重新加大,扩大后的欧盟经济在总量上一度超过美国。欧盟在发达国家经济中的地位日益重要,但在欧债危机的影响下,其在世界经济中的地位也出现一定程度的下降。

(3)发展中国家之间经济发展不平衡

发展中国家之间的经济发展也同样存在着不平衡性。由于发展中国家之间的经济发展水平存在着差异,它们相互之间收入水平不均等的现象亦十分明显。一些发展中国家的经济实现了快速发展,如新兴工业化国家和地区以及新兴经济体,但还有一些发展中国家的经济仍然停滞不前,这样的国家主要集中在撒哈拉以南的非洲地区。发展中国家之间经济发展不平衡性突出地表现在收入水平的差距上。根据世界银行的统计,只有少数国家进入高收入国家之列,广大的发展中国家主要是中等收入和低收入国家。

2. 怎样理解现阶段的全球经济失衡？

20世纪末以来，全球经济持续失衡成为现阶段世界经济发展不平衡的一个突出现象。全球经济失衡是指世界各国各地区无法实现内部均衡与外部均衡的一种状态，其中尤其是指世界主要国家和地区之间在经济相互依赖基础上国际收支的非均衡状态。这种非均衡状态难以持续，而非均衡的调整将对世界经济总体产生巨大的冲击和影响。

全球经济失衡主要体现为世界经济在国际贸易和国际金融领域的严重失衡。导致全球经济失衡的根本原因，是二战后国际分工的巨大变化以及以美元为核心的国际货币体系的影响。

3. 世界经济发展不平衡的原因有哪些？

导致世界经济发展不平衡的原因是多方面的，主要包括不公正、不合理的国际经济秩序，各国不同的历史因素和社会经济条件，科技水平的差距以及各国经济体制和发展战略的差异等。

（1）不公正、不合理的国际经济秩序

不公正、不合理的国际经济秩序带有强烈的霸权主义的性质和特点，是霸权国家强加于国际社会所形成的弱国服从强国、发展中国家服从发达国家的经济秩序。不公正、不合理的国际经济秩序是资本主义世界体系下的产物，使发达国家和发展中国家之间经济发展不平衡日益加大。

（2）历史因素和社会经济条件的影响

在世界经济发展的过程中，各个国家的经济发展具有不同的历史背景和社会经济条件。它们对于各个国家经济发展的影响和作用是不同的，这也是导致世界经济发展不平衡的重要因素。

（3）科技水平的差距

科技水平的差距是形成世界经济发展不平衡的重要因素。科技水平的差距主要是由科技进步的差异导致的。科学技术的空前发展使一些国家能够以跳跃方式超过另一些国家，也就是说，科学技术的进步在不同国家的不同发展速度，会直接或间接地改变国家之间的实力对比，促进或改变世界经济发展不平衡。

（4）各国经济体制和发展战略的差异

在经济发展的过程中，各国都依据各自的国情和经济发展的条件采取了不同的经济体制和发展战略。这些经济体制和发展战略给它们带来了不同的经济发展绩效，这也是导致世界经济发展不平衡的重要原因。

4. 世界政治经济格局正在发生怎样的变化？

随着欧盟、日本等发达经济体以及新兴和发展中经济体在世界经济发展中的地位与作用不断增强，美国的经济霸权地位相对削弱，世界经济多极化趋势不断增强。

（1）世界经济力量对比正在发生变化

欧盟、日本等发达国家和地区经过二战后经济恢复及此后的快速发展，经济实力明显增强。2008年国际金融危机后，尽管欧盟和日本的经济受到了严重的冲击，但它们业已具备的经济实力和发展潜力，决定了它们的经济强国地位还会得到进一步发展。自20世纪八九十年代以来，新兴市场和发展中经济体全面参与经济全球化，抓住机遇，应对挑战，经济高速增长，在世界经济发展中的地位与作用日益增强。正是由于经济实力对比的改变，G20成为国际社会讨论重大经济问题的重要平台。新兴市场和发展中经济体的经济发展，在一定程度上制约了美国的经济霸权，为世界经济走向多极化奠定了基础。在此过程中，美国正越来越多地受到其他力量的钳制，难以在国际事务中恣意独行。当今世界已不具备打造单极世界的环境，美国也不再具备这种综合实力，其经济霸权地位也正在受到国内外复杂的政治经济因素的制约。

（2）世界经济领域一超多强的局面仍将长期持续

二战后，美国成为世界超级大国。此后，尽管美国的经济发展不断受到经济危机的冲击，经济增长波动起伏，但美国超级大国的地位总体上没有改变。20世纪90年代，美国经济再次呈现出强劲的发展势头。同时，在现阶段的全球经济失衡中，金融主导经济发展的趋势在增强，这在很大程度上有利于美国维持其经济超级大国的地位。2008年国际金融危机的爆发导致了全球金融动荡和经济衰退。在此过程中，虽然美国经济和金融业受到了巨大的冲击，但凭借着美元霸权地位和美国在全球经济规则制定中的主导地位，美国经济所受到的冲击比日本和欧元区国家所遭受的冲击要小。此外，虽然英国"脱欧"等事件对欧盟经济的发展带来不确定性，但欧盟已建立了货币联盟，进一步推进共同外交政策和防御计划，推行统一的政治改革，成为多极经济格局中的重要一极。俄罗斯亦为在全球范围内文化、经济、军事、政治以及科技等诸多领域拥有巨大影响力的世界性强国。日本是当今世界强国之一，科技、教育、医学、工业等方面始终位于世界前列。新兴市场国家在全球经济总量中所占比重迅速上升，其经济发展速度依旧较快。在世界经济发展过程中，"多强"将发挥越来越重要的影响力。世界经济一超多强的状况在相当长的时期内仍将保持。

5. 发展中国家构建国际经济新秩序需要作出怎样的努力？

（1）改变现有的国际分工格局

在当今国际分工格局中，发达国家处于价值链的高端，而发展中国家则处于价值链低端，这种状况使发展中国家在国际贸易关系中处于十分不利的地位。改变这种不合理的国际分工，一方面可以提升发展中国家在国际经济事务中的发言权和决策权，促进发达国家和发展中国家国际地位的平等；另一方面，也将有助于缩小发达国家与发展中国家的贫富差距，缓和世界两极分化的现象。

（2）改善发展中国家的贸易条件

发展中国家为了摆脱发达国家的控制和对发达国家的依赖，就要争取改变发达国家对原材料市场的垄断，提高发展中国家初级产品的出口价格，实现国际商品市场中的平等交换。同时，要改善原材料和初级产品的贸易条件，在发展中国家出口原料、初级产品与进口制成品价格之间建立公平合理的关系；还要反对发达国家的贸易保护主义，要求实行普遍优惠制，并争取发达国家更多地向发展中国家公平转让技术。

（3）改革不合理的国际货币体系

发展中国家为了摆脱发达国家的控制和对发达国家的依赖，就要改变发达国家在金融等方面对发展中国家的控制，改革现行的国际货币体系，建立能够应对国际金融危机且能够保障发展中国家利益的国际货币体系，使广大发展中国家的利益得到保障。

（4）发展中国家的正当要求与合法权益要得到应有的重视

为了保障发展中国家的利益，应该对国际经济组织进行积极的改革。世界贸易组织应为发展中国家积极参与全球贸易规则制定、通过充分的市场准入和减少贸易壁垒创造条件，并对最不发达国家完全开放市场。国际货币基金组织应改革特别提款权的使用方式，增强特别提款权的作用，使非储备货币国家不通过国际收支盈余而获得储备，从而促使实际资源流入发展中国家。加强国际经济组织的体制、机制和运行模式的改革已刻不容缓。

（5）推动构建人类命运共同体，推动建设新型国际经济关系

各国人民要同心协力，构建人类命运共同体，建设持久和平、普遍安全、共同繁荣、开放包容、清洁美丽的世界。要相互尊重、平等协商，要同舟共济，促进贸易和投资自由化、便利化，推动经济全球化朝着更加开放、包容、普惠、平衡、共赢

的方向发展。各国在坚持以对话解决争端、以协商化解分歧、尊重世界文明多样性的基础上,积极发展全球伙伴关系,扩大各国的利益交汇点,推进国家间协调和合作,构建总体稳定、均衡发展的大国关系框架,秉持正确义利观和真实亲诚理念加强同发展中国家团结合作,加大对发展中国家特别是最不发达国家援助力度,促进缩小南北发展差距,推动建设相互尊重、公平正义、合作共赢的新型国际经济关系。

五、本章测试题

(一)判断题

1. 从根本上讲,当今世界经济最大的不平衡是南北发展不平衡。( )
2. 当前,发达国家已经进入后工业化社会时期,其经济结构明显体现出以制造业为主导的特征。( )
3. 二战后,进口替代与出口导向是发展中国家采取的两种主要的经济发展战略。采用进口替代发展战略的主要是东亚发展中国家,采用出口导向发展战略的主要是拉美发展中国家。( )
4. 导致全球经济失衡的根本原因,是二战后国际分工的巨大变化以及以美元为核心的国际货币体系的影响。( )
5. 世界经济发展不平衡使国际经济矛盾与摩擦进一步复杂化。这种复杂性表现在发达国家之间以及发达国家与发展中国家之间,在全球经济层面则不存在。( )
6. 当今世界已不具备打造单极世界的环境,美国也不再具备这种综合实力,其经济霸权地位也正在受到国内外复杂的政治经济因素的制约。( )

(二)不定项选择题

1. 全球经济失衡是指世界各国各地区无法实现内部均衡与外部均衡的一种状态,其中尤其是指世界主要国家和地区之间在经济相互依赖基础上国际收支的非均衡状态。导致现阶段全球经济失衡的原因包括( )。

    A. 国际分工的新变化
    B. 以美元为核心的国际货币体系的影响
    C. 由储蓄率差异所导致的各国储蓄-投资缺口
    D. 部分国家的汇率低估

2. 导致世界经济发展不平衡的原因包括( )。

A. 不公正、不合理的国际经济秩序

B. 各国不同的历史因素和社会经济条件

C. 科技水平的差距

D. 各国经济体制和发展战略的差异

3. 发达国家与发展中国家之间经济发展的不平衡表现在（　　）。

A. 经济增长速度的不平衡　　B. 经济发展总体水平的不平衡

C. 人均收入水平的不平衡　　D. 经济结构发展的不平衡

4. 按照世界银行的标准，当前中国属于（　　）。

A. 发达国家　　B. 高收入发展中国家

C. 中等收入发展中国家　　D. 低收入发展中国家

5. 不公正、不合理的国际经济秩序体现在以下哪些领域中？（　　）

A. 国际分工　　B. 国际贸易

C. 国际金融　　D. 国际经济组织

6. 构建国际经济新秩序的途径包括（　　）。

A. 推动构建人类命运共同体

B. 改革不合理的国际货币体系

C. 改善发达国家的贸易条件

D. 发展中国家的正当要求与合法权益要得到应有的重视

六、本章阅读材料及案例分析

（一）请结合本章所学知识和下列材料，简要分析近年来世界经济发展不平衡的表现及其原因。

材料1：

在资本主义制度下，各个经济部门和各个国家在经济上平衡发展是不可能的。在资本主义制度下，除了工业中的危机和政治中的战争以外，没有别的办法可以恢复经常遭到破坏的均势。

……

经济政治发展的不平衡是资本主义的绝对规律。

——〔苏联〕列宁：《列宁全集》第 21 卷第 321 页。

列宁自己在 1917—1918 年所指出的，各国经济增长率的不平衡必然导致某些特定的强国的兴起和另外一些国家的衰落；半个世纪以前，就资本主义力量来说,德国同当时的英国相比,是个可怜的微不足道的国家。日本同俄国相比也同样是微不足道的。能够"想象"在 10 年或 20 年后帝国主义强国的相对力量仍然不改变吗?绝对不能想象。

列宁虽然是针对资本主义和帝国主义国家而言,但是这个规律看来适用于所有的国家,不管它们喜欢什么样的政治经济制度,不平衡的经济增长率迟早都会导致世界政治和军事均势的变动。这无疑就是本世纪以前 4 个世纪中大国发展的模式。

——〔美〕保罗·肯尼迪:《大国的兴衰》1989 年版第 536 页。

材料 2:

表 10-1 列出了 1980—2021 年世界及不同类型经济体的经济增长速度。表 10-2 反映了不同类型经济体按照市场汇率和购买力平价汇率进行折算的经济规模在世界经济中所占比重的变化。表 10-3 显示的是美国和世界 GDP 及美国 GDP 占世界比重(分别按市场汇率和购买力平价汇率进行折算)的变化。

表 10-1 世界及不同类型经济体的经济增长速度　　　　单位:%

年份	世界	发达经济体	七国集团	新兴市场和发展中经济体
1980	2.1	1.3	0.9	3.3
1981	1.9	2.0	2.0	1.7
1982	0.5	0.2	−0.1	0.9
1983	2.7	3.2	3.3	1.9
1984	4.5	4.9	5.0	4.0
1985	3.6	3.7	3.8	3.4
1986	3.7	3.3	3.1	4.3
1987	3.9	3.8	3.5	4.1
1988	4.7	4.8	4.7	4.4
1989	3.8	4.0	3.8	3.5
1990	3.5	3.1	2.8	4.2
1991	2.6	1.6	1.2	4.3
1992	2.3	2.3	2.1	2.4
1993	2.1	1.3	1.2	3.1
1994	3.2	3.3	3.0	3.1

续表

年份	世界	发达经济体	七国集团	新兴市场和发展中经济体
1995	3.3	2.9	2.5	3.9
1996	3.9	3.1	2.8	5.1
1997	4.0	3.5	3.2	4.6
1998	2.6	2.8	2.9	2.3
1999	3.6	3.6	3.2	3.5
2000	4.8	4.1	3.7	5.8
2001	2.5	1.6	1.3	3.6
2002	2.9	1.7	1.2	4.5
2003	4.3	2.1	1.9	7.0
2004	5.4	3.3	2.9	7.9
2005	4.9	2.8	2.6	7.1
2006	5.4	3.1	2.6	7.9
2007	5.5	2.7	2.0	8.4
2008	3.0	0.2	−0.2	5.7
2009	−0.1	−3.3	−3.7	2.8
2010	5.4	3.1	2.8	7.4
2011	4.3	1.7	1.6	6.4
2012	3.5	1.2	1.4	5.4
2013	3.5	1.4	1.4	5.1
2014	3.6	2.1	1.9	4.7
2015	3.5	2.4	2.2	4.3
2016	3.3	1.8	1.5	4.5
2017	3.8	2.5	2.2	4.8
2018	3.6	2.3	2.1	4.5
2019	2.8	1.6	1.5	3.6
2020	−3.3	−4.7	−5.0	−2.2
2021	6.0	5.1	5.4	6.7
平均	3.4	2.3	2.1	4.4

注：2021年为预测值。

资料来源：根据 IMF：*World Economic Outlook*，April 2021 中的数据计算。

表 10–2　不同类型经济体在世界经济中所占比重　　　单位：十亿美元；%

年份	发达经济体		七国集团		新兴市场和发展中经济体	
	市场汇率	购买力平价	市场汇率	购买力平价	市场汇率	购买力平价
1980	75.7	62.8	61.6	50.5	24.3	37.2
1981	75.0	63.0	62.0	50.7	25.0	37.0
1982	76.0	62.9	62.9	50.5	24.0	37.1
1983	76.9	63.4	64.7	50.9	23.1	36.6
1984	77.7	63.6	65.7	51.2	22.3	36.4
1985	78.4	63.7	66.7	51.4	21.6	36.3
1986	81.2	63.6	68.5	51.1	18.8	36.4
1987	82.0	63.6	68.3	51.0	18.0	36.4
1988	82.4	63.7	68.4	51.1	17.6	36.3
1989	81.7	63.9	67.5	51.2	18.3	36.1
1990	77.9	63.3	63.4	50.5	22.1	36.7
1991	80.4	62.7	65.7	49.9	19.6	37.3
1992	83.6	57.9	68.1	45.9	16.4	42.1
1993	82.0	57.6	67.6	45.5	18.0	42.4
1994	81.9	57.8	67.3	45.5	18.1	42.2
1995	81.3	57.8	65.8	45.0	18.7	42.2
1996	79.7	57.4	63.9	44.6	20.3	42.6
1997	78.3	57.1	63.2	44.2	21.7	42.9
1998	79.0	57.1	64.4	44.2	21.0	42.9
1999	80.3	57.2	65.6	44.1	19.7	42.8
2000	79.1	56.8	65.0	43.7	20.9	43.2
2001	78.9	56.3	64.7	43.2	21.1	43.7
2002	79.7	55.7	64.6	42.5	20.3	44.3
2003	79.6	54.6	63.5	41.6	20.4	45.4
2004	78.4	53.5	62.0	40.7	21.6	46.5
2005	76.2	52.5	59.7	39.8	23.8	47.5
2006	74.0	51.4	57.5	38.8	26.0	48.6
2007	71.6	50.1	54.7	37.5	28.4	49.9
2008	68.9	48.8	52.3	36.4	31.1	51.2
2009	68.6	47.4	52.6	35.2	31.4	52.6
2010	65.5	46.3	49.9	34.4	34.5	53.7

续表

年份	发达经济体		七国集团		新兴市场和发展中经济体	
	市场汇率	购买力平价	市场汇率	购买力平价	市场汇率	购买力平价
2011	63.4	45.3	47.8	33.6	36.6	54.7
2012	62.0	44.4	47.1	33.0	38.0	55.6
2013	60.8	44.0	45.8	32.7	39.2	56.0
2014	60.6	43.9	45.7	32.6	39.4	56.1
2015	60.6	44.4	46.4	32.9	39.4	55.6
2016	61.3	44.4	47.0	32.8	38.7	55.6
2017	60.2	44.1	45.8	32.5	39.8	55.9
2018	60.0	43.5	45.5	32.0	40.0	56.5
2019	59.5	43.1	45.5	31.7	40.5	56.9
2020	59.8	42.5	45.7	31.2	40.2	57.5
2021	59.7	42.2	45.2	31.0	40.3	57.8

注：2021 年为预测值。
资料来源：根据 IMF：*World Economic Outlook*, April 2021 中的数据计算。

表 10–3　美国和世界 GDP 及美国 GDP 占世界比重　　单位：十亿美元；%

年份	世界 GDP		美国 GDP	美国 GDP 占世界比重	
	市场汇率	购买力平价		市场汇率	购买力平价
1980	11 205.08	13 380.22	2 857.33	25.5	21.4
1981	11 483.24	14 895.15	3 207.03	27.9	21.5
1982	11 263.83	15 847.16	3 343.80	29.7	21.1
1983	11 569.44	16 874.40	3 634.03	31.4	21.5
1984	11 986.06	18 245.01	4 037.65	33.7	22.1
1985	12 505.64	19 484.78	4 339.00	34.7	22.3
1986	14 750.28	20 575.97	4 579.63	31.0	22.3
1987	16 987.61	21 891.87	4 855.25	28.6	22.2
1988	19 091.12	23 684.42	5 236.43	27.4	22.1
1989	20 080.47	25 515.37	5 641.60	28.1	22.1
1990	23 627.41	27 550.70	5 963.13	25.2	21.6
1991	24 452.47	29 165.71	6 158.13	25.2	21.1
1992	25 307.93	33 123.51	6 520.33	25.8	19.7
1993	25 997.78	34 584.95	6 858.55	26.4	19.8
1994	27 944.24	36 368.51	7 287.25	26.1	20.0

续表

年份	世界 GDP		美国 GDP	美国 GDP 占世界比重	
	市场汇率	购买力平价		市场汇率	购买力平价
1995	31 149.85	38 485.19	7 639.75	24.5	19.9
1996	32 017.14	40 697.61	8 073.13	25.2	19.8
1997	31 930.90	43 065.22	8 577.55	26.9	19.9
1998	31 775.92	44 749.31	9 062.83	28.5	20.3
1999	32 897.66	46 957.13	9 630.70	29.3	20.5
2000	33 985.70	50 306.81	10 252.35	30.2	20.4
2001	33 719.32	52 647.84	10 581.83	31.4	20.1
2002	34 851.94	55 005.66	10 936.45	31.4	19.9
2003	39 118.70	58 312.52	11 458.25	29.3	19.6
2004	44 028.68	63 038.59	12 213.73	27.7	19.4
2005	47 690.61	68 099.51	13 036.63	27.3	19.1
2006	51 651.46	73 889.24	13 814.60	26.7	18.7
2007	58 295.63	79 940.56	14 451.88	24.8	18.1
2008	63 931.56	83 840.32	14 712.83	23.0	17.5
2009	60 575.37	84 146.31	14 448.93	23.9	17.2
2010	66 240.98	89 648.92	14 992.05	22.6	16.7
2011	73 524.03	95 263.70	15 542.60	21.1	16.3
2012	74 910.85	100 135.94	16 197.05	21.6	16.2
2013	77 084.13	105 061.21	16 784.83	21.8	16.0
2014	79 155.31	108 996.05	17 527.28	22.1	16.1
2015	74 936.57	111 271.16	18 238.30	24.3	16.4
2016	76 158.88	115 532.69	18 745.10	24.6	16.2
2017	80 833.69	121 689.79	19 542.98	24.2	16.1
2018	85 893.40	128 965.38	20 611.88	24.0	16.0
2019	87 345.30	134 783.57	21 433.23	24.5	15.9
2020	84 537.69	131 656.47	20 932.75	24.8	15.9
2021	93 863.85	141 962.06	22 675.27	24.2	16.0

注：2021 年为预测值。

资料来源：根据 IMF：*World Economic Outlook*，April 2021 中的数据计算。

（二）请结合本章所学知识和下列材料，简要分析现阶段全球经济失衡的表现及其原因。

材料1：IMF说中国经济外部再平衡取得进展

国际货币基金组织（IMF）（2019年7月）17日表示，2018年中国外部头寸基本符合中期经济基本面，中国经济外部再平衡继续取得进展。

IMF当天发布《2019外部风险报告》说，中国经常账户顺差占国内生产总值（GDP）比重已从2007年的约10%大幅降至2018年的0.4%，中国外部头寸已基本符合中期经济基本面，表明中国经济增长不再依赖出口拉动，而转向内需驱动。

报告说，2007年以来中国经常账户顺差持续大幅下降，是主要发达经济体需求疲软、中国制造业技术升级、人民币实际有效汇率升值、服务贸易逆差扩大等多种因素作用的结果，反映出中国经济再平衡取得显著进展。

随着中国经济再平衡继续推进，IMF预计未来几年中国经常账户顺差将进一步下降。IMF表示，2018年人民币实际有效汇率与经济基本面保持一致，从全年看跨境资本流动为小幅净流入。

IMF首席经济学家吉塔·戈皮纳特当天在新闻发布会上表示，IMF期待中国继续依靠国内消费驱动经济增长，减少信贷依赖，并鼓励私营部门更多参与到经济当中。她呼吁拥有经常账户顺差和逆差的经济体共同努力解决全球失衡问题，重振国际贸易，避免采取扭曲的贸易政策措施。

IMF当天发布的报告还显示，全球经常账户差额占全球GDP的比重已从2007年的约6%降至2018年的约3%，其中经常账户顺差过大的主要是欧元区经济体和韩国、新加坡等亚洲经济体，经常账户逆差过大的主要有美国、英国、阿根廷和印度尼西亚等。

IMF自2012年开始每年发布《外部风险报告》，对美国、中国、德国、日本等全球29个主要经济体和欧元区整体的外部失衡情况及汇率进行分析评估。

资料来源：高攀、熊茂伶：《IMF说中国经济外部再平衡取得进展》，新华网，2019年7月18日。

材料2：美国与其贸易伙伴的商品和服务贸易差额

表10-4和表10-5分别给出了1999—2020年美国与其贸易伙伴的商品贸易差额和服务贸易差额变化情况。表10-6则反映了美国每年经常项目差额和年末国际投资头寸净额的变化。

表 10-4 美国与其贸易伙伴的商品贸易差额　　单位：百万美元

年份	巴西	加拿大	中国内地	法国	德国	中国香港	印度	意大利
1999	1 899	-34 401	-68 741	-7 170	-28 999	1 688	-5 388	-12 439
2000	1 510	-54 458	-83 866	-9 579	-29 628	2 407	-7 020	-14 009
2001	1 415	-55 194	-83 174	-10 581	-29 717	3 783	-5 971	-13 992
2002	-3 433	-50 878	-103 182	-9 321	-36 244	2 688	-7 706	-14 215
2003	-6 765	-54 515	-124 328	-12 219	-39 695	4 056	-8 052	-14 957
2004	-7 380	-69 670	-162 623	-10 771	-46 228	5 873	-9 455	-17 371
2005	-9 228	-81 876	-202 825	-11 700	-50 859	7 174	-10 882	-19 666
2006	-7 541	-74 868	-234 433	-13 522	-48 061	9 953	-12 194	-20 144
2007	-1 528	-70 207	-258 662	-14 747	-45 088	13 452	-9 185	-20 927
2008	1 713	-79 909	-268 234	-14 977	-43 617	15 837	-8 044	-20 839
2009	5 889	-22 502	-227 236	-7 520	-28 367	18 068	-4 856	-14 315
2010	11 148	-31 540	-273 067	-11 464	-35 023	22 835	-10 338	-14 403
2011	11 423	-38 484	-295 187	-12 348	-50 260	32 745	-14 649	-18 107
2012	11 913	-35 737	-314 937	-11 105	-61 073	32 767	-18 478	-21 072
2013	16 962	-36 214	-318 764	-14 501	-67 638	37 293	-20 067	-22 195
2014	12 809	-41 999	-344 932	-16 336	-75 408	35 345	-23 901	-25 644
2015	5 095	-21 245	-367 567	-18 180	-75 394	30 636	-23 387	-28 187
2016	5 529	-16 303	-347 098	-15 743	-65 025	27 761	-24 425	-28 694
2017	9 428	-21 416	-374 265	-15 541	-63 777	32 861	-22 896	-31 610
2018	9 151	-23 944	-417 267	-16 118	-68 428	31 405	-21 017	-31 995
2019	11 719	-31 057	-343 371	-20 076	-67 981	26 297	-23 601	-33 773
2020	11 240	-19 776	-309 749	-16 406	-58 109	15 969	-24 223	-29 603

年份	日本	韩国	墨西哥	沙特阿拉伯	新加坡	中国台湾	英国	其他国家和地区
1999	-74 455	-7 628	-23 783	-1	-2 012	-16 485	-1 456	-57 698
2000	-83 503	-12 421	-25 762	-8 567	-1 323	-16 068	-2 729	-101 770
2001	-71 010	-13 426	-31 383	-7 417	2 272	-14 745	-1 502	-91 727
2002	-71 257	-13 106	-38 853	-8 192	1 355	-13 587	-7 962	-101 355
2003	-67 542	-12 947	-42 538	-13 391	1 135	-14 445	-9 366	-126 072
2004	-78 059	-20 051	-47 762	-15 564	3 892	-12 928	-10 604	-166 064
2005	-85 571	-15 578	-53 327	-20 301	5 198	-12 556	-12 956	-207 852
2006	-91 576	-12 912	-68 124	-23 915	5 789	-14 886	-8 846	-222 009

续表

年份	日本	韩国	墨西哥	沙特阿拉伯	新加坡	中国台湾	英国	其他国家和地区
2007	−85 483	−12 870	−78 955	−25 395	7 010	−12 006	−6 736	−199 868
2008	−75 277	−12 662	−68 896	−42 242	11 702	−10 710	−5 384	−210 955
2009	−44 861	−10 420	−50 424	−11 012	6 327	−9 346	−1 795	−107 325
2010	−61 457	−9 681	−69 047	−20 023	10 625	−9 040	−2 474	−145 723
2011	−64 624	−12 361	−68 762	−33 620	11 305	−14 475	4 248	−177 843
2012	−77 782	−15 411	−66 752	−37 786	10 074	−13 470	−577	−121 694
2013	−74 795	−19 427	−60 255	−32 899	12 759	−11 485	−5 549	−83 764
2014	−69 340	−24 256	−61 574	−28 335	13 322	−13 349	−1 093	−85 227
2015	−71 280	−27 965	−66 603	−2 299	9 945	−14 574	−2 116	−88 748
2016	−70 327	−27 475	−69 333	1 019	8 663	−12 652	579	−116 278
2017	−69 260	−22 588	−74 413	−2 588	10 113	−16 148	2 569	−139 811
2018	−67 499	−17 680	−83 724	−10 522	6 381	−14 561	5 440	−158 371
2019	−69 663	−20 822	−105 988	895	4 926	−22 524	5 570	−172 067
2020	−56 115	−25 349	−118 618	1 941	−4 091	−29 913	7 991	−267 214

表 10–5　美国与其贸易伙伴的服务贸易差额　　　　单位：百万美元

年份	巴西	加拿大	中国内地	法国	德国	中国香港	印度	意大利
1999	4 534	5 379	1 811	1 283	2 212	197	1 078	−262
2000	5 262	5 382	2 388	−944	−703	98	1 271	−919
2001	4 630	5 534	2 313	−795	−2 728	−268	1 648	−1 126
2002	3 977	5 459	2 141	−251	−5 145	−286	1 750	−532
2003	3 586	5 512	1 981	61	−4 992	−5	2 115	−572
2004	3 698	5 788	1 774	652	−4 576	−1 161	2 238	−1 429
2005	4 402	8 624	1 719	−784	−3 971	−1 339	750	−1 545
2006	4 716	13 589	1 262	−2 153	−7 243	−1 372	−666	−2 150
2007	6 435	16 643	2 085	−702	−6 130	−1 373	−1 596	−833
2008	7 834	19 709	4 061	1 965	−7 251	−1 353	−3 266	−337
2009	8 175	21 520	6 656	221	−5 381	−471	−3 623	−535
2010	12 524	28 770	9 025	180	−4 815	−1 545	−5 360	−588
2011	15 272	30 709	12 612	−6	−4 860	−1 571	−6 968	−266
2012	17 310	33 660	16 357	579	−6 330	−1 271	−7 546	−1 029
2013	19 051	35 933	20 648	2 823	−5 932	542	−8 209	−1 139

续表

年份	巴西	加拿大	中国内地	法国	德国	中国香港	印度	意大利
2014	19 611	33 851	26 739	1 567	−4 740	775	−8 186	−947
2015	18 432	28 351	31 231	2 045	−2 271	856	−7 548	−977
2016	14 258	27 209	36 771	2 619	−1 467	1 234	−6 935	−1 429
2017	18 735	28 897	38 145	852	−1 368	1 481	−6 062	−1 688
2018	20 108	30 398	39 553	1 969	1 611	1 431	−7 132	−1 749
2019	17 752	30 795	39 543	1 941	510	2 318	−6 111	−2 470
2020	10 206	24 415	24 785	2 203	−1 960	2 728	−9 503	1 290

年份	日本	韩国	墨西哥	沙特阿拉伯	新加坡	中国台湾	英国	其他国家和地区
1999	18 749	1 222	5 047	2 251	3 155	2 619	4 362	27 621
2000	20 084	1 801	4 850	2 028	4 042	2 400	5 762	24 294
2001	16 385	1 760	5 857	1 708	3 884	1 974	4 431	16 788
2002	14 521	1 960	5 325	751	3 551	1 600	5 879	13 879
2003	13 021	1 493	5 605	460	3 833	1 215	6 228	5 859
2004	15 974	1 362	4 524	1 349	2 869	1 104	10 668	9 094
2005	16 341	2 270	6 799	1 159	2 217	969	12 212	16 438
2006	14 026	4 142	6 853	1 616	2 055	1 123	12 755	25 204
2007	12 675	5 117	6 797	2 486	3 173	484	18 453	46 487
2008	12 679	5 278	7 351	3 153	2 096	403	14 926	52 891
2009	14 378	5 837	6 100	3 803	2 726	2 355	11 872	41 290
2010	18 455	7 088	7 839	4 363	5 451	4 197	11 330	48 670
2011	19 743	8 020	8 934	4 867	5 517	4 757	9 701	80 014
2012	19 288	9 774	9 568	6 990	7 282	5 621	11 727	93 236
2013	15 394	12 228	9 973	7 436	5 384	5 840	11 931	121 776
2014	13 352	11 578	7 773	7 135	5 732	6 508	10 025	135 193
2015	13 150	11 683	6 655	7 940	7 902	5 952	13 694	133 351
2016	10 935	13 208	5 183	7 609	11 488	5 516	15 819	126 309
2017	11 020	16 064	4 179	7 712	12 750	3 713	14 723	137 448
2018	11 458	13 104	4 541	7 014	15 034	3 232	16 553	140 674
2019	13 714	12 493	2 228	7 992	14 349	3 123	14 886	132 110
2020	6 962	8 146	6 211	9 147	13 464	2 616	10 192	134 440

表 10-6 美国经常项目差额和国际投资头寸净额的变化　　单位：百万美元

年份	经常项目差额	年末国际投资头寸净额
1960	2 825	—
1961	3 821	—
1962	3 387	—
1963	4 414	—
1964	6 823	—
1965	5 430	—
1966	3 031	—
1967	2 584	—
1968	611	—
1969	399	—
1970	2 331	—
1971	−1 433	—
1972	−5 796	—
1973	7 140	—
1974	1 961	—
1975	18 117	—
1976	4 296	80 539
1977	−14 336	98 585
1978	−15 143	128 273
1979	−285	232 250
1980	2 318	296 862
1981	5 029	226 992
1982	−5 537	238 366
1983	−38 691	261 494
1984	−94 344	140 140
1985	−118 155	104 281
1986	−147 176	109 232
1987	−160 655	59 616
1988	−121 153	21 479
1989	−99 487	−33 713
1990	−78 969	−149 523
1991	2 897	−243 314

续表

年份	经常项目差额	年末国际投资头寸净额
1992	−51 613	−432 129
1993	−84 805	−121 772
1994	−121 612	−110 311
1995	−113 567	−277 567
1996	−124 764	−328 306
1997	−140 726	−788 225
1998	−215 062	−1 033 775
1999	−286 612	−1 002 268
2000	−401 918	−1 536 248
2001	−394 082	−2 294 467
2002	−456 110	−2 410 363
2003	−522 289	−2 292 395
2004	−635 890	−2 362 767
2005	−749 232	−1 857 226
2006	−816 646	−1 807 819
2007	−736 550	−1 278 830
2008	−696 523	−3 994 625
2009	−379 729	−2 626 940
2010	−432 009	−2 511 072
2011	−455 302	−4 454 616
2012	−418 115	−4 517 094
2013	−339 456	−5 367 563
2014	−369 987	−6 944 154
2015	−408 889	−7 460 181
2016	−397 571	−8 129 303
2017	−361 705	−7 672 991
2018	−438 236	−9 684 689
2019	−472 146	−11 231 434
2020	−616 095	−14 011 242

资料来源：https://www.bea.gov/data/economic-accounts/international

七、本章扩展材料

1. 戴金平:《全球不平衡发展模式》,厦门大学出版社 2012 年版。

2. 徐洪才:《工资、汇率与顺差:中国经济再平衡路径选择》,社会科学文献出版社 2011 年版。

3. 胡必亮、唐幸、殷琳:《新兴市场国家的综合测度与发展前景》,《中国社会科学》2018 年第 10 期。

第十一章 世界经济周期与危机的新发展

一、本章内容摘要

1. 马克思主义经济周期理论主要内容包括：资本主义经济危机周期性爆发的根本原因在于资本主义基本矛盾，周期波动是资本主义经济的运行规律，经济周期由危机、萧条、复苏、高涨四个阶段组成，固定资本更新是经济危机周期性的物质基础。经济周期的类型主要有基钦周期、朱格拉周期、库兹涅茨周期和康德拉季耶夫周期四种类型。世界经济周期是指世界多数国家的总体经济活动有规律地扩张与收缩的交替波动过程。

2. 二战后迄今世界经济已经历了多次世界性经济危机。特别是2007—2009年经济危机是二战之后资本主义世界最为严重的一次，是一次由金融危机引发的周期性的生产过剩的经济危机。危机的根本原因在于资本主义基本矛盾，但其直接诱因则是2007年4月开始的美国次贷危机及其引发的空前严重的全球金融危机。二战后资本主义世界经济周期与危机的主要特点有：世界经济周期同期性趋于加强，周期变形现象普遍存在，生产过剩危机与财政金融危机交织并发，周期复苏时间拉长，结构性危机与周期性危机交织在一起。

3. 影响二战后世界经济周期与危机变化的主要因素是：科技革命、政府对经济生活的全面调节和干预、经济结构的深刻变化、信用经济的高度发展。

二、本章基本概念

经济周期、经济危机、马克思主义经济周期理论、基钦周期、朱格拉周期、库兹涅茨周期、康德拉季耶夫周期、世界经济周期、美国次贷危机、结构性危机、信用经济

三、本章重点和难点剖析

（一）马克思主义经济周期理论的主要内容

马克思主义经济周期理论主要包括以下内容。

1. 资本主义经济危机周期性爆发的根本原因在于资本主义基本矛盾

资本主义基本矛盾，即生产的社会化和生产资料的私人占有之间的矛盾。资本主义基本矛盾的发展，使得资本主义再生产比例关系的失调成为一种常态，

市场的扩张总是赶不上生产的扩张,当这种矛盾进一步激化,就必然会爆发普遍性的生产过剩的经济危机,资本主义再生产过程也就会被这种生产过剩危机所打断。

2. 周期波动是资本主义经济的运行规律

马克思主义经济学认为,在资本主义生产方式下,生产的目的是获取利润,实现资本增殖,而不是满足社会的需要。这个历史局限性使生产发展到一定程度便与资本增殖的目的发生冲突,激化剩余价值的生产和剩余价值的实现条件之间的矛盾,最终不可避免地导致经济危机的爆发。资本主义经济就是这样在扩张与收缩的交替中靠牺牲已经生产出来的生产力来发展社会生产力的,这是资本主义经济多种内在因素作用的结果,是不以人的意志为转移的,周期波动是资本主义经济的运行规律。资本主义再生产就是这样在收缩—扩张—再收缩的周期循环中进行着。

3. 资本主义经济周期由若干阶段组成

关于资本主义经济周期进程不同阶段的特征,马克思曾根据当时的情况多次作过精辟描述,后人根据这些描述,将这种收缩与扩张的变动过程划分为各自有着鲜明特征的四个阶段,即危机、萧条、复苏和高涨阶段。其中危机阶段是经济周期的决定性阶段,因为危机的发生标志着前一个周期的结束和下一个新周期的开始。

4. 固定资本更新是经济危机周期性的物质基础

在危机过后的萧条和复苏阶段,固定资本的大规模更新引起对生产资料和生活资料需求的增加,成为带动经济趋于活跃的主要驱动力。投资的扩大带来对借贷资本的旺盛需求,信贷规模迅速扩展,银行利率提高,利润增大,股市行情也随着上市公司的业绩增长而一路趋升。与此同时,固定资本投资的增加又使生产能力不断扩大,又为再生产比例关系新的失调创造物质条件,在整个经济活动一派繁荣景象的背后是资本主义基本矛盾的再次激化,爆发一次新的经济危机的条件逐步孕育成熟。经过一段时期的迅速扩张后,整个经济又会陷入危机的泥沼。

(二)世界经济周期的内涵

世界经济周期,是指世界多数国家的总体经济活动有规律地扩张与收缩的交替波动过程。这里所说的经济收缩也就是指经济危机或经济衰退。现在,西方国家通常将国民生产总值(或国内生产总值)连续两个季度下降作为一次经济衰退发生的标准。周期性经济高涨的顶点即危机前的最高点通常被称为"峰尖",危机的最低点通常被称为"谷底","峰尖"和"谷底"均为经济周期进程的转换点。在计算经济增长的时间长度时,西方国家通常是将经济走出危机"谷底"到"峰尖"即直到下一次衰退发生以前的一段时间都作为经济增长时期,实际上这其中包括了危机过后的经济萧条和复苏阶段。

要把握世界经济周期的内涵必须抓住以下四个要点。第一,世界经济周期波动是资本主义经济的必然产物和基本特征之一,只要资本主义生产方式存在,世界经济的周期波动就不可避免。第二,世界经济周期波动是总体经济活动的波动,即这种波动不是局部的,而是涵盖世界多数国家几乎所有重要经济部门,并由此引起就业、产量等宏观经济指标的周期性波动。第三,经济波动虽然具有周期性,依次会经历"危机—萧条—复苏—高涨—再次发生危机"的周期循环,但不应简单地将这种周期及其各阶段的长度理解为是相同或固定不变的。由于导致周期各阶段更替的具体原因不同,经济周期及其各阶段的时间长度常常不一,但经济周期总体上会循着以上四个阶段不断地循环更替,所以世界经济周期波动的规律一般并不一定表现为持续时间长度的相同,而主要是指它要依次经历上述各阶段。第四,并非每个国家的每一次经济危机都会发展成为世界性经济危机,有的可能只是国别的或限于少数国家的国际性危机。一国发生的周期性经济波动可以通过国际贸易、国际金融和国际投资等途径向其他国家传导和扩散,使之相互叠加,产生共振。当世界多数国家都在大体相同的一段时间经历一次经济危机时,便形成一次世界性经济危机,由此也就形成世界经济周期进程。

（三）二战后世界经济周期的进程与特点

二战后迄今,资本主义世界大体上经历了以下几次周期性经济危机:1948—1952年经济危机、1957—1958年经济危机、1969—1971年经济危机、1973—1975年经济危机、1979—1982年经济危机、1990—1993年经济危机、2001—2002年经济危机、2007—2009年经济危机。

二战后,资本主义再生产周期赖以存在的国内外条件发生了巨大变化,因而使战后资本主义经济周期和危机与战前相比具有许多不同的特点。

1. 世界经济周期的同期性趋于加强

二战前,主要资本主义国家发生的经济危机往往带有明显的同期性,战后这种情况有所改变。由于各国经济情况不同,尤其各国政府的经济政策常有明显差异,致使战后各国所发生的周期性经济危机的次数并不相同。总体来看,20世纪五六十年代世界经济周期非同期性的特点表现较为明显,各国的周期进程差异较大,除1957—1958年经济危机之外,各国发生经济危机的时间均有先有后;自70年代以来,各国的经济危机更多表现出同期或基本同期性,1973—1975年经济危机、1979—1982年经济危机、2001—2002年经济危机以及2007—2009年经济危机都是基本同期的。这种现象的出现,主要是由于在经济全球化趋势的影响下,通过国际贸易、国际金融和国际投资等渠道,使各国的经济联系加深,相互依赖不断加强;另外,由于知识信息具有可共享性、外溢性、扩散性,这表明人类社会在向知识经济过渡过程中各国经济周期波动更具有同期性特征。

2. 周期变形现象普遍存在

二战后资本主义经济周期的"变形"主要表现在:第一,危机阶段物价往往不降反升或只是物价上涨率的降低,原因主要是政府长期实行赤字财政政策使物价上涨成为一种长期趋势,而且由于垄断资本实力的加强,即使危机来临它们也宁可减少产量,避免存货积压,也不轻易降价销售。第二,最近几次衰退期间并未出现存货大量增加的现象,这主要是因为将现代信息技术运用于存货管理的结果。第三,萧条与复苏阶段往往难以区分,其最重要原因是政府对经济的全面调节和干预,一旦经济不景气政府就采取人为刺激经济措施,使生产下降到"谷底"以后便逐步出现回升,一般难以观察到经济既不再下降、也无明显回升的萧条阶段。

3. 生产过剩的经济危机与财政金融危机交织并发

所谓财政危机通常是指政府财政出现巨额赤字,财政状况不断恶化,并因而导致国债规模不断扩大。为了弥补巨额财政赤字,政府不得不扩大货币供应量和信贷规模,造成经常性的通货膨胀,很显然,这主要是二战后各国长期推行凯恩斯主义,加强对经济的调节和干预的必然结果。金融危机则往往表现为银行破产倒闭,信用链条断裂,利率、汇率急剧变动,金融秩序严重混乱,等等。由美国次贷危机所导致的百年一遇的2008年国际金融海啸及其引发的二战后空前严重经济危机,便是生产过剩经济危机与金融危机交织并发的最为生动的例证。

4. 周期复苏时间拉长

2008年国际金融危机发生后相当长的时间内,全世界主要发达经济体依然复苏乏力。美国前财政部长、经济学家萨默斯针对这一现象提出了长期停滞（secular stagnation）理论。该理论认为发达经济体所面临的经济增长缓慢和产出缺口为负等现象将长期持续存在。目前对于导致全球经济陷入"长期停滞"的原因并未达成一致，但根据经济学家们强调的因素的不同，基本可以将这些观点分为三类：第一，长期潜在增长率下降，技术变革与人口老龄化是主要的影响因素；第二，总需求不足导致实际产出持续低于潜在产出，主要决定因素为投资需求、消费需求与全球经济杠杆约束；第三，金融危机对于美国经济产生永久性损害，美国在世界经济中的地位决定了其结构性问题很可能演化为全球性的问题。

5. 结构性危机与周期性危机交织在一起

结构性危机是指资本主义国家由于经济结构的急剧变动而引起的生产与消费、供给与需求之间长期、严重的比例失调。它与周期性危机一样，根源于资本主义生产社会化与资本主义私人占有之间的矛盾，但直接原因则是资本主义经济结构的急剧变化。二战后，资本主义再生产不仅一再为生产过剩的周期性危机所打断，而且也为结构性危机所困扰。特别是20世纪70年代以来，结构性危机愈益突出，对资本主义经济影响愈益严重。这主要是由于在科技革命推动下出现了一系列新兴工业部门，这些部门的利润率高，企业竞相投资，因而发展速度快，成为"朝阳工业"；而一部分传统工业部门则成为"夕阳工业"，受到挤压。由于结构性危机与周期性危机交织在一起，使周期性危机变得更为复杂，更难以解决。

（四）美国次贷危机的原因

美国次贷危机的原因在于以下几个方面。

第一，直接原因和导火线是美联储货币政策的大幅调整导致美国房地产泡沫破裂。为了克服IT泡沫破裂和"9·11"事件对经济的冲击，美国政府采取了强有力的刺激经济的措施，美联储先后13次降低联邦基金利率，试图通过刺激低收入、原本无力购买房产的次级贷款者购房来刺激美国经济增长。在低利率的刺激下，美国房屋销售增加，房价不断加速上涨，房地产泡沫越鼓越大，次级房贷比例不断提高。由于担心通货膨胀，美联储从2004年6月开始转而大幅调整货币政策，先后17次加息。利率的上升加重了抵押贷款者还款的负担，使房屋销售下降，房价大幅下跌，抵押贷款特别是次级抵押贷款的违约率大幅飙升，房地产泡沫开始破裂。

第二，金融机构过度使用金融杠杆以及政府金融监管的缺失。为了尽快回收资金和分散风险，美国次级抵押贷款发放机构的做法是将住房抵押贷款证券化。这些本来就建立在房价不断上涨的脆弱基础上的、蕴含极大风险的次级债券，经由华尔街的各种金融机构、评级机构层层包装之后又销售给了全球的各种类型的投资者。面对风险极高的金融衍生工具泛滥的局面，美国政府和美联储却听之任之，放弃监管。

第三，现行国际货币体系的根本性缺陷导致全球经济严重失衡是危机发生的深层次原因。20世纪90年代后期以来，全球经济的严重失衡突出表现为美国国际收支逆差日趋庞大，而东亚国家则有着越来越多的贸易盈余和外汇储备。在现有国际货币体制下，美元既是美国的主权国家货币，同时又是全球主导储备货币，这就促使世界各国尤其是东亚国家和石油输出国的大量外汇储备流入美国。正是巨额国外资金的流入使美联储可以将利率保持在很低的水平，从而创造出宽松的借贷条件，刺激了房地产泡沫，抬高了资产价格。与此同时，美国财政部可以通过增发债券来让国外投资者购买，从而帮助美国政府维持高赤字、高债务。这种举债方式造成美国流动性泛滥，为美国人的低储蓄、高消费提供了资金，造成高增长与低通胀二者兼顾的虚假繁荣。

（五）影响二战后世界经济周期与危机变化的主要因素

1. 科技革命对世界经济周期与危机变化的影响

二战后所兴起的科技革命，对世界经济周期与危机的影响主要体现在以下几方面。

（1）极大地提高了生产效率

科技革命及其成果的广泛运用，特别是大量新能源、新材料的涌现，如塑料、尼龙、人造橡胶产品的产生，形成对天然材料的替代，可以在很大程度上缓解生产和生活中的资源"瓶颈"约束，使生产规模更具大幅提高的可能，这显然有助于扩大生产潜力，延长周期扩张期，从而影响经济的周期运行。

（2）加速固定资本的更新和扩大

科技革命对经济周期的影响还会通过固定资本的更新和扩大体现出来。由于科技进步速度越来越快，产品在生产、流通、销售过程中新技术新工艺的采用程度，产品中科技含量的多寡成为企业在日益激烈的竞争中取胜的关键，这就迫使各种类型的企业都必须不断进行固定资本的更新和扩大。固定资本投资的扩大，显然有助于延长周期扩张时间和缩短危机持续时间。

（3）改善经济管理

随着现代科学技术被用于宏观和微观经济管理,有关经济的信息比以往更为详尽和综合,传播更广更快,有助于加强对市场行情的了解,在一定程度上避免生产的盲目性。正因为如此,在最近几次经济危机期间,西方发达国家并没有出现存货急剧增加、存销比明显上升的现象,这也降低了危机过后存货消散的压力,因而有助于缩短危机的持续时间。

（4）引起产业结构的深刻变化

伴随着日新月异的科技进步,新兴产业部门不断涌现,这些部门往往属于技术密集型或资本密集型产业,它们的投资增长迅速,技术先进,自动化水平高,效率高,生产增长快,因而被称为"朝阳产业"。与那些趋于衰落的"夕阳产业"相比,"朝阳产业"的发展速度要快得多,它们受经济周期波动的影响要轻得多,即使在危机阶段,"朝阳产业"的生产下降也更少,甚至还会继续增长,在一定程度上抵消"夕阳产业"所受危机的冲击,对二战后资本主义经济周期波动具有某种缓冲作用。

（5）加深国际经济依存度

现代科学技术的广泛运用,使得交通运输和通信工具发生革命性变化,国家之间的经济联系大为加强,国际经济依存度大为提高,各国经济周期的同步性趋于加强,因此必须加强国际经济协调,而这也有助于避免危机的进一步恶化。

2. 政府对经济生活的全面调节和干预对世界经济周期与危机的影响

二战后西方各国政府对国民经济的全面调节和干预,使世界经济周期波动发生了许多重大变化。一般而言,周期性经济高涨的时间延长,一旦经济出现衰退,在政府的全面调节和干预下,经济得以较快地走出危机,经济衰退时间缩短,危机的严重程度一般比战前要轻。但所有这些"逆周期而动"的反危机措施并未能消除资本主义经济危机发生的根源,资本主义基本矛盾依然存在并在发挥作用,这些措施虽能在一定时期、一定程度上缓和社会再生产的矛盾,但它们还会把这些矛盾掩盖下来,使危机本身所具有的强制调节作用不能得到充分展开。

3. 经济结构变化对世界经济周期与危机的影响

二战后,发达国家经济结构变化的总趋势是物质生产部门在国民经济中的地位和作用趋于下降,而服务生产部门则趋于不断上升。从三大产业部门考察,农、林、渔等第一产业在国民经济中的地位和作用趋于不断下降,包括制造业、建筑业和采矿业在内的第二产业先是上升然后趋于下降,第三产业(即除以上产业部门之外的广义服务业)则成为国民经济中增长最快的产业。现在,这些国家经济已进入以服务业为主的"后工业化"阶段。

二战后发达国家经济结构的日趋服务化对其经济周期运行带来重要的影响:首先,服务的生产与消费过程是同时进行的,即服务的生产过程同时也就是其消费过程,它不能像物质产品那样可以先生产出来,过后再来消费,这就决定了服务不存在产品积压、生产过剩问题。其次,与物质产品相比,服务的消费更少受到生理的限制,这使得服务的生产有着更为广阔的扩展空间。再次,更为重要的是,服务行业对于经济的周期波动远不如物质生产部门敏感,因而在经济危机期间服务业的产值和就业一般并不下降或下降很少,因此这些部门对经济周期波动有着显著的缓冲作用。

4. 信用经济高度发展对世界经济周期与危机的影响

市场经济本质上是信用经济。信用经济的高度发展无疑已成为二战后世界经济最为显著的现象之一。当今世界,信用关系不仅渗透到各国经济生活的方方面面,而且渗透到国际经济交往的各个领域,从交易工具、交易手段到交易行为,无不建立在高度发达的信用关系之上。在信用高度发达的条件下,虚拟经济及其形成的经济泡沫本身具有脆弱的天性。信用体系某一环节的断裂会使整个体系陷入紊乱和崩溃,并由此引发剧烈的金融危机,从而使依靠信用和商业投机创造出来的虚假需求很快消失,使实体经济领域生产与市场的矛盾激化并凸显出来,由金融危机而导致生产过剩的经济危机。20世纪80年代以来,世界经济领域频频发生的金融危机对世界经济周期进程所带来的严重冲击,为此提供了生动的例证。

四、本章课后思考题及答案提示

1. 马克思主义经济周期理论对研究当代世界经济运行规律有哪些现实意义?

马克思主义经济周期理论主要包括以下内容。

(1)资本主义经济危机周期性爆发的根本原因在于资本主义基本矛盾;

(2)周期波动是资本主义经济的运行规律;

(3)资本主义经济周期由若干阶段组成;

(4)固定资本更新是经济危机周期性的物质基础。

马克思主义经济周期理论是马克思主义经济学的重要组成部分。二战以后资本主义世界经济周期与危机虽然发生了许多重大变化,但事实一再证明,马克思主义经济周期理论并没有过时,仍然具有强大的生命力。

2. 简述经济周期的类型。

经济周期也称商业周期、景气循环,一般是指经济活动沿着经济发展的总体趋势所经历的有规律的扩张和收缩,是国民总产出、总收入和总就业的波动,是国民收入或总体经济活动扩张与紧缩的交替或周期性波动变化,通常将它分为繁荣、衰退、萧条和复苏四个阶段。

按照时间的长短及形成原因,经济周期大体上可分为以下几种类型。

（1）基钦周期

基钦周期（Kitchin cycle）为期约40个月,故又称短波周期。

（2）朱格拉周期

朱格拉周期（Juglar cycle）的周期波动7~10年,又称中周期或中波。

（3）库兹涅茨周期

库兹涅茨周期（Kuznets cycle）周期长度为20年左右,故又称中长波或中长周期。

（4）康德拉季耶夫周期

康德拉季耶夫周期（Kondratieff cycle）又称长周期或长波,每个周期为50年左右。

按照经济周期波动的特点和性质分类:

（1）古典周期

古典周期（classical cycle）,也称传统经济周期,即指总体经济活动的绝对水平有规律地上升与下降的交替和循环。在周期波动的扩张阶段,经济总量表现为正增长;在收缩阶段,经济总量会出现绝对量下降,表现为负增长。

（2）增长周期

增长周期（growth cycle）,亦称现代经济周期,是指总体经济活动的相对水平有规律地出现上升与下降的交替和循环,即使在经济的收缩阶段,总产出也很少出现绝对量的下降,仅仅出现增长率低于增长趋势值的现象。

3. 简述二战后资本主义世界经济周期和危机的特点。

二战后,资本主义再生产周期赖以存在的国内外条件发生了巨大变化,因而使战后资本主义经济周期和危机与战前相比具有许多不同的特点。

（1）世界经济周期的同期性趋于加强；

（2）周期变形现象普遍存在；

（3）生产过剩的经济危机与财政金融危机交织并发；

（4）周期复苏时间拉长；

（5）结构性危机与周期性危机交织在一起。

4. 科技革命对二战后世界经济周期波动有哪些影响？

二战后所兴起的科技革命，对世界经济周期与危机的影响主要体现在以下几方面。

（1）极大地提高了生产效率

科技革命及其成果的广泛运用，特别是大量新能源、新材料的涌现，如塑料、尼龙、人造橡胶产品的产生，形成对天然材料的替代，可以在很大程度上缓解生产和生活中的资源"瓶颈"约束，使生产规模更具大幅提高的可能，这显然有助于扩大生产潜力，延长周期扩张期，从而影响经济的周期运行。

（2）加速固定资本的更新和扩大

科技革命对经济周期的影响还会通过固定资本的更新和扩大体现出来。由于科技进步速度越来越快，产品在生产、流通、销售过程中新技术新工艺的采用程度，产品中科技含量的多寡成为企业在日益激烈的竞争中取胜的关键，这就迫使各种类型的企业都必须不断进行固定资本的更新和扩大。固定资本投资的扩大，显然有助于延长周期扩张时间和缩短危机持续时间。

（3）改善经济管理

随着现代科学技术被用于宏观和微观经济管理，有关经济的信息比以往更为详尽和综合，传播更广更快，有助于加强对市场行情的了解，在一定程度上避免生产的盲目性。正因为如此，在最近几次经济危机期间，西方发达国家并没有出现存货急剧增加、存销比明显上升的现象，这也降低了危机过后存货消散的压力，因而有助于缩短危机的持续时间。

（4）引起产业结构的深刻变化

伴随着日新月异的科技进步，新兴产业部门不断涌现，这些部门往往属于技术密集型或资本密集型产业，它们的投资增长迅速，技术先进，自动化水平高，效率高，生产增长快，因而被称为"朝阳产业"。与那些趋于衰落的"夕阳产业"相比，"朝阳产业"的发展速度要快得多，它们受经济周期波动的影响要轻得多，即使在危机阶段，"朝阳产业"的生产下降也更少，甚至还会继续增长，在一定程度上抵消"夕阳产业"所受危机的冲击,对二战后资本主义经济周期波动具有某种缓冲作用。

（5）加深国际经济依存度

现代科学技术的广泛运用,使得交通运输和通信工具发生革命性变化,国家之间的经济联系大为加强,国际经济依存度大为提高,各国经济周期的同步性趋于加强,因此必须加强国际经济协调,而这也有助于避免危机的进一步恶化。

5. 影响二战后世界经济周期波动的因素有哪些？

影响二战后世界经济周期与危机变化的主要因素包括：科技革命、政府对经济生活的全面调节和干预、经济结构的深刻变化、信用经济的高度发展。

五、本章测试题

（一）判断题

1. 经济危机是经济发展过程中周期性爆发的产能过剩的危机,是经济周期中的决定性阶段。（　　）

2. 根据马克思主义经济周期理论,资本主义经济危机周期性爆发的根本原因在于外部冲击。（　　）

3. 在按照经济周期波动的特点和性质分类中,增长周期也称传统经济周期,是指总体经济活动的绝对水平有规律地上升与下降的交替和循环。（　　）

4. 二战后,世界经济周期的同期性趋于加强。（　　）

5. 熊彼特的技术创新周期理论是最早也最系统地用创新来解释经济周期波动的理论。（　　）

6. 结构性危机是指资本主义国家由于经济结构的急剧变动而引起的生产与消费、供给与需求之间长期、严重的比例失调。它与周期性危机一样,根源于资本主义生产社会化与资本主义私人占有之间的矛盾,但直接原因则是资本主义经济结构的急剧变化。结构性危机具有不同于周期性危机的特点。（　　）

（二）不定项选择题

1. 下列属于马克思主义经济周期理论的有（　　）。

A. 资本主义经济危机周期性爆发的根本原因在于资本主义基本矛盾

B. 周期波动是资本主义经济的运行规律

C. 资本主义经济周期由若干阶段组成

D. 固定资本更新是经济危机周期性的物质基础

2. 根据马克思主义经济周期理论,资本主义经济周期进程可以划分为各自有着鲜明特征的四个阶段,即危机、萧条、复苏和高涨阶段,其中经济周期的决定性阶段是( )。

  A. 危机阶段   B. 萧条阶段
  C. 复苏阶段   D. 高涨阶段

3. 长周期或长波是指( )。

  A. 基钦周期   B. 朱格拉周期
  C. 库兹涅茨周期   D. 康德拉季耶夫周期

4. 下列属于二战后资本主义经济周期和危机特点的有( )。

  A. 结构性危机与周期性危机交织在一起
  B. 生产过剩的经济危机与财政金融危机交织并发
  C. 不存在周期变形现象
  D. 周期复苏时间缩短

5. 影响二战后世界经济周期与危机变化的主要因素包括( )。

  A. 科技革命
  B. 政府对经济生活的全面调节和干预
  C. 经济结构的深刻变化
  D. 信用经济的高度发展

6. 美国次贷危机的原因包括( )。

  A. 美联储货币政策的大幅调整
  B. 金融机构过度使用金融杠杆
  C. 政府金融监管的缺失
  D. 现行国际货币体系的根本性缺陷

六、本章阅读材料及案例分析

请结合本章所学知识和下列材料,简要分析2008年国际金融危机的产生原因、影响及其启示。

材料1:再反思·新启示:2008年金融危机的根本诱因是什么?

1. 过度负债是根本诱因

距离美国雷曼兄弟投资银行崩盘事件已有5年,但全世界依然没能为导致金融危机的根本诱因——过度负债——找到解药。多数经济学家、央行银行家和监管者们非但没能预测危机的到来,甚至还相信持续保持低通胀就能确保金融稳定。2009年春季的官方预测既没有预见缓慢复苏的到来,也不知道原本局限在美英两国的危机竟会迅速在欧元区引爆。

缺乏远见的一个原因就是那种对金融创新不加分辨的推崇;另一个原因是欧元区内在的结构性缺陷。但最根本的原因是不知道持续积累了数十年的高负债,而且私人部门甚至比公共部门更多。

正如著名经济学家弗里德里希·哈耶克所描述的那样,债务可以推动过度投资的不断循环。爱尔兰和西班牙的房地产泡沫正是由来于此。债务还能推动现有资产价格的上升与暴跌:过去几十年的英国住宅市场就是最好例证。当年景好的时候,不断提升的杠杆会让潜藏的问题看似不复存在。事实上,在美国人正在遭遇实际工资水平停滞或者下跌之时,次级贷款反而使他们产生了虚幻的财富增加之感。但在危机后的经济下行区间,累积的债务就会起到一个强大的遏制作用,因为过度杠杆化的企业和消费者都减少投资和消费以偿还贷款。

因此,私人部门杠杆水平以及公共债务负担都应作为关键金融变量来对待。经济学理论以及相关政策在危机爆发前对这两个变量的无视就是最重大的失误,而许多国家的人民也为此付出了惨痛的代价。如果我们不去面对那个自由金融市场可以催生有害杠杆水平的根本现实,就等于没有从2008年危机中汲取最重要的教训。

(英国金融服务管理局前主席阿代尔·特纳)

2. 银行业对风险的管制不足

金融危机的主要症结首先是银行业对风险的管制不足,使许多贷款在金融体系中泛滥,拖累了整个银行系统。

其次是小部分投机者暗中操纵价格和资源分配,扭曲了资本主义自由竞争的市场原则,使小部分群体受益。一旦资本主义存在的漏洞被人利用,就会演变成一个大问题。

(新加坡大华银行经济分析师全德健)

3. 经济脆弱性带来政治脆弱性

次贷危机引发的全球性金融危机为各国经济带来了深重灾难,直接导致了失业率升高、贫困增加和社会稳定性、安全性降低。但面临这种金融乱局,新兴经济体,尤其是金砖国家表现出了极大的免疫力。主要是因为这些国家提出了以拉动内需增长为基础、反周期的宏观调控政策,有效地缓解了经济活动的波动性。

由此可见,经济的脆弱性带来了政治的脆弱性,国际政治关系的变化在此大背景下悄然到来。以中国为首的新兴经济体快速发展,面对美国、欧洲和日本等传统大国,国际话语权增加,政治上的自主性增强。这些国家抓住机遇,寻求更平等地治理世界的制度。

从另一方面来说,金融危机让世界重新反思实体经济的重要性,巴西等国开始重整制造业发展。巴西"去工业化"问题已经引起了不少经济学家的高度重视,政府加大力度从政策和资金上扶持本国制造业复苏,既要扩大规模,又要在高新尖技术领域有所突破。

(巴西经济学家路易斯·爱德华多·梅林)

4. 新兴经济体成为全球经济复苏重要引擎

应对危机所需的政策反应变得更为复杂

5年后反思这场金融危机,老的教训是,过度杠杆化推动的经济增长最终将导致危机和长时间的经济下滑。新的发现表现在两个方面:第一,新兴经济体,特别是中国经济的规模和重要性大大提高。中国经济已成为全球经济复苏的重要引擎,也是其他新兴经济体增长的重要拉动力;第二,如今全球经济和金融体系的相互关联性比以往更强。这意味着一个地区的危机会扩散到其他地区,成为更广泛范围内破坏稳定的因素。

因此,应对危机所需的政策反应就变得更为复杂,做出正确反应也更加困难。

(诺贝尔经济学奖获得者迈克尔·斯宾塞)

5. 减少财政赤字需要下苦功夫

金融危机持续到现在已经5年,现在许多国家已经出现复苏迹象,但过于乐观为时尚早。我认为,金融危机对世界经济的影响太大,以至于两三年后世界才有可能走出其阴影。20世纪七八十年代许多发展中国家盲目借债,导致国家负担严重而产生债务危机,现在这种情况又在某些欧洲国家上演,这些国家为了减少财政赤字需要下苦功夫。

近期在圣彼得堡召开的二十国集团领导人峰会一直在努力寻找走出经济危机的"药方",众多建议的可行性和最终效果还有待时间检验。

(俄罗斯科学院通讯院士弗拉基米尔·达维多夫)

6. 资本主义周期性危机的体现

本轮经济危机已走过 5 年,现在分析其原因可以看出,国际垄断资本的金融投机和金融掠夺是造成本轮经济危机的主要原因之一。随着新自由主义意识形态的泛滥,各国政府放松金融管制,金融市场过度投机和全球金融体制不健全,虚拟经济与实体经济严重脱节,金融泡沫持续膨胀,世界经济结构严重失衡。这既是美国经济体制弊端的产物,也是资本主义发展新阶段即国际金融垄断资本主义或新自由主义发展阶段的一次总危机,是资本主义周期性危机的体现。

(南非工业开发公司研究与信息部主任马亚)

7. 暴露资本主义制度性弊端

对于这场金融危机爆发的原因,人们在不同时期、不同立场上给出了不同的解释,如全球经济失衡说、虚拟经济与实体经济失衡说、金融创新与金融监管失衡说、金融家贪婪说、国际货币体系缺陷说、宏观经济政策失误说,等等。无疑,这些解释都有其内在的合理性。但我认为,这场危机的根本原因仍然是资本主义制度性弊端。

表面看来,这场危机不同于传统意义上的经济危机,其突出特征是以美国为代表的发达国家消费过度所引发的债务危机,而不是传统意义上的生产过剩与消费不足。然而,在这种负债消费的背后是由发达国家所主导的不合理的国际分工体系。

在经济全球化背景下,生产与消费已经不再局限于本国之内。国家之间的分工、产业内的分工、产品内的分工影响着一国的生产与消费能力。更重要的是,不同国家在国际分工体系中的地位以及相对应的制度规则安排决定了他们的生产与消费能力。这和封闭状态下一国的产能过剩与消费不足形成重大区别,而现行的国际分工体系基本上是由发达国家主导的。

在国际分工的产业链中,发达国家长期处于顶端,并从中获得巨大收益。以苹果公司的 iPad 为例,2010 年的市场售价为 499 美元,其中苹果公司获得的收益占 30.1%,分包商(主要在发达国家)占 17.6%,原材料与零部件成本占 30.9%,批发与零售占 15%,剩余为劳动力成本。作为平板电脑的组装者中国只占总价值的 1.6%。如果这只是实体经济内的分工格局的话,那么在全球实体经济与虚拟经济的分工中,发达国家因主导金融业而获得的收益更大。这就是为什么多年来发达国家把低端制造业、低端服务业转移到发展中国家的原因所在。

国际分工与发达国家负债消费之间的另一个联系机制是不合理的国际货币体系,即发达国家是世界货币的持有者,如美元、欧元。以美国为例,多年来美国一直有巨额的贸易逆差。对美国有顺差的国家积累了大量的美元储备,之所以他们愿意这样做是因为美元的世界货币地位。这些国家所积累的美元储备并不能在本国流通,只能重新回流到美国,购买美国的国债及其他美元资产。这样做的后果是,一方面压低了美国的长期利率,美国人可以分享低利率的优势,从事负债消费,购买房屋和有价证券;另一方面,资本流入推高了美元资产的价格,美国消费者可以通过财富效应进一步获益。换言之,顺差国的资本回流为美国的负债消费奠定了基础,当然也间接铸成了资产泡沫。美国人的负债消费进一步扩大了美国的进口与贸易逆差规模,客观上又拉动了新兴经济体的出口与生产。因而,在金融危机之前对此曾有一个形象的描述:再循环。美国的消费与新兴经济体的生产成为拉动全球经济高速增长的两个引擎。不幸的是,资产泡沫不可能永远膨胀下去,美国房地产泡沫的崩溃借助于复杂金融衍生品的放大机制,把美国的次贷危机最终扩展为全球金融危机。

在这个逻辑链条中,发达国家与新兴经济体的贸易失衡、发达国家虚拟经济与实体经济的失衡、金融监管跟不上金融创新的步伐、金融家的过度冒险投资行为、缺少对美元无序发行的国际监督机制、"9·11"之后美联储放宽货币政策等失误都是客观存在的,并在金融危机的不同阶段和领域发挥了推波助澜的作用。然而,从根本上来说,国际金融危机还是来自由发达国家主导的不合理的国际分工体系。

(中国社会科学院亚太与全球战略研究院院长李向阳)

资料来源:孙天仁、暨佩娟、颜欢、吴成良、苑基荣、谢亚宏、王远:《再反思·新启示:2008年金融危机的根本诱因是什么?》,《人民日报》,2013年9月16日第23版。

材料2:金融危机十年后的思考

十年前,美国爆发金融危机。我们今天重新审视这场危机及其深层次原因,对比改革开放40年来中国道路日益彰显的优越性,对于我们把握美国乃至整个西方面临的制度困境及其未来走向,更坚定地沿着中国特色社会主义道路前行,推动构建人类命运共同体,积极参与全球治理体系改革和建设,都具有十分重要的意义。

1. 西方经济政治发展模式跌下神坛

十年前爆发的国际金融危机重创了美国等许多国家。危机波及范围之广，复苏过程之慢，经济损失之重，都为1929年美国经济危机以来之最。从表面看，十年后的今天，美国等主要西方国家的经济已开始复苏，但这种复苏主要还是资本市场的表面现象，经济虚拟化的大势未变，贫富差距仍在扩大，劳动生产率提高缓慢，政府债台高筑，逆全球化和民粹主义思潮远未退潮。美国等西方国家应对危机的无能、改变现状的无力、调整利益关系的无序和面对未来的迷茫，反映出这些国家曾向全世界推销的经济政治制度处于深刻的危机之中。

资本主义市场经济发展模式的困境。危机爆发后，全世界的有识之士几乎都把矛头指向以"市场原教旨主义"为特征的新自由主义理论和政策，特别是政府对金融监管的严重缺位和过于宽松的货币政策，以及随之而来各种所谓的金融创新和衍生品泛滥。西方政府在危机爆发前对危机没有预测，危机爆发后也无良方应对，大都奉行以邻为壑、转嫁危机的货币主义政策。新自由主义模式基于"理性人"和"市场原教旨主义"的一整套理论推演，被这场危机击得粉碎。美联储前主席格林斯潘在危机爆发后坦承他处于"极度震惊和难以置信"的状态，因为"整个理智大厦"已经"崩溃"，他"不敢相信自己对市场的信念和对市场是如何运作的理解是错误的"。美国金融危机的爆发和美国经济与世界经济近十年深陷困境，强烈冲击了西方以新自由主义为正统的经济学理论和资本主义经济发展制度，打碎了许多人对西方发展模式的迷信与幻想。

经济金融化走入脱实向虚的陷阱。就美国而言，资本力量独大是个严重问题，而金融资本今天在资本力量中所处的绝对霸主地位的格局几乎使美国经济都在为金融服务，而不是相反。这种态势亦可称为"经济金融化"或"经济金融化陷阱"。这个陷阱的直接后果是美国经济日益空心化和虚拟化。金融危机爆发后，美联储和美国政府投入巨额资金救市，结果几乎都用来拯救金融衍生产品，而非实体经济。特朗普在竞选期间猛烈抨击华尔街金融大鳄，但当选后立即向华尔街让步，任命华尔街重要人物出任主要高官职位，签署放松银行监管法案。这说明金融资本力量在美国已处于无法撼动的地位。在这个意义上，美国目前资产价格的上扬和股市的复苏，可能刺激一定程度的消费和一定程度的实体经济复苏，但从整个经济的大势来看，美国在经济"脱实向虚"的"经济金融化陷阱"中只会越陷越深。

资本主义民主政治模式的困境。西方制度安排的深层缺陷也在这场危机中暴露无遗。对西方民主政治模式的反思大致可以概括为三个方面：金钱政治、失灵政体和债务经济。美国金钱政治的标志性事件是 2010 年美国联邦最高法院裁定，对公司和团体支持竞选的捐款不设上限。对此，《华盛顿邮报》评论指出："这个裁决似乎证实了中国人对美国民主的批评，即美国民主是富人的游戏。"失灵政体主要表现为西方国家治理能力普遍大幅下滑，同时还体现在美国政治"极化"，党派激烈对抗导致"否决政治"和"治理瘫痪"。债务经济在过去十年更加凸显，寅吃卯粮成为常态，美国在金融危机爆发后的十年，国债规模翻了一番，突破 20 万亿美元。西方民主制度下的政府早已陷入了对巨额结构性赤字束手无策的境地。

资本主义社会基本矛盾的困境。随着 20 世纪七八十年代新自由主义成为美国经济政策的指导思想，工会力量逐渐削弱，劳资关系平衡被打破，贫富分化日益严重，美国社会基本矛盾逐渐尖锐起来。一个典型的美国普通全职男工收入在危机爆发前的 30 年几乎完全停滞不前。过去 40 年，美国 80% 的中低收入人口的收入仅仅增长了 25%，而 20% 高收入人口收入却几乎翻了一番。恩格斯指出："在每次危机中，社会在它自己的而又无法加以利用的生产力和产品的重压下奄奄一息，面对着生产者没有什么可以消费是因为缺乏消费者这种荒谬的矛盾而束手无策。"随着贫富差距的日益扩大，一些美国人开始痛恨现有体制，认为它让富人更富、穷人更穷。"占领华尔街"运动反映了 99% 的中下层民众对 1% 的金融资本家贪婪的愤怒与抗议，特朗普的上台则反映了美国普通民众对主流政党和政治精英与资本力量同流合污的严重不满。

2. 中国道路优势日益显现

中国特色社会主义市场经济模式较好地把市场的作用和政府的作用结合起来，使中国成为世界上为数不多的成功避免了金融危机和经济危机的国家，成为经济发展最快，百姓财富增加最多，经济结构调整力度最强，对世界经济增长贡献最大的国家。

中国特色社会主义市场经济发展模式的优势。国际金融危机爆发，暴露出资本主义市场经济高度依赖市场机制自发作用、制约和削弱政府干预的严重缺陷。中国特色社会主义市场经济体制超越西方资本主义市场经济体制，尊重市场决定资源配置这一市场经济的一般规律，大幅度减少政府对资源的直接配置，切实发挥市场在资源配置中的决定性作用，同时更好发挥政府作用，着力提高宏观调控和科学管理水平,把"看不见的手"和"看得见的手"都用好,推动可持续发展,促进共同富裕。

中国特色社会主义民主政治的优势。西方民主政治制度说到底是维护资本的利益,是维护少数人利益的制度。以人民为中心是新时代坚持和发展中国特色社会主义的根本立场。中国共产党坚持以人民的整体利益和长远利益为依归。中国共产党与西方政党最大区别在于,西方政党几乎都是公开的"部分利益党",而中国共产党是代表全体人民利益和国家、民族利益的党,除了人民的利益,中国共产党没有自己的私利。从21世纪的国际竞争来看,一个国家是否有一个能够代表人民整体和长远利益的政治力量是这个国家是否具有核心竞争力的关键所在。

中国共产党在国家治理方面的优势。中国特色社会主义的这一特点使中国的社会整合能力、战略规划能力、政策执行能力、改革发展能力都明显地高于西方国家。在社会整合能力方面,听民意,集民智,聚民力,已经成为中国社会整合和政治决策的最大亮点。这与西方模式下普遍存在的社会撕裂、决策混乱形成了鲜明对比。在战略规划能力方面,中国已形成了谋定而后动的制度安排,从一个接一个五年规划的制定到党的十九大确立"分两步走"的战略目标,都展示了中国具有多数西方国家难以企及的战略规划能力。在政策执行能力方面,整个世界都目睹了中国人可以制定明确的目标并一一落到实处。短短数十年,整个国家面貌已经焕然一新,中国用数十年时间走完了西方较早工业化的国家数百年的发展历程,实现了从站起来、富起来到强起来的伟大飞跃。在改革发展能力方面,中国无疑是世界上改革能力最强的国家。从1978年开始,中国一直在不停地进行改革,整个国家因此飞速进步。其实,世界各国都要改革,但改革要触犯既得利益,特别是西方主要国家的政权早已被各种既得利益集团所控制,他们的改革往往只是竞选忽悠而已。

3. 世界格局正在发生深刻变革

国际金融危机爆发十年,美国等西方经济体一直在低速增长的泥潭中艰难前行,西方世界整体实力走衰。同时,新兴市场和发展中国家群体性崛起,特别是中国整体实力的迅速壮大表明世界历史正在出现大转折。

中国改革开放的成功经验为世界提供新选择新道路。中国改革开放40年,坚持聚精会神搞建设、坚持改革开放不动摇,推动中国发生了翻天覆地的变化。今天,仅中国一家对世界经济增长的贡献率就超过了美欧日之和。中国已经成为世界第二大经济体、第一大工业国、第一大货物贸易国、第一大外汇储备国。中国人民生活从短缺走向充裕、从贫困走向小康。中国人民的成功实践昭示世人,通向现代化的道路不止一条,只要找准正确方向,条条大路通罗马。

中国改革开放的成功推动世界经济格局发生深刻变革。中国通过40年的改革开放不仅补上了第一次、第二次工业革命的课,而且正在拥抱由"互联网+"、大数据、人工智能等为代表的新一轮科技创新。包括中国在内的新兴市场和发展中国家群体性进步,推动世界经济格局深度调整,西方主导世界的时代已经难以为继,国际力量"东升西降""南升北降"态势更加明显。难怪英国《经济学人》杂志在2014年就刊发长文惊呼,"(西方)民主在全球的发展停滞了,甚至可能开始了逆转",其原因就是"2008年开始的金融危机和中国的崛起"。

世界经济格局的变革正在推动全球治理的改革。长期以来,西方主导的国际治理模式一直是西方理念主导和西方利益优先,如国际金融机构奉行的新自由主义理念、美元在国际贸易中的特殊地位、金融危机爆发后西方大国转嫁危机,等等。今天,整个世界力量对比已经出现了巨大变化,同时各国相互联系和依存日益加深,现行全球治理体系跟不上时代发展、不适应现实需要的地方越来越多,国际社会对变革全球治理体系的呼声越来越高。在这个意义上,世界正面临两种前途的选择,一种是继续现在的西方理念和西方利益优先的全球治理模式,其结果必然还是意识形态挂帅,零和游戏,世界面临的诸多危机不仅得不到解决,而且还可能变得日益严重,最终各国都会为此付出沉重的代价。另一种是从人类的整体利益出发,秉承合作共赢的理念,共同应对各种挑战。正如习近平总书记指出,"各国人民同心协力、携手前行,努力构建人类命运共同体,共创和平、安宁、繁荣、开放、美丽的亚洲和世界"。构建人类命运共同体是中国为全球治理提供的最重要倡议。中国通过发起"一带一路"倡议,开创区域合作组织新模式等,大力推动人类命运共同体的构建。在全球治理中,倡议建立亚洲基础设施投资银行和丝路基金等一系列重大举措,从西方理念和西方利益优先的范式跨越到人类命运共同体范式,将是人类历史和文明的伟大飞跃,亦是能给这个命运多舛的世界带来美好未来的最佳选择。

资料来源:张维为:《金融危机十年后的思考》,《求是》,2018年第15期。

材料3：两次全球大危机的比较研究

《两次全球大危机的比较研究》是刘鹤负责的一项课题研究报告总结。报告通过对20世纪30年代大萧条和2008年全球金融危机的对比观察，对中国经济发展的未来提出了诸多思考与建议。报告在一系列对比分析后，做了这样的总结：无论国际风云如何变幻，集中力量办好自己的事是我们应对外部巨大冲击、实现我国和平崛起的根本之策，我们要借鉴历史上大国崛起的经验，警惕卷入不必要的国际事件，切实集中力量、重点突出，扎扎实实地办好自己的事。

1. 两次危机的区别点

在提炼两次危机的共同点之前，十分有必要看到两次危机存在的巨大区别。非常明显，两次危机对人类社会造成灾难的程度不同。从危机爆发初期的情况看，1929年大萧条造成的经济总量损失和商业破坏要大大超过本次金融危机。但本次金融危机的后续发展演变日趋复杂，美国失业率连续两年多居高不下，持续维持在9%上下，房价仍在低位徘徊，复苏过程曲折反复；欧洲主权债务危机影响不断深化，经济社会政治产生共振，负向反馈，不确定性和风险持续提高。总的来看，这次危机尽管短期杀伤程度要轻，但调整可能需要更长时间，深度影响难以估计。归纳起来，两次大危机有几点主要的区别：

（1）人口结构不同。人口结构特别是年龄结构对经济社会发展具有十分重要的影响，对政府制定公共政策也会产生重要的作用。大萧条期间的人口年龄较轻，中等收入者比重偏低，受教育程度也不高。而本次危机发生的时候，人口的年龄已大大提升，特别是发达国家普遍进入老龄化社会（以美国为例，1929年65岁以上人口占总人口的5.3%，2007年则占12.6%）（数据来源：美国国家统计局），中等收入者比重上升，受教育程度提高，福利化制度和人口年龄因素造成劳动力的市场适应性减弱，人们更乐于维持现状而不是变革。

（2）技术条件不同。大萧条发生在第二次技术革命之后，而本次危机发生在第三次技术革命之后，在两次技术革命之后，人类技术进步的程度大大提高。特别是在军事领域，核武器的发展使得主要国家具有相互制衡的能力，鲜有国家寄希望于通过世界战争解决国家利益争端。相反，核力量造成的"恐怖平衡"成为维护世界和平的重要因素。同时，本次金融危机是在信息化技术高度发达条件下产生的，这会加重风险的扩散和共振，使这次危机的传播速度更快、范围更广且市场同步波动更明显。

（3）发达国家的经济和社会制度发生了进化。大萧条后，资本主义国家吸收社会主义理论,社会保障制度在发达国家普遍建立,宏观经济管理制度从无到有且日趋完善,经济和社会发展建立了稳定器和刹车系统。另外,本次国际金融危机发生后,基于对上次大萧条的认识,主要发达国家政府都对经济进行了快速的直接干预,在较短时间内改变了经济自由落体的状态。因此,本次危机对经济和社会的短期损害还没有达到上次大萧条的程度。

（4）全球化的程度不同。在联合国、国际货币基金组织、世界银行的框架下,各个国家之间的相互依存度大大提高（1928年全球贸易占世界GDP的16.7%,2007年则占51.6%）（数据来源:商务部网站）。目前全球的货币制度以纸币为基础,有管理的浮动汇率制度替代了传统的金本位制度,资本市场开放的程度大大提高,跨境投资现象比较普遍（20世纪80年代以来全球对外直接投资发展迅猛,1980年总额为5 190亿美元,2007年达到18 330亿美元,年均增长5%,高于同期全球GDP 3.4%的增长率）（数据来源:IMF网站,Wind数据库）,跨国公司的全球布局使得单个国家的利益和其他国家的利益更加交融。虽然会有保护主义的思潮和损人不利己的种种行为出现,但是这些做法将损害本国政府、企业和居民利益,因此将是短命的。

（5）新兴国家崛起和全球经济格局不同。上次危机是资本主义世界的危机,欠发达国家受到严重的外部震荡,但只有消极接受的无奈,没有力量拉动全球经济回升。而本次危机截然不同,全球力量出现了结构性变化（1929年美、欧、日以外的亚非拉国家GDP合计占世界GDP的23.3%,2010年则占到42.6%,危机期间的2009年金砖四国对全球经济增长的贡献达90%）（数据来源:《世界经济千年史》,人民网等）,在发达国家内需下滑的时候,世界出现新的经济增长发动机,这些国家的巨大需求对经济下滑的拉升作用加大,全球经济危机可能从中心扩散到外围,但是从外围折射到中心的力量巨大。

2. 两次危机的共同特点

通过比较研究,关于两次危机的共同之处,我们侧重于从政治经济学的角度进行归纳。初步得到十点结论,简要描述如下:

（1）两次危机的共同背景是都在重大的技术革命发生之后。长周期理论认为,技术创新引起繁荣,繁荣又是萧条的原因,重大的技术革命引起大繁荣,毫无疑问也会引起大萧条,这是历史周期率的重要表现。1929年爆发的大萧条是在第二次技术革命后发生的,而这次危机则发生在"第三次浪潮"之后（以电力技术的广泛应用为驱动力的第二次技术革命开始于1870年,到二战结束。以电子计算机、原子能技术、航天科技为驱动力的"第三次浪潮"开始于 1945 年，1978 年 IBM 推出个人计算机，开启了以信息技术的广泛应用为驱动力的信息和新经济革命）。重大的技术革命总是使生产力得到极大程度的解放，这不但改变着生产函数和产生"毁灭"的创新效应，而且每次技术革命都对社会结构、地缘政治、国家力量对比产生深远而根本性的影响。如果生产关系调整滞后于技术创新后生产力的发展，上层建筑调整滞后于经济基础变化，潜在的危机风险必然加大。对这个问题，著名经济学家熊彼特做出过十分到位的描述，康德拉季耶夫也做过大量研究。所不同的是，从技术革命发生到产生危机的时间大为缩短，1870 年以后发生的电力技术革命到发生 1929 年的危机间隔了 60 余年，而 1980 年以后发生的信息技术革命与本次金融危机之间只隔了 30 余年。其警世意义在于，今后当重大的技术革命发生之后，不仅需要认识它的进步作用，抓住它带来的机遇，同时也要充分意识到重大变革会随之出现，充分估计震动性影响和挑战。

（2）在危机爆发之前，都出现了前所未有的经济繁荣，危机发源地的政府都采取了极其放任自流的经济政策。1929 年大萧条之前，柯立芝总统实行了以放任自流著称的经济政策，政府对市场经济的运行基本保持缄默，金融利益集团也对放松监管、推动金融自由化发挥了巨大影响。在此期间，新技术的推广和应用首先集中在电力行业和汽车行业，自由竞争使主要行业的产业集中度和垄断程度大幅度提高，劳资对立由于经济繁荣得到一定缓解，而弱势的农业相对衰退，埋下了产业失衡、收入分配差距扩大和经济投机性增强等种种隐患。但不管怎样，经济的放任自流政策创造了著名的"柯立芝繁荣"。在本次金融危机发生之前，在强大的产业和金融利益集团作用下，从克林顿到小布什政府也都采取了经济自由化的政策，在某种程度上，其实际的经济放任程度和对监管的放松接近甚至超过里根政府的做法。在此期间，新技术的推广应用使信息通信产业和互联网经济得到快速发展，房地产业的繁荣已经出现，美国经济确实出现了人类社会有史以来最长久的繁荣，人们乐观地认为，由于互联网技术的发展，传统的商业周期已经不复存在。在两次繁荣期间，经济的自由放任和企业家创新精神的发扬互为补充，推动着经济的高增长，但也与后来危机的发生存在某种逻辑关系。十分明显的是，发达国家已经出现了制造业的衰落，越来越多的劳动者已经无法适应产业结构的快速变化，过度负债的经济模式已经充满风险。

（3）收入分配差距过大是危机的前兆。两次危机发生前的另一个共同特点，是较少数的人占有较多的社会财富。大萧条期间所表现出的，是私人占有和社会化大生产之间的矛盾，表现形式是实体经济产能过剩和有效需求不足。这一次危机则与全球化、互联网和知识经济的发展、经济虚拟化程度提升、不同国家人口结构的变化有更多关系。但最突出的表现是，生产资料名义所有权和实质支配权分离，权力集中到虚拟经济领域极少数知识精英手中。分配差距也不仅表现在一个国家内部不同的社会群体之间，而且表现在传统的发达国家和新兴市场国家之间。在全球化和互联网全面发展的过程中，世界经济形成了相互依赖的三角形循环，新兴市场国家成为全球制造中心，资源富足国家提供原材料和能源，发达国家通过负债消费，拉动新兴市场国家产能利用。虽然形式上的变化很多，但是产能过剩和有效需求不足的矛盾仍然是主要矛盾。

（4）在公共政策空间被挤压得很小的情况下，发达国家政府所采取的民粹主义政策通常是危机的推手。技术变革和分配差距扩大造成的心理压力，往往会引起社会公众的不满，在执政期内无力改变现状和选票政治的推动下，政府倾向于更多地采取民粹主义政策宣示，安抚民心。上次危机美国总统作出"每家的后院有两辆汽车、每家的锅里炖着一只鸡"的承诺；而这次危机发生前，两任总统都承诺提高住房自有率（在1995年美国住房与城市发展部发布的《国家住房战略》中，克林顿提出："要实现住房自有率在本世纪末达到历史最高水平"。2004年10月小布什在华盛顿竞选连任的演讲时提出："任何一个家庭搬进自己拥有的房子都会感到美国比其他国家强"）。欧盟国家从20世纪90年代末以来，税收占GDP的比重持续下降，但社会福利支出占GDP的比重持续上升，社会福利安排出现过度化倾向，但绝大部分政治家难有决心和胆量压缩福利。民粹主义承诺改变了大众的福利预期，加大了对政府的依赖，也放松了自己的奋斗决心，是效果极其负面的腐蚀剂。致命问题是，一旦大众的福利预期得不到满足，社会心理很快发生逆转，并形成蔑视权威、拒绝变革和仇视成功者的强烈氛围。与此同时，超出收入能力的过度财政负债和福利主义相应成为一种习惯，这种习惯在政府和民间相互影响，其破坏力在目前的欧债危机中得到充分体现。对这个问题，桥水投资基金的戴利欧先生在"和谐的去杠杆化"一文中，对政府和民间的去杠杆化过程做了精彩描述。文章认为，每隔70年左右的一次高负债都伴随着一次经济危机，在这期间工资增长都超过劳动生产率的增长，负债增长都大大超过税收能力。

（5）大众的心理都处于极端的投机状态，不断提出使自己相信可以一夜致富的理由。两次危机前的产业神话和收入分配出现的巨大差距，往往导致资本主义制度下的社会心理状态出现变异。改变其社会地位的急切心情，使大众都开始追求一夜暴富，人们宁愿相信各种投机奇迹，人类本性中的贪婪和健忘达到前所未有的程度，没有多少人可以经受泡沫产业的诱惑，社会心态浮躁具有普遍性，在宽松货币环境和以提高杠杆率为实质的金融创新助推下，大量举债进行高风险投机，产生了巨大的资产泡沫，大萧条前主要是股市泡沫，这次危机前是房地产泡沫。正如加尔布雷思所描述的，当经济处于过度繁荣状态的时候，没有人不相信泡沫会继续膨胀，人们不是找出理由使自己理性，而是找出理由使自己相信盲目冒险的正确性。可以肯定的是，在特定的历史阶段和制度条件下，人类这种自我膨胀的说服力量和缺乏理性是导致危机的重要原因。由此我们也可以提出一个相关的质疑：经济学关于理性人的假设是否具有永恒性？

（6）两次危机都与货币政策相关联

在两次危机之前，最方便的手段是采取更为宽松的货币信贷政策。大萧条前，泛滥的信贷政策引起了股市的泡沫和投机的狂热；在这次危机前，美联储极其宽松的货币政策、金融放松监管和次级贷款都达到前所未有的水平，使得经济泡沫恶性膨胀。在经济泡沫导致消费价格上涨的压力下，货币当局不得不采取紧缩货币政策，从而捅破了泡沫，改变了投机者的心理预期，使得迟早发生的事终于发生。两者的主要区别在于，1929年大萧条还没有明确的宏观经济理论指导，而本次金融危机则是宏观经济政策长期服从于政治选举目标。两者的共同之处在于，货币当局对宏观经济形势都缺乏准确的理解，大萧条时期美联储的决策者基本没有总需求管理的意识，而这次美联储则对已经全球化的世界经济与美国作为储备货币国所应该执行的货币政策认识很不到位。

（7）危机爆发后，决策者总是面临民粹主义、民族主义和经济问题政治意识形态化的三大挑战，市场力量不断挑战令人难以信服的政府政策，这使得危机形势更为糟糕。在面对严重危机的时候，主要国家在应对政策上总犯同样的错误，特别是应当采取行动的时候总会错过时机，应当采取宏观扩张政策的时候则采取紧缩政策，应当开放和进行国际合作的时候往往采取保护主义政策，应当压缩社会福利、推动结构改革的时候却步履艰难甚至反复和倒退（2012年欧债危机持续发展，法国、希腊、西班牙等国的民意普遍左转，民族主义和极左、极右势力明显抬头,大选之年政府不得不迎合民意,许多有利于债务问题解决的政策难以实施,欧债风险迅速上升)。这些明显的错误在事后看起来显得可笑,但对当事人来说,实施正确的政策却困难重重。这是因为,大危机在人的一生中往往仅会遇到一次,决策者缺乏经验,又总是面临民粹主义、狭隘的民族主义和经济问题政治化这三座大山,政治家往往被短期民意绑架、被政治程序锁定和不敢突破意识形态束缚,这几乎是普遍的行为模式,这一点在最近的希腊危机中表现得最为明显。同时,在市场大幅波动中获益是大金融资本的逐利本性。在一些国家软弱的政府政策面前,国际金融市场力量往往起到"树欲静而风不止"的作用,这种力量又与在野的政治力量相结合,使得当政者处境岌岌可危。特别需要强调的是,两次危机中的市场力量从来都是高度政治化的力量。如果仅从经济角度认识问题而忽视其政治属性,就会犯重大的判断性错误。

(8)危机的发展有特定的拓展模式,在它完成自我延伸的逻辑之前,不可轻言经济复苏。在经济危机的过程中,会发生很多意外事件,它们似乎是一些小概率事件,由运气决定。但事实并非如此。经济一旦从正常状态转入危机状态,它就开始以一种不同寻常的方式循环。危机往往从经济大幅跳水开始,由泡沫破裂走向失业率攀升,由经济困境加重转向社会矛盾激化,由经济社会领域转向政治领域乃至军事领域。在这个过程中,政府面对超高的负债率,先是在财政上采取紧缩政策,去杠杆化进程开始,随后经济泡沫破裂所带来的经济压力往往通过货币贬值和债务重组得以缓解。而后,在经济未实现好转之前,通胀上升和股市繁荣往往带来一次虚假复苏,但很快会遇到经济的二次探底。在1929年的大萧条中是这样,在这次国际金融危机中已经出现了这种迹象:美国金融危机一度出现缓解,但欧债危机却出乎意料地全面恶化,系统风险迅速上升,全球经济可能由此进入第二轮危险期。同样,当国内矛盾激化到一定程度之后,就会向外部转移和推卸责任。危机的自我拓展只有走完全过程才能达到新的平衡点,大危机一旦发生就注定是一个较长的过程。上次大萧条最极端的情况是希特勒通过民选方式上台和第二次世界大战爆发。当前特别需要重视的是,在危机自我逻辑实现的过程中总会出现意外事件,一连串的失控和误判也屡屡发生。目前,欧债危机正在深化,中东形势很不确定,经济、政治、社会、历史、文化等方面的冲突相互交织,在这种情况下,我们对本次危机可能出现的重大风险必须有充分的思想准备。

(9)危机只有发展到最困难的阶段,才有可能倒逼出有效的解决方案,这一解决方案往往是重大的理论创新。大萧条后，世界在绝望中发生了凯恩斯革命。在这次危机中，虽然凯恩斯理论再一次获得生命力，但人口老龄化、全球产能过剩、资源约束强化所导致的潜在生产能力下降，加上劳动力市场更加"黏性"，使单纯扩张总需求的政策撞到天花板。同时，全球通缩压力、欧洲主权债务恶化等导致的负面效应显现，全球经济又一次进入十分困难和复杂的境地。前一段兴起的心理学、经济学和政治学相结合的不少研究引人注目，目前兴起的关于国家资本主义的呼声提高，这说明全球都在等待着理论创新。这次理论创新可能围绕全球经济最实质和困难的问题展开：世界出现的总需求萎缩和资本、技术与劳动力在全球宏观配置失衡的局面，加上一些国家的经济增长陷入绝境，既带来本国的社会政治问题，也快速向全球传染，怎样解决这个问题尚无明确思路。在经济全球化条件下，单个国家解决这些问题的能力明显不足，而大国相互合作又如此困难，急需提出一个可行方案，解决这个全球性的复杂问题。我们看到，全球经济的恶化又一次产生巨大的倒逼力量，这在最近结束的欧盟峰会上已经体现出来。同时还要看到，尽管理论创新十分重要，但全球经济能否走出危机，又在很大程度上取决于外部运气因素，这在1929年大萧条的末期表现得十分充分。

（10）危机具有强烈的再分配效应，它将导致大国实力的转移和国际经济秩序的重大变化。"基辛格定律"可能被再次验证。基辛格在他的名著《大外交》一书中开宗明义地指出，世界每隔百年会出现一个新的全球大国。这个判断可能被两次危机所证实。大萧条后世界经济重心由欧洲转向美洲，美国在世界经济中发挥主导作用，美元占据支配地位，联合国、国际货币基金组织和世界银行诞生，世界经济政治格局发生重大变化。这次危机发生后，全球发展的重心向亚太地区转移，二十国集团（G20）平台产生，世界实力对比正在急剧变动，国际经济秩序正在发生变化。从这个意义上看，危机不仅具有对生产力发展的破坏作用，也有积极的创新作用，更有强烈的再分配效应。总之，大危机所分配的不只是一个国家国内的财富，而且是国家之间实力的对比。危机的再分配效应是无法抗拒的，世界经济秩序将继续发生稳步但不可逆转的重大变革。

资料来源：刘鹤：《两次全球大危机的比较研究》，《比较》，2012年第5期。

七、本章扩展材料

1. 刘鹤:《两次全球大危机的比较研究》,中国经济出版社 2013 年版。

2. [美]霍华德·谢尔曼:《商业周期:资本主义下的增长和危机》,中国社会科学出版社 2016 年版。

3. 刘晓光、刘元春、王健:《杠杆率、经济增长与衰退》,《中国社会科学》2018 年第 6 期。

第十二章　人口、资源、环境与世界经济可持续发展

一、本章内容摘要

随着世界经济的发展和经济全球化的不断深化，人口剧增、资源耗竭和环境污染等问题相继产生，日益成为影响人类生存和世界经济可持续发展的全球性问题。实现人口、资源、环境与世界经济的可持续发展，已成为世界经济发展中亟待解决的重要问题。

1. 人口问题在所有世界经济发展的问题中处于核心地位，影响和制约着其他全球性问题的状况和解决。人口问题已成为一个严重的全球性问题，它不仅加剧了资源和环境问题，而且与资源和环境问题交织在一起，对世界经济的可持续发展产生了严重影响。世界人口问题主要指人口老龄化（在发达国家更明显）和人口增长过快（主要指发展中国家）。

2. 自然资源是人类生存和发展的前提，是人类社会再生产得以顺利进行的物质基础。由于人们未能正确认识自然资源的相对稀缺性，长期采用粗放型的资源利用方式来追求经济增长，使全球有限的资源面临巨大的危机。

3. 世界经济发展中的环境问题是指由人类社会生活和生产活动所引起的周围环境、结构和状态发生的变化，这些变化反过来会对人的生存和发展条件产生影响的状况。环境问题包括环境污染和生态破坏等方面。

4. 世界经济可持续发展是一个包含经济、社会、文化、技术与自然环境协调发展的综合概念，其基本内涵可概括为三个方面：发展原则、可持续性原则、公平性原则。世界经济发展中的人口、资源和环境问题，已严重威胁到世界经济的可持续发展。要解决这些问题，必须进行广泛、有效的国际合作，明确发达国家和发展中国家"共同但有区别的责任"，探寻世界经济可持续发展的条件与途径。转变经济增长方式、发展绿色经济已成为21世纪世界经济的发展趋势。

二、本章基本概念

世界人口问题、人口老龄化、世界能源问题、新能源、全球环境问题、世界经济可持续发展、发展原则、可持续性原则、公平性原则、绿色经济《巴黎协定》

三、本章重点和难点剖析

（一）世界经济发展中人口问题的主要表现

世界人口问题主要指人口老龄化（在发达国家更明显）和人口增长过快（主要指发展中国家）。人口问题的实质是人口增长与经济增长之间的关系问题。经济增长决定人口增长，但人口增长的快慢对经济发展有极大促进或阻碍作用。适度的人口增长可以促进经济增长，但人口的过度增长可能会导致资源的短缺和环境的恶化，从而阻碍经济的增长，削弱人类生存与发展的物质基础。因此，人口增长趋势对世界经济发展具有非常重要的影响。

全球性的人口老龄化是历史上未曾出现的社会现象。从根本上讲，这种人口转变是医疗进步、教育水平明显提高和经济发展的直接成就。同时，人口老龄化对人类社会经济生活的影响也是极其深刻的。在经济领域，人口老龄化将对经济增长、投资与消费、劳动力市场等产生冲击；在社会层面，人口老龄化影响了保健和医疗、家庭组成及生活安排等。总之，世界范围的人口老龄化趋势将对世界经济的可持续发展产生不利影响。

人口过多已成为大多数发展中国家国民经济的沉重负担和经济发展的巨大障碍，而居高不下的人口增长率更是许多发展中国家收入水平无法提高的重要原因。由于人口增长过快，发展中国家用于扩大再生产的资金普遍不足，造成投资的减少，使许多重要行业难以进行设备更新和技术改造，经济增长乏力，严重阻碍了工业化的进程。由于人口增长快于经济增长，发展中国家不得不大量进口粮食或其他消费品，以满足不断增长的人口需要。人口增长过快将进一步困扰广大发展中国家经济的发展，世界人口增长的不平衡也将进一步拉大南北经济差距。如果人口问题不解决，世界经济就难以实现可持续发展。

由于人口的快速增加，必须扩大用于生产粮食的耕地和牧场。耕地是人类的宝贵财富，然而人口过快增长使许多耕地转为他用。过量砍伐树木、毁林造田和开辟牧场已使世界热带森林面积锐减。随着城市化的发展，人口日益向城市过度集中是一个难以遏制的发展趋势。城市人口的膨胀，城区的不断扩大，需要占用大量的土地资源，从而造成耕地的日益缩小，影响到粮食的生产和供给，使人口与粮食的矛盾更加尖锐。

粮食是维持人类生存的基本农产品，也是一国的战略物资。伴随着人口过快增长所出现的粮食问题，不仅表现为世界粮食的供需动态不平衡，也包括世界粮食生产的分布不平衡,二者共同作用造成人口过快增长中的粮食短缺问题。

人口过快增长会产生生态经济压力,使生态环境进一步被破坏,自然资源更加短缺。地球上的资源是有限的,随着人口的过快增长,资源消耗量必然越来越大,给自然资源带来了巨大的压力,导致"能源危机"。此外,全球范围内能源消耗也呈不平衡分布。目前,发达国家消耗了世界能源总量的80%,而占世界人口近80%的发展中国家只消耗了世界能源总量的20%。这种人口数量与能源消耗量之间巨大的不平衡,进一步加剧了国家间的矛盾与冲突。

人口过快增长给环境带来巨大压力,环境问题随之产生。环境问题主要指由于人类的生产和生活引起的生态系统破坏和环境污染,反过来又危及人类自身的生存和发展。随着社会经济的快速发展和人口的急剧增加,人类对自然环境和自然资源开发利用的广度和深度不断扩大。从20世纪后半期开始,环境问题日益突出并迅速全球化,成为严重影响世界经济可持续发展的障碍。

(二) 世界经济发展中资源问题的主要表现

1. 世界土地资源问题

土地是人类进行一切生产和生活的物质基础,也是进行物质生产过程必不可少的基础性生产资料。随着世界各国经济的发展,土地资源问题日益突出,集中表现为森林衰退问题和土壤退化问题。

2. 世界水资源问题

水是人类生命之源。从全球看,水资源紧缺及其分布不均和水污染,已成为当代世界最严重和最重大的资源环境问题。

3. 世界能源问题

能源是人类赖以生存繁衍、社会得以繁荣进步的重要物质基础,也是国民经济发展和人民生活水平提高的重要物质基础。自进入工业化时期以来,能源在任何国家的社会与经济生活中都起着无可替代的重要作用。然而,与日俱增的能源消费缺口逐渐成为全球经济增长的瓶颈,同时也是造成生态环境危机的重要因素,更是事关国家安全与国家利益的核心要素。

随着世界经济的高速发展和全球人口的快速增长,全球能源消费呈急剧增长态势。与18世纪相比,19世纪世界能源消耗量增加了1.5倍,20世纪增加了约9倍。在主要的能源品种中,石油的战略价值更为明显。由于石油在世界经济中发挥着越来越重要的作用,20世纪被形容为"石油的世纪"。然而,石油资源地理分布呈现出明显的不均衡性,世界石油资源富裕地区石油消费少,而石油资源稀缺地区石油消费多,从而产生资源的供求矛盾。随着世界人口的不断增加和能源消费量的急剧扩大,随着发展中国家工业化进程的迅速推进,人类将面临严重的能源危机。因此,无论是发达国家,还是发展中国家,对石油资源的依赖与竞争已是当前各国经济运行和国际政治交往的重要内容。石油资源的供求矛盾使得控制石油资源成为强势国家的重要战略选择,进而成为强势国家对当今世界发展主导权争夺的焦点,这将严重影响甚至威胁广大发展中国家的话语权和发展势头。

近年来,面对传统能源日益供需失衡、全球气候日益变暖的严峻局势,世界各国纷纷加大对新能源和能源新技术开发与利用的力度,特别是可再生能源的技术创新,有效开发和安全利用核能、太阳能、风能、生物质能、地热能和海洋能等新能源。例如,核能在法国、日本等国的能源供给结构中占有很高的比重。虽然在过去的几十年时间里,利用核能被认为总体上是安全、清洁、高效的,但2011年3月日本地震和海啸引发的福岛核泄漏灾难表明,核能安全问题及其对人类社会、环境的负面影响已经凸显。人类应该怎样正确、合理、安全地利用核能,仍然是一个异常严峻的问题。

(三)世界经济发展中环境问题的主要表现

随着科技进步和社会生产力的极大提高,人类创造了前所未有的物质财富,加速推进了文明发展的进程。与此同时,人类对环境影响的深度和广度也不断加强,人类赖以生存的大气、水、土地、生物乃至外层空间不断受到破坏,环境问题随之产生。

1. 全球气候变暖

随着经济和社会的发展,大气中的温室气体也在逐年增加,从而造成温室效应的加剧和全球气候变暖。全球气候变暖的直接后果之一是海平面不断上升。气候变暖,海平面上升,将对全球的生态环境系统和人类社会的发展带来严重的影响:干旱区更为干旱,多雨区更多洪涝;海平面上升,海水盐度变小,岛国难以生存,地势低洼的沿海区域将被淹没;淡水咸化,地下水污染加剧;全球干旱频率增大,中纬度地区更为干旱、酷热,森林失火,湖泊干涸,水资源更为紧张;土壤盐渍化和沙漠化加剧。

2. 酸雨蔓延

酸雨给地球生态环境和人类社会经济生活带来严重的影响和破坏。酸雨对土壤、水体、森林、建筑等均带来严重危害,不仅造成重大经济损失,更危及人类生存和发展。首先,酸雨造成土壤酸化。半个多世纪以前,北欧、中欧、北美等地都明显出现过土壤酸化。其次,酸雨还造成水体酸化。酸雨污染河流、湖泊和地下水,危害人体健康。最后,酸雨还是污染海洋、造成海洋赤潮的重要原因。

从当前全球酸化物排放量增加和酸雨区扩展的速度来看,酸雨会发展成普遍存在、影响广泛的全球性环境问题。酸雨是由大气污染造成的,而大气污染是跨越国界的全球性问题,所以,酸雨是涉及世界各国的灾害,需要世界各国齐心协力,共同治理。

3. 危险性废物越境转移及处置

目前,全球最关注的是有毒有害废物,即危险性废物的安全处理和防止扩散问题,并将其列为全球环境问题之一。伴随着资源的开采、加工和使用,世界废物的产生量也与日俱增。全世界每年新增废物大部分产生于发达国家。据绿色和平组织报道,发达国家所产生的废物,至少 1/10 是越境转移处理的,其中一些国家或其企业还将废物非法倾倒在发展中国家。废物之所以发生越境转移,主要原因是发达国家存在转嫁污染的动机和发展中国家自身存在的一些问题。首先,环境意识水平的不同会带来对有害废物贸易的经济价值评价观的差异。对发达国家而言,越境转移危险性废物不仅可转移环境污染的风险,且在环境治理上能节省大量资金,还会带来国际贸易利益;而对资金短缺的发展中国家而言,进口危险废物不仅会立即带来大量金钱,且会增加就业机会,刺激经济增长。其次,不同的环境标准、法律规定及民众环境意识,也会带来处置费用的差别。正是由于经济因素的影响,使发达国家的污染转嫁行为得以实现。

4. 生物多样性遭到严重破坏

生物多样性是一个地区内基因、物种和生态系统多样性的总和,是一个充满活力、不断新陈代谢的动态世界的重要保证,也是生态平衡的重要保证。但人口爆炸、环境恶化等人类的诸多活动,却从多方面破坏了地球的生态系统,使越来越多的生物物种濒临灭绝。世界生物多样性遭到严重破坏已经为世界经济实现可持续发展敲响了警钟。

(四)世界经济可持续发展的内涵

世界经济可持续发展是一个包含经济、社会、文化、技术与自然环境协调发展的综合概念,其基本内涵可概括为以下三个方面。

1. 发展原则

可持续发展尤其突出强调的是发展,把消除贫困当做是实现可持续发展的一项不可缺少的条件。特别是对发展中国家来说,发展权尤为重要。可持续发展中的"发展"一词,又具有其特殊的含义,主要包含下列三个方面。

(1) 经济发展

经济发展不等于经济增长。经济增长是指一个国家的人均收入和产出的增长。经济发展,除了人均收入的提高以外,还应含有经济结构的基本变化。其中两个最重要的结构性变化是:国民生产总值中农业比重下降而工业比重上升,城市人口在总人口中的比重上升。除此之外,还有人口结构的变化和消费结构的转变。

(2) 公众最大范围的参与

经济发展的另一重要的因素,是绝大多数人必须亲自参与这个经济发展过程,成为使经济结构发生上述重大变化的主要参与者。参与经济发展过程是指,分享经济发展带来的好处,获得福利的增进,同时参与形成这些好处的生产活动。经济发展带来的福利应该被最广大的人民所享有,而不是仅仅使一小部分人获利。

(3) 经济、社会、文化、教育等的共同发展

可持续发展以经济发展为中心,但可持续发展中的发展内涵却远远超过经济发展的范围。可持续发展中的"发展"不仅表现在经济的增长和人民生活水平与质量的提高,还表现在文学、艺术、科学的昌盛,社会道德水平的进步,国民素质的提高以及生态环境的保护和改善等。

2. 可持续性原则

联合国将可持续性定义为一种可以长久维持的过程或状态。人类社会的可持续性由三个相互联系、不可分割的部分组成,即生态与资源可持续性、经济可持续性和社会可持续性。在可持续发展中,生态与资源可持续性是基础,经济可持续性是条件,社会可持续性是目的。三者相互依存、相互促进,最终目标是保证"自然—经济—社会"复合系统的可持续发展。

3. 公平性原则

公平是社会持续性的展现。它要求实现"资源在当代人群之间以及代与代人群之间公平合理的分配"。公平性原则主要包括三个方面。

（1）同代人之间的公平

这是一种横向的公平。同代人之间的公平要求经济发展必须满足全球所有人民的基本需要，并给予他们提高福利水平的机会，消除不同阶层之间、不同地域之间和不同国家之间在机会选择和成果占有上的差别悬殊与两极分化现象，尤其是要把消除贫困作为经济发展最优先考虑的问题。

（2）代际间的公平

代际之间，即世代之间的公平性，这是一种纵向的公平。它指的是经济发展在保证当代人福利增加的同时又不使后代人的福利减少。

（3）资源利用分配的公平

迄今为止，资源的利用分配是不公平的，占全球人口20%的发达国家消耗的能源、钢铁和纸张却占全球的80%。《关于环境与发展的里约热内卢宣言》指出，富国在利用资源上有优势，这一由来已久的优势取代了发展中国家利用地球资源合理的一部分来达到它们自己经济增长的机会。公平性原则还要求资源利用和环境保护的效益—费用的公平分配和负担。

（五）世界经济可持续发展的条件和途径

1. 世界经济可持续发展的条件

（1）保持经济增长，提高经济增长质量

可持续发展既反对无条件地抑制经济增长，也反对无条件地追求过度增长，它特别强调提高经济增长的质量。经济增长质量的提高，主要体现在连续不断地改善和提高新增财富的内在质量。

（2）满足人的基本生存需求

可持续发展把人的基本生存需求看成是一切发展的基石，因此该发展战略的目标之一就是较好地满足人的基本生存需求。

（3）控制人口数量增长，不断提高人口素质

可持续发展的目标是为了人，人又是可持续发展的主体，可持续发展战略的实施在很大程度上依赖于人。为此，实现全球经济可持续发展的条件和途径之一，就是控制人口数量，不断提高人口素质。

（4）维持和保护地球的资源基础

地球资源是人类生存与发展的唯一物质来源。既然可持续发展的战略目标包括保持经济增长和满足人类的基本生存需求，那么，它的实物基础仍然依赖于地球资源的维持、深度开发和合理利用以及废物的资源化。

（5）依靠科技进步突破发展瓶颈

人口、资源、环境是发展的瓶颈，在实施可持续发展战略的全过程中，必须始终关注并尽力消除这些瓶颈对发展的约束，而突破这些约束的动力和潜力就在于科技革命，只有依靠科技革命，并促进相关研究成果迅速转化为经济增长的推动力，才能克服发展过程中的各种瓶颈，达到可持续发展的总体要求。

（6）促进经济发展与环境保护之间的平衡

通过灵活有效的宏观调控，维系经济发展与环境保护之间的平衡，即在经济发展水平不断提高的同时，对环境保护也要高度重视，积极采取措施治理污染、保护生态环境。

2. 世界经济可持续发展的途径

（1）转变传统经济增长方式，发展绿色经济

绿色经济是以生态、经济协调发展为核心的可持续发展经济；是以维护人类生存环境、合理保护自然资源、有益于人体健康为特征的经济发展方式，是一种平衡式经济发展模式。可以说，发展绿色经济是对产业革命以来几个世纪的经济发展模式的根本调整，是进入21世纪以后世界经济发展的必然趋势。

（2）明确发达国家和发展中国家"共同但有区别的责任"

对发达国家来说，首先，必须认识到自身在全球可持续发展中的责任和义务。其次，发达国家要充分理解和尊重发展中国家的生存权和发展权。

对发展中国家而言，首先，发展是硬道理。发展经济，尽早消灭贫困，是发展中国家可持续发展的前提。其次，发展中国家在坚决维护自己的生存和发展权利的同时，也应该积极履行义务。要从本国的环境与发展的具体情况出发，正确处理人口、资源、环境与经济发展辩证统一的关系。最后，发展中国家要自强自立。在保持本国稳定发展的同时，把握国际机遇，搞好本国的经济社会改革和对外开放。只有经济的发展才能促使环境保护水平的提高，并进一步巩固发展中国家的政治独立性。

四、本章课后思考题及答案提示

1. 试述人口快速增长与资源利用之间的矛盾。

（1）人口增长与耕地减少

由于人口的快速增加，必须扩大用于生产粮食的耕地和牧场。耕地是人类

的宝贵财富,然而人口过快增长使许多耕地转为他用。过量砍伐树木、毁林造田和开辟牧场已使世界热带森林面积锐减。随着城市化的发展,人口日益向城市过度集中是一个难以遏制的发展趋势。城市人口的膨胀,城区的不断扩大,需要占用大量的土地资源,从而造成耕地的日益缩小,影响到粮食的生产和供给,使人口与粮食的矛盾更加尖锐。

（2）人口增长与粮食短缺

粮食是维持人类生存的基本农产品,也是一国的战略物资。伴随着人口过快增长所出现的粮食问题,不仅表现为世界粮食的供需动态不平衡,也包括世界粮食生产的分布不平衡,二者共同作用造成人口过快增长中的粮食短缺问题。随着世界人口的急剧增加,粮食问题成为人类共同面临的全球性问题之一。

（3）人口增长与能源过度消耗

人口过快增长会产生生态经济压力,使生态环境进一步被破坏,自然资源更加短缺。地球上的资源是有限的,随着人口的过快增长,资源消耗量必然越来越大,给自然资源带来了巨大的压力,导致"能源危机"。此外,全球范围内能源消耗也呈不平衡分布。目前,发达国家消耗了世界能源总量的80%,而占世界人口近80%的发展中国家只消耗了世界能源总量的20%。这种人口数量与能源消耗量之间巨大的不平衡,进一步加剧了国家间的矛盾与冲突。

2. 简述世界经济高速增长中的能源问题。

随着世界经济的高速发展和全球人口的快速增长,全球能源消费呈急剧增长态势。与18世纪相比,19世纪世界能源消耗量增加了1.5倍,20世纪增加了约9倍。在主要的能源品种中,石油的战略价值更为明显。由于石油在世界经济中发挥着越来越重要的作用,20世纪被形容为"石油的世纪"。然而,石油资源地理分布呈现出明显的不均衡性,世界石油资源富裕地区石油消费少,而石油资源稀缺地区石油消费多,从而产生资源的供求矛盾。随着世界人口的不断增加和能源消费量的急剧扩大,随着发展中国家工业化进程的迅速推进,人类将面临严重的能源危机。因此,无论是发达国家,还是发展中国家,对石油资源的依赖与竞争已是当前各国经济运行和国际政治交往的重要内容。石油资源的供求矛盾使得控制石油资源成为强势国家的重要战略选择,进而成为强势国家对当今世界发展主导权争夺的焦点,这将严重影响甚至威胁广大发展中国家的话语权和发展势头。

近年来,面对传统能源日益供需失衡、全球气候日益变暖的严峻局势,世界各国纷纷加大对新能源和能源新技术开发与利用的力度,特别是可再生能源的技术创新,有效开发和安全利用核能、太阳能、风能、生物质能、地热能和海洋能等新能源。例如,核能在法国、日本等国的能源供给结构中占有很高的比重。虽然在过去的几十年时间里,利用核能被认为总体上是安全、清洁、高效的,但2011年3月日本地震和海啸引发的福岛核泄漏灾难表明,核能安全问题及其对人类社会、环境的负面影响已经凸显。人类应该怎样正确、合理、安全地利用核能,仍然是一个异常严峻的问题。

3. 试述世界经济可持续发展的基本思想和条件。

世界经济可持续发展是一个包含经济、社会、文化、技术与自然环境协调发展的综合概念,其基本思想可概括为以下三个方面。

(1) 发展原则

可持续发展尤其突出强调的是发展,把消除贫困当做是实现可持续发展的一项不可缺少的条件。特别是对发展中国家来说,发展权尤为重要。

(2) 可持续性原则

联合国将可持续性定义为一种可以长久维持的过程或状态。人类社会的可持续性由三个相互联系、不可分割的部分组成,即生态与资源可持续性、经济可持续性和社会可持续性。在可持续发展中,生态与资源可持续性是基础,经济可持续性是条件,社会可持续性是目的。三者相互依存、相互促进,最终目标是保证"自然—经济—社会"复合系统的可持续发展。

(3) 公平性原则

公平是社会持续性的展现。它要求实现"资源在当代人群之间以及代与代人群之间公平合理的分配"。

世界经济可持续发展的条件包括:① 保持经济增长,提高经济增长质量;② 满足人的基本生存需求;③ 控制人口数量增长,不断提高人口素质;④ 维持和保护地球的资源基础;⑤ 依靠科技进步突破发展瓶颈;⑥ 促进经济发展与环境保护之间的平衡。

4. 简述世界经济可持续发展的途径。

(1) 转变传统经济增长方式,发展绿色经济

绿色经济是以生态、经济协调发展为核心的可持续发展经济,是以维护人类生存环境、合理保护自然资源、有益于人体健康为特征的经济发展方式,

是一种平衡式经济发展模式。可以说,发展绿色经济是对产业革命以来几个世纪的经济发展模式的根本调整,是进入21世纪以后世界经济发展的必然趋势。

(2)明确发达国家和发展中国家"共同但有区别的责任"。

对发达国家来说,首先,必须认识到自身在全球可持续发展中的责任和义务。其次,发达国家要充分理解和尊重发展中国家的生存权和发展权。

对发展中国家而言,首先,发展是硬道理。发展经济,尽早消灭贫困,是发展中国家可持续发展的前提。其次,发展中国家在坚决维护自己的生存和发展权利的同时,也应该积极履行义务。要从本国的环境与发展的具体情况出发,正确处理人口、资源、环境与经济发展辩证统一的关系。最后,发展中国家要自强自立。在保持本国稳定发展的同时,把握国际机遇,搞好本国的经济社会改革和对外开放。只有经济的发展才能促使环境保护水平的提高,并进一步巩固发展中国家的政治独立性。

五、本章测试题

(一)判断题

1. 目前备受关注的全球性问题,如能源问题、环境问题、生态问题以及粮食问题等,都源自人口增长与经济发展关系的不协调。( )

2. 可供人类直接利用的淡水资源是极其有限的,但这些有限的水资源在地球上的分布比较均匀。( )

3. 发展中国家在坚决维护自己的生存和发展权利的同时,也要坚持从本国的环境与发展的具体情况出发,按照"先污染、后治理"的道路处理人口、资源、环境与经济发展之间辩证统一的关系。( )

4. 可持续发展既反对无条件地抑制经济增长,也反对无条件地追求过度增长,它特别强调提高经济增长的质量。( )

5. 在可持续发展中,生态与资源可持续性是基础,经济可持续性是条件,社会可持续性是目的。( )

6. 发展中国家和发达国家在维护世界经济可持续发展方面应坚持"共同无区别的责任"原则。( )

(二)不定项选择题

1. 国际通行标准是,当一个国家60岁以上老年人口占总人口的( ),或

65 岁以上老年人口占总人口的（　　），即意味着这个国家处于老龄化社会。

A. 10%;5% B. 10%;7%
C. 15%;10% D. 15%;7%

2. 1972 年 6 月，联合国在瑞典斯德哥尔摩召开的人类与环境会议提出"只有一个地球"的口号，通过《人类环境宣言》，并确定每年（　　）为"世界环境日"。

A. 4 月 5 日 B. 5 月 5 日
C. 6 月 5 日 D. 7 月 5 日

3. （　　）是人类历史上第一份全球减排协定，标志着全球应对气候变化迈出了历史性的重要一步，奠定了 2020 年后全球气候治理格局。

A.《联合国气候变化框架公约》 B.《京都议定书》
C.《哥本哈根议定书》 D.《巴黎协定》

4. 世界经济可持续发展是一个包含经济、社会、文化、技术与自然环境协调发展的综合概念，其基本内涵包括（　　）。

A. 发展原则 B. 可持续性原则
C. 对等性原则 D. 公平性原则

5. 世界经济发展中环境问题的主要表现包括（　　）。

A. 全球气候变暖

B. 酸雨蔓延

C. 危险性废物越境转移及处置

D. 生物多样性遭到严重破坏

6. 可持续发展中的"发展"一词的含义包括（　　）。

A. 人均收入的提高

B. 经济结构的变化

C. 公众最大范围的参与

D. 经济、社会、文化、教育等的共同发展

六、本章阅读材料及案例分析

（一）请结合本章所学知识和下列材料，简要分析世界面临的人口问题。

材料 1：联合国报告：2050 年世界人口将达 97 亿

联合国经济和社会事务部（2019 年 6 月）17 日发布一份报告说，2030 年

世界人口将从目前的77亿增至85亿,2050年达到97亿,2100年或将达到110亿。

这份名为《世界人口展望2019:发现提要》的报告说,从现在起到2050年,一半的世界新增人口将集中在印度、尼日利亚、巴基斯坦、刚果(金)、埃塞俄比亚、坦桑尼亚、印度尼西亚、埃及、美国等9个国家。预计2027年左右,印度人口将超过中国,成为世界第一人口大国。

报告发现,世界人口增速在放缓,更多国家人口出现萎缩。从现在到2050年,人口出现萎缩的国家或地区数量将增至55个,其中26个国家或地区人口萎缩将超过10%。

报告称,全球妇女平均生育率已经由1990年的3.2降至现在的2.5。到2050年,全球妇女平均生育率将继续下降到2.2。

报告认为,世界人口老龄化加剧,65岁及以上人口将成为增长最快的年龄组。目前,全世界约9%的人口超过65岁,而到2050年,这一比例将达到16%,届时欧洲和北美地区65岁及以上人口将占总人口的四分之一,全世界80岁及以上人口将从目前的1.43亿增加到4.26亿。报告认为,人口老龄化导致工作年龄段人口比例下降,这将增加社会保障压力。

报告说,到2050年,人类平均预期寿命将从目前的72.6岁增至77.1岁。预期寿命地区不均衡状况有所改善,但目前,最不发达国家人口的平均预期寿命仍然比世界平均水平短7.4岁。

资料来源:尚绪谦:《联合国报告:2050年世界人口将达97亿》,新华网2019年6月18日。

材料2:世界人口预测

联合国经济和社会事务部人口司发布的《世界人口展望2019:提要》,提供了最新的关于全球人口的模式和前景预测。全球人口预计在未来30年将再增加20亿人,即从2019年的77亿增加至2050年的97亿,并将于21世纪末继续增长至110亿(如图12-1所示)。全球人均预期寿命从1990年的64.2岁增加到2019年的72.6岁,预计将进一步增加到2050年的77.1岁(如图12-2所示)。但是地区之间的差异仍然很显著,2019年世界最不发达国家或地区的人均预期寿命低于全球平均水平7.4岁,这主要是由于长期较高的儿童和孕产妇死亡率,以及与暴力冲突和持续的艾滋病相关的死亡率。全球人口由于人均预期寿命的增加和生育率的下降,正在继续老龄化(如图12-3所示)。65岁以上人口成为增长最快的年龄组,2019年全球人口每11个人中有一个人是65岁以上的老人(9%),到2050年这一比例将增加到每6个人中将有一个人是65岁以上的老人(16%)。全世界范围25-64岁劳动年龄人口与65岁人口的比例处于下降的状态。

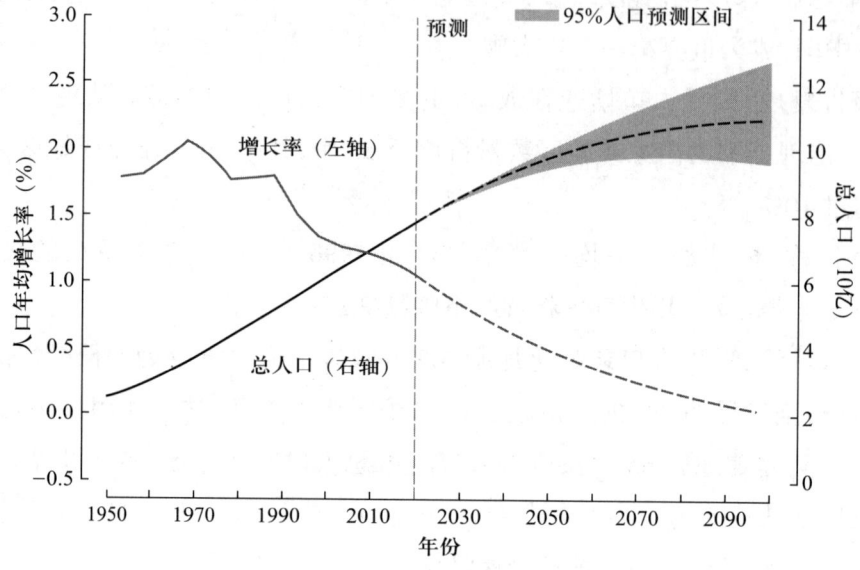

图12-1　世界总人口变化及预测

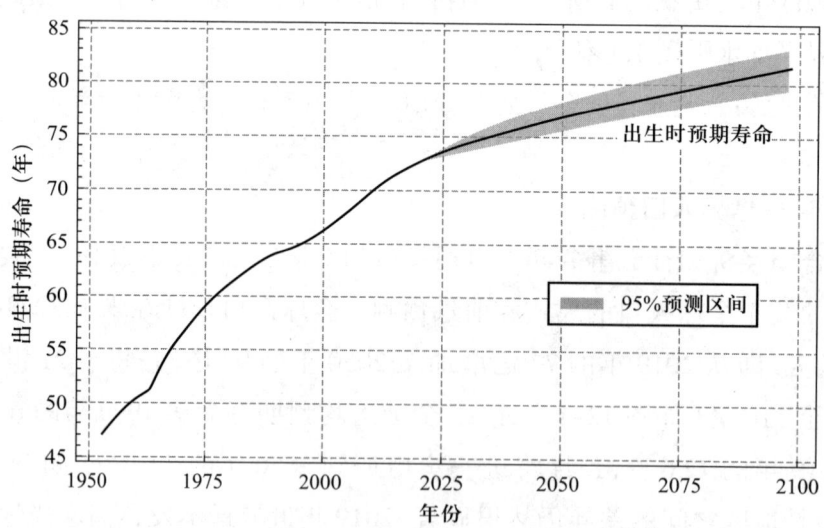

图12-2　世界人口预期寿命变化及预测

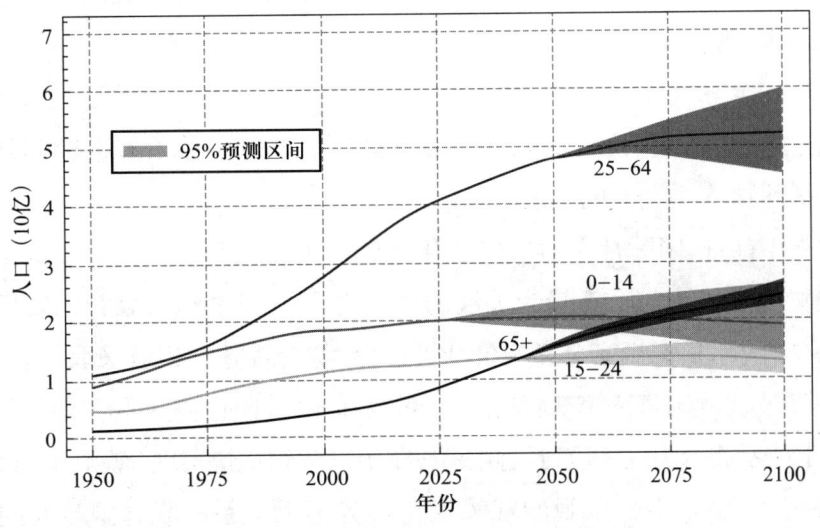

图 12-3　各年龄组人口数量变化及预测

资料来源：以上材料 2 均来源于 United Nations.World Population Prospects 2019 Highlights. Department of Economic and Social Affairs Population Division, UN, New York, 2019.

材料 3：联合国报告说 2018 年全球 8.2 亿人挨饿

联合国（2019 年 7 月）15 日在纽约总部发布的《世界粮食安全和营养状况》报告显示，近年来全球挨饿人数逐年增多，截至 2018 年全球面临食物不足困境的人数达 8.216 亿。

当天发布的 2019 年年度报告说，全球挨饿人数占总人口的比重在过去几十年持续下降，2015 年以来基本保持在略低于 11% 的水平。但从绝对人数来看，2018 年全球挨饿人数达 8.216 亿，这一数字在 2017 年、2016 年和 2015 年分别为 8.117 亿、7.965 亿和 7.854 亿。

报告还关注了全球日益严重的肥胖问题。报告说，肥胖每年导致约 400 万人死亡，并且每个年龄段人群都面临肥胖问题。其中，学龄段人群成为肥胖高发群体，原因主要是水果和蔬菜摄入量不够、吃快餐喝碳酸饮料，并缺乏体育锻炼。

资料来源：徐晓蕾：《联合国报告说 2018 年全球 8.2 亿人挨饿》，《人民日报》，2019 年 7 月 17 日第 16 版。

（二）请结合本章所学知识和下列材料，简要分析世界面临的气候变化及全球气候治理问题。

材料1：全球气候治理，需要行动的合力

气候变化不仅是环境问题，更是发展问题。全球气候治理进程不是零和博弈，而是关乎全人类利益的大事

2019年首月，国际社会对气候变化问题的关注在升温。世界经济论坛年会期间，气候变化成为与会者最为关注的话题之一；1月25日，联合国安理会举行气候灾害对国际和平与安全影响公开辩论会，与会者呼吁积极采取行动，减缓气候变化速度；北欧国家芬兰、瑞典、挪威、丹麦和冰岛日前签署一份应对气候变化的联合声明，表示将合力提高应对气候变化的力度，争取更快实现"碳中和"目标。

这种关注度与不容乐观的气候变化形势不无关系。联合国政府间气候变化专门委员会2018年10月发布的特别报告显示，如果气候变暖以目前的速度持续下去，预计全球气温在2030年至2052年间就会比工业化之前水平升高1.5摄氏度。联合国环境规划署发布的《2018年排放差距报告》预测，到2030年，只有57个国家温室气体排放有望达峰，这些国家总排放量占全球的60%，意味着目前的全球减排幅度不足以实现气候变化《巴黎协定》目标。

"气候变化是近期全球面临的最重要的系统性风险，但是应对气候变化的政治意愿仍然薄弱。"联合国秘书长古特雷斯忧虑地说。《巴黎协定》实施后续谈判进展虽相对顺利，但全球气候治理进程仍面临诸多政治政策层面的不确定性。本月，联合国环境规划署发布全球首份环境法治评估报告指出，尽管过去40年来全球环境领域法治建设不断完善、相关机构蓬勃发展，但执法不力的趋势加剧了环境威胁。马尔代夫外长沙希德在多个场合一再呼吁："我们需要行动——与我们承诺相一致的行动。"

需要看清的是，气候变化不仅是环境问题，更是发展问题。2017年，与气候和天气有关的灾害造成约1万人死亡，导致全球经济损失3 000多亿美元。2018年诺贝尔经济学奖授予耶鲁大学的威廉·诺德豪斯教授和世界银行前首席经济学家保罗·罗默，即是对气候变化与世界经济福祉之间存在内在联系的肯定。毫无疑问，一个变暖的地球将让所有人付出代价。法国总统马克龙就曾指出，面对气候失常，没有"投机取巧"的捷径或简单的解决方案，那些质疑现实情况的人同其他人一样承受气候变化的恶果。

中国在应对气候变化方面作出了重要贡献。中国全面贯彻落实创新、协调、

绿色、开放、共享的发展理念,坚定不移地走绿色、低碳、可持续发展之路。2017年中国碳强度比2005年下降约46%,已超过2020年碳强度下降40%至45%的目标;中国非化石能源占一次能源比重达到13.8%,有望完成到2020年15%的目标;森林蓄积量已增加21亿立方米,超额完成2020年目标。中国始终致力于加强全球气候治理,深入开展气候变化南南合作,通过共建绿色"一带一路"同各方深化低碳发展合作,建设全球生态文明。在第七十三届联合国大会主席埃斯皮诺萨看来,"中国在气候行动和经济发展上展现的相互促进的目标,有助于鼓励其他国家提升雄心,创造一个可持续和繁荣的未来"。

全球气候治理进程不是零和博弈,而是关乎全人类利益的大事。唯有树立命运共同体理念,体现担当、采取行动、加强协作,才能共同推进全球气候治理多边进程,应对气候变化的共同挑战,蹚出一条永续发展之路。

资料来源:钟声:《全球气候治理,需要行动的合力》,《人民日报》,2019年1月29日第3版。

材料2:算清排放账　合力促减排

人类在使用化石能源等活动中排放二氧化碳等温室气体,被普遍认为是导致全球气候变暖的重要原因。

中国对全球变暖到底该承担多大的责任?《自然》杂志上近日发表的一篇文章,第一次定量分析了中国对全球变暖的影响,引发广泛关注。这篇文章是北京大学城市与环境学院李本纲教授及其研究团队近4年的研究成果,研究显示,从1750年工业革命至今,我国对全球变暖的贡献约为10%。这一数字远低于近年来中国二氧化碳排放量的全球占比。

1. 困难重重的科研攻关:研究时间跨度为1750—2010年,考虑了10种影响气候的因子

中国该为全球气候变化承担多少责任,一直以来众说纷纭,但没有系统的综合评估结果。

为什么这一问题被反复讨论,但是科研结果迟迟未出?"因为要得到综合量化的评估,必须满足两个条件。"李本纲介绍,"第一是时间条件,要从1750年工业革命一直研究到现在,时间跨度长,工作量大,模拟困难。第二是要素条件,如果要综合评估一个区域或国家的贡献,就必须包括所有已知的导致气候变化的因子。缺乏任何一个,最后的综合指标就没法完成。"

中山大学大气科学学院院长董文杰教授也指出,由于基础数据繁杂、研究方

法多样、评估标准不一等原因,研究一国对气候变化的影响并不容易。

虽然预料到会遭遇重重挑战,李本纲及其研究团队还是于2012年底开始着手研究。"这件事就是再难,也得有人做,将中国的贡献研究清楚,就可以为国际气候变化的相关讨论提供重要参考依据。"李本纲说。

为克服时间跨度大、数据不一致的难题,研究团队利用气候变化领域常用的主要数据,结合北大自己的排放清单数据,解决了排放数据的"时间延展"和"数据同化"问题,得到10种影响气候因子1750—2010年的全球数据和中国数据。所谓时间延展,即纵向上将不同时间段的所有排放数据串联并统一扩展到1750—2010年。数据同化,则是横向上尽量减小不同数据源在精度和分辨率方面的不一致性。

"研究考虑了目前已知的所有人为影响因子。结论是,自1750年到现在,中国对全球气候变化的贡献率是10(±4)%。这是首次明确综合评估出中国对全球气候变化应负的具体责任。"李本纲说,"我们把不确定性控制在了一个可接受的范围内。"

国家气候中心气候变化适应室副主任黄磊认为,这一研究厘清了中国对全球变暖的具体责任,具有重要意义。

2. 意义重大的"约10%":有助于客观认识中国需承担的责任,制定公平的减排方案

10%左右,这个数字到底意味着什么?董文杰表示,就目前排放量而言,我国已经成为最大的温室气体排放国,在这种背景下,一些发达国家要求中国进行量化减排。"然而,从人均排放和历史排放的角度来看,中国不应该承担发达国家所要求的减排义务。"

董文杰指出,争取气候变化外交谈判话语权的关键,在于研究工作的进步。一个严谨科学的结论,能够帮助全世界科学家和决策者,客观认识中国对全球气候变化所需承担的责任,进而制定并实施公平合理的减排方案。

10%左右这个数字,是气候变化研究工作的重要成果。李本纲指出,中国自2005年起,碳排放的全球占比超过了20%。如果不讨论对气候变化效应的长期贡献,仅仅看近年来碳排放占比的话,中国的减排压力会大得多。"虽然我们的本意不是做政策研究,但结果却能为政府决策提供重要的借鉴和参考。"

"温室气体排放和变暖效应之间不是线性关系。"李本纲介绍,美国、英国等率先进入工业化时代,它们当年排放的二氧化碳等温室气体,对全球变暖的影响占比更大。而中国等后来开始发展工业的国家,即便排放了与当年等量的温室气体,对全球变暖的贡献也不会那么大。

研究发现,在过去这些年,虽然中国碳排放总量上升,但对全球变暖的贡献比率变化并不大,稳定保持在8%、9%左右,最大不超过12%。李本纲表示,"这一结论让很多人惊讶,不少外国专家表示他们没想到。"

在碳排放量上涨的同时,中国对全球气候变化的影响程度能保持稳定,与两类重要大气成分的不同作用有关。

"随着工业化发展,二氧化碳排放量在增加;与此同时,气溶胶也在增加。二氧化碳、甲烷等长生命周期的温室气体有制暖作用,硫酸盐、臭氧、有机颗粒等短生命周期的气溶胶有制冷作用,二者可以在一定程度上相互抵消。"李本纲说。

3. 引发争议的一句话:治理雾霾会导致气候变暖? 实际是提醒注意温室气体和气溶胶"同步减排"

文章中提到,"中国正在实施的空气质量改善措施,可能会导致中国对全球气候变化贡献百分比的增加。硫酸盐、硝酸盐的减少会减弱制冷效应,可能会增加中国对全球气候变化贡献的比例。"这句话,引发了巨大争议。

"审稿专家在看到这句话后提醒我们,要么进行论证,要么删掉。团队讨论了很久,一致认为不应该删除。因为这一可能的影响是客观存在的,而且IPCC(政府间气候变化专门委员会)第五次评估报告,也提出了空气质量改善是否会对气候变化有影响这一问题。"李本纲说。

后来,研究团队在文章附件中对这句话进行了论证。他们计算出,如果二氧化硫下降到2000年的排放量,中国的全球变暖贡献率会上升到12%,而如果降至1980年的排放量,则会让贡献率升至13%。

难道这意味着,治理雾霾反而会增加对全球变暖的影响?

"我们保留这句话,并不是说治理雾霾会导致气候变暖,而是提醒大家,要注意温室气体和气溶胶的同步减排。"李本纲解释道,"如果只减少气溶胶,而不控制温室气体排放,那么制冷效果会减弱,制暖效果不变或加强,就有可能引发升温。"

"减缓气候变化和治理空气污染,都是我们迫切需要解决的问题。二者并不矛盾,而且相辅相成。我们必须双管齐下。"董文杰说,"长期来看,需要分别设置减排目标,强调'谁污染谁治理、谁付费'的基本原则,并通过一些市场手段来提高实施效率,例如碳交易等。"

李本纲表示,应对气候变化和治理空气污染,应协同减排、协同控制。减排温室气体和污染物的政策需要精确设计并同步实施。例如,控制甲烷排放可以降低臭氧浓度,在降低温室效应的同时,改善了空气质量,就是一个典型的"双赢"局面。再如,通过优化能源结构及节能,可以同步降低二氧化硫、黑碳及二氧化碳的排放,则可能是"多赢"的局面。"然而,区域大气污染物排放控制措施影响全球气候变化的作用、过程与机理尚不完全清楚,加强研究,将有助于大气污染物排放控制措施的制定及其综合效应的评估。"

资料来源:赵贝佳:《算清排放账 合力促减排》,《人民日报》,2016年4月23日第9版。

(三)请结合本章所学知识和下列材料,简要分析近年来国际原油价格的变化及其原因和影响

图12-4给出了1920—2020年国际原油价格的变化情况。图12-5则反映了美国、俄罗斯和沙特阿拉伯三国近年来原油产量占世界总量的比重变化。

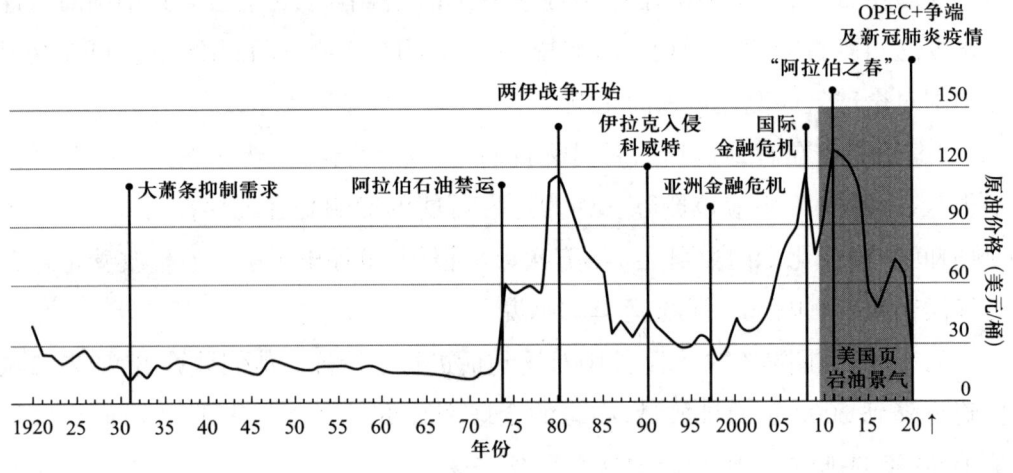

图12-4 近百年来原油价格的变化

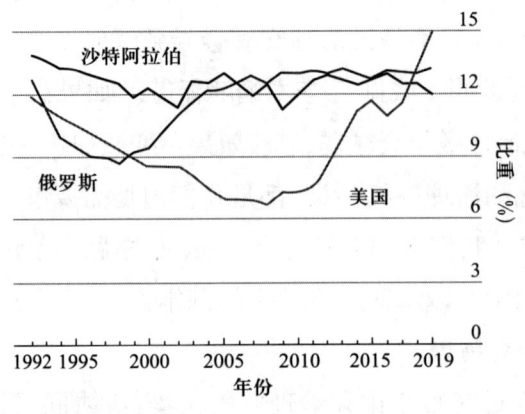

图12-5 三国原油产量占世界的比重

资料来源:图12-4和图12-5来源于The Economist,2020年4月11日。

七、本章扩展材料

1.《发展权：中国的理念、实践与贡献》白皮书，中华人民共和国国务院新闻办公室网站，2016年12月1日。

2.《中国的粮食安全》白皮书，中华人民共和国国务院新闻办公室网站，2019年10月14日。

3. 蔡昉：《创造第二次人口红利》，《人民日报》2019年12月23日第9版。

4. 林伯强、吴微、朱俊鹏等：《中国能源发展报告2019》，北京大学出版社2019年版。

5. 国务院：《2030年前碳达峰行动方案》，2021年10月24日。

第十三章 改革开放与中国经济的快速发展

一、本章内容摘要

改革开放是决定当代中国命运的关键抉择。

1. 改革开放使中国成功实现了从高度集中的计划经济体制到充满活力的社会主义市场经济体制,从封闭半封闭到全方位开放的伟大历史转折。改革开放是解放和发展生产力的内在要求,是顺应经济全球化历史发展趋势的必然选择,是应对国际竞争压力、巩固和发展社会主义制度的客观要求,也是顺应民意、实现强国富民和社会主义现代化的必由之路。

2. 以1978年党的十一届三中全会为标志,中国开始了改革开放的历史性转变。社会主义市场经济体制在探索中逐步建立和完善。中国的对外开放也从建立经济特区到开放沿海、沿江、沿边、内陆地区再到加入世界贸易组织,由点到线再到面全面展开,基本形成了全方位、多层次、宽领域的对外开放格局。

3. 通过实施互利共赢的开放战略,中国内外联动、互利共赢、安全高效的开放型经济体系不断得到完善,从而形成了在经济全球化条件下参与国际经济合作和竞争的新优势,开放型经济迈上了新台阶,新时代全面开放的新格局逐步形成。

4. 改革开放以来,中国经济发展进入新阶段,国民经济总体上保持了持续快速发展势头,经济总量和人均水平加速扩张,城乡居民生活水平明显改善。同时,中国对外经济也快速发展,对外联系和交往日益加深,不断打造国际合作新平台。

二、本章基本概念

改革开放、社会主义市场经济体制、经济特区、互利共赢开放战略

三、本章重点和难点剖析

(一)中国改革开放的必要性

1978年召开的党的十一届三中全会,顺应时代潮流和人民愿望,作出了把党和国家的工作中心转移到经济建设上来、实行改革开放这一决定当代中国命运的关键抉择。

首先，改革开放是解放和发展社会生产力的内在要求。马克思主义认为，生产力是最活跃最革命的因素，是社会发展的最终决定力量。中国在改革开放前的特殊历史条件下实施的高度集中统一的计划经济体制，对于当时恢复和发展国民经济，集中全国的人力、物力、财力进行工业化建设发挥了重要作用。但是，随着生产力的进一步发展和经济关系日趋复杂，这种体制的缺陷和弊端越来越明显，逐渐成为生产力发展的严重障碍。因此，不对这种体制进行改革，中国的社会主义建设就难以向前发展，社会生产力水平就难以提高。

其次，改革开放是中国顺应经济全球化历史发展趋势的必然选择。二战后科技革命的蓬勃发展，使经济全球化程度日益提高，世界各国逐步形成了相互依存的格局。当今世界是开放的世界，在各国经济联系日益紧密的现实状况下，任何一个国家要想发展经济就必须适应经济全球化的客观历史趋势。"开放带来进步，封闭必然落后。"只有不断进行改革开放，在坚持独立自主的前提下深入参与到国际经济体系中去，才能抓住经济全球化提供的机遇，趋利避害，共同分享经济全球化可能带来的经济利益。

再次，改革开放是中国应对国际竞争压力、巩固和发展社会主义制度的客观要求。二战后，第三次科技革命的不断深入提高了社会生产力水平，发达资本主义国家的经济得到较快发展，在20世纪50—60年代中期进入了经济增长的"黄金时期"。与此同时，以亚洲"四小龙"等为代表的一些发展中国家和地区，通过积极参与国际分工与贸易体系，也迅速实现了经济的腾飞。与这些国家和地区的快速发展相比，中国的经济实力和科技实力与国际先进水平的差距明显拉大，面临着巨大的国际竞争压力，社会主义制度的巩固和发展也面临着严峻的挑战。可以说，只有实行改革开放，才能推动中国社会主义制度自我完善和发展，不断增强中国的经济实力和综合国力，提高中国的国际竞争能力，赋予社会主义新的生机和活力。

最后，改革开放是顺应民意、实现强国富民和社会主义现代化的必由之路。新中国成立后到改革开放前，由于基础薄弱，特别是受到"大跃进"和"文化大革命"的冲击，中国经济增长速度总体较慢且波动剧烈，经济总量和人均水平都很低，综合实力弱小。社会的贫穷落后使得广大干部群众强烈要求纠正"文化大革命"的错误，使党和国家重新奋起。只有实行改革开放，才能走上强国富民、实现社会主义现代化和中华民族伟大复兴的正确道路。

（二）中国社会主义市场经济体制的探索与建立过程

在新中国成立后的一段时期，中国学习苏联模式，实行了高度集中统一的计划经济体制。在当时的历史条件下，这种计划经济体制可以迅速动员和集中全国有限的人力、物力和财力等资源，对初步建立起独立的比较完整的工业体系和国民经济体系，进行大规模社会主义现代化建设发挥了至关重要的作用。但是，随着经济和社会的发展，计划经济体制的弊端逐渐显现出来，政企职责不分、缺乏激励约束机制、分配的平均主义等问题，不利于资源配置的优化，束缚了生产力的进一步发展。

1978 年，随着改革开放战略决策的实施，中国经济体制改革也拉开了帷幕。1982 年，党的十二大提出了"计划经济为主、市场调节为辅"的方针。1984 年 10 月，党的十二届三中全会突破了把计划经济同商品经济对立起来的传统观念，明确提出社会主义经济是"公有制基础上的有计划的商品经济"。1987 年 10 月，党的十三大进一步提出，社会主义有计划商品经济的体制是"计划与市场内在统一的体制"，"计划和市场的作用范围都是覆盖全社会的"，新的经济运行机制总体上说应当是"国家调节市场，市场引导企业"的机制。

1992 年邓小平发表南方谈话，从根本上解除了把计划经济和市场经济看做属于社会基本制度范畴的思想束缚，从而为社会主义市场经济体制的建立奠定了坚实的思想基础。1992 年 10 月，党的十四大明确提出，中国经济体制改革的目标是建立社会主义市场经济体制，使市场在国家宏观调控下对资源配置起基础性作用。1993 年 11 月，党的十四届三中全会勾画出了社会主义市场经济体制的基本框架，制定了继续深化改革的总体蓝图，从而使中国经济体制改革进入全局性整体推进的阶段。经过 20 世纪 90 年代改革的不断深化，至 20 世纪末，中国已初步建立了社会主义市场经济体制。

2002 年召开的党的十六大提出，到 2020 年将建成完善的社会主义市场经济体制这一改革目标。2003 年 10 月，党的十六届三中全会对完善社会主义市场经济体制作出全面部署，并提出了具体目标。2007 年召开的党的十七大和 2010 年召开的十七届五中全会强调，在新的历史发展阶段要进一步完善社会主义市场经济体制，推进各方面体制改革创新，加快重要领域和关键环节改革步伐，着力构建充满活力、富有效率、更加开放、有利于科学发展的体制机制，为发展中国特色社会主义提供强大动力和体制保障。

2012 年召开的党的十八大指出："全面深化经济体制改革。深化改革是加快转变经济发展方式的关键。经济体制改革的核心问题是处理好政府和市场的关系,必须更加尊重市场规律,更好发挥政府作用。""要加快完善社会主义市场经济体制,完善公有制为主体、多种所有制经济共同发展的基本经济制度,完善按劳分配为主体、多种分配方式并存的分配制度,完善宏观调控体系,更大程度更广范围发挥市场在资源配置中的基础性作用,完善开放型经济体系,推动经济更有效率、更加公平、更可持续发展。"2013年召开的党的十八届三中全会提出,经济体制改革是全面深化改革的重点,其核心问题是如何处理好政府和市场的关系,使市场在资源配置中起决定性作用和更好地发挥政府作用。2017年党的十九大进一步指出:"加快完善社会主义市场经济体制。经济体制改革必须以完善产权制度和要素市场化配置为重点,实现产权有效激励、要素自由流动、价格反应灵活、竞争公平有序、企业优胜劣汰。""必须坚持和完善我国社会主义基本经济制度和分配制度,毫不动摇巩固和发展公有制经济,毫不动摇鼓励、支持、引导非公有制经济发展,使市场在资源配置中起决定性作用,更好发挥政府作用,推动新型工业化、信息化、城镇化、农业现代化同步发展,主动参与和推动经济全球化进程,发展更高层次的开放型经济,不断壮大我国经济实力和综合国力。"

（三）中国建立和不断完善的社会主义市场经济体制的突出特点

社会主义市场经济体制是社会主义基本制度与市场经济有机结合的经济体制,是充分发挥两者内在优势的新型经济体制。概括地说,中国建立和不断完善的社会主义市场经济体制有如下几个突出的特点。

第一,在所有制结构上,以公有制为主体,多种所有制经济共同发展。公有制为主体,多种所有制经济共同发展的基本经济制度,是中国特色社会主义制度的重要支柱,也是社会主义市场经济体制的根基。公有制经济和非公有制经济都是社会主义市场经济的重要组成部分,都是我国经济社会发展的重要基础。我国毫不动摇地巩固和发展公有制经济,毫不动摇地鼓励、支持、引导非公有制经济发展。公有制的主体地位保证着市场经济的社会主义性质,有利于经济的稳定和协调发展,有利于发挥国家在经济发展中的主导作用,推动经济结构的合理平衡与升级发展。发展多种所有制经济,形成多种独立的所有权主体,有利于提高市场经济的活力和效率,有利于发挥各种生产要素的作用,有利于调动各种所有制经济的积极性和创造性,有利于促进资源配置效率的优化。

第二,在市场和政府的关系上,坚持市场在资源配置中起决定性作用和更好地发挥政府作用相结合。市场决定资源配置是市场经济的一般规律,我国健全社会主义市场经济体制也必须遵循这条规律,大幅度减少政府对资源的直接配置,推动资源配置依据市场规则、市场价格、市场竞争实现效益最大化和效率最优化。但中国实行的社会主义市场经济,不是自由放任的市场经济,在充分发挥市场在资源配置中决定性作用的同时,也要更好地发挥政府的职责和作用,保持宏观经济稳定,加强和优化公共服务,保障公平竞争,加强市场监管,维护市场秩序,推动可持续发展,促进共同富裕,弥补市场失灵。市场在资源配置中起决定性作用和更好地发挥政府作用相结合,能够协调当前利益与长远利益、局部利益与整体利益,有效抑制市场的自发性、盲目性,保证市场经济的健康发展,更好地发挥计划与市场两种手段的长处。

第三,在分配制度上,以按劳分配为主体,多种分配方式并存,效率优先,兼顾公平,在促进经济发展中实现社会公平与公正。推动国民经济又好又快地发展,是实现任何社会经济目的的物质基础和前提条件。实行以按劳分配为主体,多种分配方式并存的分配制度,有利于调动市场经济主体的积极性,提高资源配置效率,促进国民经济的持续增长与发展。但也必须认识到,实现社会公平与公正是社会主义的核心价值观,也是其魅力所在。在发展社会主义市场经济中,在追求资源配置效率目标的同时,也必须重视社会公平与公正的原则。

第四,在中国经济与世界经济的关系上,坚持在积极参与经济全球化过程中保持经济的自主性和独立性。市场经济是开放性的经济,它要求冲破国家和地区的限制,实现跨国和跨区域的商品生产与流通,实现资源在全球范围的优化配置。因此,发展社会主义市场经济意味着在更大范围、更广领域、更高层次上参与国际经济技术交流合作与竞争。但由于经济全球化的主导权被欧美发达国家控制,因此损害发展中国家利益的行径和规则客观上大量存在。有鉴于此,中国在发展社会主义市场经济的过程中,在实施对外开放战略的过程中,要坚持独立自主、自力更生的方针,把立足点放在依靠自身力量上,努力维护国家主权和经济安全,防范和化解国际风险的冲击,并努力推动建立更加公正合理的国际经济新秩序。

总的来看,社会主义市场经济体制的建立和不断完善,正确解决了关系整个社会主义现代化建设全局的一系列重大问题,极大地解放了生产力,为中国特色社会主义的发展带来了蓬勃生机。社会主义市场经济体制的建立也是人类社会发展道路的一种新探索。社会主义市场经济体制把社会主义基本原则和制度优势与市场经济的一般原则和配置资源的长处有机结合起来,既有助于实现市场经济运行的自发性和自觉性的统一,又有利于实现社会公平与经济效率的统一,具有重要的历史意义。

(四)中国对外开放的历史进程

新中国成立后,面对以美国为首的西方国家的封锁和禁运,中国积极发展同苏联、东欧社会主义国家以及亚洲一些发展中国家的贸易,并积极对一些非洲国家提供了不附带任何政治条件的无偿援助。但由于受国内外种种条件的限制,当时的中国,经济总体上处于封闭半封闭状态,对外贸易规模极其有限,基本上没有外商直接投资。党的十一届三中全会作出改革开放的重大决策,中国开始了对外开放的历程。

1. 经济特区的设立与对外开放逐步扩大

(1)建立经济特区

中国的对外开放是从邻近港澳、华侨众多的广东和福建开始的。1980年8月,国家决定在广东省的深圳、珠海、汕头和福建省的厦门设立经济特区,实行不同于其他地区的优惠待遇、经济运行和管理体制以及特殊政策,发挥它们对全国改革开放和社会主义现代化建设的重要窗口和示范带动作用。

(2)对外开放逐步扩大

在总结对外开放经验的基础上,国家决定进一步扩大对外开放的步伐。1984年5月,开放14个沿海港口城市。1985年2月,将长江三角洲、珠江三角洲、闽南厦漳泉三角地区开辟为沿海经济开放区。1988年年初,又将辽东半岛和山东半岛全部对外开放。同年4月,设立海南经济特区。1990年4月,开发和开放上海浦东新区。1991年,开放4个北部口岸,并相继批准上海外高桥、深圳福田、天津港等沿海重要港口设立保税区。至此,中国对外开放由点到线再到面全面展开,对外开放的范围也由经济特区逐步扩大到了沿海、沿江、沿边地区,并初步形成了经济特区—沿海开放城市—沿海经济开放区—内陆地区这样一个多层次、有重点、点面结合的对外开放格局。

1992年,邓小平视察南方并发表重要谈话,强调要进一步把握时机加快改革开放步伐。中国对外开放由此加速向纵深推进,逐步由沿海向沿江、沿边及内陆城市延伸。1992年,以上海浦东为龙头,开放了6个沿江城市和三峡库区,同时开放4个边境和沿海地区省会城市,开放13个沿边城市,开放11个内陆省会城市。2000年,伴随着西部大开发战略的实施,对外开放进一步扩大到广大西部地区。至此,中国多层次、全方位的对外开放格局基本形成。

2. 中国加入世界贸易组织

为了给经济发展创造更加良好的国际环境,中国进一步加快改革开放的步伐,作出了加入世界贸易组织的决定,以便更好地协调中国同世界各国的经济贸易关系,争取和维护中国在国际经济舞台上的利益和发言权,为改革开放的深入推进和经济的长远发展创造机会和条件。经过艰难曲折的谈判,中国终于在2001年12月11日正式成为世界贸易组织成员。加入世界贸易组织标志着中国的改革开放进入了一个崭新的阶段:从自主、单边的对外开放变为以世界贸易组织为基础的相互、多边的对外开放;从政策导向型的开放逐步转变为以世界贸易组织协议与协定为基础的开放;由被动接受国际经贸规则的开放转变为主动参与制定国际经贸规则的开放。加入世界贸易组织为中国在更大范围和更高层次上参与国际经济合作和竞争,在更深程度上参与世界经济奠定了坚实的基础,中国经济也由此进入了全方位、多层次、宽领域的对外开放新阶段。

3. 互利共赢开放战略与全面开放新格局的形成

中国的发展离不开世界,世界的繁荣稳定也离不开中国,这已成为当代中国在世界存在的基本状态。中国同世界的关系已经发生了历史性变化,中国经济与世界经济也产生了前所未有的深刻互动。在这样的背景下,2005年党的十六届五中全会明确提出了"实施互利共赢的开放战略"。2007年党的十七大和2010年党的十七届五中全会进一步强调,中国将始终不渝奉行和大力实施互利共赢的开放战略。2012年党的十八大和2017年党的十九大进一步强调必须统筹国内国际两个大局,始终不渝走和平发展道路、奉行互利共赢的开放战略。这是中国共产党以宽广的世界眼光,立足科学发展,根据中国面临的更为复杂深刻的国际环境,而作出的进一步提高对外开放水平的重大战略部署。中国通过实施互利共赢的开放战略,内外联动、互利共赢、安全高效的开放型经济体系不断得到完善,开放型经济迈上了新台阶,新时代全面开放的新格局逐步形成。

(五)改革开放以来中国经济快速发展的主要表现

1. 改革开放以来国民经济的快速发展

改革开放以来,中国经济发展进入一个新阶段,国民经济总体上保持了持续快速发展势头,主要体现在以下几个方面。

首先,中国经济总量和人均水平呈现加速增长态势。1980—2020年,中国 GDP 年均增长 9.3%，中国人均 GDP 也由 1978 年的 381 元提高到 2020 年的 72 447 元，增长 189.1 倍。

其次，改革开放极大地解放了中国的工农业生产力，促进了工农业生产的迅猛增长和工农业产品的极大丰富。中国农产品供给的显著增长不仅解决了世界近 1/5 人口的吃饭问题，还为加快工业化进程提供了重要支持。同时，改革开放后中国主要工业产品产量也成倍增长。可以说，中国工农业产品产量的迅猛增长正是中国经济持续快速发展的具体体现。

再次，随着改革开放后经济的快速发展和规模的扩大，中国财政收入加速增长，财政实力不断增强。1978 年，中国财政收入为 1 132 亿元，而到 2020 年则达到 182 895 亿元，增长 160.6 倍。国家财政收入的迅速增加，有效地提高了政府的宏观调控能力，社会主义集中力量办大事的优势得到充分发挥。

最后，城乡居民收入快速增长，生活水平明显改善。1978—2020 年，中国城镇居民年人均可支配收入由 343.4 元增加到 43 834 元，增长 126.6 倍；农村居民年人均可支配收入则由 133.6 元增加为 17 131 元，增长 127.2 倍。中国城镇居民家庭的恩格尔系数由 1978 年的 57.5% 下降为 2018 年的 29.2%，生活水平已经由温饱变为富足；中国农村居民家庭的恩格尔系数则由 1978 年的 67.7% 下降为 2018 年的 32.7%，生活水平也已经由贫困转变为相对充裕。尤其需要指出的是，改革开放 40 余年来，我国有 7 亿多人摆脱了贫困，是第一个提前实现联合国千年发展目标中贫困人口减半目标的发展中国家，取得了举世瞩目的成就，创造了世界纪录。

2. 改革开放以来对外经济联系日益深化

改革开放以来，随着中国国民经济的持续快速发展，对外经济联系也日益深化，主要体现在以下几个方面。

（1）对外贸易快速发展

改革开放前，中国经济基本上处在封闭半封闭状态，对外贸易规模很小。1978 年以后，通过不断扩大对外开放领域，提高对外开放水平，中国的对外贸易得到快速增长。

从货物贸易的发展来看，2013 年突破 4 万亿美元，成为世界第一货物贸易大国。随着对外贸易的发展，中国进出口商品结构不断优化升级：出口商品结构从以初级产品为主转变为以工业制成品为主，从以轻纺等劳动密集型产品为主转变为以机电产品和高新技术产品等资本技术密集型产品为主；进口商品结构中,资源、基础原材料等初级产品所占比重不断扩大,机电产品和高新技术产品也快速增长。

从服务贸易的发展来看,中国服务贸易进出口总额到2020年上升到6 617亿美元,在世界服务贸易中的排名稳居第2位。同时,中国服务贸易结构逐步优化,高附加值服务贸易快速发展。

（2）大力吸引外资与扩大对外投资

改革开放前,中国基本上没有利用外资,特别是外商直接投资。改革开放以来,中国敞开大门吸引外资,利用外资规模和领域不断扩大。中国实际利用外商直接投资金额2020年高达1 444亿美元。在吸引外商直接投资不断增长的同时,注重发挥利用外资在推动自主创新、促进产业升级等方面的积极作用,引资的重点从改革开放初期的轻纺、家电等行业逐步发展到目前的计算机、通信、集成电路等高新技术产业,以及金融、保险、信息咨询等现代服务业,外商在华设立地区总部、研发中心、营销中心等也已经成为中国吸引外资的新亮点。

从对外投资的发展来看,随着对外开放步伐的加快,特别是加入世界贸易组织以来,中国企业对外投资进入快速发展时期。2020年,中国企业对外直接投资达1 329.4亿美元。同时,中国对外投资的领域不断拓宽,形式逐步多样化,对外投资层次和水平不断提升。资源采掘业、电信及石油化工等行业成为中国对外投资的主要领域,商业服务业、制造业和金融业也成为中国对外投资的重要领域。中国对外投资的形式由单一的"绿地投资"向跨国并购、参股、境外上市等多种方式扩展,其中跨国并购已经成为对外投资的重要方式。

（3）积极拓展对外经济合作

改革开放以来,作为实施"走出去"战略的重要内容,中国对外经济合作的范围和领域不断扩大,进一步提高了中国对外开放的水平,密切了与世界各国的经济联系。特别是近年来,中国与"一带一路"沿线国家的经济合作项目持续推进,从而不断打造国际合作新平台,增添共同发展新动力。

四、本章课后思考题及答案提示

1. 试述中国改革开放的必要性

首先,改革开放是解放和发展社会生产力的内在要求。

其次,改革开放是中国顺应经济全球化历史发展趋势的必然选择。

再次,改革开放是中国应对国际竞争压力、巩固和发展社会主义制度的客观要求。

最后,改革开放是顺应民意、实现强国富民和社会主义现代化的必由之路。

2. 简述中国对外开放的主要历程

(1)经济特区的设立与对外开放逐步扩大

中国的对外开放是从邻近港澳、华侨众多的广东和福建开始的。1980年8月,国家决定在广东省的深圳、珠海、汕头和福建省的厦门设立经济特区,实行不同于其他地区的优惠待遇、经济运行和管理体制以及特殊政策,发挥它们对全国改革开放和社会主义现代化建设的重要窗口和示范带动作用。

在总结对外开放经验的基础上,国家决定进一步扩大对外开放的步伐。相继开放沿海港口城市和沿海经济开放区等,中国对外开放由点到线再到面全面展开,对外开放的范围也由经济特区逐步扩大到了沿海、沿江、沿边地区,并初步形成了经济特区—沿海开放城市—沿海经济开放区—内陆地区这样一个多层次、有重点、点面结合的对外开放格局。

1992年,邓小平视察南方并发表重要谈话,强调要进一步把握时机加快改革开放步伐。中国对外开放由此加速向纵深推进,逐步由沿海向沿江、沿边及内陆城市延伸。2000年,伴随着西部大开发战略的实施,对外开放进一步扩大到广大西部地区。至此,中国多层次、全方位的对外开放格局基本形成。

(2)中国加入世界贸易组织

为了给经济发展创造更加良好的国际环境,中国进一步加快改革开放的步伐,作出了加入世界贸易组织的决定,以便更好地协调中国同世界各国的经济贸易关系,争取和维护中国在国际经济舞台上的利益和发言权,为改革开放的深入推进和经济的长远发展创造机会和条件。经过艰难曲折的谈判,中国终于在2001年12月11日正式成为世界贸易组织成员。加入世界贸易组织标志着中国的改革开放进入了一个崭新的阶段,为中国在更大范围和更高层次上参与国际经济合作和竞争,在更深程度上参与世界经济奠定了坚实的基础,中国经济也由此进入了全方位、多层次、宽领域的对外开放新阶段。

(3)互利共赢开放战略与全面开放新格局的形成

中国的发展离不开世界,世界的繁荣稳定也离不开中国,这已成为当代中国在世界存在的基本状态。中国同世界的关系已经发生了历史性变化,中国经济与世界经济也产生了前所未有的深刻互动。在这样的背景下,2005年党的十六届五中全会明确提出了"实施互利共赢的开放战略"。2007年党的十七大和2010年党的十七届五中全会进一步强调,中国将始终不渝奉行和大力实施互利共赢的开放战略。2012年党的十八大和2017年党的十九大进一步强调必须统筹国内国际两个大局,始终不渝走和平发展道路、奉行互利共赢的开放战略。这是中国共产党以宽广的世界眼光,立足科学发展,根据中国面临的更为复杂深刻的国际环境,而作出的进一步提高对外开放水平的重大战略部署。中国通过实施互利共赢的开放战略,内外联动、互利共赢、安全高效的开放型经济体系不断得到完善,开放型经济迈上了新台阶,新时代全面开放的新格局逐步形成。

3. 简述社会主义市场经济体制的探索历程及其特征

在新中国成立后的一段时期,中国学习苏联模式,实行了高度集中统一的计划经济体制。随着经济和社会的发展,计划经济体制的弊端逐渐显现出来。

1978年,随着改革开放战略决策的实施,中国经济体制改革也拉开了帷幕。1982年,党的十二大提出了"计划经济为主、市场调节为辅"的方针。1984年10月,党的十二届三中全会突破了把计划经济同商品经济对立起来的传统观念,明确提出社会主义经济是"公有制基础上的有计划的商品经济"。1992年10月,党的十四大明确提出,中国经济体制改革的目标是建立社会主义市场经济体制,使市场在国家宏观调控下对资源配置起基础性作用。1993年11月,党的十四届三中全会勾画出了社会主义市场经济体制的基本框架,制定了继续深化改革的总体蓝图,从而使中国经济体制改革进入全局性整体推进的阶段。经过20世纪90年代改革的不断深化,至20世纪末,中国已初步建立了社会主义市场经济体制。

2002年召开的党的十六大提出,到2020年将建成完善的社会主义市场经济体制这一改革目标。2003年10月,党的十六届三中全会对完善社会主义市场经济体制作出全面部署,并提出了具体目标。2007年召开的党的十七大和2010年召开的十七届五中全会强调,在新的历史发展阶段要进一步完善社会主义市场经济体制。

2012年召开的党的十八大指出:"经济体制改革的核心问题是处理好政府和市场的关系,必须更加尊重市场规律,更好发挥政府作用。"2013年召开的党的十八届三中全会提出,经济体制改革是全面深化改革的重点,其核心问题是如何处理好政府和市场的关系,使市场在资源配置中起决定性作用和更好地发挥政府作用。

2017年召开的党的十九大进一步指出："加快完善社会主义市场经济体制。""必须坚持和完善我国社会主义基本经济制度和分配制度，毫不动摇巩固和发展公有制经济，毫不动摇鼓励、支持、引导非公有制经济发展，使市场在资源配置中起决定性作用，更好发挥政府作用，推动新型工业化、信息化、城镇化、农业现代化同步发展，主动参与和推动经济全球化进程，发展更高层次的开放型经济，不断壮大我国经济实力和综合国力。"

社会主义市场经济体制是社会主义基本制度与市场经济有机结合的经济体制，是充分发挥两者内在优势的新型经济体制。概括地说，中国建立和不断完善的社会主义市场经济体制有如下几个突出的特点。

第一，在所有制结构上，以公有制为主体，多种所有制经济共同发展。

第二，在市场和政府的关系上，坚持市场在资源配置中起决定性作用和更好地发挥政府作用相结合。

第三，在分配制度上，以按劳分配为主体，多种分配方式并存，效率优先，兼顾公平，在促进经济发展中实现社会公平与公正。

第四，在中国经济与世界经济的关系上，坚持在积极参与经济全球化过程中保持经济的自主性和独立性。

4. 试述改革开放以来中国经济快速发展的主要表现

（1）改革开放以来国民经济的快速发展

改革开放以来，中国经济发展进入一个新阶段，国民经济总体上保持了持续快速发展势头，主要体现在以下几个方面。

首先，中国经济总量和人均水平呈现加速增长态势。

其次，改革开放极大地解放了中国的工农业生产力，促进了工农业生产的迅猛增长和工农业产品的极大丰富。

再次，随着改革开放后经济的快速发展和规模的扩大，中国财政收入加速增长，财政实力不断增强。

最后，城乡居民收入快速增长，生活水平明显改善。

（2）改革开放以来对外经济联系日益深化

改革开放以来，随着中国国民经济的持续快速发展，对外经济联系也日益深化，主要体现在以下几个方面。

① 对外贸易快速发展。改革开放前，中国经济基本上处在封闭半封闭状态，对外贸易规模很小。1978年以后，通过不断扩大对外开放领域，提高对外开

放水平,中国的对外贸易得到快速增长。从货物贸易的发展来看,2013 年突破 4 万亿美元,成为世界第一货物贸易大国。随着对外贸易的发展,中国进出口商品结构不断优化升级。从服务贸易的发展来看,中国服务贸易进出口总额到 2020 年上升到 6 617 亿美元,在世界服务贸易中的排名稳居第 2 位。同时,中国服务贸易结构逐步优化,高附加值服务贸易快速发展。

② 大力吸引外资与扩大对外投资。改革开放前,中国基本上没有利用外资,特别是外商直接投资。改革开放以来,中国敞开大门吸引外资,利用外资规模和领域不断扩大。中国实际利用外商直接投资金额 2020 年高达 1 444 亿美元。在吸引外商直接投资不断增长的同时,注重发挥利用外资在推动自主创新、促进产业升级等方面的积极作用。从对外投资的发展来看,随着对外开放步伐的加快,特别是加入世界贸易组织以来,中国企业对外投资进入快速发展时期。2020 年,中国企业对外直接投资达 1 329.4 亿美元。同时,中国对外投资的领域不断拓宽,形式逐步多样化,对外投资层次和水平不断提升。

③ 积极拓展对外经济合作。改革开放以来,作为实施"走出去"战略的重要内容,中国对外经济合作的范围和领域不断扩大,进一步提高了中国对外开放的水平,密切了与世界各国的经济联系。特别是近年来,中国与"一带一路"沿线国家的经济合作项目持续推进,从而不断打造国际合作新平台,增添共同发展新动力。

五、本章测试题

(一)判断题

1. 改革开放是中国人民和中华民族发展史上的一次伟大革命,是决定当代中国命运的关键抉择。( )

2. 马克思主义认为,生产关系是最活跃最革命的因素,是社会发展的最终决定力量。( )

3. 1984 年 10 月,党的十二届三中全会突破了把计划经济同市场经济对立起来的传统观念,明确提出社会主义经济是"公有制基础上的有计划的市场经济"。( )

4. 中国是第一个提前实现联合国千年发展目标的发展中国家。( )

5. 中国 2018 年开始在上海探索实行符合其发展定位的自由贸易港政策。( )

(二) 不定项选择题

1. 党的（　　）作出了把党和国家的工作中心转移到经济建设上来、实行改革开放这一决定当代中国命运的关键抉择。

  A. 十一届三中全会　　　　　　B. 十四大
  C. 十八届三中全会　　　　　　D. 十九大

2. 中国实行改革开放政策的必要性包括（　　）。

  A. 改革开放是解放和发展社会生产力的内在要求
  B. 改革开放是中国顺应经济全球化历史发展趋势的必然选择
  C. 改革开放是中国应对国际竞争压力、巩固和发展社会主义制度的客观要求
  D. 改革开放是顺应民意、实现强国富民和社会主义现代化的必由之路

3. 1980年中国设立的经济特区不包括（　　）。

  A. 深圳　　　　　　　　　　　B. 海南
  C. 珠海　　　　　　　　　　　D. 厦门

4. 明确提出经济体制改革是全面深化改革的重点，其核心问题是如何处理好政府和市场的关系，使市场在资源配置中起决定性作用和更好地发挥政府作用的是（　　）。

  A. 党的十一届三中全会　　　　B. 党的十四大
  C. 党的十六大　　　　　　　　D. 党的十八届三中全会

5. 中国在（　　）年正式成为世界贸易组织成员。

  A. 1986　　　　　　　　　　　B. 1992
  C. 2001　　　　　　　　　　　D. 2010

6. 中国于2013年设立的第一个自由贸易试验区是（　　）。

  A. 广东自贸试验区　　　　　　B. 上海自贸试验区
  C. 天津自贸试验区　　　　　　D. 福建自贸试验区

7. 2020年中国在世界货物贸易进出口额和服务贸易进出口额中的排名分别居第（　　）位。

  A. 1和1　　　　　　　　　　　B. 1和2
  C. 2和1　　　　　　　　　　　D. 2和2

8. 下列属于中国建立和不断完善的社会主义市场经济体制的特点的有（　　）。

A. 实行以公有制为主体、多种所有制经济共同发展
B. 市场在资源配置中起决定性作用和更好地发挥政府作用相结合
C. 实行以按劳分配为主体,多种分配方式并存
D. 在积极参与经济全球化过程中保持经济的自主性和独立性

六、本章阅读材料及案例分析

请结合本章所学知识和下列材料,简要分析以下问题。

1. 中国实行改革开放国策的背景和必要性。
2. 中国实行改革开放以来所取得的伟大成就。

材料 1:初心不忘　改革不息——写在改革开放 40 周年之际

历史内含逻辑。

深圳,党的十八大后习近平总书记出京考察调研的第一站,改革开放 40 年习近平总书记广东考察的目的地之一。上海中共一大会址和嘉兴南湖,十九大后习近平总书记出京考察调研的第一站。

在南湖之畔,他说,唯有不忘初心,方可告慰历史、告慰先辈,方可赢得民心、赢得时代,方可善作善成、一往无前。

在莲花山下,他说,我们要不忘改革开放初心,认真总结改革开放 40 年成功经验,提升改革开放质量和水平。要坚持以人民为中心,把为人民谋幸福作为检验改革成效的标准,让改革开放成果更好惠及广大人民群众。

山高人为峰。万里一帆前。

40 年,发展何以积厚成势,改革何以除旧布新,创新何以赋能纾困,风景何以这边独好?

40 年,中国道路何以称"奇迹",中国速度何以称"呼啸",中国故事何以称"震撼",中国梦何以与人民心心相印,与世界息息相通?

答案就是,始于人民、兴于人民、归于人民。一场在 5000 多年文明史、13 亿多人口、960 多万平方公里土地上展开的宏大改革实践,检验了中国共产党人的初心,也凸显出中国共产党人的信念——

尊重人民就是尊重实践,赢得人民就是赢得历史。

1. 始于人民

"罗马不是一天建成的。显然,人们忘了将这句话告诉中国人。"在正在预售的中文版新书中,哈佛大学历史学家格雷厄姆·艾利森这样描述他对中国的

印象——

"到 2005 年,这个国家每两周就可以建造出一个与今天的罗马面积相当的城市……事实上,中国仅用了 15 年就建成了相当于整个欧洲住房存量的房屋。"

"1996 年至 2016 年间,中国共修建了 260 万英里的道路,其中包括 7 万英里的高速公路,连接了 95% 的村庄,并几乎超过美国的 50%,成为公路系统最广泛的国家。"

"1949 年,中国公民的预期寿命是 36 岁,而每 10 个人中就有 8 个人不会读书、写字。到 2014 年,预期寿命增加了一倍多,达到 76 岁,95% 的人识字。如果中国继续按照目前的发展速度,数百万人的生活水平将在一生中提高百倍。"

两周一罗马。推开历史的时间轴细细观察,云奔潮涌般的中国速度,正是始于人民,始于人民政党为人民谋幸福、为民族谋复兴的初心与使命——

站起来。

近 350 个不平等条约,罗织出了近代中国的命运;近 300 个政治团体,轮番演绎救亡与图存;洋务与新学,共和与立宪,乡村建设与实业救国,被抛向历史的波峰、再滑落时代的低谷。实践检验、人民抉择,唯有"人民创造历史"的马克思主义,彻底改变了中华民族的走向;唯有"一切为了人民"的中国共产党,重新为一个古老国度开天辟地;唯有"人民当家做主"的政治实践,让五千年文明摆脱了帝王将相家谱的历史叙事。

富起来。

工业革命与信息革命同时在这片东方热土上如火如荼地进行,300 年的时间压缩为 40 年;农村改革、高考恢复、价格闯关、经济特区崛起、证券交易所诞生,几辈人的命运转折被浓缩进了一代人的回忆。"解放思想、实事求是"如春风吹送,多少孩子跳出农门,多少学者重回讲台;"贫穷不是社会主义""以经济建设为中心"如惊雷之响,深圳速度、温州模式、义乌故事从此成为年代传记。重获命运转机的大学生、遍布大街小巷的个体户、奔向新生活的打工者,共同写下了改革的编年史,共同演绎了改革的价值归宿——"人民拥护不拥护、人民赞成不赞成、人民高兴不高兴、人民答应不答应,是全党想事情、做工作对不对好不好的基本尺度"。

强起来。

2012年11月,当选中共中央总书记第一天,习近平在对中外记者谈及未来的奋斗目标时,19次提到"人民",当时有媒体评论称,"中国新政,已见雏形"。2017年10月,习近平总书记站在人民大会堂万人大礼堂的讲台前作中共十九大报告,203次深情讲述"人民",三个半小时之后,"以人民为中心"与"新时代"同时成为海内外传播的热词。从站起来、富起来到迈向强起来,中国共产党人的初心已经写在了新时代改革开放的旗帜上。

坚持人民情怀的执政本色,中央深改组成立1 800多天,"人民"成为每次会议的关键词;坚持人民至上的价值旨归,360个重大改革方案、1 500多项改革措施系统推出,每一项都被要求落实为人民的获得感、幸福感、安全感。越来越多的人发现,新时代的中国故事有了更加细腻的笔触:历史性成就与历史性变革,说到底,都是由每个中国家庭的变迁组成的;中华民族崭新的面貌,仔细看来,都是每个社会个体的表情。

回首苍茫云海间。

罗马不是一天建成。这背后,是初心不忘,是久久为功。

2. 兴于人民

2018年年中,《财富》世界500强排行榜在全球同步发布,华为、阿里、腾讯等来自中国的科技企业以抢眼的速度蹿升。外媒惊叹:"现在轮到硅谷山寨中国企业了。"

数字大潮来袭、人工智能崛起、共享经济在探索中前进、市场微观主体充满活力——21世纪的第二个十年,人们对中国的印象不再停留在"世界工厂",更多地聚焦于"中国智造";人们谈论的创业故事,不仅属于马克·扎克伯格和乔布斯,也属于马云和雷军。

时代已经不同,但这种来自亿万大众的活力与创造力,如此似曾相识。

1978年,凤阳县小岗村18个农民在分田到户的"生死契约"上相继按下红手印,悄然拉开农村改革的序幕;1981年,写着"时间就是金钱,效率就是生命"的巨型广告牌被树立在蛇口工业区最显眼的地方,从此开始见证中国经济特区的崛起。在义乌,挑着货郎担"鸡毛换糖"的小商贩出发了;在苏南,一批"社队企业"转为"乡镇企业"了;在山西运城,农村贸易集市开始恢复了;在高校、在科研机构,一场关于真理标准问题的讨论引发巨大共鸣,千百人重新铺展了稿纸,千百支笔重新抖落了尘埃。

改革开放的故事,就是人民的故事。改革的原始动力,是人民的首创精神。

正是因为紧紧依靠人民推进改革开放，我们党将人民的力量、人民的意志、人民的诉求，转化成了建设中国特色社会主义的深沉力量："大锅饭"转变为"大包干"，单一公有制转变为以公有制为主体、多种所有制经济共同发展，中国的大地上划出了经济特区，社会主义国家开启了市场经济探索……改革开放由此构成了探索与规划、区域与整体的良性互动，人民的创造力，得到了最大程度的价值认可与制度总结。

"改革开放在认识和实践上的每一次突破和深化，改革开放中每一个新生事物的产生和发展，改革开放每一个领域和环节经验的创造和积累，无不来自亿万人民的智慧和实践。"在改革开放再出发的历史节点，尊重人民的主体地位和首创精神，这一经过实践淬炼的改革方法论，在新时代全面深化改革中彰显出了更大的力量。

有效市场和有为政府形成合力。

"发挥市场在资源配置中的决定性作用"，开辟了探索空间；"转变政府职能，深化简政放权，创新监管方式"，破除了机制障碍；"鼓励更多社会主体投身创新创业"，鼓舞了民众信心……社会主义市场经济体制的优势不断彰显，为新一轮改革开放拓路开山，不断打开新局面。

更系统的改革设计与更活跃的基层探索形成互动。

中央全面深化改革领导小组的成立，增强了改革系统性、整体性、协同性，压茬拓展了改革广度和深度。党的十八大以来，改革呈现全面发力、多点突破、纵深推进的崭新局面，涉及范围之广、出台方案之多、触及利益之深、推进力度之大前所未有。与之呼应，数字经济蓬勃而起，民营经济获得多方支持，新业态、新产业日新月异，亿万个体在中国大地上奔走，各类创造社会财富的源泉充分涌流，呈现了新时代改革的宏阔景观。

上下同欲者胜。

在新的历史节点，有外媒如此观察："中国现在必须进入新的未知领域以证明自己。"理解这个民族的过去，把握这个国家的未来，钥匙始终不变——人民。尊重人民意愿、凝聚人民共识、激发人民活力、维护人民利益，这是我们开辟中国特色社会主义进程中所沉淀的经验，也是改革进入"无人区"后我们砥定的方向。

"人民是历史的创造者，是决定党和国家前途命运的根本力量。"这条来自历史的经验，也必将写下新的历史。

3. 归于人民

12月13日,"庆祝改革开放40周年大型展览"开展满一个月。一百多万人,先后走进了布展的国家博物馆。

人们沿着长长的布展走廊重温40年,从黑白走进彩色,从绿皮车走进复兴号,从"四大件"走进"新四大发明",从处处用票证的年头走进电子支付的时代。增长了224倍的GDP,由"134元"变为"13 400元"的农村人均纯收入——大历史的线条,在这些民生变迁中若隐若现。

无须宏观叙事。人民的获得感,足以呈现改革开放的荡气回肠。

"获得感",自习近平总书记提出这个词语之后,中国改革的价值指向有了更精准的表达;"人民日益增长的美好生活需要和不平衡不充分的发展之间的矛盾",自党的十九大报告对中国社会主要矛盾进行了重新概括,新时代的改革就有了更加明晰的方向。要更好地实现发展成果由人民共享,要让改革效果经得起人民的检验,改革,必须立足于更高的起点,抵达更高的境界。

人们看到——

新时代的改革,更加注重处理好"速度"与"质量"的辩证关系。通过"五位一体"总体布局的统筹推进,通过新发展理念带来的发展观革新,通过对经济新常态的把握和引领,中国发展正趋向于一种全面性和平衡感:改革和法治互相助力、经济与生态价值合流、国家的现代化与人的全面发展同程,增长速度从高速转向中高速、发展方式由规模速度型迈向质量效率型。

新时代的改革,更加强调把握好"效率"与"公平"的辩证关系。改革开放40年,7亿多贫困人口脱贫,创造了人类扶贫史上的奇迹;党的十八大以来,更是有超过六千万中国人摆脱贫困,中国贫困的发生率从10.2%下降到3.1%。梳理改革开放40年的经验,面向民族复兴的百年目标,全面小康"不能落下一个"成为了响彻中华大地的庄严承诺,有力地传递了这样的信念:全面深化改革的出发点和落脚点,是促进社会公平正义,是增进人民福祉。

新时代的改革,更加着力平衡好"改革"与"稳定"的辩证关系。改革进入深水区,每一个难题的解决都需要系统性方案;改革面对硬骨头,多重博弈、两难问题比比皆是。党中央通过增强改革顶层设计,通过提升改革的系统性、整体性、协同性,把改革力度、发展速度和社会可承受的程度统一起来,在保持社会稳定中推进改革发展,通过改革发展促进社会稳定,实现了改革力度,也传递了改革温度。

一切归于人民,是中国共产党人的初心所在、目标所指、价值所趋。今天,每一个抽象的百分比,都要在幼有所育、学有所教、劳有所得、病有所医、老有所养、住有所居、弱有所扶上有体现;每一点改革的突破和进展,都指向更公平的社会分配、更优良的法治环境、更完善的权利保护。民生的长足进步,人民的获得感,都在对这个问题做出有力回答:新时代"新"在哪里,强起来"强"在何处,全面深化改革的"全面"与"深化"到底有着怎样的分量!

2018年10月,在广东调研的习近平总书记再次来到深圳河畔、莲花山下。他说,党的十八大后我考察调研的第一站就是深圳,改革开放40周年之际再来这里,就是要向世界宣示中国改革不停顿、开放不止步,中国一定会有让世界刮目相看的新的更大奇迹。

这一个40年,中国关山飞渡。下一个40年,尚有山长水阔。

资料来源:刘文嘉、王子墨、钟超:《初心不忘　改革不息——写在改革开放40周年之际》,《光明日报》,2018年12月16日第1版。

材料2:向我们共同的四十年致敬——写在改革开放40周年之际

"江河是向海的路""每一步都是追逐"……近日,电视纪录片《我们一起走过——致敬改革开放40周年》热播,伴随着这样的主题曲,改革开放的画卷被徐徐打开,人们在"光阴的故事"里,感受到时代前行的澎湃潮声。

曙光升腾,万物生长。从1978年开始,40年来,中国实现了GDP年均增长9.5%的发展奇迹,创造了世界上覆盖人口最多的社保体系的民生奇迹,书写了贫困人口减少7.4亿的减贫奇迹……风雨中驰而不息,奋斗中砥砺前行,中华大地发生了感天动地的伟大变革。党的十八大以来,以习近平同志为核心的党中央,带领亿万人民以更大勇气和智慧推进改革开放进程,把历史性的变革和成就写在广袤的大地上,让中华民族迎来了从站起来、富起来到强起来的伟大飞跃,迎来了实现中华民族伟大复兴的光明前景。

这个40年,改革让中国活力奔涌、万马奔腾。从一辈子"面朝黄土背朝天",到进入城市追逐梦想;从力求端上"铁饭碗"、吃上"商品粮",到"互联网+"激荡创业潮,40年改革走过的每一步,都不断打开着新的可能性。补齐民生短板、改善法治环境、支持创新创业、提升公共服务……新时代改革开放,为每个人奋斗提供了更宽广的舞台、最有力的支撑。改革开放这股40年不息的热潮席卷神州大地,催开无数梦想的花朵,凝聚起亿万人民共同奔向美好生活的磅礴之力。

这个40年，开放让中国打开大门、拥抱世界。1988年，社会学家费孝通在广东调研时，看到遍地开花的"三来一补"加工厂，形象地说它和香港密切相联构成前店后厂的新形式。40年来，中国从"微笑曲线"的底端起步，在承接国际产业转移、参与国际经济循环中，把握住了工业化、信息化的时代潮流，与经济全球化的历史大势一起浩荡前行。今天的中国，日益走近世界舞台中央，"一带一路"蓝图铺展开来，"人类命运共同体"凝聚世界共识……大门越开越大的中国，不仅给世界以增长贡献、减贫贡献，更显示出中国发展的全球影响，以经验贡献、制度贡献为世界提供中国智慧、中国方案。

致敬这个40年，是致敬一个国家步履坚定的前行。40年风雨兼程，从排除万难在沿海建立经济特区，到历经长达15年的谈判加入WTO；从迎击1997年、2008年的金融风暴，到2018年应对中美经贸摩擦，我们呛过水，遇到过漩涡和风浪，但是在游泳中学会了游泳。改革开放40年，我们以坚定的改革决心、开放姿态，把一个历史悠久的古国，带上现代化轨道；把一个幅员辽阔的大国，带到世界面前；把一个饱经沧桑的民族，定格在复兴图景上。美国《时代》周刊如此评价中国的改革开放：这是我们时代的伟大故事。

致敬这个40年，是致敬一条道路艰辛探索的成功。中国的"伟大故事"，背后究竟潜藏着怎样的成功密码？坚持党的领导，以强大的领导力量确保改革开放在正确的轨道前行；社会主义与市场经济有机结合，让"看不见的手"和"看得见的手"相得益彰；以实现共同富裕为目标，让改革发展成果更多更公平惠及全体人民；推动形成绿色生产方式和生活方式，破解发展的"环境魔咒"……在改革开放实践中我们开辟了中国特色社会主义道路，党的十八大以来的成功实践推动中国特色社会主义进入了新时代，证明这条道路是一条胜利之路，更是一条希望之路。

改革开放激情永在，改革开放境界常新。邓小平同志曾期许，"改革不只是看三年五年，而是要看二十年，要看下世纪的前五十年"。40年来，我们也曾遭遇挑战，面对"发展起来之后的问题"，"改不改""怎么改"的困惑一度出现，"改革无望""改也没用"的言论一度流布。但推开新时代的大门，大刀阔斧的改革智慧、斩钉截铁的改革决心、念兹在兹的改革情怀，点燃了亿万人民奋斗的激情。我们有"从'赶上时代'到'引领时代'"的信心，有"创造让世界刮目相看的新的更大奇迹"的壮志！新时代改革开放扬帆起航，正是要"将改革进行到底"，用改革开放为中国打开更大发展空间。

改革不停顿,开放不止步! 从 2012 到 2018,习近平总书记两次来到"得风气之先"的广东考察,向世界宣示将改革进行到底的信念。向这一个 40 年致敬,向下一个 40 年进发,中国一定会有让世界刮目相看的新的更大奇迹!

资料来源:《人民日报》评论部:《向我们共同的四十年致敬——写在改革开放 40 周年之际》,《人民日报》,2018 年 12 月 11 日第 5 版。

材料 3:创造历史的伟大变革——纪念改革开放 40 周年(上)

1. 12 月,北京。中国国家博物馆内,人潮涌动

一场以"伟大的变革"为主题的大型展览,在这里进行。一张张生动的历史图片、一件件真实的文献实物、一个个精致的沙盘模型,铺展开一幅改革开放的历史画卷。那些承载着时代记忆的展品,引人驻足,令人深思。

历史,总是在一些特殊年份给人们以汲取智慧、继续前行的力量。"1978""2018",这两个普通的数字,对于现代化之路上的中国,象征着重要的时间节点,串连起沧海桑田、翻天覆地的 40 年。

风起云天,潮涌东方。以 1978 年为起点,古老的中华民族开启了走向复兴的壮阔征程,年轻的人民共和国迈向大踏步追赶时代的现代化道路。世界东方的这片热土,在奋进中发展,在变革中新生。

40 年来,中国奏响改革开放的激扬乐章。中国共产党带领亿万人民,始终艰苦奋斗、顽强拼搏,始终上下求索、锐意进取,始终与时俱进、一往无前,始终敞开胸襟、拥抱世界。改革开放大潮从历史深处奔涌而来,向民族复兴澎湃而去,开辟出一条中国特色社会主义道路,书写了中国发展进步的壮丽史诗。

"改革不停顿、开放不止步,中国一定会有让世界刮目相看的新的更大奇迹。"改革开放 40 周年之际,习近平总书记来到广东考察,庄严的宣示、豪迈的话语,是历史的回声,也是时代的号角,穿越激荡 40 年,响彻壮阔新时代。

2. 1978 年初夏,一次不同寻常的考察,在西欧五国的 25 个城市展开

时任国务院副总理谷牧,带领代表团走访了法国、瑞士、比利时、丹麦、联邦德国五个国家。一个多月的见闻让他感叹,"差距太大,很有咄咄逼人的紧迫感"。回国后,谷牧向中共中央政治局汇报,从下午 3 点半开始一直进行到晚上 11 点,足足讲了 7 个半小时。

彼时,瑞士发电厂已经在用计算机管理,而在中国西南一家大型炼钢厂,一台 140 年前的英国机器居然还在使用;日本东京的大型商店商品多达 50 万种,

而北京的王府井百货大楼仅有2.2万种。一首名为《中国，我的钥匙丢了》的诗曾风靡一时，道出了全国上下热切的渴望："那一切丢失了的，我都在认真思考。"中国，需要找到那把钥匙，重新启动历史前进的时间，打开融入时代潮流的大门。

习近平总书记曾回顾当时的情况，"十年内乱后的中国，经济濒于崩溃，人民温饱都成问题"，邓小平同志一针见血地指出，"如果现在再不实行改革，我们的现代化事业和社会主义事业就会被葬送"。可谓振聋发聩！

什么叫人心所向？什么叫大势所趋？就是说一点星火就能燎原，一道裂缝就能破冰。

改革开放这把决定当代中国命运的钥匙，首先打开人们头脑中那扇紧锁的门。"真理标准大讨论"打破了教条式的理论禁锢，恢复了实事求是的马克思主义思想路线。思想解放的大潮，如狂澜荡涤僵化落后的观念，冲破思想的禁区，打破发展的僵局。从"以阶级斗争为纲"到"以经济建设为中心"，从敢于"大包干"到敢砸"大锅饭"，从"摸着石头过河"到"杀出一条血路"，从"逢山开路，遇水架桥"到"敢于啃硬骨头，敢于涉险滩"，40年来，我们面对过"改不改"的迷茫，也遇到过"怎么改"的困惑，但正如习近平总书记强调的，"价值先进、思想解放，是一个社会活力的来源"，思想解放带来行动的破冰，让中国一路凯歌、勇猛精进。

改革之风从农村而起。包产到户一石击水，激活了沉睡多年的乡村；乡镇企业异军突起，让工业化在农村播种；城乡间人口自由流动，形成了巨大的人口红利。一路走来，我们曾面对双轨制下"价格闯关"的风浪，也曾面对国企改革企业重组的"下岗潮"；曾面对非典疫情的肆虐，也曾经受汶川地震的考验；曾面对简政放权的阻力，也曾面对经济转型的艰难，但革故的决心从未退缩，鼎新的脚步从不停滞，我们咬定青山不放松，"坚决破除一切不合时宜的思想观念和体制机制弊端"。

开放之门从特区打开。从深圳学香港，到沿海学特区，再到内陆学沿海，春风几度玉门关。打开国门，新鲜空气能进来，风啊雨啊也会进来。加入世贸组织，曾让不少人担心"引狼入室"；亚洲金融危机、国际金融危机，风暴也冲击到中国；中美经贸摩擦，单边主义、保护主义逆流涌动……我们呛过水，遇到过漩涡，遇到过风浪，但我们在游泳中学会了游泳。中国始终迈开大步走向世界、敞开怀抱拥抱世界，只因相信，"开放带来进步，封闭必然落后"。

在困顿中踏上改革开放之路,又在接续奋斗中让这条伟大的道路不断向前,中华民族发展的浩荡长河,在这40年里爆发出积蓄已久的巨大势能,一路奔涌向前。

3. 如同春雷唤醒大地,改革开放书写了一个崭新的时代篇章。不舍昼夜的改革开放历程,成就了一段波澜壮阔的东方传奇,铺展开一条通往复兴的中国道路

这是一条正确之路。它非先验,而是历经时间检验。小岗破冰,深圳试水,浦东闯关,平潭浪涌,前海开发,雄安启航……我们在无路中走出了一条新路、好路,改革开放的脚步永不停滞。40年前一次毅然决然的启航远征,最终成就了一次改变中国、影响世界的浩荡进军。实践证明,正是改革开放这场新的伟大革命,让我们成功开辟中国特色社会主义道路,不断推动社会主义制度的自我完善和发展,让社会主义中国巍然屹立在世界东方。

这是一条强国之路。1978年,中国国内生产总值只有3 679亿元;2017年,已经站上80万亿元的历史新台阶。40年来,全国居民人均可支配收入实际增长22.8倍,货物进出口总额增长197.9倍,近年来每年经济增量相当于一个中等发达国家经济规模……40年来,破立并举,改革开放为解放和发展社会生产力提供了思想和制度支点,撬动了至今仍在持续的历史性前进。今天的中国,从过去那个现代化的迟到国,变为现代化的实践中心,迎来了从站起来、富起来到强起来的伟大飞跃。

这是一条富民之路。无论是小岗村的红手印,还是乡镇企业的异军突起,改革开放的诸多原动力,来自人民对于美好生活的朴素追求;从计划经济向市场经济转轨,从要素驱动向创新驱动转变,变革的指针同样指向富民。从短缺到充裕,从温饱到小康,7.4亿农村贫困人口成功脱贫,形成世界上最大规模的中等收入群体,在人类发展史上绝无仅有。改革开放的快车,以其一往无前的冲劲,让所有中国人相信:幸福都是奋斗出来的。

40年,这是一段取得"史诗般进步"的历程,也是一个"人类发展史上最激动人心的例子"。没有改革开放,就没有中国的今天,也就没有中国的明天。这场中国的"第二次革命",让一个古老的国家焕发出奋斗的神采,让十几亿人为梦想持之以恒,让40年的时间里曙光升腾、万物生长,激荡起生机勃勃的复兴气象。

写在960多万平方公里土地上的壮丽篇章,成为习近平总书记深刻判断的

生动注脚:"改革开放是决定当代中国命运的关键抉择,是当代中国发展进步的活力之源,是党和人民事业大踏步赶上时代的重要法宝,是坚持和发展中国特色社会主义、实现中华民族伟大复兴的必由之路"。

4. 中国的重新崛起,成为我们这个时代最重要的议题

在很多人看来,从1978年到2018年,这个国家就像一艘驶往未来的大船,势不可挡地开启了一段人类历史上"前所未有的辉煌历程"。鉴于中国的巨大成功,有学者甚至提出这样一个问题:中国的经验是否可以说明,只要进行改革开放就一定会取得成功?

答案恐怕是否定的。过去40年里,很多国家、地区也都进行过改革或是开放,但是失败的多、成功的少。从世界范围看,20世纪80年代以来,从计划经济或类似计划经济向市场经济转轨的大约有30个欧亚国家,涉及世界人口的三分之一。直到1997年,绝大部分经济转轨的国家官方统计GDP都没有恢复到1989年的水平。

有人把中国改革的成功简单归因于市场的作用,但不少国家从来就是私有制的自由市场经济,却长期停滞不前;有人认为中国改革成功缘于采取渐进改革、增量改革的方式,但并不是所有采取渐进改革的国家都取得了成功;有人还认为中国改革的成功源于中国的超大规模,但世界上有些规模很大的国家仍然陷于困境。

习近平总书记在广东考察时强调:"总结好改革开放经验和启示,不仅是对40年艰辛探索和实践的最好庆祝,而且能为新时代推进中国特色社会主义伟大事业提供强大动力。"站在40年的历史节点上,我们需要思考,改革开放这个"关键抉择",让困顿中突围的中国踏上了怎样的崭新历程?这个"活力之源",如何激发出40年源源不断的力量?这个"重要法宝",是怎样推动中国实现从站起来到富起来、强起来的伟大飞跃?这条"必由之路"从何而来,又将把中国带往何方?

5. 对于中国,"改革开放"四个字,是一系列制度的变革、一系列观念的更新、一系列行动的合力,是一段历时40年的上下求索。"中国40年改革开放给人们提供了许多弥足珍贵的启示,其中最重要的一条就是,一个国家、一个民族要振兴,就必须在历史前进的逻辑中前进、在时代发展的潮流中发展。"

历史前进的逻辑,就是解放和发展生产力,让中华民族一路走向复兴。美国前驻华公使傅立民回忆,1979年夏天,他在北京街头买了一碗汤面,卖面的人说

自己是"个体户",这是他第一次听到这个词,那位个体户解释说:"我自己就是单位。"这一幕让他感叹,"中国马上就要开始腾飞了"。

街头小摊贩的一句话,折射出中国改革的密码。正是改革这"关键一招",让中国实现了从高度集中的计划经济体制到充满活力的社会主义市场经济体制的伟大历史转折,通过打破旧的体制机制,释放出了蕴藏于亿万人民的巨大活力。生产力挣脱僵化的生产关系的束缚,人从旧的思想、旧的体制、旧的关系中解放出来。这正是邓小平同志所说的让中国"真正活跃起来",也正是习近平总书记所说的"让一切劳动、知识、技术、管理、资本的活力竞相迸发,让一切创造社会财富的源泉充分涌流"。改革开放以制度的巨大变革,激活了生产力中最活跃的因素,中国由此万马奔腾、生机勃发。

时代发展的潮流,就是顺应世界现代化进程、经济全球化大势,让中国深度融入世界。习近平总书记曾讲述过一段自己的经历。1979年他出访瑞典时,一个马来西亚华人用生涩的汉语问他:你是中国人吗?那时候中国人很少出国,海外华人见到同胞会很激动。而现在,从比利时布鲁塞尔的市政府大楼朝外看,"半个广场都是中国人"。

海外华人的故事,折射中国开放的视野。40年来,因为打开国门搞建设,中国实现了从封闭半封闭到全方位开放的伟大历史转折,成为世界最大的旅游客源国、第一大货物贸易国、130多个国家的主要贸易伙伴;靠着不断扩大对外开放,中国彻底摆脱了被开除"球籍"的危险,不仅发展了自己,也造福了世界。"一带一路"建设从理念转化为行动,"人类命运共同体"理念引发全球共鸣,日益走近世界舞台中央的中国,不断为人类作出更大贡献。

洪流奔涌40年,打破沉闷停滞,打破封闭僵化,让这个国家40年来活力迸发,大踏步走向未来。美国学者塞缪尔·亨廷顿感慨,改革开放使中国命运彻底跳出了近代以来的"下降通道",中国改革,最复杂也最成功。

6. 1978—2018,如果将这40年奔腾不息的伟大进程,放到中华民族伟大复兴的征程来看,这一世界上"最复杂""最成功"的伟大变革,有着清晰的历史轨迹

紧紧围绕解放思想、解放生产力这条主线,改革开放大幕初启至党的十八大,我们党把马克思主义基本原理同中国改革开放的具体实践结合起来,鼓励探索,倡导创造,团结带领人民进行建设中国特色社会主义新的伟大实践,敢闯敢试,敢为人先,"真正活跃起来,真正集中力量做人民所希望的事情",使中国大踏

步赶上了时代,实现了中华民族从站起来到富起来的伟大飞跃。

紧紧围绕完善和发展中国特色社会主义制度、推进国家治理体系和治理能力现代化这个总目标,党的十八大以来,以习近平同志为核心的党中央从认识论、方法论到价值论,从总目标、大方向到动力源,对改革开放进行系统性思考,形成了习近平新时代中国特色社会主义思想。以理论创新为指引、以制度创新为保障,我们党总揽全局,团结带领人民进行伟大斗争、建设伟大工程、推进伟大事业、实现伟大梦想,中华民族迎来从富起来到强起来的伟大飞跃。

这是一段正在发生的历史。一代又一代人的接力奋斗,让改革开放的中国步步逼近光辉的山巅。新一轮改革开放大潮激荡,将历史性变革和成就写在广袤大地,推动中国特色社会主义进入新时代。世界经济发展"火车头",全球经济增长新引擎;经济总量稳居世界第二,对世界经济增长的贡献率超过30%;"四个全面"开拓治国理政新境界,新发展理念引领发展全局……中国道路成就中国奇迹,中国崛起带来中国震撼,我们比历史上任何时期都更接近、更有信心和能力实现中华民族伟大复兴的目标。

40年前,誓言"赶上时代"的中国人在踏上改革开放之路时也许不会想到,这一决定当代中国命运的关键抉择,不仅让中国赶上了时代,还让其成为引领时代潮流的重要力量。改革不停顿、开放不止步,全面深化改革开放,让"中国号"巨轮驶入新的水域,也为全世界寻求变革的人们提供了方法与视野、理论与实践。

7. 1978—2018,如果将这40年奔腾不息的伟大进程,放到世界现代化史和制度变迁史来看,这一世界上"最复杂""最成功"的伟大变革,也深刻影响着世界。不止一个西方学者说过,我们无法再用现有的理论来解释中国的发展,必须重新认识中国的发展道路对世界的意义

它拓展了人类现代化的道路,极大地激发了广大发展中国家"走自己道路"的信心。英国学者马丁·雅克不无感慨地总结,中国发展道路与西方有着根本差异,中国的崛起是一个新"现代化模式"的崛起。在世界的坐标系中看,中国改革开放这个"20世纪最重要事件之一",不仅助推一个十几亿人口的大国深度融入世界,更向世界证明,通向现代化的道路不止一条。

40年波澜壮阔的变革,绘出一个民族向上生长的脉络,让中国在几十年时间里走过西方国家几百年的现代化历程。过去6年多来,这辆"复兴号"现代化

列车，更在新一轮改革开放的驱动下，以飞驰的速度划出一道炫目曲线，开辟了现代化的新境界。中国特色社会主义道路、理论、制度、文化不断发展，拓展了发展中国家走向现代化的途径，给世界上那些既希望加快发展又希望保持自身独立性的国家和民族提供了全新选择，为解决人类问题贡献了中国智慧和中国方案。

它发展了社会主义制度，极大地彰显了马克思主义跨越时代的真理力量。十月革命100周年之际，俄罗斯《真理报》刊发纪念文章指出，中国的成就让人们依然寄望于"十月的光芒"。从跌宕起伏的世界社会主义运动史看，40年改革开放走出的这条"中国道路"，不仅推动中国特色社会主义进入新时代，更让科学社会主义在21世纪的中国焕发出强大生机活力。

2018年是马克思诞辰200周年，是中国改革开放40周年。中国共产党隆重纪念这两件大事，有着重大而深远的意义，也有着内在的逻辑关联。以马克思命名的科学理论，创造性地揭示了人类社会发展规律；40年改革开放，从根本意义上说是在马克思主义指引下的伟大社会变革。习近平新时代中国特色社会主义思想，这一当代中国马克思主义、21世纪马克思主义，在中国大地展现出磅礴的力量，让推断"历史终结"的人不得不修正观点，马克思主义在实践中放射出更加灿烂的真理与道义的光芒。

独特的探索、独特的道路、独特的理论、独特的制度，让中国的改革开放，不仅成为二战以来经济全球化、国家现代化潮流中最为重要的历史进程，更成为500年来世界社会主义运动最为厚重的历史篇章。

8. 2017年12月，在北京参加中国共产党与世界政党高层对话会的嘉宾，来到中央党校参观。在刻着"实事求是"四个大字的石碑前，外国政党的领导人们纷纷留影

这个场景，让人想起"软实力"概念提出者、美国哈佛大学教授约瑟夫·奈的一段话：中国的经济增长不仅让发展中国家获益巨大，中国特殊的发展模式和道路也被一些国家视为可效仿的榜样……更重要的是将来，中国倡导的政治价值观、社会发展模式和对外政策做法，会进一步在世界公众中产生共鸣和影响力。

无数探寻的目光投向中国。《世界是平的》一书的作者托马斯·弗里德曼，甚至有个"古怪的想法"：要是美国能做一天中国有多好！"做一天中国"，是希望"在这一天里，我们可以制定所有正确的法律规章"，克服难以迅速作出重大决

策的制度弱点。

让弗里德曼羡慕的,是一个强大的执政党带来的高效"国家能力"。布莱克在《现代化的动力》一书中表述为,"现代化的核心问题",是"政治领导的决定性作用"。学者们用不计其数的案例表明,迈向现代化的每一步,每一项改革与创新,都会涉及制度的调整、利益的重组。越是重大的、深刻的改革,涉及的范围越大、利益也越复杂,稍有不慎就可能"停车"乃至"翻车"。从历史经验来看,那些在改革过程中一遇到问题就引发危机的国家,往往是因为缺少坚强的领导核心和牢固的制度基础。

也许我们还需要打开另一个视野。40年前改革开放航程初启,正值"戊戌变法"80周年。这个中国近代史上的著名改革持续103天后以失败告终,改革者甚至付出生命的代价。展开历史卷轴,从商鞅变法、王安石变法到洋务运动、百日维新,中华民族虽不乏"载入史册"的改革之举,结局却鲜有善终。

20世纪70年代末中华大地开启的这场前所未有的新的革命,因为始终有执政党的坚持和引领,而拥有最坚实的政治保证,40年一气呵成,40年依然强劲。

40年来,正是因为党的坚强领导,确保了中国的改革开放始终具有稳定的制度框架;正是因为党的坚强领导,中国能够正确处理改革、发展、稳定三者的关系,把改革的力度、发展的速度和社会可承受的程度统一起来;正是因为党的坚强领导,中国的改革开放始终按照一定的顺序、节奏和力度展开。相信对于中国改革开放历程稍有了解的人,都会同意这样的结论:"坚持党的领导,全面从严治党,是改革开放取得成功的关键和根本。"

外媒观察,"强大的中央领导和先锋人物对正在崛起的世界大国至关重要",而他们认为习近平总书记是"一位有远见的领导人""一个认真的改革者","中国恰恰需要这样一位领袖"。有人统计,在以习近平同志为核心的党中央领导下,从十八大到十九大的5年间,先后召开38次中央全面深化改革领导小组会议,审议通过365个重要改革文件,确定357个重点改革任务;6年多来,共推出1 600多项改革方案,其中许多是事关全局、前所未有的重大改革。

有人总结,曾经,中国道路对世界的启示,更多是经济方面的;但党的十八大以后的中国改革,则为发展中国家提供了一个"全方位"的借鉴。经济建设上,提出"使市场在资源配置中起决定性作用和更好发挥政府作用",更加强调高质量发展;政治建设上,更加强调制度建设,推进国家治理体系和治理能力现代化;

文化建设上,坚定树立文化自信,以社会主义核心价值观凝魂聚力;社会建设上,坚持"以人民为中心的发展思想",满足人民对美好生活的向往;生态文明建设上,牢固树立"绿水青山就是金山银山"理念,把生态文明建设融入发展各方面和全过程……6年多来的全面深化改革,拓展了中国社会主义现代化的航道,再次证明中国共产党的领导,是中国改革开放最为本质的特征,是中国改革开放能够取得成功的根本原因。

9. 在很多人看来,中国的改革最不可思议之处在于,它始终要在"世界级"体量的层面,处理"世界级"的难题。美国学者傅高义曾说,一个拥有十几亿人口的大国,坚定地搞改革开放,没有前路可循,"中国面对的是一项苛刻的、史无前例的任务"

走过40年,中国改革依然面临许多"娄山关""腊子口"。推进改革的复杂程度、敏感程度、艰巨程度,也让改革来到了一个新的历史关头。

2018年10月金秋,习近平总书记来到改革开放的先行之地广东。6年前履新之初,他首次出京考察就是来到深圳,在莲花山向邓小平铜像敬献花篮,表达"敢于啃硬骨头,敢于涉险滩"的勇气和决心。而今再一次来到这块热土,就是向世界宣示"要以更坚定的信心、更有力的措施把改革开放不断推向深入"。

山峰是用来攀登的,河流是用来跨越的。今天的中国,复兴图强的时间表,已进入至关重要的"下半程"。实现国家的现代化、实现中华民族伟大复兴,党的十九大擘画了前后相续的目标,"把改革开放的旗帜举得更高更稳"是当代中国共产党人的坚强意志;"将改革进行到底",是亿万中国人民的共同心声。

"我们的心胸燃烧着希望,我们前进的道路铺满阳光""让我们从今天出发飞向明天,让我们把每个日子都当做新的起点"。1978年,中国诗人艾青写下《光的赞歌》。

40年大潮激荡,每一天都是新的起点。

淘沙见金,改革不惑,"世界历史的中国时刻"已经开启。沿着改革开放这条创造历史的道路不断奋进,锲而不舍、一以贯之、再接再厉,中国人民将走向更加光辉的未来,中国特色社会主义将迎来更加美好的明天。

资料来源:任仲平:《创造历史的伟大变革——纪念改革开放40周年(上)》,《人民日报》,2018年12月14日第1版、第3版。

七、本章扩展材料

1. 中华人民共和国国家统计局:《改革开放 40 年经济社会发展成就系列报告》。

2. 中华人民共和国国家统计局:《新中国成立 70 周年经济社会发展成就系列报告》。

3. 电视政论片《复兴之路》,央视网,2017 年 7 月。

4. 中华人民共和国国家统计局:历年《国民经济和社会发展统计公报》。

5. 习近平:《在庆祝改革开放 40 周年大会上的讲话》,2018 年 12 月 18 日。

第十四章 新时代全面开放新格局的构建

一、本章内容摘要

1. 中国特色社会主义进入新时代,中国对外开放也面临着新形势,主要表现为中国经济发展进入了新常态,经济全球化在曲折中深入发展,世界经济正处于动能转换的换挡期,国际力量对比更趋平衡但全球经济治理滞后等方面。

2. 要不断发展和完善更高层次的开放型经济,推动形成全面开放新格局。新时代要通过以供给侧结构性改革为主线构建现代化经济体系、加快推进贸易强国建设、引进来与走出去更好结合、优化区域开放布局等措施不断发展和完善更高层次的开放型经济。

3. 在发展完善开放型经济、参与国际经济合作与竞争过程中要充分利用经济全球化提供的机遇,分享经济全球化的利益,同时也要采取有效措施防范和化解经济全球化带来的风险,积极应对挑战,切实维护国家经济安全。

4. "一带一路"建设既是中国扩大和深化对外开放、构建全方位开放新格局、深度融入世界经济体系的需要,同时也符合国际社会的根本利益,是对国际合作以及全球治理新模式的积极探索。要坚持共商、共建、共享原则,以政策沟通、设施联通、贸易畅通、资金融通、民心相通为目标,扎实推进"一带一路"建设,开辟世界经济和中国经济发展新阶段。

二、本章基本概念

新常态、经济全球化、新旧动能转换、现代化经济体系、贸易强国、国家经济安全、"一带一路"倡议

三、本章重点和难点剖析

(一)中国对外开放面临的新形势

1. 中国经济发展进入新常态

随着中国特色社会主义进入新时代,我国社会主要矛盾已经转化为人民日益增长的美好生活需要和不平衡不充分的发展之间的矛盾。同时,我国经济发展也进入了新常态,经济增速、经济结构、经济发展方式和经济发展动力都正在发生重大变化。我们将在创新、协调、绿色、开放、共享的发展理念指引下,不断

适应、把握、引领中国经济发展新常态，统筹抓好稳增长、促改革、调结构、惠民生、防风险工作，推动中国经济保持中高速增长、迈向中高端水平。在这样的背景下，如何因势利导、乘势而上，推动开放型经济加快由要素驱动向创新驱动转变，由规模速度型向质量效益型转变，由成本、价格优势为主向以技术、标准、品牌、质量和服务等为核心的综合竞争优势转变，从而实现质量变革、效率变革、动力变革，加快培育我国开放型经济的竞争新优势，是当前我国对外开放工作必须把握的主攻和发展方向。

2. 经济全球化在曲折中发展

近年来，世界经济复苏不稳定，发展失衡、治理困境、公平赤字等问题愈加凸出。在此背景下，近年来反全球化思潮涌动，贸易保护主义倾向有所抬头，使得经济全球化的速度有所放缓，规则有所改变，全球贸易、投资、金融等领域的发展面临的不确定性与日俱增。如何更好适应和引导经济全球化，推动经济全球化朝着更加开放、包容、普惠、平衡、共赢的方向发展，是包括中国在内的世界各国当前面临的共同任务和责任。

3. 新旧动能转换成为世界经济复苏繁荣的关键

2007 年美国次贷危机的爆发引发了国际金融危机，在后危机时代，世界经济复苏艰难曲折，贫富差距、南北差距问题愈加凸出。当前世界经济正处于动能转换的换挡期，传统引擎对经济增长的拉动作用在减弱，而人工智能、3D 打印等新技术和共享经济、网络经济等新模式、新业态虽然不断涌现，但新的深层次经济增长点尚未形成，推动世界经济持续稳定增长的动力仍在孕育中，世界经济仍然未能开辟出一条新路。新旧动能能否顺利实现转换，成为决定世界经济复苏繁荣的关键。如何在错综复杂的世界经济形势下抓住机遇、化解风险、迎接挑战，是当前和今后一段时间我国对外开放工作面临的重要任务。

4. 国际力量对比趋向平衡但全球经济治理滞后

过去数十年中，国际经济力量对比发生了深刻变化，特别是近年来新兴市场和发展中经济体对全球经济增长的贡献率已经达到 80%，占全球经济的比重也不断提高。随着新兴市场和发展中经济体群体性崛起，世界经济格局出现了深度调整，国际力量"东升西降""南升北降"态势日益明显，力量对比趋向平衡。尤其是中国，近年来对世界经济增长的贡献率保持在 30% 以上，在全球经济治理体系中的制度性话语权显著提升，日益走近世界舞台中央。但是，全球治理体系总体上未能充分反映国际经济力量对比和世界经济新格局的变化，仍然缺乏足够的代表性和包容性。在国际力量对比趋向平衡和中国日益走近世界舞台中央的背景下，如何推动全球经济治理体系加快变革，在国际事务和应对全球性挑战中发挥更大作用，承担与自身发展阶段相适应的责任并维护自身的发展利益，是当前中国对外开放面临的一项重要课题。

（二）推动形成全面开放新格局的路径

1. 构建现代化经济体系

党的十九大报告指出，必须"贯彻新发展理念，建设现代化经济体系"，并把"推动形成全面开放新格局"作为建设现代化经济体系的重要内容。由于现代化经济体系本质上是开放的经济体系，而且这一目标的实现离不开高层次开放型经济发展的引领，因此，贯彻新发展理念，"推动形成全面开放新格局"，既是建设现代化经济体系的必由之路，也是我国发展更高层次开放型经济的重要方向。

2. 大力推进贸易强国建设

要发展完善开放型经济，进一步拓展对外贸易，加快推进贸易强国建设，就需要进一步加快转变外贸发展方式，从以货物贸易为主向货物和服务贸易协调发展转变，从依靠模仿跟随向依靠创新创造转变，从大进大出向优质优价、优进优出转变。第一，加快货物贸易优化升级。第二，实施更加积极的进口政策，优化进口结构，扩大先进技术设备、关键零部件和优质消费品等进口，促进进出口贸易双向协调平衡发展。第三，促进服务贸易创新发展，确立一手抓货物贸易、一手抓服务贸易的战略思想。第四，不断培育贸易发展新业态新模式，不断打造新的外贸增长点。

3. "引进来"与"走出去"有机结合

发展完善开放型经济，需要坚持"引进来"与"走出去"的更好结合，拓展我国国民经济发展空间。目前，全球引资竞争日趋激烈，不少国家要素成本比我国更低，政策优惠力度比我国更大。培育引资竞争新优势，不是竞相攀比优惠政策，而是要营造稳定、公平透明、法治化、可预期的营商环境。同时也应看到，从贸易大国到投资大国，是开放型经济转型升级的必由之路。要按照坚持"引进来"和"走出去"并重的原则，在提高"引进来"质量和水平的同时，进一步支持企业积极稳妥"走出去"。这既有利于我国保障能源资源供应、带动商品和服务输出、获取创新资源和营销网络，助力国民经济提质增效升级，也有利于促进东道国经济和社会发展，实现互利共赢。

4. 优化区域开放布局

首先,坚持沿海开放与内陆沿边开放更好结合。在深化沿海开放的同时,推动内陆和沿边地区从开放的洼地变为开放的高地,形成陆海内外联动、东西双向互济的开放格局,进而形成区域协调发展新格局。

其次,坚持制造业领域开放与服务业领域开放更好结合,以高水平开放促进深层次结构调整。制造业是我国开放时间较早、程度较深的领域,也是发展较快、竞争力较强的领域。相比之下,我国服务业对外开放相对滞后,产业整体竞争力不强,仍是经济发展和结构升级的"短板"。要在深化制造业开放的同时,不断扩大服务业对外开放,大幅度放宽市场准入,重点推进金融、教育、文化、医疗等服务业领域有序开放,放开育幼养老、建筑设计、会计审计、商贸物流、电子商务等服务业领域外资准入限制。

再次,坚持向发达国家开放与向发展中国家开放更好结合,扩大同各国的利益交汇点。发达国家是我国主要经贸伙伴,巩固与发达国家的经贸合作,可以稳定我国开放型经济的发展基础。同时,我国与广大发展中国家的经贸联系也日益密切。我们要坚持向发达国家开放和向发展中国家开放并重,积极发展全球伙伴关系,全面发展同各国的平等互利合作,稳步实现出口市场多元化、进口来源多元化、投资合作伙伴多元化。

最后,坚持多边开放与区域开放更好结合,做开放型世界经济的建设者和贡献者。我们要积极参与全球治理体系改革和建设,支持多边贸易体制,促进自由贸易区建设,推动建设开放型世界经济。这既是拓展我国自身开放空间的需要,也体现了维护国际经济秩序的责任担当。我们要进一步促进贸易和投资自由化、便利化,实行高水平的贸易和投资自由化、便利化政策。这不仅要求我国不断提高自身开放水平,也要求更加主动塑造开放的外部环境。

5. 在参与国际经济合作与竞争中维护国家经济安全

改革开放以来,我国积极参与了双边和多边经贸合作。在当前形势下,为进一步发展和完善开放型经济,提高对外开放水平,我国应在更大范围、更广领域和更高层次上参与国际经济合作和竞争。经济全球化是一把"双刃剑"。在经济全球化条件下,参与国际经济合作和竞争、发展完善开放型经济,需要正确处理对外开放和维护国家经济安全的关系。我们一方面要坚定不移地实行对外开放的国策,另一方面又要树立国家经济安全新观念、增强经济安全意识,切实维护国家经济安全。

（三）建设现代化经济体系的重大意义和内涵

1. 建设现代化经济体系的重大意义

建设现代化经济体系是我国发展的战略目标，既是紧扣我国社会主要矛盾转化、推进经济建设的客观要求，也是适应我国发展阶段转变的迫切要求，更是开启全面建设社会主义现代化国家新征程的必然要求。

第一，建设现代化经济体系是紧扣新时代我国社会主要矛盾转化、落实中国特色社会主义经济建设布局的内在要求。

第二，建设现代化经济体系是适应我国经济已由高速增长阶段转向高质量发展阶段、跨越发展关口的迫切需要。

第三，建设现代化经济体系是决胜全面建成小康社会、开启全面建设社会主义现代化国家新征程的基本途径。

2. 建设现代化经济体系的内涵

现代化经济体系，是由社会经济活动各个环节、各个层面、各个领域的相互关系和内在联系构成的一个有机统一整体。建设现代化经济体系，要切实贯彻"创新、协调、绿色、开放、共享"的新发展理念，坚持"质量第一、效益优先"原则，努力实现更高质量、更有效率、更加公平、更可持续的发展。

一是要建设创新引领、协同发展的产业体系，实现实体经济、科技创新、现代金融、人力资源协同发展，使科技创新在实体经济发展中的贡献份额不断提高，现代金融服务实体经济的能力不断增强，人力资源支撑实体经济发展的作用不断优化。

二是要建设统一开放、竞争有序的市场体系，实现市场准入畅通、市场开放有序、市场竞争充分、市场秩序规范，加快形成企业自主经营公平竞争、消费者自由选择自主消费、商品和要素自由流动平等交换。

三是要建设体现效率、促进公平的收入分配体系，实现收入分配合理、社会公平正义、全体人民共同富裕，推进基本公共服务均等化，逐步缩小收入分配差距。

四是要建设彰显优势、协调联动的城乡区域发展体系，实现区域良性互动、城乡融合发展、陆海统筹整体优化，培育和发挥区域比较优势，加强区域优势互补，塑造区域协调发展新格局。

五是要建设资源节约、环境友好的绿色发展体系，实现绿色循环低碳发展、人与自然和谐共生，牢固树立和践行绿水青山就是金山银山的理念，形成人与自然和谐发展的现代化建设新格局。

六是要建设多元平衡、安全高效的全面开放体系,发展更高层次开放型经济,推动开放朝着优化结构、拓展深度、提高效益方向转变。

七是要建设充分发挥市场作用、更好发挥政府作用的经济体制,实现市场机制有效、微观主体有活力、宏观调控有度。

(四)加快推进贸易强国建设的举措

第一,加快货物贸易优化升级。强化外贸转型升级基地、贸易平台、国际营销网络建设,鼓励高新技术、装备制造、品牌产品出口,加强贸易政策和产业政策之间的协调,形成以技术、品牌、质量和服务为核心的出口竞争新优势。通过推动出口市场多元化、鼓励发展新型贸易方式、发展出口信用保险以及强化贸易摩擦预警等措施促进出口贸易发展。同时,积极引导加工贸易转型升级。在发展加工贸易的过程中,要不断引进跨国公司的核心技术,逐步提升国内配套能力,通过加快模仿、联合开发实现技术进步,通过发挥政策引导和市场调节作用、推动加工贸易区域协调发展、建立支持服务体系、提升产业价值链等方式,不断促进加工贸易的转型升级和创新发展,实现加工环节较大的价值增值。

第二,实施更加积极的进口政策,优化进口结构,扩大先进技术设备、关键零部件和优质消费品等进口,促进进出口贸易双向协调平衡发展。通过举办好中国国际进口博览会,打造世界各国展示国家形象、开展国际贸易的开放型合作平台。

第三,促进服务贸易创新发展,确立一手抓货物贸易、一手抓服务贸易的战略思想。实现服务贸易与货物贸易的有机结合,充分发挥服务贸易高附加值、低能耗、低污染的优势,鼓励文化、旅游、金融、保险、软件、研发设计、计算机和信息咨询服务等高附加值服务贸易的出口,大力发展服务外包,打造"中国服务"国家品牌。并且要以发展服务贸易进一步提升货物贸易的发展质量,在货物贸易和服务贸易协调发展中带动国民经济可持续发展。

第四,不断培育贸易发展新业态新模式。坚持鼓励创新、包容审慎的原则,逐步完善监管制度、服务体系和政策框架,支持跨境电子商务、市场采购贸易、外贸综合服务等健康发展,不断打造新的外贸增长点。

(五)在发展完善开放型经济过程中维护国家经济安全的措施

在参与经济全球化、发展完善开放型经济过程中切实维护国家经济安全,需要采取以下措施。

第一,保护关系国计民生的重要经济资源和领域的安全。主要包括:确定粮食安全指标,制定粮食安全政策;建立粮食、石油、稀有金属、重要物资等各种战略物资的储备制度,制定战略资源的发展战略;鼓励重要关键技术的研究开发,努力培育民族的无形资本;优化石油等战略物资进口结构,开拓多元化市场,减少国外经济波动对我国经济的影响和冲击。

第二,加强对外资的引导和监管。外资进入对我国国家经济安全的影响取决于外资进入的规模和部门、外资的控制力以及政府防范外资危害国家经济安全的措施等。政府合理管理和利用外资可以减轻或者避免外资对于国家经济安全的影响。一方面,应该通过产业政策引导外资流向,使其适应我国经济结构和产业结构调整优化的需要;另一方面,也要正确评估外资的产业安全,建立与负面清单管理模式相适应的外商投资国家安全审查制度,完善外资并购的审查机制和监管机制,避免外资在关系国计民生的关键领域和部门形成控制权,威胁国家经济安全。

第三,完善金融市场监管,防范化解金融风险。必须完善金融市场管理体制和信息体系,稳妥推进重要领域和关键环节金融改革,审慎、渐进、有序地开放资本市场,稳步推进人民币国际化;建立完善的金融风险监管体系和防范机制,加强影子银行、房地产金融等的宏观审慎管理;密切关注国际资本市场动向,提高对金融市场风险和冲击的应变能力,确保金融和经济安全。

第四,建立健全国家经济安全监测预警机制和及时灵活反应决策机制。设计国家经济安全监测指标,随时监测各项指标并及时调整国内政策;改革统计工作体制机制,实现统计多元化和成果公开共享;建立健全维护经济安全的应急管理体系,增强应对突发事件和危机的迅速反应能力与处理决策能力,确保国家经济不受重大损失。

第五,加强国际经济安全合作。经济全球化使得世界各国的相互依赖不断加深,因此在维护国家经济安全中需要积极参与国际经济安全合作,构建国际经济安全合作体系,与世界各国加强和改善经贸合作关系,充分交流共享信息;充分利用各种多边和双边合作机制,合理利用世界贸易组织规则保护本国产业,维护国家经济安全。

(六)新时代推进"一带一路"建设的目标和重点举措

1. 新时代推进"一带一路"建设的目标

"一带一路"建设是我国扩大对外开放的重大战略举措,也是今后一段时期对外开放的工作重点。在各方共同努力下，"一带一路"建设逐渐从理念转化为行动，从愿景转变为现实。新时代要继续遵循共商共建共享原则，积极促进"一带一路"国际合作，努力将"一带一路"建设成为和平之路、繁荣之路、开放之路、创新之路、文明之路，从而开辟世界经济和我国经济发展新阶段。

2. 推进"一带一路"建设的重点举措

"一带一路"沿线各国资源禀赋各异，经济互补性较强，彼此合作潜力和空间很大。新时代推进"一带一路"建设要继续以政策沟通、设施联通、贸易畅通、资金融通、民心相通为主要内容，打造国际合作新平台，增添共同发展新动力。重点在以下方面加强合作。

① 政策沟通。加强政策沟通是"一带一路"建设的重要保障。
② 设施联通。基础设施互联互通是"一带一路"建设的优先领域。
③ 贸易畅通。贸易投资合作是"一带一路"建设的重点内容。
④ 资金融通。资金融通是"一带一路"建设的重要支撑。
⑤ 民心相通。民心相通是"一带一路"建设的社会根基。

四、本章课后思考题及答案提示

1. 试述新时代我国对外开放面临的新形势。

第一，中国经济发展进入新常态。

第二，经济全球化在曲折中发展。

第三，新旧动能转换成为世界经济复苏繁荣的关键。

第四，国际力量对比趋向平衡但全球经济治理滞后。

2. 试述发展和完善我国更高层次的开放型经济需要采取的主要措施。

（1）构建现代化经济体系

由于现代化经济体系本质上是开放的经济体系，而且这一目标的实现离不开高层次开放型经济发展的引领，因此，贯彻新发展理念，"推动形成全面开放新格局"，既是建设现代化经济体系的必由之路，也是我国发展更高层次开放型经济的重要方向。

（2）大力推进贸易强国建设

要发展完善开放型经济，进一步拓展对外贸易，加快推进贸易强国建设，就需要进一步加快转变外贸发展方式，从以货物贸易为主向货物和服务贸易协调发展转变，从依靠模仿跟随向依靠创新创造转变，从大进大出向优质优价、优进优出转变。第一,加快货物贸易优化升级。第二,实施更加积极的进口政策,优化进口结构,扩大先进技术设备、关键零部件和优质消费品等进口,促进进出口贸易双向协调平衡发展。第三,促进服务贸易创新发展,确立一手抓货物贸易、一手抓服务贸易的战略思想。第四,不断培育贸易发展新业态新模式,不断打造新的外贸增长点。

(3)"引进来"与"走出去"有机结合

发展完善开放型经济,需要坚持"引进来"与"走出去"的更好结合,拓展我国国民经济发展空间。目前,全球引资竞争日趋激烈,不少国家要素成本比我国更低,政策优惠力度比我国更大。培育引资竞争新优势,不是竞相攀比优惠政策,而是要营造稳定、公平透明、法治化、可预期的营商环境。同时也应看到,从贸易大国到投资大国,是开放型经济转型升级的必由之路。要按照坚持"引进来"和"走出去"并重的原则,在提高"引进来"质量和水平的同时,进一步支持企业积极稳妥"走出去"。这既有利于我国保障能源资源供应、带动商品和服务输出、获取创新资源和营销网络,助力国民经济提质增效升级,也有利于促进东道国经济和社会发展,实现互利共赢。

(4)优化区域开放布局

首先,坚持沿海开放与内陆沿边开放更好结合。其次,坚持制造业领域开放与服务业领域开放更好结合,以高水平开放促进深层次结构调整。再次,坚持向发达国家开放与向发展中国家开放更好结合,扩大同各国的利益交汇点。最后,坚持多边开放与区域开放更好结合,做开放型世界经济的建设者和贡献者。

(5)在参与国际经济合作与竞争中维护国家经济安全

在当前形势下,为进一步发展和完善开放型经济,提高对外开放水平,我国应在更大范围、更广领域和更高层次上参与国际经济合作和竞争。经济全球化是一把"双刃剑"。在经济全球化条件下,参与国际经济合作和竞争、发展完善开放型经济,需要正确处理对外开放和维护国家经济安全的关系。我们一方面要坚定不移地实行对外开放的国策,另一方面又要树立国家经济安全新观念、增强经济安全意识,切实维护国家经济安全。

3. 简述建设现代化经济体系的内涵和重点工作。

(1)建设现代化经济体系的内涵

现代化经济体系,是由社会经济活动各个环节、各个层面、各个领域的相互关系和内在联系构成的一个有机统一整体。建设现代化经济体系,要切实贯彻

"创新、协调、绿色、开放、共享"的新发展理念,坚持"质量第一、效益优先"原则,努力实现更高质量、更有效率、更加公平、更可持续的发展。一是要建设创新引领、协同发展的产业体系;二是要建设统一开放、竞争有序的市场体系;三是要建设体现效率、促进公平的收入分配体系;四是要建设彰显优势、协调联动的城乡区域发展体系;五是要建设资源节约、环境友好的绿色发展体系;六是要建设多元平衡、安全高效的全面开放体系;七是要建设充分发挥市场作用、更好发挥政府作用的经济体制。

（2）建设现代化经济体系的重点工作

建设现代化经济体系是一个系统工程,需要一体建设、一体推进,同时也必须做到点面结合,需要重点做好以下几方面工作。

第一,以供给侧结构性改革为主线大力发展实体经济,筑牢现代化经济体系的坚实基础。

第二,加快实施创新驱动发展战略,强化现代化经济体系的战略支撑。

第三,积极推动城乡区域协调发展,优化现代化经济体系的空间布局。

第四,着力发展开放型经济,提高我国现代化经济体系的国际竞争力,更好利用全球资源和市场。

第五,继续深化经济体制改革,完善现代化经济体系的制度保障。

4. 简述在发展完善开放型经济过程中如何维护国家经济安全。

在参与经济全球化、发展完善开放型经济过程中切实维护国家经济安全,需要采取以下措施。

第一,保护关系国计民生的重要经济资源和领域的安全。

第二,加强对外资的引导和监管。

第三,完善金融市场监管,防范化解金融风险。

第四,建立健全国家经济安全监测预警机制和及时灵活反应决策机制。

第五,加强国际经济安全合作。

5. 简述新时代推进"一带一路"建设的目标和主要举措。

（1）新时代推进"一带一路"建设的目标

"一带一路"建设是我国扩大对外开放的重大战略举措,也是今后一段时期对外开放的工作重点。在各方共同努力下,"一带一路"建设逐渐从理念转化为行动,从愿景转变为现实。新时代要继续遵循共商共建共享原则,积极促进"一带一路"国际合作,努力将"一带一路"建设成为和平之路、繁荣之路、开放之路、创新之路、文明之路,从而开辟世界经济和我国经济发展新阶段。

（2）推进"一带一路"建设的主要举措

"一带一路"沿线各国资源禀赋各异,经济互补性较强,彼此合作潜力和空间很大。新时代推进"一带一路"建设要继续以政策沟通、设施联通、贸易畅通、资金融通、民心相通为主要内容,打造国际合作新平台,增添共同发展新动力。其中加强政策沟通是"一带一路"建设的重要保障;基础设施互联互通是"一带一路"建设的优先领域;贸易投资合作是"一带一路"建设的重点内容;资金融通是"一带一路"建设的重要支撑;民心相通是"一带一路"建设的社会根基。

五、本章测试题

（一）判断题

1. 新时代我国经济发展进入了新常态,经济增速、经济结构、经济发展方式和经济发展动力都正在发生重大变化。（ ）

2. 当前全球治理体系总体上充分反映了国际经济力量对比和世界经济新格局的变化,具有足够的代表性和包容性。（ ）

3. 亚洲基础设施投资银行于2013年正式成立。（ ）

4. 基础设施互联互通是"一带一路"建设的优先领域。贸易投资合作是"一带一路"建设的重点内容。（ ）

5. 根据2020年1月1日开始正式施行的《中华人民共和国外商投资法》,我国对外商投资管理体制进行根本性变革,全面实行审批制。（ ）

（二）不定项选择题

1. 当前中国特色社会主义进入新时代,我国社会的主要矛盾已经转化为（ ）。

  A. 人民日益增长的物质文化需要和落后的社会生产之间的矛盾

  B. 人民日益增长的美好生活需要和不平衡不充分的发展之间的矛盾

  C. 推动经济全球化和独立自主发展之间的矛盾

  D. 人民和腐败分子之间的矛盾

2. "一带一路"建设需要遵循的原则包括（ ）。

  A. 共商　　　　　　　　　　B. 共建

  C. 共享　　　　　　　　　　D. 单边

3. 新时代推进"一带一路"建设的重点举措和主要内容包括（ ）。

A. 政策沟通 B. 设施联通
C. 贸易畅通 D. 资金融通
E. 民心相通

4. 我国加快推进贸易强国建设的措施包括（　　）。

A. 加快货物贸易优化升级

B. 实施更加积极的进口政策，优化进口结构

C. 促进服务贸易创新发展

D. 不断培育贸易发展新业态新模式

5. 中国于（　　）年正式提出共建"丝绸之路经济带"和"21世纪海上丝绸之路"（简称"一带一路"）的重大倡议。

A. 2010 B. 2013
C. 2015 D. 2018

6. 当前中国对外开放面临的新形势包括（　　）。

A. 中国经济发展进入了新常态

B. 经济全球化在曲折中深入发展

C. 世界经济正处于动能转换的换挡期

D. 国际力量对比趋于平衡但全球经济治理滞后

7. 面对经济全球化带来的机遇和挑战，正确的选择是（　　）。

A. 充分利用一切机遇

B. 合作应对一切挑战

C. 引导好经济全球化走向

D. 实行贸易保护主义和单边主义

8. 下列属于建设现代化经济体系内涵的有（　　）。

A. 建设创新引领、协同发展的产业体系

B. 建设统一开放、竞争有序的市场体系

C. 建设彰显优势、协调联动的城乡区域发展体系

D. 建设多元平衡、安全高效的全面开放体系

六、本章阅读材料及案例分析

（一）请结合本章所学知识和下列材料，简要分析以下问题。

1. 我国在新发展阶段加快构建以国内大循环为主体、国内国际双循环相互

促进的新发展格局的必要性。

2. 我国应如何加快构建以国内大循环为主体、国内国际双循环相互促进的新发展格局？

材料1：加快构建新发展格局——论学习贯彻党的十九届五中全会精神

党的十九届五中全会明确提出要加快构建以国内大循环为主体、国内国际双循环相互促进的新发展格局，并作出重大工作部署。

"十四五"时期我国将进入新发展阶段，这是全面建设社会主义现代化国家、向第二个百年奋斗目标进军的阶段，国内外环境的深刻变化带来一系列新机遇新挑战。加快形成新发展格局，是以习近平同志为核心的党中央根据我国发展阶段、环境、条件变化，审时度势作出的重大决策。构建新发展格局是事关全局的系统性、深层次变革，是立足当前、着眼长远的战略谋划。我们要从全局和战略的高度准确把握加快构建新发展格局的战略构想。

从根本上说，新发展格局是适应我国发展阶段新要求、塑造国际合作和竞争新优势的必然选择。党中央提出构建新发展格局，是对我国客观经济规律和发展趋势的正确把握，是掌握发展主动权的先手棋，是有深厚的实践基础的。以前，在经济全球化深入发展的外部环境下，市场和资源"两头在外"对我国加快提升经济实力、改善人民生活发挥了重要作用。在当前全球市场萎缩的外部环境下，我们必须充分发挥国内超大规模市场优势，通过繁荣国内经济、畅通国内大循环为我国经济发展增添动力，带动世界经济复苏。改革开放以来，我们遭遇过很多外部风险冲击，最终都能化险为夷，靠的就是办好自己的事、把发展立足点放在国内。我国有14亿人口，人均国内生产总值已经突破1万美元，是全球最大和最具潜力的消费市场，具有巨大增长空间。自2008年国际金融危机以来，我国经济已经在向以国内大循环为主体转变。未来一个时期，我国国内市场主导国民经济循环特征会更明显，经济增长的内需潜力会不断释放。只要顺势而为、精准施策，我们完全有条件构建新发展格局、塑造新竞争优势。

习近平总书记强调："新发展格局决不是封闭的国内循环，而是开放的国内国际双循环。"我国在世界经济中的地位将持续上升，同世界经济的联系会更加紧密，为其他国家提供的市场机会将更加广阔，成为吸引国际商品和要素资源的巨大引力场。以国内大循环为主体，正是要通过发挥内需潜力，使国内市场和国际市场更好联通，更好利用国际国内两个市场、两种资源，实现更加强劲可持续的发展。要科学认识国内大循环和国内国际双循环的关系，主动作为、善于作为,建设更高水平开放型经济新体制,实施更大范围、更宽领域、更深层次的对外开放。还要认识到,构建新发展格局是以全国统一大市场基础上的国内大循环为主体,不是各地都搞自我小循环,各地区要找准自己在国内大循环和国内国际双循环中的位置和比较优势,有条件的地区可以率先探索有利于促进全国构建新发展格局的有效路径,发挥引领和带动作用。

构建新发展格局是一个系统工程,既要加强战略谋划和顶层设计,也要把握工作着力点。要加快培育完整内需体系,把实施扩大内需战略同深化供给侧结构性改革有机结合起来,以创新驱动、高质量供给引领和创造新需求。要加快科技自立自强,面向世界科技前沿、面向经济主战场、面向国家重大需求、面向人民生命健康,加快建设科技强国。要推动产业链供应链优化升级,把发展经济着力点放在实体经济上,推进产业基础高级化、产业链现代化。要加快农业农村现代化,优先发展农业农村,全面推进乡村振兴。要改善人民生活品质,坚持把实现好、维护好、发展好最广大人民根本利益作为发展的出发点和落脚点,尽力而为、量力而行,不断增强人民群众获得感、幸福感、安全感。要牢牢守住安全发展这条底线,把安全发展贯穿国家发展各领域和全过程,确保人民安居乐业、社会安定有序、国家长治久安。

当今世界正经历百年未有之大变局,我国发展仍然处于重要战略机遇期,但机遇和挑战都有新的发展变化。奋进新时代、开启新征程,站在历史正确的一边,保持战略定力,增强机遇意识和风险意识,危中寻机、化危为机,坚定不移贯彻新发展理念,加快形成新发展格局,不断向高质量发展迈进,我们就一定能为全面建设社会主义现代化国家开好局、起好步。

资料来源:《人民日报》评论员:《加快构建新发展格局——论学习贯彻党的十九届五中全会精神》,《人民日报》,2020年11月3日第2版。

材料2:以辩证思维看待新发展阶段的新机遇新挑战——论学习贯彻习近平总书记在经济社会领域专家座谈会上重要讲话

凡事预则立,不预则废。"十四五"时期是我国全面建成小康社会、实现第一个百年奋斗目标之后,乘势而上开启全面建设社会主义现代化国家新征程、向第二个百年奋斗目标进军的第一个五年,我国将进入新发展阶段。这在党和国家发展进程中意义十分重大,谋划好"十四五"时期发展十分重要。

(2020年)8月24日下午,习近平总书记主持召开经济社会领域专家座谈会,听取与会专家代表对"十四五"规划编制的意见和建议,指出用中长期规划指导经济社会发展是我们党治国理政的一种重要方式,强调要着眼长远、把握大势,开门问策、集思广益,研究新情况、作出新规划。座谈会上,习近平总书记从党和国家事业发展的战略全局出发,深刻阐述了需要正确认识和把握的中长期经济社会发展重大问题,强调要以辩证思维看待新发展阶段的新机遇新挑战,以畅通国民经济循环为主构建新发展格局,以科技创新催生新发展动能,以深化改革激发新发展活力,以高水平对外开放打造国际合作和竞争新优势,以共建共治共享拓展社会发展新局面。

"十四五"时期我国将进入新发展阶段是党中央作出的重大判断,必须深刻认识和把握。当前,我国发展的内部条件和外部环境正在发生深刻复杂变化。向外看,当今世界正经历百年未有之大变局,新冠肺炎疫情全球大流行使这个大变局加速变化,国际经济、科技、文化、安全、政治等格局都在发生深刻调整,世界进入动荡变革期。这意味着,今后一个时期,我们将面对更多逆风逆水的外部环境,必须做好应对一系列新的风险挑战的准备。向内看,国内发展环境也经历着深刻变化,我国已进入高质量发展阶段,社会主要矛盾发生了关系全局的历史性变化,继续发展具有多方面优势和条件,同时发展不平衡不充分问题仍然突出。总的看,进入新发展阶段,国内外环境的深刻变化既带来一系列新机遇,也带来一系列新挑战,是危机并存、危中有机、危可转机。习近平总书记在讲话中对新发展阶段的新机遇新挑战作出的精辟阐释,对于我们正确认识新发展阶段,做好进入新发展阶段的思想准备和工作准备,抓住机遇,应对挑战,在危机中育新机、于变局中开新局,具有十分重要的意义。

看待新发展阶段的新机遇新挑战,要有辩证思维。面对严峻复杂的形势,我们要赢得优势、赢得主动、赢得未来,就必须把马克思主义哲学作为自己的看家本领,掌握唯物辩证法的根本方法,提高驾驭复杂局面、处理复杂问题的能力。就要辩证认识和把握国内外大势,统筹中华民族伟大复兴战略全局和世界百年未有之大变局,深刻认识我国社会主要矛盾发展变化带来的新特征新要求,深刻认识错综复杂的国际环境带来的新矛盾新挑战,增强机遇意识和风险意识,准确识变、科学应变、主动求变。还要善于解决问题,把握发展规律,发扬斗争精神,勇于开顶风船,善于转危为机,努力实现更高质量、更有效率、更加公平、更可持续、更为安全的发展。

"浩渺行无极,扬帆但信风。"根据我国发展阶段、环境、条件变化,党中央作出了加快形成以国内大循环为主体、国内国际双循环相互促进的新发展格局的重大战略部署,这是重塑我国国际合作和竞争新优势的战略抉择。把思想和行动统一到习近平总书记重要讲话精神和党中央决策部署上来,集中力量办好自己的事,勇于担当,主动作为,积极探索形成新发展格局的有效路径,我们就一定能战胜前进道路上的风险挑战,牢牢掌握发展主动权,实现经济高质量发展,朝着实现中华民族伟大复兴的中国梦奋勇前进。

资料来源:《人民日报》评论员:《以辩证思维看待新发展阶段的新机遇新挑战——论学习贯彻习近平总书记在经济社会领域专家座谈会上重要讲话》,《人民日报》,2020年8月26日第1版。

材料3:努力探索形成新发展格局的有效路径

面对严峻复杂的形势,以习近平同志为核心的党中央深刻把握世界大势和发展规律,科学分析我国发展面临机遇和挑战的新变化,着眼我国经济中长期发展,作出加快形成以国内大循环为主体、国内国际双循环相互促进的新发展格局的重大战略部署。

习近平总书记近日在安徽考察时,强调要牢牢把握扩大内需这个战略基点,努力探索形成新发展格局的有效路径。在主持召开的扎实推进长三角一体化发展座谈会上,习近平总书记要求长三角区域勇于担当,主动作为,大胆突破,率先形成新发展格局。习近平总书记的重要指示,对于我们做好当前经济工作,构建新发展格局,打造未来发展新优势,实现经济高质量发展,具有重大指导意义。

今天,我国发展的内部条件和外部环境正在发生深刻复杂变化,我们遇到的很多问题是中长期的,必须从持久战的角度加以认识。面对结构性、体制性、周期性问题相互交织所带来的困难和挑战,面对全球市场萎缩的外部环境,我们必须集中力量办好自己的事,充分发挥国内超大规模市场优势,通过繁荣国内经济、畅通国内大循环为我国经济高质量发展增添动力,进而带动世界经济复苏。同时要认识到,以国内大循环为主体,绝不是关起门来封闭运行,而是通过发挥内需潜力,使国内市场和国际市场更好联通,更好利用国际国内两个市场、两种资源,实现更加强劲可持续的发展。各地区各部门要把思想和行动统一到习近平总书记重要讲话、重要指示精神和党中央决策部署上来,深刻认识新发展格局中的国内国际双循环是一个相互联系、不可偏废的整体,全面把握新发展格局的丰富内涵和实践要求,增强机遇意识和风险意识,积极探索形成新发展格局的有效路径,实现稳增长和防风险长期均衡。

探索形成新发展格局的有效路径,要牢牢把握扩大内需这个战略基点。扩大内需是满足人民日益增长的美好生活需要的必然要求,是推动经济高质量发展的必然选择。我国拥有14亿人口、9亿劳动力、4亿多中等收入群体、1.7亿多受过高等教育或拥有各类专业技能的人才、1亿多市场主体,具有超大规模市场优势,内需在我国经济发展中始终占有重要地位。要坚定实施扩大内需战略,把满足国内需求作为推动高质量发展的出发点和落脚点,加快构建完整的内需体系,充分发挥消费的基础作用、投资的关键作用,使提振消费与扩大投资有效结合、相互促进。

探索形成新发展格局的有效路径,要大力推进科技创新。新一轮科技革命和产业变革方兴未艾,正在重构全球创新版图,重塑全球经济结构。谁牵住了科技创新这个牛鼻子,谁就能占领先机、赢得优势。要对标世界一流,加强前沿探索和前瞻布局,大力推进科技创新及其他各方面创新,加大关键核心技术攻坚力度,加快科技成果转化,加快推进数字经济、智能制造、生命健康、新材料等战略性新兴产业,形成更多新的增长点、增长极,提高产业链供应链稳定性和现代化水平,培育新形势下我国参与国际合作和竞争新优势。

探索形成新发展格局的有效路径,还要发挥好改革的突破和先导作用。要依靠改革应对变局、开拓新局,坚持目标引领和问题导向,既善于积势蓄势谋势,又善于识变求变应变,紧紧扭住关键,积极鼓励探索,突出改革实效,推动改革更好服务经济社会发展大局。要明确供给侧结构性改革的战略方向,破除发展瓶颈、汇聚发展优势、增强发展动力,着力打通生产、分配、流通、消费各个环节,更多依托国内市场实现良性循环,促进总供给和总需求在更高水平上实现动态平衡。要以更大的力度推进全面深化改革,积极破解发展面临的各种难题、化解来自各方面的风险挑战和巨大压力,为推进改革发展、战胜各种风险挑战提供强大动力。

中国经济是一片大海,稳中向好、长期向好的基本趋势没有改变也不会改变。面对风险和挑战,保持战略定力,增强必胜信心,坚定站在历史正确的一边,坚持深化改革、扩大开放,加快形成新发展格局,风雨无阻向前进,我们就一定能进一步创造我国经济新优势,牢牢掌握发展主动权,为实现中华民族伟大复兴的中国梦提供坚实支撑。

资料来源:《人民日报》评论员:《努力探索形成新发展格局的有效路径》,《人民日报》,2020年8月25日第1版。

材料 4：看习近平这几次重要讲话，弄懂"大循环""双循环"

推动形成以国内大循环为主体、国内国际双循环相互促进的新发展格局，是2020年以来习近平总书记反复强调的问题，国际社会和国内各方面都给予很高的关注。

"大循环""双循环"有何内涵？党中央作出这样的战略抉择有何深意？近期的一系列重要讲话中，习近平总书记从不同角度作出了深刻阐释。

1. 这是根据我国发展阶段、环境、条件变化作出的战略决策

（2020年）5月23日，习近平看望参加全国政协十三届三次会议经济界委员并参加联组会。他深刻分析国内国际形势，指出面向未来，我们要把满足国内需求作为发展的出发点和落脚点，逐步形成以国内大循环为主体、国内国际双循环相互促进的新发展格局。

7月21日，在企业家座谈会上，习近平进一步阐释了提出构建这一新发展格局的主要考虑，并强调了"大循环"与"双循环"的内在逻辑关系。

8月20日在安徽主持召开扎实推进长三角一体化发展座谈会、21日听取安徽省委和省政府工作汇报时，他又对加快形成新发展格局提出极具针对性的具体要求。

8月24日，在经济社会领域专家座谈会上，习近平从谋划"十四五"时期经济社会发展的高度对构建新发展格局和相关的一系列重大问题进行了系统阐述。

9月1日，习近平主持召开中央全面深化改革委员会第十五次会议，又从改革的角度提出要求，强调为构建新发展格局提供强大动力。

此外，在习近平近期主持的中央政治局常委会会议、中央政治局会议、党外人士座谈会等重要会议上，新发展格局也是极为重要的内容。

这一系列重要讲话，习近平深刻分析了构建新发展格局的背景、优势、短板、重点等，从创新、开放、改革等方面提出要求，还着重强调了一些需要特别注意和把握的问题，具有很强的思想性、战略性和指导性。

推动形成以国内大循环为主体、国内国际双循环相互促进的新发展格局是以习近平同志为核心的党中央根据我国发展阶段、环境、条件变化作出的战略决策，是事关全局的系统性深层次变革。我们要弄明白"大循环""双循环"，习近平这几次重要讲话一定要深入理解、融会贯通。

2. 必须集中力量办好自己的事

经济社会是一个动态循环系统，各个环节环环相扣。整个循环系统畅通，经

济发展就有利。反之,哪个环节阻滞,上下游都受影响。

一段时间以来,特别是新冠肺炎疫情发生后,世界百年未有之大变局加速变化,我国发展逆风逆水的外部环境日益增多,不稳定性不确定性较大。习近平在政协联组会上列举了一系列不利局面,如世界经济深度衰退、国际贸易和投资大幅萎缩、国际金融市场动荡、国际交往受限、经济全球化遭遇逆流、一些国家保护主义和单边主义盛行、地缘政治风险上升等。

另一方面,我国已进入高质量发展阶段,多方面优势和条件更加凸显,国内需求潜力巨大。习近平分析指出,我国经济潜力足、韧性强、回旋空间大、政策工具多的基本特点没有变。我国具有全球最完整、规模最大的工业体系、强大的生产能力、完善的配套能力,拥有1亿多市场主体和1.7亿多受过高等教育或拥有各类专业技能的人才,还有包括4亿多中等收入群体在内的14亿人口所形成的超大规模内需市场,正处于新型工业化、信息化、城镇化、农业现代化快速发展阶段,投资需求潜力巨大。

国际大循环动能明显减弱,国内大循环活力日益强劲,这种此消彼长的态势是我们作出决策的重要依据。我们必须充分发挥国内超大规模市场优势,通过繁荣国内经济、畅通国内大循环为我国经济发展增添动力,带动世界经济复苏。习近平在经济社会领域专家座谈会上强调,推动形成以国内大循环为主体、国内国际双循环相互促进的新发展格局是根据我国发展阶段、环境、条件变化提出来的,是重塑我国国际合作和竞争新优势的战略抉择。

在世界动荡变革期,我们必须集中力量办好自己的事,唯有以辩证思维看待新发展阶段的新机遇新挑战,努力在危机中育新机、于变局中开新局,如习近平所要求的那样,准确识变、科学应变、主动求变,勇于开顶风船,善于转危为机,才能推动我国经济乘风破浪、行稳致远。

3. 坚持供给侧结构性改革这个战略方向

形成以国内大循环为主体,意味着要把满足国内需求作为发展的出发点和落脚点,生产、分配、流通、消费更多依托国内市场。这个循环要畅通起来,就必须构建完整的内需体系,特别是供给体系和国内需求要更加适配。

这些要求与深化供给侧结构性改革、贯彻新发展理念一脉相承。事实上,也正是因为近年来我们不断深化供给侧结构性改革、坚定不移贯彻新发展理念,才培育了立足国内市场的有利条件。

习近平在经济社会领域专家座谈会上强调,自2008年国际金融危机以来,我国经济已经在向以国内大循环为主体转变,经常项目顺差同国内生产总值的比率由 2007 年的 9.9% 降至现在的不到 1%,国内需求对经济增长的贡献率有 7 个年份超过 100%。

面向未来,习近平强调,要坚持供给侧结构性改革这个战略方向。改革是解放和发展社会生产力的关键,是推动国家发展的根本动力。在经济社会领域专家座谈会、中央深改委第十五次会上,习近平都从改革角度提出要求,而且是力度更大、层次更深、范围更广的改革。

同时,习近平着重讲了创新的问题。他指出,实现高质量发展,必须实现依靠创新驱动的内涵型增长。

对我国这么大体量的经济体来讲,如果动力问题解决不好,畅通大循环是难以做到的。增强发展动力核心在创新,抓住了创新,就抓住了牵动经济社会发展全局的"牛鼻子"。

每次谈到构建新发展格局,习近平几乎都要提到创新。

在政协联组会上,他强调,要大力推进科技创新及其他各方面创新,加快推进数字经济、智能制造、生命健康、新材料等战略性新兴产业,形成更多新的增长点、增长极。

在企业家座谈会上,他强调,要提升产业链供应链现代化水平,大力推动科技创新,加快关键核心技术攻关,打造未来发展新优势。

在经济社会领域专家座谈会上,他强调,要依托我国超大规模市场和完备产业体系,创造有利于新技术快速大规模应用和迭代升级的独特优势,加速科技成果向现实生产力转化,提升产业链水平,维护产业链安全。

……

我们要进一步大力提升自主创新能力,尽快突破关键核心技术。习近平指出,这是关系我国发展全局的重大问题,也是形成以国内大循环为主体的关键。

4. 更好利用国际国内两个市场、两种资源

新发展格局强调"以国内大循环为主体",但"国内国际双循环相互促进"也至关重要。

在不同场合,习近平反复强调,厘清这个重要概念,以国内大循环为主体,绝不是关起门来封闭运行。

习近平多次强调,中国开放的大门不会关闭,只会越开越大。推动形成以国内大循环为主体、国内国际双循环相互促进的新发展格局,目的是通过发挥内需

潜力,使国内市场和国际市场更好联通,更好利用国际国内两个市场、两种资源,实现更加强劲可持续的发展。

从世界大势看,经济全球化仍是历史潮流,各国分工合作、互利共赢是长期趋势。国际经济联通和交往仍是世界经济发展的客观要求。中国致力于推动建设开放型世界经济,推动构建人类命运共同体。要坚持深化改革、扩大开放,加强科技领域开放合作,习近平一再强调,"我们要站在历史正确的一边"。

从我国发展看,我国经济持续快速发展的一个重要动力就是对外开放。对外开放是基本国策。习近平在经济社会领域专家座谈会上谈了六方面重要问题,其中之一就是"以高水平对外开放打造国际合作和竞争新优势"。他强调,我们要全面提高对外开放水平,建设更高水平开放型经济新体制,形成国际合作和竞争新优势。要积极参与全球经济治理体系改革,推动完善更加公平合理的国际经济治理体系。

习近平还指出,在推进对外开放中要注意两点:一是凡是愿意同我们合作的国家、地区和企业,包括美国的州、地方和企业,我们都要积极开展合作,形成全方位、多层次、多元化的开放合作格局。二是越开放越要重视安全,越要统筹好发展和安全,着力增强自身竞争能力、开放监管能力、风险防控能力,炼就金刚不坏之身。

资料来源:王子晖:《看习近平这几次重要讲话,弄懂"大循环""双循环"》,新华网-学习进行时,2020年9月5日。

材料5:以新发展格局激发新优势

以习近平同志为核心的党中央提出"加快形成以国内大循环为主体、国内国际双循环相互促进的新发展格局",具有坚实的历史基础、理论基础和实践基础,是党中央顺应时代要求做出的战略部署,是我国步入高质量发展阶段、解决新时期面临的各种中长期问题的重要战略举措。

自20世纪80年代以来,中国开启市场化改革,构建外向型经济模式,取得了持续40多年经济高速增长的奇迹。但是随着经济全球化进程出现新变化,依赖国际大循环的出口导向发展战略难以适应新的要求。随着经济全球化红利的递减,中国必须将经济发展的动能从"出口—投资驱动模式"转向"内需—创新模式";随着科技领域"卡脖子"问题越来越紧迫,中国的科技发展必须向自主创新模式转变。使国内市场和国际市场更好联通,更好利用国内国际两个市场、两种资源,要求我们逐步转向以国内大循环为主体、国内国际双循环相互促进的新发展格局,实现更加强劲可持续的发展。

中国经济过去40多年的发展已经为全面建立"以国内大循环为主体、国内国际双循环相互促进的新发展格局"奠定了坚实的供给基础、需求基础和制度基础。在供给层面,中国不仅成为全世界唯一拥有联合国产业分类中所列全部工业门类的国家,同时专利申请量位居世界前列;在需求层面上,中国拥有超大规模市场,不仅具有世界最大的人口规模,而且拥有世界最大的中等收入人群,社会消费品零售总额和进出口总额都位居世界前列;在制度和机制层面,市场在资源配置中起到了决定性作用,政府作用得到更好发挥,全国大市场也在各类基础性改革、供给侧结构性改革和营商环境的持续优化下运转畅通。相对稳定、相对独立、富有效率的国内经济大循环已经成为中国经济的基本盘。

形成新发展格局,还有更为深层的考虑。面对国际形势的不稳定性不确定性,我们需要在发展的同时增强"安全"的维度,更好统筹发展与安全。中共中央政治局会议强调"实现发展规模、速度、质量、结构、效益、安全相统一"。从人类历史上的经验来看,我们要构建安全、可控、富有弹性韧性的经济体系,就必须以内为主,在动荡复杂的世界体系中建立稳固的基本盘。适应我国社会主要矛盾发展变化带来的新特征新要求,我们需要在发展中解决深层次的不平衡不充分问题,既要持续以供给侧结构性改革为主线,疏通国内经济大循环的断点和堵点,也要把握扩大内需这个战略基点,满足人们的美好生活需要,为国内国际双循环的新发展格局寻找到持续、安全、高效、稳定的动力源和支撑面。

历史经验表明,大国经济在发展过程中,没有强大的内部经济循环体系,就难以形成不断改进的竞争力、驾驭全球资源配置的能力。当前,中国率先在新冠肺炎疫情防控常态化背景下复苏经济,这既提供了时间窗口,也节省了战略转换成本。加快形成新发展格局,中国经济将不断激发新优势,乘风破浪、行稳致远。

资料来源:刘元春:《以新发展格局激发新优势》,《人民日报》,2020年8月19日第5版。

材料6:持续扩大开放,推进双循环发展新格局

我国将进入新发展阶段,面临新机遇和新挑战。推动形成以国内大循环为主体、国内国际双循环相互促进的新发展格局是重塑我国国际合作和竞争新优势的战略抉择。

如何看待扩大开放的新形势、新内涵和新任务?记者采访了对外经济贸易大学副校长、教育部特聘教授洪俊杰。

1. 推进形成新发展格局，扩大开放是必然

"改革开放是中国的长期国策，在任何情况下都不能动摇。越是遭遇挑战，我们对这一国策的坚持就越有现实意义。"洪俊杰指出。

（2020年）8月26日，深圳特区迎来40岁生日。深圳40年崛起的历程是中国改革开放事业的生动缩影，也充分证明改革开放是决定当代中国命运的关键一招。"历史和现实不断证明，开放创新带来发展和进步，封闭落后只会被动挨打。扩大开放是中国不断前进的内在需求，是改革的重要动力源。"洪俊杰说，"以国内大循环为主体，国际国内'双循环'相互促进，并不意味着放弃对外开放，放弃全球化。我国是全球化和多边贸易的坚定支持者。"

对外开放是自强不息、不断完成自我挑战的过程。过去四十多年中国能够不断前进，一个核心的原因就是坚持了开放政策，对外开放倒逼、优化、促进国内改革的作用非常明显。洪俊杰指出，2020年我国将全面建成小康社会，实现第一个百年奋斗目标。明年我们将开启全面建设社会主义现代化国家新征程，向第二个百年奋斗目标进军。以开放倒逼改革，以改革开放推进中国高质量发展，是我们的必然选择。

（新冠肺炎）疫情对全球经济普遍造成了史无前例的严重冲击，全球化进入深度调整期。在主要经济体中，我国的经济是恢复最快、发展最好的，但新形势下国际风险与挑战显著加大。"中央适时提出双循环战略，这是一个站在全局和战略高度做出的重要战略部署。建立内需体系更需要扩大开放，只有开放才能逐步与世界规则接轨，创造国际化的竞争环境，吸收和利用国际资金、技术、人才等要素资源，倒逼中国企业提高竞争力，并走向世界。"洪俊杰告诉记者。

2. 高水平开放，打造国际合作和竞争新优势

（2020年）6月1日，中共中央、国务院公布《海南自由贸易港建设总体方案》；6月3日，海南自由贸易港11个重点园区同时挂牌。海南正着力打造中国全面深化改革开放试验区、国家生态文明试验区、国际旅游消费中心、国家重大战略服务保障区。

8月20日，中国（上海）自由贸易试验区临港新片区正式揭牌一周年，这片东海之滨的创新创业沃土日新月异，总体方案明确的78项制度创新任务已完成过半，全年吸引投资超过2 700亿元，2020年年初以来克服疫情影响，主要经济指标实现两位数增长。

2020年年初以来，彰显中国扩大对外开放、积极推动经济全球化决心的重

大举措纷纷落地,效果显著。

"实现'国内国际双循环相互促进'不仅将助推我国开放型经济向更高质量发展,也将稳定全球产业链、供应链,给世界经济带来更多利好。"洪俊杰强调,要全面提高对外开放水平。

洪俊杰指出,目前,全球主要经济体都已经嵌入全球产业链中,你中有我,我中有你。在这个大背景下,要进一步提高价值链和产业链的水平,产业要向中高端攀升,要提高产业链的安全性和稳定性,这些都需要尽可能地在全球范围内优化配置、吸引聚集优质资源。

未来,我国要建构的不是简单、无条件开放的体系,而是要寻求更多元、平衡、安全、高效的开放体系。

3. 改善营商环境,提升巨大引力场的吸引力

商务部近期一项问卷调查显示,99.1%的外资企业表示将继续在华投资经营,看好中国发展已成为外企共识。中国以不断扩大开放的确定性应对来自外部环境的不确定性,为维护自由贸易、建设开放型世界经济贡献中国智慧和方案。

我国在2017—2019年连续3年修订全国和自贸试验区外商投资准入负面清单。2020年版外商投资准入负面清单进一步缩减,提高了服务业、制造业、农业开放水平。

商务部2020年8月12日印发《全面深化服务贸易创新发展试点总体方案》,新一轮试点扩围至28个试点地区,期限为3年,目标是服务贸易深层次改革全面推进、高水平开放有序推进、全方位创新更加深化、高质量发展步伐加快。

"构建以国内大循环为主体的双循环新发展格局需要进一步提高对外开放水平。"洪俊杰指出,经过疫情的考验,各国的投资者会更加深刻地体会到,中国推动更高水平开放的脚步不会放缓,中国利用外资的政策不会变,中国为各国企业在华投资兴业提供更好服务的方向不会变。

未来,中国扩大开放将持续深化和落地落实。我国将通过加快"一带一路"倡议下的交流,加强与扩大国内国际科技、产业链合作;通过稳步降低关税水平,实现更高水平的对外开放;通过持续扩大对外开放促进经济活动内外联通、循环;通过积极参与全球经济治理体系改革,推动完善更加公平合理的国际经济治理体系。

资料来源:张翼:《持续扩大开放,推进双循环发展新格局》,《光明日报》,2020年8月28日第9版。

(二)请结合本章所学知识和下列材料,简要分析以深圳为代表的经济特区在我国进一步推进改革开放和新发展格局中的地位和作用

材料1:把经济特区办得更好、办得水平更高——论学习贯彻习近平总书记在深圳经济特区建立40周年庆祝大会上重要讲话

兴办经济特区,是党和国家为推进改革开放和社会主义现代化建设进行的伟大创举。1980年8月党和国家批准在深圳、珠海、汕头、厦门设置经济特区,1988年4月又批准建立海南经济特区,明确要求发挥经济特区对全国改革开放和社会主义现代化建设的重要窗口和示范带动作用。长期以来,在党中央坚强领导和全国大力支持下,各经济特区解放思想、改革创新,勇担使命、砥砺奋进,在建设中国特色社会主义伟大进程中谱写了勇立潮头、开拓进取的壮丽篇章,为全国改革开放和社会主义现代化建设作出了重大贡献。

(2020年)10月14日上午,习近平总书记在深圳经济特区建立40周年庆祝大会上发表重要讲话,高度评价深圳等经济特区创造的辉煌成就,深刻总结经济特区40年改革开放、创新发展积累的宝贵经验,对新时代经济特区在更高起点上推进改革开放作出了重大战略部署。习近平总书记的重要讲话,高屋建瓴、思想深邃、内涵丰富,对于推动经济特区工作开创新局面,为全面建设社会主义现代化国家、实现第二个百年奋斗目标作出新的更大的贡献具有重大指导意义,必将鼓舞和动员全党全国全社会在新时代新征程上奋力开拓、奋勇前进。

深圳是改革开放后党和人民一手缔造的崭新城市,是中国特色社会主义在一张白纸上的精彩演绎。深圳广大干部群众披荆斩棘、埋头苦干,用40年时间走过了国外一些国际化大都市上百年走完的历程,实现了由一座落后的边陲小镇到具有全球影响力的国际化大都市的历史性跨越,由经济体制改革到全面深化改革的历史性跨越,由进出口贸易为主到全方位高水平对外开放的历史性跨越,由经济开发到统筹社会主义物质文明、政治文明、精神文明、社会文明、生态文明发展的历史性跨越,由解决温饱到高质量全面小康的历史性跨越。当年的蛇口开山炮声犹然在耳,如今的深圳经济特区生机勃勃,这是中国人民创造的世界发展史上的一个奇迹,向世界展示了我国改革开放的磅礴伟力,展示了中国特色社会主义的光明前景。深圳等经济特区改革发展事业取得的成就,是党中央坚强领导的结果,是广大干部群众开拓进取的结果,是全国人民和四面八方广泛支持的结果,充分证明党中央关于兴办经济特区的战略决策是完全正确的。奋进新时代、开启新征程,正如习近平总书记所强调的:"经济特区不仅要继续办下

去,而且要办得更好、办得水平更高。"

看似寻常最奇崛,成如容易却艰辛。深圳等经济特区一路走来,每一步都不是轻而易举的,都付出了艰辛努力,不仅创造了伟大奇迹,更积累了宝贵经验:必须坚持党对经济特区建设的领导,必须坚持和完善中国特色社会主义制度,必须坚持发展是硬道理,必须坚持全方位对外开放,必须坚持创新是第一动力,必须坚持以人民为中心的发展思想,必须坚持科学立法、严格执法、公正司法、全民守法,必须践行绿水青山就是金山银山的理念,必须全面准确贯彻"一国两制"基本方针,必须坚持在全国一盘棋中更好发挥经济特区辐射带动作用。这"十个必须",是我们党对中国特色社会主义经济特区建设规律认识的深化,对新时代经济特区建设具有重要指导意义,必须倍加珍惜、长期坚持,在实践中不断丰富和发展。

当今世界正经历百年未有之大变局,我国正处于实现中华民族伟大复兴的关键时期,经济已由高速增长阶段转向高质量发展阶段,正在形成以国内大循环为主体、国内国际双循环相互促进的新发展格局,实现高质量发展还有许多短板弱项,经济特区发展也面临着一些困难和挑战。新形势需要新担当、呼唤新作为,新时代经济特区要以一往无前的奋斗姿态、风雨无阻的精神状态推动改革不停顿、开放不止步,广大干部群众要坚定不移贯彻落实以习近平同志为核心的党中央决策部署,永葆"闯"的精神、"创"的劲头、"干"的作风,努力续写更多"春天的故事",努力创造让世界刮目相看的新的更大奇迹!

资料来源:《人民日报》评论员:《把经济特区办得更好、办得水平更高——论学习贯彻习近平总书记在深圳经济特区建立 40 周年庆祝大会上重要讲话》,《人民日报》,2020 年 10 月 15 日第 1 版。

材料 2:在更高起点上推进改革开放——论学习贯彻习近平总书记在深圳经济特区建立 40 周年庆祝大会上重要讲话

改革开放是我们党的一次伟大觉醒,是党和人民大踏步赶上时代的重要法宝,是坚持和发展中国特色社会主义的必由之路,是决定实现"两个一百年"奋斗目标、实现中华民族伟大复兴的关键一招。在深圳经济特区建立 40 周年庆祝大会上,习近平总书记强调新时代经济特区建设要以一往无前的奋斗姿态、风雨无阻的精神状态,改革不停顿、开放不止步,在更高起点上推进改革开放,并提出了与时俱进全面深化改革、锐意开拓全面扩大开放的明确要求。

这是一个充满机遇和挑战的时代。要抓住机遇、应对挑战,关键在于高举新时代改革开放旗帜,继续全面深化改革、全面扩大开放。习近平总书记近日在广东考察时深刻指出,面对世界百年未有之大变局,面对国内外发展环境发生的深刻复杂变化,我们要走一条更高水平的自力更生之路,实施更高水平的改革开放,加快构建以国内大循环为主体、国内国际双循环相互促进的新发展格局。经济特区要深刻领会党中央战略意图,从我国进入新发展阶段大局出发,在构建新发展格局这个主战场中选准自己的定位,在更高起点上推进改革开放,推动经济特区工作开创新局面,为全面建设社会主义现代化国家、实现第二个百年奋斗目标作出新的更大贡献。

面向未来,要全面推进党和国家各项工作,尤其是贯彻新发展理念、推动高质量发展、构建新发展格局,继续走在时代前列,仍然要以全面深化改革添动力、求突破。改革永远在路上,改革之路无坦途。现在,改革又到了一个新的历史关头,很多都是前所未有的新问题,推进改革的复杂程度、敏感程度、艰巨程度不亚于40年前,必须以更大的政治勇气和智慧,坚持摸着石头过河和加强顶层设计相结合,不失时机、蹄疾步稳深化重要领域和关键环节改革,更加注重改革的系统性、整体性、协同性,提高改革综合效能。党中央经过深入研究,决定以经济特区建立40周年为契机,支持深圳实施综合改革试点,以清单批量授权方式赋予深圳在重要领域和关键环节改革上更多自主权,一揽子推出27条改革举措和40条首批授权事项。深圳经济特区要扛起责任,牢牢把握正确方向,解放思想、守正创新,努力在重要领域推出一批重大改革措施,形成一批可复制可推广的重大制度创新成果。要树立全周期管理意识,创新思路加快推动城市治理体系和治理能力现代化,努力走出一条符合超大型城市特点和规律的治理新路子。

开放带来进步,封闭导致落后。当前,世界经济面临诸多复杂挑战,我们决不能被逆风和回头浪所阻,要站在历史正确的一边,坚定不移全面扩大开放,推动建设开放型世界经济,推动构建人类命运共同体。要优化升级生产、分配、流通、消费体系,增强畅通国内大循环和联通国内国际双循环的功能,加快推进规则标准等制度型开放,率先建设更高水平开放型经济新体制。要加强同"一带一路"沿线国家和地区开展多层次、多领域的务实合作。一花独放不是春,百花齐放春满园。经济特区建设40年的实践离不开世界各国的共同参与,也为各国创造了广阔的发展空间、分享了发展利益。欢迎世界各国更多地参与中国经济特区的改革开放发展,构建共商共建共享共赢新格局。

实践发展永无止境,解放思想永无止境,改革开放永无止境。以深圳等经济特区建立40周年为新的起点,继续发挥经济特区对全国改革开放和社会主义现代化建设的重要窗口和示范带动作用,将改革开放进行到底,我们就一定能在新时代的伟大征程上披荆斩棘、一往无前,共同创造亿万人民的幸福生活和美好未来。

资料来源:《人民日报》评论员:《在更高起点上推进改革开放——论学习贯彻习近平总书记在深圳经济特区建立40周年庆祝大会上重要讲话》,《人民日报》,2020年10月17日第1版。

材料3:坚定不移贯彻新发展理念——论学习贯彻习近平总书记在深圳经济特区建立40周年庆祝大会上重要讲话

新发展理念就是指挥棒、红绿灯。习近平总书记在深圳经济特区建立40周年庆祝大会上深刻指出,广东、深圳经济发展水平较高,面临的资源要素约束更紧,受到来自国际的技术、人才等领域竞争压力更大,落实新发展理念、推动高质量发展是根本出路。习近平总书记强调要坚定不移贯彻新发展理念,坚持发展是第一要务、人才是第一资源、创新是第一动力,率先推动质量变革、效率变革、动力变革,努力实现更高质量、更有效率、更加公平、更可持续、更为安全的发展。

党和国家作出兴办经济特区重大战略部署以来,深圳成为我国改革开放的重要窗口,各项事业取得显著成绩,已成为一座充满魅力、动力、活力、创新力的国际化创新型城市,经济总量位居亚洲城市第五位,首创1 000多项改革举措,外贸进出口总额2019年达4 315亿美元,汇集国家高新技术企业超1.7万家,率先完成全面建成小康社会的目标。"一滴水可以见太阳",一个地方可以体现一个国家的风貌。深圳的发展成就,充分证明新发展理念具有很强的战略性、纲领性、引领性,是我国发展思路、发展方向、发展着力点的集中体现,是管全局、管根本、管长远的导向,必须贯穿发展全过程和各领域。党中央对深圳改革开放、创新发展寄予厚望。深圳要肩负起新时代党中央赋予的历史使命,建设好中国特色社会主义先行示范区,创建社会主义现代化强国的城市范例,就要提高贯彻落实新发展理念能力和水平,紧紧扭住新发展理念推动发展。

当前,世界百年未有之大变局加速演进,国际经济、科技、文化、安全、政治等格局都在发生深刻调整。我国正处于实现中华民族伟大复兴的关键时期,经济已由高速增长阶段转向高质量发展阶段,正在形成以国内大循环为主体、国内国际双循环相互促进的新发展格局,实现高质量发展还有许多短板弱项,经济特区发展也面临着一些困难和挑战。只有辩证认识和把握国内外大势,从我国进入新发展阶段大局出发,落实新发展理念,紧扣推动高质量发展、构建新发展格局,增强机遇意识和风险意识,准确识变、科学应变、主动求变,在危机中育先机、于变局中开新局,才能把经济特区办得更好、办得水平更高,在全国一盘棋中更好发挥经济特区辐射带动作用,为全面建设社会主义现代化国家、实现第二个百年奋斗目标作出新的更大的贡献。

新形势需要新担当、呼唤新作为。新时代经济特区建设要坚定不移贯彻落实以习近平同志为核心的党中央决策部署,把思想和行动统一到新发展理念上来。要坚持供给侧结构性改革这条主线,使生产、分配、流通、消费更多依托国内市场,提升供给体系对国内需求的适配性,以高质量供给满足日益升级的国内市场需求。要坚定不移实施创新驱动发展战略,培育新动能,提升新势能,建设具有全球影响力的科技和产业创新高地,围绕产业链部署创新链、围绕创新链布局产业链,前瞻布局战略性新兴产业,培育发展未来产业,发展数字经济,加大基础研究和应用基础研究投入力度,主动融入全球创新网络。要大力发展现代服务业,提升服务业发展能级和竞争力。要实施更加开放的人才政策,聚天下英才而用之。要抓住粤港澳大湾区建设重大历史机遇积极作为,推动三地经济运行的规则衔接、机制对接,提升市场一体化水平,继续鼓励引导港澳台同胞和海外侨胞充分发挥投资兴业、双向开放的重要作用,在经济特区发展中作出新贡献。

40年来,经济特区在建设中国特色社会主义伟大历史进程中谱写了勇立潮头、开拓进取的壮丽篇章。在新的起点上,经济特区不忘初心、牢记使命,锚定新的方位,把握好新的战略定位,大力提升发展质量和效益,增强经济竞争力、创新力、抗风险能力,实现高质量发展,就一定能在全面建设社会主义现代化国家新征程上创造新的更大奇迹。

资料来源:《人民日报》评论员:《坚定不移贯彻新发展理念——论学习贯彻习近平总书记在深圳经济特区建立40周年庆祝大会上重要讲话》,《人民日报》,2020年10月16日第2版。

材料 4：努力续写更多"春天的故事"——论学习贯彻习近平总书记在深圳经济特区建立 40 周年庆祝大会上重要讲话

四十载波澜壮阔，新征程催人奋进。习近平总书记在深圳经济特区建立 40 周年庆祝大会上深刻指出，经济特区的沧桑巨变是一代又一代特区建设者拼搏奋斗干出来的，在新起点上，经济特区广大干部群众要坚定不移贯彻落实党中央决策部署，永葆"闯"的精神、"创"的劲头、"干"的作风，努力续写更多"春天的故事"，努力创造让世界刮目相看的新的更大奇迹！

"凡是过往，皆为序章。"深圳等经济特区在 40 年改革开放实践中创造了伟大奇迹，奋进新时代、开启新征程，摆在广大干部群众面前的使命更光荣、任务更艰巨、挑战更严峻、工作更伟大。必须准确把握大势，胸怀两个大局，增强机遇意识和风险意识，善于在危机中育先机、于变局中开新局，抓住机遇，应对挑战，勇立潮头，奋勇搏击。经济特区要致力于为全面建设社会主义现代化国家、实现第二个百年奋斗目标作出新的更大的贡献，特别是深圳要肩负起新时代党中央赋予的历史使命，以一往无前的奋斗姿态、风雨无阻的精神状态，将改革开放进行到底，不辱使命、不负重托。

永葆"闯"的精神，就要保持越是艰险越向前的刚健勇毅。40 年来，深圳正是凭着那么一股子气与劲，以思想破冰引领改革突围，不仅实现了由一座落后的边陲小镇到具有全球影响力的国际化大都市的历史性跨越，更推动改革开放的大潮席卷神州大地。今天，改革又到了一个新的历史关头，很多都是前所未有的新问题，推进改革的复杂程度、敏感程度、艰巨程度不亚于 40 年前。深圳等经济特区要勇于扛起时代赋予的重任，弘扬以爱国主义为核心的民族精神和以改革创新为核心的时代精神，继续发扬敢闯敢试、敢为人先、埋头苦干的特区精神，激励干部群众勇当新时代的"拓荒牛"，继续为全国改革开放探路开路。

永葆"创"的劲头，就要把开拓创新大胆创造作为一种常态。习近平总书记强调："改革，最本质的要求就是创新。"40 年来，深圳等经济特区一系列思想上、实践上的探索与创新，极大解放了社会生产力，引领全国改革开放风气之先。在新时代的伟大征程上，只有敢于走别人没有走过的路，才能收获别样的风景。新形势下，坚持和发展中国特色社会主义仍然有许多重大课题需要探索实践，有许多新的领域需要开拓创新。当前，改革在很多领域突入了"无人区"，要尊重人民群众首创精神，不断汲取创新创造活力，在实践中求真知，在探索中找规律，不断形成新经验、深化新认识、贡献新方案。

永葆"干"的作风,就要崇尚实干,有钉钉子精神。经济特区要坚定舍我其谁的信念、勇当尖兵的决心,保持爬坡过坎的压力感、奋勇向前的使命感、干事创业的责任感,积极培育崇尚实干的环境,务实求变、务实求新、务实求进,为实干者撑腰,为干事者鼓劲,以昂扬的精神状态推动改革不停顿、开放不止步。要建立健全激励机制,推动形成能者上、优者奖、庸者下、劣者汰的正确导向,为改革者负责、为担当者担当,激发党员、干部干事创业的热情和劲头。广大党员、干部要坚定理想信念、更新知识观念、掌握过硬本领,自觉站在党和国家大局上想问题、办事情,抓铁有痕、踏石留印,稳扎稳打向前走,过了一山再登一峰,跨过一沟再越一壑,不断通过化解难题开创工作新局面。

我们正处在大有可为的新时代,深圳等经济特区正站在新的历史起点上。更加紧密地团结在以习近平同志为核心的党中央周围,进一步解放思想、大胆创新、真抓实干、奋发进取,经济特区就一定能在坚定不移走改革开放道路、奋发有为推进社会主义现代化建设、锲而不舍实现中华民族伟大复兴中国梦的伟大征程上创造新的更大辉煌。

资料来源:《人民日报》评论员:《努力续写更多"春天的故事"——论学习贯彻习近平总书记在深圳经济特区建立四十周年庆祝大会上重要讲话》,《人民日报》,2020年10月19日第1版。

(三)请结合本章所学知识和下列材料,简要分析新时代推进"一带一路"建设的意义及影响

材料1:一带一路倡议源自中国、属于世界

广泛参与的国际合作平台,广受欢迎的全球公共产品,共建"一带一路"倡议提出近6年来成绩斐然、硕果累累。

在第二届"一带一路"国际合作高峰论坛举行前夕,《共建"一带一路"倡议:进展、贡献与展望》报告(2019年4月)22日发表。报告用大量的事实和详实的数据,从政策沟通、设施联通、贸易畅通、资金融通、民心相通、产业合作6个方面阐述了共建"一带一路"近6年来的重要进展,从共商、共建、共享、愿景4个方面客观陈述了共建"一带一路"倡议为推动全球治理体系变革和经济全球化作出的中国贡献,从和平之路、繁荣之路、开放之路、绿色之路、创新之路、文明之路、廉洁之路7个方面展望了共建"一带一路"的美好未来。报告向世人展示了一幅在双赢、多赢、共赢中造福各国人民的美好画卷,揭示了共建"一带一路"、开创美好未来的发展前景。

"譬道之在天下,犹川谷之于江海"。2013年9月和10月,习近平主席先后提出共建"丝绸之路经济带"和"21世纪海上丝绸之路"的重大倡议。近6年来,这一重大倡议全球瞩目、应者云集,在广袤大陆上落地生根,在浩瀚海洋中乘风破浪。2013年至2018年,中国与沿线国家货物贸易进出口总额超过6万亿美元,中国企业对沿线国家直接投资超过900亿美元,在沿线国家完成对外承包工程营业额超过4 000亿美元。2017年召开的首届"一带一路"国际合作高峰论坛形成的279项具体成果已全部得到落实。近6年来,共建"一带一路"坚持打造共商国际化平台与载体、强化多边机制在共商中的作用、建立"二轨"对话机制,坚持打造共建合作的融资平台、积极开展第三方市场合作,致力将发展成果惠及沿线国家、改善沿线国家民生、促进科技创新成果向沿线国家转移、推动绿色发展。实践充分表明,共建"一带一路"不仅是经济合作,而且为推进经济全球化健康发展开辟了重要途径,为全球治理体系变革提供了中国方案,成为推动构建人类命运共同体的重要实践平台。

共建"一带一路"倡议源自中国,更属于世界;根植于历史,更面向未来;重点面向亚欧非大陆,更向所有伙伴开放。实践充分证明,共建"一带一路"跨越不同地域、不同发展阶段、不同文明,是和平发展、经济合作倡议,不是搞地缘政治联盟或军事同盟;是开放包容、共同发展进程,不是要关起门来搞小圈子或者"中国俱乐部";不以意识形态划界,不搞零和游戏,只要各国有意愿,都欢迎参与。共建"一带一路"倡议以共商共建共享为原则,以和平合作、开放包容、互学互鉴、互利共赢的丝路精神为指引,以政策沟通、设施联通、贸易畅通、资金融通、民心相通为重点,已经从理念转化为行动,从愿景转化为现实,成为开放包容的平台、各方共同打造的全球公共产品。

世界潮流浩浩荡荡。共建"一带一路"倡议顺应历史大潮,所体现的价值观和发展观符合全球构建人类命运共同体的内在要求,也符合沿线国家人民渴望共享发展机遇、创造美好生活的强烈愿望和热切期待。以第二届"一带一路"国际合作高峰论坛举行为契机,共同绘制好精谨细腻的"工笔画",向高质量高标准高水平发展,共建"一带一路"必将为建设持久和平、普遍安全、共同繁荣、开放包容、清洁美丽的世界,最终实现构建人类命运共同体的美好愿景作出更大贡献。

资料来源:《人民日报》评论员:《一带一路倡议源自中国 属于世界》,《人民日报》,2019年4月23日第3版。

材料 2：东风万里绘宏图——以习近平同志为核心的党中央推动共建"一带一路"纪实

一种理念之所以应者云集，是因为它引发了并肩偕行、逐梦未来的时代共鸣。

"我提出'一带一路'倡议，就是要实现共赢共享发展。"

2013 年秋，中国国家主席习近平统筹国内国际两个大局，着眼人类发展未来，提出共建"一带一路"重大合作理念，契合了人类追求幸福生活的美好愿景，开启了世界共同繁荣发展的崭新征程。

顺浩荡潮流，行天之大道。近 6 年来，共建"一带一路"已完成夯基垒台、立柱架梁，转入落地生根、开花结果的全面推进阶段，成为广受欢迎的国际公共产品，在历史时空中镌刻下深深的中国印记……

1. 东方风来——引领发展之路

（2019 年）3 月 23 日，意大利罗马，"永恒之城"见证重要时刻。

习近平主席 2019 年首次出访期间，中国同意大利签署关于共同推进"一带一路"建设的谅解备忘录。意大利也成为七国集团中首个签署这一合作文件的国家。

4 月 11 日，中国同加勒比地区的牙买加签署谅解备忘录。牙买加外交外贸部部长表示，共建"一带一路"将让两国关系跨入全新阶段。

至此，已有 126 个国家、29 个国际组织同中方签署合作文件，成为这个 21 世纪伟大工程广为接受、深得人心的实证。

时间是忠实的记录者。此时，距离习近平主席提出共同建设"丝绸之路经济带"与"21 世纪海上丝绸之路"重大倡议，还不到 6 年时间。《纽约时报》刊文说，"一带一路"项目的数量和规模令人吃惊，"远远超出了科幻作家的想象"。

一个发展中国家提出的倡议，为何能在短时间内掀起全球热潮，得到广泛期待和赞誉？世界各国媒体报道量不断攀升，知名智库组建专门团队，研究这个前所未有的课题。

"在'一带一路'建设国际合作框架内，各方秉持共商、共建、共享原则，携手应对世界经济面临的挑战，开创发展新机遇，谋求发展新动力，拓展发展新空间，实现优势互补、互利共赢，不断朝着人类命运共同体方向迈进。这是我提出这一倡议的初衷，也是希望通过这一倡议实现的最高目标。"习近平主席给出了中国答案。

共建"一带一路"倡议的提出,源于习近平主席对世界形势的观察和思考。

在各国彼此依存、全球性挑战此起彼伏的今天,仅凭单个国家的力量难以独善其身,也无法解决世界面临的问题。世界经济增长需要新动力,发展需要更加普惠平衡,贫富差距鸿沟有待弥合……

根植历史,面向未来。和平合作、开放包容、互学互鉴、互利共赢——习近平主席以共建"一带一路"倡议唤起了沿线国家的共同历史记忆,赋予古丝绸之路精神全新的时代内涵。

"历史上从来没有谁尝试通过一系列政策的实施,在经济领域将那么多国家和大洲连接起来。"世界知名未来学家奈斯比特夫妇所著的《世界新趋势》一书这样评价。

中国和意大利分处古丝绸之路两端。对于加入共建"一带一路",意大利总理孔特对到访的习近平主席表达了喜悦之情:我们很高兴抓住历史机遇,坚信这将有助于充分挖掘意中合作潜力。

中国主张,八方响应,背后是"倡议源于中国,但机会和成果属于世界"的理念和实践逻辑。

大者思远,能者任钜。近6年来,习近平主席亲自倡议、亲自部署、亲自谋划、亲自推动,引领共建"一带一路"不断走深走实,展现出中国的责任担当和独特智慧。

一个个关键节点,一项项顶层设计,共建"一带一路"的目标更加坚定,方向更加清晰。

从哈萨克斯坦到印度尼西亚,从雁栖湖边到西子湖畔,从世界经济论坛到日内瓦万国宫,从亚太经合组织领导人会议到二十国集团领导人峰会……利用多边国际场合,习近平主席亲力亲为,介绍共建"一带一路"成果,表达中国同各国共创发展机遇、共享发展成果的坚定信念,赢得广泛认同。

在白俄罗斯,专程考察中白工业园;在波兰,出席统一品牌中欧班列首达欧洲(波兰)仪式;在塞尔维亚,同河钢集团塞尔维亚斯梅代雷沃钢厂工人交流互动;在乌兹别克斯坦,出席"安格连—帕普"铁路隧道通车视频连线活动……近6年来,繁忙的出访行程中,习近平主席多次亲临项目现场,见证共建"一带一路"重大进展。

任重道远,行则必达。

近6年来,共建"一带一路"倡议从理念转化为行动,从愿景转变为现实:

"六廊六路多国多港"的合作格局基本成型,一大批互联互通项目成功落地,中欧班列、陆海新通道等大通道建设成效显著,跨国经济走廊合作日益深化,铁路、港口、公路、管网等基础设施项目合作稳步推进,经贸合作园区建设不断取得积极进展。

俄罗斯提出的欧亚经济联盟、蒙古国"发展之路"、哈萨克斯坦"光明之路"、波兰"琥珀之路"、英国"英格兰北方经济中心"……多个发展战略同"一带一路"牵手,展现出更加光明的合作前景。

桃李不言,下自成蹊。近6年来,共建"一带一路"朋友圈持续扩大,有关合作理念和主张写入了联合国、二十国集团、亚太经合组织、上海合作组织等重要国际机制的成果文件。"一带一路"的国际影响力、合作吸引力不断释放。

英国牛津大学历史学教授彼得·弗兰科潘撰写的新书《新丝绸之路》认为,中国扮演了全球重组"催化剂"角色。古今对比,现在是"条条大路通北京"。

这是和平之路、繁荣之路、开放之路、创新之路、文明之路。连接历史与现实,承载追求与梦想,共建"一带一路"的东风愈加强劲。

2. 百川汇海——共商共建共享

(2019年)4月8日,随着一列列车缓缓驶出车站,由中国企业承建的南部铁路延长线一期项目正式通车,一举打破了这个印度洋岛国71年没有新建铁路的历史。

这是中斯在共建"一带一路"框架下的首个铁路工程。随着南部铁路逐渐延伸,斯里兰卡南部将形成陆、海、空"三位一体"的运输格局,对当地经济发展发挥重要促进作用。

几年来,这样的场景不断展现:在马尔代夫,第一座跨海大桥连通岛屿;在黑山共和国,第一条高速公路穿越群山;在白俄罗斯,第一次发展起了轿车制造业;在哈萨克斯坦,这个内陆国拥有出海口的"想象"变为现实……

曾经难以企及,一朝梦想成真。背后的推动力在哪里?

习近平主席深刻揭示问题本质:发展是解决一切问题的总钥匙。"唯有发展,才能消除冲突的根源。唯有发展,才能保障人民的基本权利。唯有发展,才能满足人民对美好生活的热切向往。"

"'一带一路'建设承载着我们对共同发展的追求,将帮助各国打破发展瓶颈,缩小发展差距,共享发展成果,打造甘苦与共、命运相连的发展共同体。"在首届"一带一路"国际合作高峰论坛上,习近平主席向各方伸出合作之手。

此时,国际金融危机后,寻找新增长点、开启新的经济增长周期,成为国际社会面临的共同任务。

聚焦发展这个根本性问题,共建"一带一路"释放各国发展潜力,实现了经济大融合、发展大联动、成果大共享。

"注意实施雪中送炭、急对方之所急、能够让当地老百姓受益的民生工程""'一带一路'建设不是空洞的口号,而是看得见、摸得着的实际举措,将给地区国家带来实实在在的利益。"习近平主席的话语,体现了大国领袖的人民情怀,也彰显了共建"一带一路"倡议的人文价值。

涓涓细流汇成大海,点点星光映照银河。

2018年11月开始,阿富汗的松子"坐上"包机出口中国,给当地民众"换来"新居;马达加斯加首都郊区公路项目,将解决当地居民的鸡蛋运输难题,被称作"鸡蛋路";中国在孟加拉国投资开设的制帽工厂,为当地村庄摘掉了贫穷的"帽子"……

共建"一带一路"框架下,一项项实实在在的成果,造福的是当地百姓,解决的是经济难题。一个个生动的发展故事,诠释了中国倡议的深邃内涵,显示出东方大国怀柔远人、和谐万邦的世界胸怀。

这组数字,涉及千千万万个家庭的生活——

在德国杜伊斯堡,中欧班列仅在物流领域就创造了超过6 000个就业岗位;中国企业接管经营希腊比雷埃夫斯港后,项目为当地间接创造就业岗位1万多个;被称为"世纪工程"的蒙内铁路建成通车,累计为当地创造了近5万个工作岗位,拉动经济增长1.5个百分点。

长久以来,在经济全球化大潮中,许多发展中国家和欠发达国家成为"被遗忘的角落"。相隔遥远的国度,不同肤色的人民,因为中国倡议带来的机遇重燃梦想。

拉美社报道,习近平主席提出的"一带一路"倡议犹如一辆全新的有轨电车,以合作的方式真诚邀请世界各国"上车"。

贸易保护主义抬头的今天,中国不后退、不停步,继续推进全球化进程,向世界传递出坚定信心和决心。

共建"一带一路"框架下合作的广度和深度不断加大。"数字丝绸之路""冰上丝绸之路""空中丝绸之路"等一条条新型纽带多元联动。一大批发展中国家进入工业化加速阶段,以大数据、跨境电商、绿色发展为代表的新产业、新业态发展需求不断释放,催生巨大合作潜力。

世界银行等国际机构最新研究表明,"一带一路"合作将使全球贸易成本降低1.1%~2.2%,推动中国—中亚—西亚经济走廊上的贸易成本降低10.2%,还将促进2019年全球经济增速至少提高0.1%。

近6年来,推动共建"一带一路"的一个个瞬间,彰显中国的诚意与担当——

倡议成立亚洲基础设施投资银行、设立丝路基金;对外发布《推动共建丝绸之路经济带和21世纪海上丝绸之路的愿景与行动》;同有关各方共同制定《"一带一路"融资指导原则》;推动建设科技、环保、新闻等领域综合性服务平台……

"不是中国一家的独奏,而是沿线国家的合唱""追求的是百花齐放的大利,不是一枝独秀的小利""不是要营造自己的后花园,而是要建设各国共享的百花园"……

博大胸怀、开放风范,是推进世界上最大规模合作平台的应有之义。

政策沟通更有力、设施联通更高效、贸易更畅通、资金更融通、民心更相通……走过不平凡的发展历程,共建"一带一路"取得显著成效,越来越多国家、国际组织和企业及个人纷纷投出信任票、赞成票。

外媒评价:中国提出共建"一带一路",实际上是在为经济全球化"铺路架桥"。

凡益之道,与时偕行。

联合国秘书长古特雷斯说,期待"一带一路"倡议与联合国2030年可持续发展议程携手,造福世界。

"全球化"概念首倡者之一、英国社科院院士马丁·阿尔布劳表示,"一带一路"显然与全球经济一体化息息相关,通过扩大共同利益,密切彼此联系,是中国助推世界经济发展的良好途径。

任何新生事物的发展,都有"成长的烦恼"。

伴随共建"一带一路"向前推进,难免出现一些误解、误判。"地缘政治论""债务陷阱论""不透明论""破坏环境论"等相伴而生。

"中国不打地缘博弈小算盘,不搞封闭排他小圈子,不做凌驾于人的强买强卖";

"'一带一路'建设不是另起炉灶、推倒重来,而是实现战略对接、优势互补";

"要坚持正确义利观,以义为先、义利并举,不急功近利,不搞短期行为";

"各国都是平等的参与者、贡献者、受益者";

……

习近平主席澄清事实、解疑释惑,真诚表明中国态度。海外一些有识之士说,事实充分证明,共建"一带一路"不是债务的"陷阱",而是惠民的"馅饼";不是地缘政治工具,而是共同发展机遇。

秉持"共商共建共享"的黄金法则,共建"一带一路"不断寻求各国合作的"最大公约数",必将为世界繁荣发展作出更大贡献。

3. 乘风扬帆——勇立时代潮头

北京雁栖湖,再次吸引世界目光。

(2019年)4月25日至27日,第二届"一带一路"国际合作高峰论坛举行。习近平主席将同各方领导人齐聚燕山脚下,总结经验、规划未来、凝聚共识,推动"一带一路"国际合作迈向高质量发展。

两年前,首届高峰论坛达成270多项具体成果,汇聚起共建"一带一路"的前进力量。

在第二届高峰论坛召开之际,转入高质量发展阶段的共建"一带一路",迎来了更大发展机遇,寄托着各方更高期待。

推进共建"一带一路",为开放发展注入新动力——

2019年3月,十三届全国人大二次会议上,《中华人民共和国外商投资法》通过。

这个外媒所称的"根本性变革",表明中国将继续大幅放宽市场准入,优化营商环境,加强知识产权保护,打造高水平对外开放新格局。

推进共建"一带一路",是新形势下扩大全方位开放的重要举措,与改革开放相辅相成、相互促进,是同各方做大合作蛋糕、分享经济增长红利的郑重承诺。

联合国商务理事会前副主席约翰·艾伦认为,"一带一路"倡议是中国改革开放发展到成熟阶段的一次"华丽转身"。

在巴布亚新几内亚,习近平主席出席亚太经合组织工商领导人峰会并发表主旨演讲时宣示:共建"一带一路"是开放的合作平台,秉持的是共商共建共享的基本原则,是中国同世界共享机遇、共谋发展的阳光大道。

"逆全球化"上扬之时,中国没有选择关上大门,而是宣布大门"只会越开越大",彰显负责任的开放大国形象。

菲律宾众议长、前总统阿罗约表示,"一带一路"倡议赋予全球化新的内涵。中国已成为开放型世界经济和全球化的坚定捍卫者。

在博鳌亚洲论坛2018年年会开幕式发表的主旨演讲中,习近平主席郑重宣布一系列重大开放举措。短短几个月后,中国大幅放宽市场准入的措施接续落地:第一个合资银行卡清算机构、第一个外资控股证券公司、第一个外资控股保险公司……

首届中国国际进口博览会成功举办,释放出进一步开放合作的鲜明信号。距离第二届进博会还有200天时,已有900多家企业签约参展。

中国机遇,世界共享。国际货币基金组织总裁拉加德说:"中国正在建设通往未来之路。"

推进共建"一带一路",为全球治理提供新方案——

处于百年未有之大变局的世界,正面临治理赤字、信任赤字、和平赤字、发展赤字的严峻挑战。

"'一带一路'倡议丰富了国际经济合作理念和多边主义内涵,为促进世界经济增长、实现共同发展提供了重要途径。"

(2019年)3月26日,习近平主席在巴黎中法全球治理论坛闭幕式上发表讲话,阐明共建"一带一路"深层次内涵:中国同各国秉持共商共建共享理念,探索合作思路,创新合作模式,丰富了新形势下多边主义的实践。

"一带一路"倡议坦诚透明,受到赞誉:"不搞'一言堂'""由各国人民商量着办""不搞封闭排他小圈子"……

"欧方愿同中方加快合作步伐,为共同应对全球性挑战发挥积极作用。"欧盟委员会主席容克说,欧中合作可以在世界上做成大事。

法国总统马克龙说,中方提出的"一带一路"倡议意义重大,能够为世界和平、稳定、发展发挥重要作用。欧方可以以创新的方式对接欧盟发展战略和"一带一路"倡议,共同促进欧亚互联互通。

合作模式的创新,让共建"一带一路"框架下的"1+1+1>3"效果成为可能。"第三方市场合作"成为"一带一路"国际合作的高频词。

中国同法国签署第三方市场合作第三轮示范项目清单,启动第三方市场合作基金;希望同意大利共同推进能源、金融、基础设施建设等领域第三方市场合作;表达同德方扩大第三方合作的意愿……

2018年9月,中非合作论坛北京峰会举行。这是中非友好大家庭的一次大团圆。

中国是最大的发展中国家,非洲是发展中国家最集中的大陆,双方在新时代再次携手圆梦。"八大行动"是中非致力发展的新注脚。共建"一带一路"成为非洲大陆振兴发展的希望。

推进共建"一带一路",为人类谋划美好未来——

2013年至2018年,中国与"一带一路"沿线国家货物贸易总额超过6万亿美元,中国企业对"一带一路"沿线国家直接投资超过900亿美元。在沿线国家新签对外承包工程合同额超过6 000亿美元。

近6年来,共建"一带一路",已成为构建人类命运共同体的重要实践平台。

世界各国利益诉求千差万别,如何实现共商共享、和而不同、合作共赢?这是中国领导人反复思考后的答案:构建人类命运共同体,共建"一带一路"。

各国因融通而共荣,文明因交流而多彩。

泰国青年提帕拉梦想成真,获得到中国学习铁路技术的奖学金;埃塞俄比亚曾经的放牛娃特沃尔德加入亚吉铁路建设;斯洛伐克小伙孟飞钻研中医针灸,当上了中国岳父的"家庭医生"……众多个体的命运与共建"一带一路"同频共振。

不到6年时间,共建"一带一路"成果超出预期,植根亚欧大陆,一路拓展到非洲、拉美和加勒比地区、南太平洋地区,让距离不再遥远,让梦想紧密相连。

重要时刻,第二届"一带一路"国际合作高峰论坛拉开序幕,中国期待同各国相伴而行、携手并进,共同开创人类更加美好的未来。

资料来源:李忠发、孙奕、郑明达、王卓伦、郭宇靖:《东风万里绘宏图——以习近平同志为核心的党中央推动共建"一带一路"纪实》,《人民日报》,2019年4月26日第4版。

七、本章扩展材料

1. 推进"一带一路"建设工作领导小组办公室:《共建"一带一路"倡议:进展、贡献与展望》,新华网,2019年4月22日。

2. 中共中央、国务院:《关于新时代推进西部大开发形成新格局的指导意见》,《人民日报》,2020年5月18日第1、第6版。

3. 习近平:《在经济社会领域专家座谈会上的讲话》,《人民日报》,2020年8月25日第2版。

4. 姜微、赵超、姜琳、刘红霞、于佳欣、周蕊、王雨萧:《海纳百川共扬帆——党的十九大以来以习近平同志为核心的党中央引领中国高水平对外开放纪实》,新华网,2020年11月3日。

5.《中共中央关于制定国民经济和社会发展第十四个五年规划和二〇三五年远景目标的建议》,中国政府网,2020年11月3日。

6. 裴长洪、刘斌:《中国开放型经济学:构建阐释中国开放成就的经济理论》,《中国社会科学》2020年第2期。

7. 习近平:《在深圳经济特区建立40周年庆祝大会上的讲话》,2020年10月14日。

8. 中共中央、国务院:《海南自由贸易港建设总体方案》,2020年6月1日。

9. 中共中央办公厅、国务院办公厅:《深圳建设中国特色社会主义先行示范区综合改革试点实施方案(2020—2025年)》,中国政府网,2020年10月11日。

10. 中共中央、国务院:《关于支持浦东新区高水平改革开放打造社会主义现代化建设引领区的意见》,2021年4月23日。

第十五章 中国经济对世界经济的影响

一、本章内容摘要

1. 随着中国综合国力和国际竞争力不断提高,中国与世界经济的关系发生了历史性变化。中国经济成为世界经济的重要组成部分,中国的经济发展有力地促进了世界经济增长。中国对全球经济治理的贡献不断提升,并成为世界经济开放性的坚定维护者。

2. 中国成功地走出一条与本国国情和时代特征相适应的发展道路。中国发展道路就是中国特色社会主义道路。中国发展道路把坚持马克思主义基本原理同推进马克思主义中国化结合起来,把社会主义基本制度同发展市场经济结合起来,丰富了人类对于社会发展规律和道路的认识。中国发展道路产生了深远影响,日益受到国际社会的广泛关注。

3. 构建人类命运共同体的倡议,日益得到国际社会的普遍认同。构建人类命运共同体,正在成为建设持久和平、普遍安全、共同繁荣、开放包容、清洁美丽世界的共同愿景。

二、本章基本概念

中国制造、人类发展指数、中国发展道路、人类命运共同体

三、本章重点和难点剖析

（一）中国经济与世界经济关系出现历史性变化的主要表现

1. 中国经济成为世界经济的重要组成部分

（1）中国经济总量和人均水平居世界的位次明显提升

1978年,中国GDP占世界的比重只有1.8%,居世界第11位。改革开放以来,随着中国经济持续快速发展,中国经济总量占世界的比重不断提高。2010年,中国GDP达5.88万亿美元,超过日本,跃居世界第2位,之后一直稳居世界第二位,占世界的比重继续逐年上升。2020年,中国GDP达14.7万亿美元,占世界总量的17%左右。随着中国国民经济持续快速增长,中国人均国民总收入水平也大幅提升,2020年达到10 610美元,相当于世界平均水平的96%,比1978年大幅提高了85.9个百分点。

(2) 中国制造和中国市场在世界经济中的地位日益凸显

改革开放极大地解放了生产力，促进了中国工农业生产迅猛增长，主要工农业产品产量在世界的位次明显提升。随着中国逐步成为制造业大国，以及经济快速发展带来的生活水平提高，中国对外贸易、引进外资和对外投资的国际地位不断提升。中国对外贸易和吸引外资的快速发展使得中国外汇储备规模不断扩大，充足的外汇储备既是中国对外经济贸易快速发展的体现和结果，同时也为中国发展对外经济贸易提供了重要条件和保障。

(3) 中国广泛参与国际经济合作

参与国际经济合作是中国对外开放的重要组成部分，有利于中国在更大范围、更广领域和更高层次上参与经济全球化进程，实现中国与世界各国的互利共赢和共同发展。通过积极参与国际经济合作，中国日益密切了与世界各国的经济联系和交往。

2. 中国经济发展有力地促进了世界经济增长

改革开放以来，中国经济总量和人均收入在世界的排名不断提高，中国对世界经济的贡献率也大幅提升，对世界经济增长的拉动作用日益明显。近年来中国经济稳定增长，成为全球经济增长的主要推动力，在世界经济稳步复苏的进程中，持续发挥着"压舱石"和"助推器"的作用。随着中国国内经济稳中向好、稳中有进的发展态势不断巩固，带动了对外贸易特别是进口贸易持续快速增长，中国作为世界贸易增长第一贡献国的地位不断得到巩固，从而为促进全球经济复苏和贸易增长作出了越来越大的贡献。

3. 中国对全球经济治理的贡献不断提升

改革开放以来，随着中国经济快速发展和实力增强，中国的综合国力和国际竞争力也稳步提升，中国对全球经济治理的贡献也不断增强。这突出表现在以下几个方面。

第一，中国在国际经济组织中的地位不断提升。随着中国经济贸易迅速发展和综合国力的增强，中国在国际货币基金组织、世界银行和世界贸易组织中的地位不断提高，影响力逐步扩大。

第二，中国在国际货币金融领域的话语权逐渐提升。2015年11月30日，国际货币基金组织正式宣布将人民币纳入SDR货币篮子。人民币加入SDR货币篮子，是IMF首次将一个发展中国家的货币作为国际储备货币，这一方面大大提升了人民币在国际货币舞台的地位，促进了人民币国际化，另一方面也有助于提升包括中国在内的新兴市场和发展中国家在国际货币金融领域的话语权,改变美、欧、日等发达国家和地区垄断国际货币金融体系的格局,促进国际货币金融体系改革朝着更加公平、公正、包容、有序的方向发展。

第三,积极探索全球经济治理新模式。中国提出的共建"一带一路"倡议,是对国际合作以及全球治理新模式的积极探索,受到国际社会广泛关注。"一带一路"已经成为中国开展更大范围、更高水平、更深层次的区域合作,推动建立一个包括欧亚非大陆在内的世界各国政治互信、经济融合、文化包容的利益共同体、命运共同体和责任共同体的重要抓手和平台。2015年,亚投行正式成立。亚投行是全球首个由中国倡议设立的多边金融机构,是一个政府间性质的亚洲区域多边开发机构,其创始成员为57个,其中域内成员37个,域外成员20个。①亚投行的建立不仅有利于亚洲地区的基础设施建设和经济发展,也在一定程度上有利于继续推动国际货币基金组织和世界银行等国际组织的进一步改革,有助于提高包括中国在内的新兴市场和发展中国家在国际金融体系中的话语权。

4. 中国成为世界经济开放合作的坚定维护者

2008年国际金融危机爆发后,全球经济复苏迟缓,国际贸易和投资增长乏力,收入与财富分配不均状况日益严重,导致逆全球化思潮和形形色色的贸易保护主义抬头,世界经济面临的不确定性和潜在风险不断增加。面对这种复杂多变的国际环境,中国在二十国集团领导人峰会、世界经济论坛、博鳌亚洲论坛、亚太经合组织领导人非正式会议、上海合作组织青岛峰会以及中国国际进口博览会等重要场合和平台,不断清晰传递出坚定支持经济全球化进程、维护世界经济开放性的声音,彰显了中国作为世界大国引领各国合作发展的责任和担当,提振了人们对世界经济未来发展的信心和希望。

(二)中国对全球经济治理的贡献不断增强的突出表现

第一,中国在国际经济组织中的地位不断提升。改革开放前,中国基本被排斥在主要的国际经济组织之外。改革开放后,中国分别于1980年4月和5月恢复了在国际货币基金组织和世界银行的合法席位,在2001年12月成为世界贸易组织的成员。随着中国经济贸易迅速发展和综合国力的增强,中国在国际货币基金组织、世界银行和世界贸易组织中的地位不断提高,影响力逐步扩大。

第二,中国在国际货币金融领域的话语权逐渐提升。2015年11月30日,

---

① 截至2021年年底,亚投行成员已扩大至103个。

国际货币基金组织正式宣布将人民币纳入SDR货币篮子,SDR货币篮子相应扩大至美元、欧元、人民币、日元、英镑五种货币,这五种货币在SDR货币篮子中的权重分别为41.73%、30.93%、10.92%、8.33%和8.09%。新的SDR货币篮子于2016年10月1日生效。人民币加入SDR货币篮子,是IMF首次将一个发展中国家的货币作为国际储备货币,这一方面大大提升了人民币在国际货币舞台的地位,促进了人民币国际化,另一方面也有助于提升包括中国在内的新兴市场和发展中国家在国际货币金融领域的话语权,改变美、欧、日等发达国家和地区垄断国际货币金融体系的格局,促进国际货币金融体系改革朝着更加公平、公正、包容、有序的方向发展。

第三,积极探索全球经济治理新模式。中国提出的共建"一带一路"倡议,是对国际合作以及全球治理新模式的积极探索,受到国际社会广泛关注。"一带一路"已经成为中国开展更大范围、更高水平、更深层次的区域合作,推动建立一个包括欧亚非大陆在内的世界各国政治互信、经济融合、文化包容的利益共同体、命运共同体和责任共同体的重要抓手和平台。2015年,亚投行正式成立。亚投行是全球首个由中国倡议设立的多边金融机构,是一个政府间性质的亚洲区域多边开发机构,其创始成员为57个,其中域内成员37个,域外成员20个。亚投行重点支持能源、交通、农村发展、城市发展和物流等基础设施建设,旨在促进亚洲区域基础设施的互联互通和经济合作。实际上,亚投行的建立不仅有利于亚洲地区的基础设施建设和经济发展,也在一定程度上有利于继续推动国际货币基金组织和世界银行等国际组织的进一步改革,有助于提高包括中国在内的新兴市场和发展中国家在国际金融体系中的话语权。

(三)中国发展道路的内涵及取得的重大成就

中国发展道路就是中国特色社会主义道路。中国特色社会主义道路,就是在中国共产党领导下,立足基本国情,以经济建设为中心,坚持四项基本原则,坚持改革开放,解放和发展社会生产力,建设社会主义市场经济、社会主义民主政治、社会主义先进文化、社会主义和谐社会、社会主义生态文明,促进人的全面发展,逐步实现全体人民共同富裕,建设富强民主文明和谐美丽的社会主义现代化国家。中国特色社会主义道路是实现社会主义现代化、创造人民美好生活的必由之路。

首先,中国发展道路是一条从本国国情出发确立的道路。中国立足自身的国情和实践,从中华文明中汲取智慧,博采东西方各家之长,坚守但不僵化,借鉴但不照搬,在不断探索中逐步形成了自己的发展道路。

其次,中国发展道路是一条把人民利益放在首位的道路。中国秉持以人民为中心的发展思想,把改善人民生活、增进人民福祉作为出发点和落脚点,在人民中寻找发展动力,依靠人民推动发展,使发展造福人民。

再次,中国发展道路是一条改革创新的道路。中国坚持通过改革破解前进中遇到的各种困难和挑战,敢于啃硬骨头、涉险滩,勇于破除妨碍发展的体制机制障碍,不断解放和发展社会生产力,不断解放和增强社会活力。

最后,中国发展道路是一条在开放中谋求共同发展的道路。中国坚持对外开放基本国策,奉行互利共赢的开放战略,不断提升发展的内外联动性,在实现自身发展的同时更多惠及其他国家和人民。

改革开放以来,中国成功地走出了一条与本国国情和时代特征相适应的发展道路。通过这条道路,中国逐步实现了从站起来、富起来到强起来的伟大飞跃,正努力把自己建设成富强、民主、文明、和谐、美丽的社会主义现代化强国,同时又以自身的发展不断为世界经济发展和人类文明进步作出新的更大贡献。

第一,中国发展道路坚持把马克思主义基本原理同推进马克思主义中国化相结合,坚持把社会主义基本制度同发展市场经济相结合,丰富了人类对于社会发展规律和道路的认识。

第二,中国的和平发展道路有利于促进世界和平。中国发展的过程同以往其他大国崛起的过程相比,最大的不同就是中国的发展是和平发展。

第三,中国开放的发展道路为世界经济发展作出了重大贡献。开放是中国发展的强大动力,同时中国的繁荣富强极大地推动了世界经济发展。

第四,中国合作、和谐、共赢的发展道路为世界发展提供了更多机遇。中国的发展离不开世界也惠及世界,中国的前途命运同世界的前途命运日益紧密地联系在一起,中国也为世界的发展带来更多的机遇。

第五,中国改革创新和有利于可持续发展的道路为世界经济发展开辟了广阔空间。改革创新和可持续是中国发展的有力保证。中国经济通过改革创新实现全面协调可持续发展,也为世界经济发展开辟了更加广阔的空间。

(四)推动人类命运共同体构建的路径选择

各国人民要同心协力,从政治和伙伴关系、安全格局、经济发展、文化和文明交流、生态建设五个方面共同推动构建人类命运共同体。

第一,在政治和伙伴关系方面,要坚持对话协商,建设一个持久和平的世界。

国与国之间要相互尊重、平等协商,坚决摒弃冷战思维和强权政治,走对话而不对抗、结伴而不结盟的国与国交往新路。建设一个持久和平的世界,根本要义在于国家之间要构建平等相待、互商互谅的伙伴关系。大国往往是决定战争与和平的关键因素,也对地区和世界和平与发展负有更大责任。大国要尊重彼此核心利益和重大关切,管控矛盾分歧,努力构建不冲突不对抗、相互尊重、合作共赢的新型关系。大国对小国要平等相待,不搞唯我独尊、恃强凌弱的霸道。国家间出现矛盾和分歧,要通过平等协商处理,以最大诚意和耐心,坚持对话解决分歧。要秉持和平、主权、普惠、共治原则,把深海、极地、外空、互联网等领域打造成各方合作的新疆域,而不是相互博弈的竞技场。只有各国都走和平发展道路,各国才能共同发展,国与国才能和平相处。

第二,在安全格局方面,要坚持共建共享,建设一个普遍安全的世界。当前,国际安全形势动荡复杂,传统安全威胁和非传统安全威胁相互交织,安全问题的内涵和外延都在进一步拓展,同时人类越来越利益交融、安危与共。在这种新形势下,冷战思维、军事同盟、追求自身绝对安全等老一套做法已经行不通了,各方应树立共同、综合、合作、可持续的新安全观。要坚持以对话解决争端、以协商化解分歧,统筹应对传统和非传统安全威胁,反对一切形式的恐怖主义。国家不论大小、强弱、贫富以及历史文化传统、社会制度存在多大差异,都要尊重和照顾其合理安全关切。要恪守尊重主权、独立和领土完整、互不干涉内政等国际关系基本准则,统筹维护传统和非传统安全。各国都有平等参与地区安全事务的权利,也都有维护地区安全的责任,要以对话协商、互利合作的方式解决安全难题。

第三,在经济发展方面,要坚持合作共赢,建设一个共同繁荣的世界。各国要同舟共济,促进贸易和投资自由化便利化,推动经济全球化朝着更加开放、包容、普惠、平衡、共赢的方向发展。发展是第一要务,适用于各国,而人类命运共同体追求的是共同发展。要增强各国发展能力,发展归根到底要靠本国自身努力,各国要根据自身禀赋特点,制定适合本国国情的发展战略。要改善国际发展环境,各国要共同维护国际和平,以和平促进发展,以发展巩固和平。要抓住新一轮科技革命和产业变革的历史性机遇,转变经济发展方式,坚持创新驱动,进一步发展社会生产力、释放社会创造力。要创造良好外部制度环境,加强全球经济治理,健全发展协调机制,各国特别是主要经济体要加强宏观经济政策协调。要维护世界贸易组织规则,支持开放、透明、包容、非歧视性的多边贸易体制,推动建设开放型世界经济。要优化发展伙伴关系,最大限度解决南北之间数字鸿沟和地区内部发展失衡、公平赤字等问题,让发展成果更多惠及全体人民,为世界经济全面可持续增长提供新动力。

第四,在文化和文明交流方面,要坚持交流互鉴,建设一个开放包容的世界。要尊重世界文明多样性,以文明交流超越文明隔阂、文明互鉴超越文明冲突、文明共存超越文明优越。人类文明多样性是世界的基本特征,也是人类进步的源泉,多样带来交流,交流孕育融合,融合产生进步。不同文明凝聚着不同民族的智慧和贡献,没有高低之别,更无优劣之分。文明差异不应该成为世界冲突的根源,而应该成为人类文明进步的动力。要促进和而不同、兼收并蓄的文明交流对话,在竞争比较中取长补短,在交流互鉴中共同发展,使文明交流互鉴成为增进各国人民友谊的桥梁、推动人类社会进步的动力、维护世界和平的纽带。

第五,在生态建设方面,要坚持绿色低碳,建设一个清洁美丽的世界。要坚持环境友好,合作应对气候变化,保护好人类赖以生存的地球家园。人类可以利用自然、改造自然,但归根结底是自然的一部分,必须呵护自然,不能凌驾于自然之上。建设生态文明关乎人类未来。要解决好工业文明带来的矛盾,以人与自然和谐相处为目标,实现世界的可持续发展和人的全面发展。要牢固树立尊重自然、顺应自然、保护自然的意识,绿水青山就是金山银山。要坚持走绿色、低碳、循环、可持续发展之路,平衡推进《2030年可持续发展议程》,采取行动应对气候变化等新挑战,不断开拓生产发展、生活富裕、生态良好的文明发展道路,构筑尊崇自然、绿色发展的全球生态体系。

四、本章课后思考题及答案提示

1. 试述中国与世界经济关系发生历史性变化的主要表现。

(1)中国经济成为世界经济的重要组成部分

第一,中国经济总量和人均水平居世界的位次明显提升。

第二,中国制造和中国市场在世界经济中的地位日益凸显。

第三,中国广泛参与国际经济合作。

(2)中国经济发展有力地促进了世界经济增长

改革开放以来,中国经济总量和人均收入在世界的排名不断提高,中国对世界经济的贡献率也大幅提升,对世界经济增长的拉动作用日益明显,为促进全球经济复苏和贸易增长作出了越来越大的贡献。

（3）中国对全球经济治理的贡献不断提升

改革开放以来,随着中国经济快速发展和实力增强,中国的综合国力和国际竞争力也稳步提升,中国对全球经济治理的贡献也不断增强。这突出表现在以下几个方面。

第一,中国在国际经济组织中的地位不断提升。

第二,中国在国际货币金融领域的话语权逐渐提升。

第三,积极探索全球经济治理新模式。

（4）中国成为世界经济开放合作的坚定维护者

2008年国际金融危机爆发后,全球经济复苏迟缓,国际贸易和投资增长乏力,收入与财富分配不均状况日益严重,导致逆全球化思潮和形形色色的贸易保护主义抬头,世界经济面临的不确定性和潜在风险不断增加。面对这种复杂多变的国际环境,中国在二十国集团领导人峰会、世界经济论坛、博鳌亚洲论坛、亚太经合组织领导人非正式会议、上海合作组织青岛峰会以及中国国际进口博览会等重要场合和平台,不断清晰传递出坚定支持经济全球化进程、维护世界经济开放性的声音,彰显了中国作为世界大国引领各国合作发展的责任和担当,提振了人们对世界经济未来发展的信心和希望。

2. 试述中国发展道路的具体内涵及其影响。

中国发展道路就是中国特色社会主义道路。

首先,中国发展道路是一条从本国国情出发确立的道路。

其次,中国发展道路是一条把人民利益放在首位的道路。

再次,中国发展道路是一条改革创新的道路。

最后,中国发展道路是一条在开放中谋求共同发展的道路。

改革开放以来,中国成功地走出了一条与本国国情和时代特征相适应的发展道路。通过这条道路,中国逐步实现了从站起来、富起来到强起来的伟大飞跃,正努力把自己建设成富强、民主、文明、和谐、美丽的社会主义现代化强国,同时又以自身的发展不断为世界经济发展和人类文明进步作出新的更大贡献。

第一,中国发展道路坚持把马克思主义基本原理同推进马克思主义中国化相结合,坚持把社会主义基本制度同发展市场经济相结合,丰富了人类对于社会发展规律和道路的认识。

第二,中国的和平发展道路有利于促进世界和平。

第三,中国开放的发展道路为世界经济发展作出了重大贡献。

第四,中国合作、和谐、共赢的发展道路为世界发展提供了更多机遇。

第五,中国改革创新和有利于可持续发展的道路为世界经济发展开辟了广阔空间。

3. 简述中国对全球经济治理贡献的主要表现。

第一,中国在国际经济组织中的地位不断提升。随着中国经济贸易迅速发展和综合国力的增强,中国在国际货币基金组织、世界银行和世界贸易组织中的地位不断提高,影响力逐步扩大。

第二,中国在国际货币金融领域的话语权逐渐提升。2015年11月30日,国际货币基金组织正式宣布将人民币纳入SDR货币篮子。人民币加入SDR货币篮子,是IMF首次将一个发展中国家的货币作为国际储备货币,这一方面大大提升了人民币在国际货币舞台的地位,促进了人民币国际化,另一方面也有助于提升包括中国在内的新兴市场和发展中国家在国际货币金融领域的话语权,改变美、欧、日等发达国家和地区垄断国际货币金融体系的格局,促进国际货币金融体系改革朝着更加公平、公正、包容、有序的方向发展。

第三,积极探索全球经济治理新模式。中国提出的共建"一带一路"倡议,是对国际合作以及全球治理新模式的积极探索,受到国际社会广泛关注。"一带一路"已经成为中国开展更大范围、更高水平、更深层次的区域合作,推动建立一个包括欧亚非大陆在内的世界各国政治互信、经济融合、文化包容的利益共同体、命运共同体和责任共同体的重要抓手和平台。2015年,亚投行正式成立。亚投行是全球首个由中国倡议设立的多边金融机构,是一个政府间性质的亚洲区域多边开发机构,其创始成员为57个,其中域内成员37个,域外成员20个。亚投行的建立不仅有利于亚洲地区的基础设施建设和经济发展,也在一定程度上有利于继续推动国际货币基金组织和世界银行等国际组织的进一步改革,有助于提高包括中国在内的新兴市场和发展中国家在国际金融体系中的话语权。

4. 简述推动构建人类命运共同体的路径选择。

第一,在政治和伙伴关系方面,要坚持对话协商,建设一个持久和平的世界。

第二,在安全格局方面,要坚持共建共享,建设一个普遍安全的世界。

第三,在经济发展方面,要坚持合作共赢,建设一个共同繁荣的世界。

第四,在文化和文明交流方面,要坚持交流互鉴,建设一个开放包容的世界。

第五,在生态建设方面,要坚持绿色低碳,建设一个清洁美丽的世界。

五、本章测试题

（一）判断题

1. 中国不断扩大对外开放,不仅发展了自己,也造福了世界。（　　）

2. 中国人民在中国共产党领导下,走出了一条适合中国国情的发展道路。中国发展道路对其他国家没有借鉴意义。（　　）

3. 中国所走的和平发展、和谐发展、科学发展之路,是与以往大国崛起道路完全相同的。（　　）

4. 中国特色社会主义制度和国家治理体系具有强大生命力和巨大优越性,其所具有的多方面显著优势是我们坚定中国特色社会主义道路自信、理论自信、制度自信、文化自信的基本依据。（　　）

5. 根据人类命运共同体倡议,世界命运应该由各国共同掌握,国际规则应该由各国共同书写,全球事务应该由各国共同治理,发展成果应该由各国共同分享。（　　）

（二）不定项选择题

1. 按市场汇率计算,2020年中国的国内生产总值居世界第（　　）位。

A. 1　　　　　　B. 2　　　　　　C. 3　　　　　　D. 5

2. 提出人类发展指数（Human Development Index,HDI）指标用以衡量各国经济社会发展水平和质量的是（　　）。

A. 联合国开发计划署　　　　　　B. 世界经济论坛
C. 世界知识产权组织　　　　　　D. 瑞士洛桑国际管理开发研究院

3. 构建人类命运共同体的目标和路径包括（　　）。

A. 建设一个持久和平的世界　　　　B. 建设一个普遍安全的世界
C. 建设一个共同繁荣的世界　　　　D. 建设一个开放包容的世界
E. 建设一个清洁美丽的世界

4. 中国发展的过程同以往其他大国崛起的过程相比,最大的不同是（　　）。

A. 中国是和平发展　　　　　　B. 中国是开放发展
C. 中国是改革发展　　　　　　D. 中国是可持续发展

5. 人民币于（　　）年正式纳入SDR货币篮子。

A. 2010　　　　　B. 2015　　　　　C. 2016　　　　　D. 2018

6. 中国发展道路的内涵和本质包括（　　）。
   A. 中国发展道路是一条从本国国情出发确立的道路
   B. 中国发展道路是一条把人民利益放在首位的道路
   C. 中国发展道路是一条改革创新的道路
   D. 中国发展道路是一条在开放中谋求共同发展的道路

7. 全球首个由中国倡议设立的多边金融机构是（　　）。
   A. 亚洲开发银行　　　　　　　　B. 世界银行
   C. 国际货币基金组织　　　　　　D. 亚洲基础设施投资银行

8. 改革开放以来，中国成功地走出了一条与本国国情和时代特征相适应的发展道路，逐步实现了从站起来、富起来到强起来的伟大飞跃，正努力把自己建设成（　　）的社会主义现代化强国。
   A. 富强　　　　　　　　　　　　B. 民主
   C. 文明　　　　　　　　　　　　D. 和谐
   E. 美丽

六、本章阅读材料及案例分析

请结合本章所学知识和下列材料，简要分析中国发展道路的影响及意义。

材料1：奋斗的史诗　复兴的伟力——热烈庆祝中华人民共和国成立七十周年

70年前的10月1日，第一面五星红旗冉冉升起，新生的人民共和国迎着朝阳出发，一路披荆斩棘，一路凯歌行进，把一个又一个胜利写在这片古老的土地上。

70年后，迎着又一个10月1日的晨曦，新长征路上的人民共和国，重整行装再出发。在新中国成立70周年的历史性时刻，近14亿中华儿女满怀喜悦和豪情，共庆人民共和国华诞，共享伟大祖国荣光！

时间是伟大的书写者，记录走过的足迹，写下历史的华章。新中国成立70年来，中国大地沧海桑田，我们伟大祖国的面貌、伟大人民的面貌、中华民族的面貌发生了前所未有的大变化。70年风雨兼程，70年砥砺奋进，中国共产党带领人民开启筚路蓝缕的创业征程，掀起气壮山河的建设浪潮，闯出波澜壮阔的改革之路，张开拥抱世界的开放胸怀，创造了世所罕见的经济快速发展奇迹和社会长期稳定奇迹。以党的十八大为标志，中国特色社会主义进入新时代，中华民族迎来了从站起来、富起来到强起来的伟大飞跃。今天,曾经温饱不足的人们,即将迈入全面小康;曾经一穷二白的中国,巍然屹立于世界东方;曾经积贫积弱的民族,迎来伟大复兴的光明前景。正如习近平总书记豪迈宣示的:"历史充分证明,中国共产党和中国人民不仅善于打破一个旧世界,而且善于建设一个新世界。展望未来,中国的发展前景无限美好。"

雄关漫道真如铁,人间正道是沧桑。70年来新中国的发展历程,充满着苦难和辉煌、曲折和胜利、付出和收获。习近平总书记高度评价:"无论是在中华民族历史上,还是在世界历史上,这都是一部感天动地的奋斗史诗。"

1949—2019,这一部感天动地的奋斗史诗,印证了中国共产党人的初心和使命。实现中华民族伟大复兴,是近代以来中华民族最伟大的梦想。中国共产党一经成立,就义无反顾肩负起"为中国人民谋幸福、为中华民族谋复兴"的历史使命。近百年来,无论是弱小还是强大,无论是顺境还是逆境,我们党都初心不改、矢志不渝,团结带领人民历经千难万险,付出巨大牺牲,敢于面对曲折,勇于修正错误,攻克了一个又一个看似不可攻克的难关,创造了一个又一个彪炳史册的人间奇迹。新中国70年巨变的根本原因,70年历史性变革的内在逻辑,就是中国共产党的领导。中国共产党领导是中国特色社会主义最本质的特征,是中国特色社会主义制度的最大优势。在前进道路上,这个立志于千秋伟业的人民政党,牢记初心使命、推进自我革命,始终是中国人民和中华民族的主心骨,始终是复兴征程上的坚强领导核心。

1949—2019,这一部感天动地的奋斗史诗,彰显了亿万人民的奋斗与豪情。"人民是共和国的坚实根基,人民是我们执政的最大底气。"亿万人胼手胝足的勤劳奋斗,成为一代又一代中国人的集体记忆;无数人奋勇向前的铿锵步履,汇成新中国70年发展壮大的雄浑乐章。今天,中国人民拥有的一切,都是拼搏奋斗干出来的,凝聚着追梦人的聪明才智,浸透着奋斗者的辛勤汗水。依靠人民的支持和信任,"与人民心心相印、与人民同甘共苦、与人民团结奋斗",我们书写了无愧于时代、无愧于人民、无愧于历史的业绩。有创造历史的激情,有实现梦想的能力,有续写奇迹的信心,亿万人民撸起袖子加油干,一定能把我们的人民共和国建设得更加繁荣富强。

1949—2019,这一部感天动地的奋斗史诗,铸就了中国特色社会主义的成功与辉煌。在新中国70年的持续探索中,特别是在改革开放40多年的伟大实践中,我们开创和发展了中国特色社会主义,从根本上改变了中国人民和中华民族的前途命运。治理中国这样一个大国不容易,但我们交出了一份优异的答卷。中国特色社会主义的巨大成功,用事实宣告了"历史终结论"的破产,宣告了各国最终都要以西方制度模式为归宿的单线式历史观的破产。70年来形成的中国特色社会主义制度和国家治理体系,显示出强大生命力和巨大优越性。今天,我们的道路越走越宽广、我们的理论不断发展、我们的制度日趋成熟、我们的文化持续繁荣。历史必将证明,中国特色社会主义,是一条引领中华民族走向伟大复兴的必由之路。

大道之行,天下为公。从一个积贫积弱的落后国家发展成为世界第二大经济体,中国靠的不是对外扩张和殖民掠夺,而是始终不渝走和平发展之路。70年来,中国专注于"把自己的事情办好",走出了一条现代化的新路。多年来中国对世界经济增长贡献率超过30%,已连续13年成为世界经济增长的"第一引擎",更以推动"一带一路"建设、构建人类命运共同体展现出一个大国担当、开放的胸怀。中国特色社会主义道路、理论、制度、文化不断发展,拓展了发展中国家走向现代化的途径,给世界上那些既希望加快发展又希望保持自身独立性的国家和民族提供了全新选择,为解决人类问题贡献了中国智慧和中国方案。世界命运握在各国人民手中,人类前途系于各国人民的抉择。中国人民愿同各国人民一道,推动人类命运共同体建设,共同创造人类的美好未来。

时代大潮滚滚向前,复兴伟力不可阻挡。当今世界正经历百年未有之大变局,实现中华民族伟大复兴正处于关键时期,我们正在进行具有许多新的历史特点的伟大斗争。展望未来,决胜全面小康、开启强国征程,中华民族伟大复兴绝不是轻轻松松、敲锣打鼓就能实现的。对历史最好的致敬,是书写新的历史;对未来最好的把握,就是开创更美好的未来。让我们更加紧密地团结在以习近平同志为核心的党中央周围,增强"四个意识"、坚定"四个自信"、做到"两个维护",万众一心、众志成城,在实现中华民族伟大复兴的新长征中创造新的更大奇迹!

祝福伟大祖国更加繁荣昌盛!

祝福中华民族昂首走向复兴!

资料来源:《人民日报》社评:《奋斗的史诗 复兴的伟力——热烈庆祝中华人民共和国成立七十周年》,《人民日报》,2019年10月1日第2版。

材料 2：奋斗创造人间奇迹——为庆祝新中国成立 70 周年而作（上）

1. 1949 年 10 月 1 日。北京，天安门。

毛泽东同志向全世界庄严宣告：中华人民共和国成立了！当第一面五星红旗冉冉升起，近代以来历经苦难斗争的中国人民，终于迎来中华民族浴火重生的曙光。

"一唱雄鸡天下白"。中华人民共和国的诞生，使亿万中国人民成了国家、社会和自己命运的主人，满怀豪情踏上了实现国家富强、民族振兴、人民幸福的伟大征程。

70 年，在人类发展史上不过弹指一挥间。但是，中国人民以 70 年不舍昼夜的奋斗，成就了波澜壮阔的东方传奇。新中国成立 70 年来，我们党领导人民创造了世所罕见的经济快速发展奇迹和社会长期稳定奇迹，中华民族迎来了从站起来、富起来到强起来的伟大飞跃。

历史，往往需要经过岁月的洗刷才能看得更清楚。2019 年 9 月 24 日，国庆大典前夕，中共中央政治局就"新中国国家制度和法律制度的形成和发展"举行第十七次集体学习。习近平总书记在主持学习时说："实践证明，我们党把马克思主义基本原理同中国具体实际结合起来，在古老的东方大国建立起保证亿万人民当家作主的新型国家制度，使中国特色社会主义制度成为具有显著优越性和强大生命力的制度，保障我国创造出经济快速发展、社会长期稳定的奇迹，也为发展中国家走向现代化提供了全新选择，为人类探索建设更好社会制度贡献了中国智慧和中国方案。"

站在时间的节点上，我们更加清晰地感到，新中国的 70 年，是一个古老民族赓续千年梦想、走向民族复兴的历史进程，也是一个国家带领全球近五分之一人口重新走向世界的时空进程。正如习近平总书记强调的，"无论是在中华民族历史上，还是在世界历史上，这都是一部感天动地的奋斗史诗"。

今天，天安门广场上的"红飘带"主题景观格外醒目，象征着中国共产党领导中国革命从胜利走向胜利的光辉历程。在红色基因连接着的历史、现实与未来之中，一个充满生机的中国，一个充满希望的中国，已经巍然屹立于世界的东方。

2. "劳动着，战斗着，创造着，从过去流来的海！劳动着，战斗着，创造着，向未来流去的海！"诗人如此歌颂 70 年前天安门广场上的那一场盛典，"时间开始了！"对于古老的中华民族、对于亿万中国人民，这正是在新的时间中创造奇迹的开始。

于"漏舟之中"走向站起来，于"濒临崩溃边缘"走向富起来，于"滚石上山"走向强起来，新中国70年的发展，将中华民族所有屈辱和苦痛埋藏于记忆深处，让一个东方古国从贫穷落后走向繁荣强盛，创造了中华民族从沉沦而奋起、由苦难而辉煌的命运转折。

然而，奇迹的起笔处，却是"满目萧条，百废待兴"的"一张白纸"。毛泽东同志曾感慨地说："现在我们能造什么？……一辆汽车、一架飞机、一辆坦克、一辆拖拉机都不能造。"面对这样的情况，有人质疑，"共产党军事上100分，政治上80分，经济上0分"；也有人断言，"中共的胜利将不过是昙花一现而已"。

"伟大的事业之所以伟大，不仅因为这种事业是正义的、宏大的，而且因为这种事业不是一帆风顺的。"改革开放是决定当代中国命运的关键抉择，它使我们破除阻碍国家和民族发展的一切思想和体制障碍，成功实现了从高度集中的计划经济体制到充满活力的社会主义市场经济体制、从封闭半封闭到全方位开放的伟大历史转折，使我国经济持续快速发展起来。从1952年到2018年，我国GDP从679.1亿元跃升至90.03万亿元，实际增长174倍；人均GDP从119元提高到6.46万元，实际增长70倍。谁能想到，今天的中国，已经成为世界第二大经济体，跃居世界货物贸易总额第一、外汇储备余额第一、高铁里程第一、银行业规模第一？谁能想到，今天的中国，每天能创造GDP2 460多亿元、进出口货物126亿美元、收发1.4亿件快递、生产7.6万辆汽车？今天的中国，已经跻身全球创新指数20强，有超过1亿个市场主体，立志向高质量发展不断迈进，处处都是活跃的创造，处处生长美好的梦想，中华大地激荡生机勃勃的复兴气象。美国哥伦比亚大学经济学教授杰弗里·萨克斯坦承，"在经济领域，中国是一个巨大的成功故事"。

近代中国，留下"少年中国"的呼唤，留下"中华民族更生再造"的期盼，留下"振兴中华"的呐喊……曾经跌倒的中国人，最能体会"站起来"的欢欣；曾经贫穷的中国人，最是充满"富起来"的渴望；走向复兴的中国人，最是拥有"强起来"的自信。中国连续多年对世界经济增长贡献率超过30%，成为世界经济增长的主要稳定器和动力源；中国7亿多农村贫困人口摆脱贫困，对全球减贫贡献率超过70%，创造了人类减贫史上的传奇。70年的经济快速发展奇迹，体现在人民生活的持续改善中，体现在向着全面小康的豪迈进军中，体现在中国日益走近世界舞台中央的铿锵步伐中。

70年惊涛拍岸,新时代激流勇进。一个历史悠久的古国,把现代文明带到时间的坐标中;一个饱经沧桑的民族,把复兴的图景描绘于前进的道路上。大风泱泱,大潮滂滂。有激情燃烧的奋斗,有履险如夷的欣喜,有百折不挠的尝试,有气吞山河的行进,承载百余年仁人志士艰辛的探索,汇聚亿万人民不懈的追求,中华民族伟大复兴已如东方的一轮朝日,正光芒四射,正喷薄欲出。

3. 在很多人看来,新中国70年巨变的震撼之处在于,它在规模上具有超大性:中国有近14亿人口,比此前崛起的大国人口总和还要多;而在时间上,又具有超级"压缩性":中国仅用了几十年的时间,就走完了西方国家几百年走过的路。

以如此大的规模跑出如此快的速度,以如此短的时间实现如此大的变化,这一奇迹的震撼人心之处还在于,中国在实现快速发展的同时确保了社会长期稳定,让经济社会发展的活力有序释放,实现了活力与秩序、发展与稳定的平衡。

现代化学说中,有一个著名的"亨廷顿悖论":现代性孕育着稳定,而现代化过程却滋生着动荡。甚至有人断言,"如果一个国家出现动乱,那并非因为他们贫穷,而是因为他们想致富。"历史发展的一般规律表明,一个国家在从传统社会向现代社会转变的过程中,往往都要经历一个社会矛盾和风险的高发期。

有人曾用"压缩胶囊"来形容现代化之路上的中国:飞速跨越的历程,各种矛盾与问题不断积累,如同压缩在一个胶囊之中。更何况,以中国的体量,哪怕是一点小问题,乘以一个庞大的基数,也会变成一个大问题。

从这个角度看,在中国辉煌的"发展奇迹"背后,还有一个同等重要的"稳定奇迹":经历复杂而又剧烈的经济社会变革过程,我们保持了社会秩序的长期总体稳定,实现了经济社会的持续健康发展。

发展和稳定,是紧密地结合在一起的,无论是发达国家还是发展中国家,稳定都是走向现代化重要而基本的前提条件。正如一位外国学者在对中国发展进行长期研究后得出的结论:"中国政府正确的经济发展战略和中国政治体系的稳定性是保证经济不断增长的秘诀"。

新中国70年,我们实现了经济发展的跨越、经济体制的转轨,也正面对社会的转型。在这一过程中,即便经历了一些波折,但中国总体上实现了近代以来从未有过的稳定局面。今天的中国,以有效的社会治理、良好的社会秩序,让人民获得感、幸福感、安全感更加充实、更有保障、更可持续,让来访的外国人感慨"中国是世界上最有安全感的国家之一",让关注中国的外国媒体惊叹"中国已成全球最稳定繁荣的经济体"。

党的十八大以来,以习近平同志为核心的党中央,提出一系列新理念新思想新战略,出台一系列重大方针政策,推出一系列重大举措,推进一系列重大工作,解决了许多长期想解决而没有解决的难题,办成了许多过去想办而没有办成的大事……在复杂多变的外部环境和深刻变化的国内形势下,党和国家事业所取得的历史性成就、所发生的历史性变革,有些是前所未有的,有些是振聋发聩的,有些是荡气回肠的,有些是惊心动魄的,哪一项要实现都不容易,都需要极大的政治勇气和政治胆魄,都需要高超的驾驭能力和智慧。

中国历史是一部治乱交替、分合轮回的历史,几千年来乱世多、治世少,太平盛世更是罕见。长期动荡、战乱频仍,使人民深受其害。能否实现国家长治久安,成为人民衡量制度好坏、政权优劣的最重要标准。以这样的历史视野看,新中国70年能够保持社会长期稳定,堪称奇迹!

4. 发展奇迹与稳定奇迹,是互为因果、互相成就的:没有发展,稳定就没有基础;没有稳定,发展就失去前提。两大奇迹相辅相成,背后更有着深层次的原因。面对这样的中国奇迹,有西方学者感叹,谁要能解释中国,谁就能获得诺贝尔奖。甚至有人断言:中国是一切规律的例外。

然而,规律是什么?规律恰恰是事物内在的必然联系,是决定着事物发展的必然趋势,是变化的、经验的世界之下不变的、深层的结构。正如恩格斯所说,历史进程是受内在的一般规律支配的;问题只是在于发现这些规律。

70年,我们始终坚持中国共产党的领导,始终坚持走社会主义道路,始终朝着社会主义现代化和中华民族伟大复兴的目标前进,找到了一条从过去延伸到未来的道路。这种志不改、道不变的坚定,让中国在正确的道路上一往无前,实现了改革、发展、稳定的有机结合与辩证统一。

70年,我们坚持把马克思主义基本原理同中国具体实际结合起来,不断推进实践基础上的理论创新,形成了毛泽东思想、邓小平理论、"三个代表"重要思想、科学发展观、习近平新时代中国特色社会主义思想,引领了70年改天换地的巨变。党和国家指导思想的这种与时俱进,是中国能够正确把握改革、发展、稳定关系,从赶上时代到引领时代,实现跨越式发展的决定性原因。

发展犹如长河,由若干河流、河段组成。善于认识和把握人类社会发展这条"长河"的规律、自己国家发展这条"河流"的规律、所处历史阶段这个"河段"的规律,才能在历史大潮中顺势而为、乘势而起、奔腾向前。70年,我们不断深化对共产党执政规律、社会主义建设规律、人类社会发展规律的认识,这正是中国奇迹的内在逻辑。

5. 1949年3月,党中央从西柏坡动身前往北京时,毛泽东同志说:"今天是进京赶考的日子。"2019年9月,在北京香山革命纪念馆观看《为新中国奠基》主题展览时,习近平总书记说:"以'赶考'的清醒和坚定答好新时代的答卷"。从执政全国的赶考,到改革发展的赶考,再到复兴中华的赶考,70年赶考写辉煌。要读懂中国奇迹,就要读懂中国共产党,读懂我们对共产党执政规律的把握。

研究中国问题的国际观察家有个较具共识的判断:中国共产党是一个愈挫愈勇的政党,具有脱离险境的神奇力量,不断创造出让人难以置信的传奇业绩。70年一路走来,我们曾遭遇封锁与遏制,曾有过急躁与冒进,曾经历大洪水、大地震、大疫情等重大灾害的考验,也曾面对金融危机、贸易摩擦等国际风浪挑战,正是因为始终在党的坚强领导下,集中力量办大事,统一高效组织各项事业、开展各项工作,才成功应对一系列重大风险挑战、克服无数艰难险阻,始终沿着正确方向稳步前进。掌舵人民共和国的中国共产党,领导国家、带领人民开创出百年未有的新局面,充分证明了"办好中国的事情,关键在党"。

"时代是出卷人,我们是答卷人,人民是阅卷人。"这是70年来中国共产党人对"为谁执政、靠谁执政"问题的郑重回答。这个马克思主义政党,这个人民政党,始终坚持执政为民的理念,把党和人民的关系比之为鱼水、喻之为血肉、视之为种子与土地,把民心当作最大的政治,把人民作为执政的最大底气。党在理论上鲜明提出、在思想上明确要求、在实践中始终践行"全心全意为人民服务""以人民为中心"。无论是废除封建剥削的土地制度、完成"三大改造",还是取消延续了2 600余年的农业税;无论是建立人民当家作主的政治制度,还是誓言把近14亿人一个不落带入全面小康,事实证明,"共产党是为民族、为人民谋利益的政党,它本身决无私利可图"。

70年来,写在中国大地上的奇迹,凝结着一个执政党对"如何执政"孜孜以求的探索和实践。我们党坚信"解决中国的问题只能在中国大地上探寻适合自己的道路和办法"。引入市场经济体制,没有按照所谓的"华盛顿共识"进行激进的"休克疗法",而是走一条渐进式改革之路;既充分发挥市场配置资源的决定性作用,又更好发挥政府作用,有效抑制了市场经济的周期性大起大落,总体上保持了平稳发展的态势；改革农村的土地制度，没有进行私有化，而是形成了"家庭联产承包责任制"，并推动农村承包地"三权分置"改革；推进以人为核心的城镇化，为农民在城市扎根创造条件，没有在大城市形成贫民窟等问题……70年，这条奇迹之路见证的，是一个马克思主义政党永不停滞的探索与创新。

巴西中国问题研究中心主任罗尼·林斯感叹："中国政府的'五年规划'创造了一个又一个奇迹。中国政府保持了政策的连贯性，从而得以年复一年、坚持不懈，完成了众多关乎国计民生的大项目。"坚持党对一切工作的领导，坚持推进实践基础上的理论创新，坚持以人民为中心的发展思想，坚持以党的自我革命推进伟大社会革命……70年来，我们党在"赶考"路上，制定适合国情的执政目标，实施科学合理的执政方略，完善符合实际的执政方式，提供稳固有效的执政保障，交出了一份让亿万人民满意的答卷，在岁月深处写下成功与光荣。

6. 1954年，在第一届全国人大第一次会议上，毛泽东同志号召："为建设一个伟大的社会主义国家而奋斗"；2017年，在党的十九大上，习近平总书记提出："开启全面建设社会主义现代化国家新征程"。循着社会主义的本质要求，中国共产党人完成了中国历史上最为广泛而深刻的社会变革。要读懂中国奇迹，就要读懂社会主义，读懂中国共产党对社会主义建设规律的把握。

当年，一位外国驻华大使曾这样谈起对中国的印象：中国有3亿多人口的城市和欧洲差不多，8亿多人口的农村和非洲差不多，欧洲和非洲相加，就是中国。正是立足中国国情，我们创造性地提出了"社会主义初级阶段"理论，强调要牢牢把握社会主义初级阶段这个基本国情，牢牢立足社会主义初级阶段这个最大实际，牢牢坚持党在初级阶段的基本路线这个党和国家的生命线、人民的幸福线。

邓小平同志指出："社会主义的本质，是解放生产力，发展生产力，消灭剥削，消除两极分化，最终达到共同富裕。"从1949年到2018年，中国居民人均可支配收入实际增长59.2倍，人均预期寿命从35岁增长到77岁，人民生活发生翻天覆地的改变，为"人民至上"的价值理念写下生动而温暖的注脚。如果说新中国的发展拓展出一条独具特色的"中国道路"，那么70年一脉相承的发展目标、不断向好的民生改善，更向世界宣示了"中国价值"，这也就是社会主义的价值。

江西瑞金东北部一个叫叶坪的小村庄，是当年中华苏维埃共和国临时中央政府所在地,记录中国共产党人对于如何建设一个国家最初的探索。从"共和国的摇篮"出发,中国共产党人将这个曾经四分五裂的国家凝聚成一个整体,实现国家高度统一和各民族空前团结,从"一盘散沙"到"组织起来",催生出万众一心、风雨同舟的强大力量。70年来,中国特色社会主义的国家制度,以坚持党的领导的优势、保证人民当家作主的优势、全面依法治国的优势、实行民主集中制的优势,显示出强大生命力和巨大优越性。

70年来,中国的发展体现了社会主义的本质,也丰富了社会主义的内涵。习近平总书记强调:"马克思主义必定随着时代、实践和科学的发展而不断发展,不可能一成不变,社会主义从来都是在开拓中前进的。"完成社会主义革命,确立社会主义基本制度,为当代中国一切发展进步奠定了根本政治前提和制度基础;进行改革开放新的伟大革命,全面推动我国社会主义制度的自我完善和发展,极大地解放和发展了生产力,开辟了中国特色社会主义道路。今天,中国特色社会主义进入新时代,这在中华人民共和国发展史上、中华民族发展史上具有重大意义,在世界社会主义发展史上、人类社会发展史上也具有重大意义。

社会主义是在资本主义的苦难和积弊中孕育生长的,它从诞生之日起,就占据着思想上道义上的制高点。社会主义中国创造的发展奇迹昭告世人:社会主义也一定能够在人类发展实践中占据制高点,中国共产党和中国人民将为此而不懈奋斗。

7. 2019年8月,一则关于支持深圳建设中国特色社会主义先行示范区的消息,备受关注。从当年的特区到今天的示范区,深圳的发展变迁,正是中国奇迹的一个缩影。在中国这样一个大国实现现代化,没有先例可循,必须走一条新路,一条属于自己的路。要读懂中国奇迹,就要读懂中国道路,读懂我们对人类社会发展规律的把握。

1978年初夏,时任国务院副总理的谷牧带领中国代表团走访西欧五国25个城市,回国后向中共中央政治局汇报,足足讲了7个半小时。据不完全统计,仅仅是在1978年,中国政府派出的各种出境考察团就有529个,人数多达3 200余人。正是这样热切的发展期盼、急切的学习渴望,让中国在改革开放40多年间,不断敞开胸襟向世界学习。

"中国以后要变成一个强国,各方面都要强",这是一个大国的雄心壮志与历史担当。百余年前,有人把中国的落后,概括为器物、制度、观念三个层面的落后。如今,从世界工厂到世界市场,再到世界平台,中国的发展释放出越来越大的"溢出效应"。而支撑中国发展的中国理念,被寄予了开掘人类发展动力的厚望。进入新时代,习近平新时代中国特色社会主义思想的理性之光,正以广阔的人类视野、超凡的政治智慧、卓越的战略眼光,吸引了整个世界的关注。今天,中国共产党人对三大规律的认识、把握和运用,已经进入了一个新境界。美国学者主编的《习近平复兴中国》一书中说:习近平正在领导中国完成三大治理——执政党治理、国家治理和全球治理。

中国大地上不断涌现的新的奇迹,甚至让一些曾断言"历史终结"的人也开始"修正观点"。在各个国际会议上,中国的声音备受关注,中国的发展模式成为中心议题。2016年,在"南南合作与发展学院"的特别学院学习时,莫桑比克财政部顾问说:"我想学习中国的发展模式,找到适合我们国家发展的道路。"1979年,中国的人均收入,还不到撒哈拉沙漠以南非洲国家的1/3;而今天,非洲的许多国家正在学习中国,孵化出自己的"模式"。有外媒如此描述中国的发展:这是我们时代的伟大故事,不只是中国人的故事,也是全人类的故事。这些来自世界的声音,为习近平总书记的宣示写下生动的注脚:"中国共产党人和中国人民完全有信心为人类对更好社会制度的探索提供中国方案。"

中华民族的伟大复兴,不仅是综合国力的提升,更是一次包含了丰富内涵的"文明的崛起"。今天,面对逆全球化、保护主义、民粹主义等思潮,中国坚信"让世界经济的大海退回到一个一个孤立的小湖泊、小河流,是不可能的",自信地欢迎世界各国搭乘中国发展的快车,自信地提出共建"一带一路"的倡议,自信地与世界各国分享自己的发展经验,自信地扛起维护自由贸易、多边机制和经济全球化的旗帜……中国奇迹的启示正在于,经济全球化是"不可逆转的历史大势",和平与发展是"全人类的共同愿望",只有携手构建人类命运共同体,人类才有光明美好的未来。这样的规律性认识,对于人类社会具有极大的意义。

回首历史,中国共产党是最具开放意识、开放胸怀的政党。我们信仰的马克思主义,是整个人类精神的精华;我们坚持的社会主义,是人类社会共同的美好愿景。改革开放以来,我们积极学习借鉴世界各国人民创造的优秀文明成果,并结合中国实际加以运用。面向未来,立志于为人类进步事业而奋斗的中国共产党,将继续推动中国发展给世界创造更多机遇,继续通过自身实践探索人类社会发展规律并同世界分享,更好承担起为人类作出新的更大贡献的崇高使命。

8. 1949年7月15日,人民日报刊登了一则启事:新政协筹备会向全国征集国旗图案。此后一个多月时间,筹备会收到了国内外寄来的应征国旗设计稿件1 920件,图案2 992幅,有的是工人在车间的工具箱上描绘的,有的是战士在前方的战壕里绘制的,还有的是由知名人士、专业人士设计的。对这些作品进行筛选并讨论修改后,最终确定五星红旗为新中国的国旗,而其设计者正是上海市供销合作社一名32岁的普通职员。

70年来,这面代表人民并由人民设计的旗帜,始终在神州大地高高飘扬,见证一个浴火重生的大国在中国共产党的带领下,走出一条中国特色社会主义的康庄大道,见证一个饱经沧桑的民族在亿万人民的奋斗中,朝着复兴梦想阔步前行。

奇迹是什么? 歌德说,奇迹是信仰最宠爱的孩子。正是凭借着对马克思主义的信仰,对中国特色社会主义的信念,对实现中华民族伟大复兴中国梦的信心,我们成就了感天动地的奋斗史诗、创造了彪炳史册的人间奇迹。

2019年初,"嫦娥四号"探测器成功着陆月背。探测器上鲜艳的五星红旗,闪耀于月球背面那片从未有人类涉足的亘古之地。这仿佛是一个象征:70年前冉冉升起的五星红旗,如今已经抵达一个前所未有的高度。中国,正向着更辽阔的时空进发。

2018年10月,习近平总书记在广东考察,参观"大潮起珠江——广东改革开放40周年展览"时,向世界再次宣示当代中国共产党人坚如磐石的信仰、信念与信心,宣示新中国在奋斗征程上的雄心壮志——

"党的十八大后我考察调研的第一站就是深圳,改革开放40周年之际再来这里,就是要向世界宣示中国改革不停顿、开放不止步,中国一定会有让世界刮目相看的新的更大奇迹。"

资料来源:任仲平:《奋斗创造人间奇迹——为庆祝新中国成立70周年而作(上)》,《人民日报》,2019年9月29日第1版。

材料3:中国的发展属于全世界

中国不会停下改革的脚步,中国不会关上开放的大门,世界的明天也会因为中国的变革与发展而越来越好。

"进博会,永不落幕!"2018年12月10日,上海虹桥进口商品展示交易中心正式对公众开放。1个月前,上海举办了首届中国国际进口博览会,这个中心正是承接进博会溢出效应的"6+365"主平台。从西班牙火腿到特斯拉汽车,已有50多个国家和地区的200多个品牌、7 000多件商品进驻这里。

进博会是一个平台,让世界各国共享中国的巨大市场;也是一个窗口,照见40年来,中国的发展受惠于开放、又以更高层次开放造福世界的"螺旋式上升"。当改革开放的指针划过40年,今天的中国,已不是那个现代化之路上的"缺席者""迟到者""追赶者",而是以巨大的发展成就、丰富的发展实践、宝贵的发展经验,成为现代化的示范者之一。把改革开放的旗帜举得更高更稳,新时代的中国,正在为世界作出新的更大贡献。

人们常常用"奇迹",来形容中国过去40年的发展。美国学者雷默在《不可思议的年代》一书开篇就写道:如果你生活在中国,就会看到关于社会福利、医疗卫生、外交政策和技术进步的新想法不断涌现,而且中国正在以越来越快的速度探索和试验这些新想法。其实,外部世界对中国改革开放的看法,早已从"不可思议"变为"值得深思",特别是当人类与新的时代问题迎面相遇时,更会设身处地认真思考中国的"关键一招"。

回头看看,更觉习近平总书记的一个判断言约而旨远——"改革开放这场中国的第二次革命,不仅深刻改变了中国,也深刻影响了世界"。在世界的坐标系中审视,这个"20世纪最重要事件之一",不仅让中国成为世界经济重要的"增长极",而且助推了一个近14亿人口的大国深度融入世界,更向世界证明,通向现代化的道路不止一条,只要找准正确方向、驰而不息,就一定能抵达目标。

曾以占世界7%的耕地养活占世界22%的人口,有力回击"谁来养活中国"的质疑;以基本医保全覆盖、养老保险覆盖9亿多人,形成世界最大的社会保障网;以7.4亿贫困人口的脱贫,创造了人类减贫史上的奇迹……改革开放催动了中国40年不停歇的前行,极大改善了近14亿人的生活,这本身就是对世界的巨大贡献。进入新时代,中国更是以年均对世界经济增长超过30%的贡献率,以推进"一带一路"建设、构建人类命运共同体,成为世界和平的建设者、全球发展的贡献者、国际秩序的维护者。

改革开放40年,中国主动融入经济全球化这个不可逆转的历史大势,成长为外媒眼中引领经济全球化的"新旗手"。30多年前,肯德基在中国刚开业时,门前还满是好奇的眼睛;如今,浙江义乌的纪念品出货量,已成为能感知世界杯热门的"大数据";1978年年底,经千挑万选,52名中青年学者启程赴美留学,而2017年年底,来华留学的外国留学生已经超过50万……无数细节都说明,40年主动敞开大门、迈开大步,真正让中国赶上了世界潮流,融入了世界体系,成为历史的创造者、潮流的引领者。

中国的发展属于全世界,中国的发展经验也属于全世界。这不是说中国的改革开放是一种放之四海而皆准的模式,而是因为中国雄辩地证明了"走自己的路"的重要性。2016年,在"南南合作与发展学院"学习时,莫桑比克财政部顾问说:"我想学习中国的发展模式,找到适合我们国家发展的道路。"1979年,中国的人均收入,还不到撒哈拉沙漠以南非洲国家的1/3;而今天,非洲的许多国家正在学习中国,孵化出自己的"模式"。中国特色社会主义道路、理论、制度、文化不断发展,拓展了发展中国家走向现代化的途径,给世界上那些既希望加快发展又希望保持自身独立性的国家和民族提供了全新选择。

犹记2018年钟声即将响起之时,习近平主席在新年贺词中宣示:我们要以庆祝改革开放40周年为契机,逢山开路,遇水架桥,将改革进行到底。下一个40年,中国不会停下改革的脚步,中国不会关上开放的大门,世界的明天也会因为中国的变革与发展而越来越好。

资料来源:《人民日报》评论部:《中国的发展属于全世界》,《人民日报》,2018年12月14日,第5版。

材料4:铸就百年辉煌 书写千秋伟业——热烈庆祝中国共产党成立一百周年

一世纪风雨兼程,九万里风鹏正举。在全面建设社会主义现代化国家新征程顺利开启的重要时刻,我们迎来了中国共产党百年华诞。站在这个重大历史节点上,回望过往的奋斗路,眺望前方的奋进路,我们心潮澎湃,豪情满怀!

1921—2021,百年成就辉煌。从建党的开天辟地,到新中国成立的改天换地,到改革开放的翻天覆地,再到党的十八大以来党和国家事业取得历史性成就、发生历史性变革,中国共产党坚守初心使命,团结带领人民创造了"当惊世界殊"的发展成就,书写了人类发展史上的伟大传奇,社会主义中国以更加雄伟的身姿屹立于世界东方,中华民族迎来了从站起来、富起来到强起来的伟大飞跃。

1921—2021,百年岁月峥嵘。从石库门到天安门,从兴业路到复兴路,从小小红船到巍巍巨轮,中国共产党走过苦难辉煌的过去,走在日新月异的现在,走向光明宏大的未来,已经发展成为一个在最大的社会主义国家执政70多年、拥有9 500多万党员的世界上最大的马克思主义执政党,得到了14亿多中国人民最广泛的支持和拥护。

1921—2021,百年波澜壮阔。为中国人民谋幸福,也为促进人类进步事业而奋斗,中国共产党坚守为世界谋大同的天下情怀,坚守和平、发展、公平、正义、民主、自由的全人类共同价值,积极推动构建人类命运共同体,始终做世界和平的建设者、全球发展的贡献者、国际秩序的维护者,为解决人类问题贡献了中国智慧和中国方案,为人类文明和进步事业作出了卓越贡献。

习近平总书记深刻指出:"我们党的历史是中国近现代以来历史最为可歌可泣的篇章,历史在人民探索和奋斗中造就了中国共产党,我们党团结带领人民又造就了历史悠久的中华文明新的历史辉煌。"在百年接续奋斗中,中国共产党团结带领人民开辟了伟大道路,建立了伟大功业,铸就了伟大精神,积累了宝贵经验,创造了中华民族发展史、人类社会进步史上令人刮目相看的奇迹。

这是艰苦卓绝、气吞山河的壮丽史诗。世界上没有哪个党像我们这样,遭遇过如此多的艰难险阻,经历过如此多的生死考验,付出过如此多的惨烈牺牲。一百年来,在应对各种困难挑战中,我们党不畏强敌、不惧风险、敢于斗争、勇于胜利,团结带领人民攻克了一个又一个看似不可攻克的难关,夺取了一个又一个看似不可能的伟大胜利。经过一百年奋斗,我们在一个有着几千年封建社会历史的国家实现了最广泛的人民民主,人民真正成为国家、社会和自己命运的主人;我们在一穷二白的基础上创造了经济社会快速发展奇迹,用几十年时间走完了发达国家几百年走过的工业化历程,跃升为世界第二大经济体,综合国力、科技实力、国防实力、文化影响力、国际影响力显著提升;我国人民生活由温饱不足到全面小康,整体上彻底摆脱了绝对贫困,成为世界上中等收入人口最多的国家;我国创造了社会长期稳定奇迹,长期保持社会和谐稳定、人民安居乐业,成为国际社会公认的最有安全感的国家之一。今天,党的面貌、国家的面貌、人民的面貌、军队的面貌、中华民族的面貌发生了前所未有的变化,没有任何力量能够撼动我们伟大祖国的地位,没有任何力量能够阻挡中国人民和中华民族的前进步伐。

这是践行党的初心使命的辉煌历史。从登上中国政治舞台的那一刻起,我们党就始终不渝为中国人民谋幸福、为中华民族谋复兴。从此,中国人民开始从精神上由被动转为主动,中华民族开始艰难地但不可逆转地走向伟大复兴。一百年来,不管形势和任务如何变化,不管遇到什么样的惊涛骇浪,我们党都始终把握历史主动、锚定奋斗目标,沿着正确方向坚定前行。人民就是江山,我们党打江山、守江山,守的是人民的心,为的是让人民过上好日子。无论面临多大挑战和压力,无论付出多大牺牲和代价,这一点都毫不动摇。经过一百年奋斗,我们党依靠人民创造了历史伟业,迎来了中华民族伟大复兴的光明前景,带领亿万人民不断创造更加幸福美好的生活。正如习近平总书记深刻指出的:"回顾党的历史,为什么我们党在那么弱小的情况下能够逐步发展壮大起来,在腥风血雨中能够一次次绝境重生,在攻坚克难中能够不断从胜利走向胜利,根本原因就在于不管是处于顺境还是逆境,我们党始终坚守为中国人民谋幸福、为中华民族谋复兴这个初心和使命,义无反顾向着这个目标前进,从而赢得了人民衷心拥护和坚定支持。"走过百年沧桑,中国共产党人初心如磐、使命在肩,昂扬奋进在新的伟大征程上!

这是推进马克思主义中国化时代化大众化的伟大进程。在近代中国最危急的时刻,中国共产党人找到了马克思列宁主义,并坚持把马克思列宁主义同中国实际相结合,用马克思主义真理的力量激活了中华民族历经几千年创造的伟大文明,使中华文明再次迸发出强大精神力量。一百年来,马克思主义深刻改变了中国,中国也极大丰富了马克思主义。我们党坚持解放思想和实事求是相统一、培元固本和守正创新相统一,不断开辟马克思主义新境界,创立了毛泽东思想、邓小平理论,形成了"三个代表"重要思想、科学发展观,创立了习近平新时代中国特色社会主义思想,为党和人民事业发展提供了科学理论指导。我们党的历史,就是一部不断推进马克思主义中国化的历史,就是一部不断推进理论创新、进行理论创造的历史。今天,马克思主义在21世纪的中国焕发出新的生机活力,21世纪中国的马克思主义正展现出更强大、更有说服力的真理力量!

这是奠基立业、开辟未来的壮阔征程。为了实现民族独立和人民解放、国家富强和人民幸福,中国共产党人义无反顾,矢志不渝,接续奋斗。一百年来,我们党团结带领人民用近30年时间完成了新民主主义革命,建立了新中国,中国人民从此站起来了;我们党团结带领人民在社会主义革命和建设的基础上用40多年时间进行改革开放,全面建成小康社会取得伟大历史性成就,脱贫攻坚战取得了全面胜利,实现了第一个百年奋斗目标。展望未来,到2035年,我们党要团结带领人民基本实现社会主义现代化,并在这个基础上再奋斗15年,到本世纪中叶全面建成社会主义现代化强国。现在,向第二个百年奋斗目标进军的号角已经吹响,全党全国各族人民正在以习近平同志为核心的党中央坚强领导下,在新时代的伟大征程上风雨无阻、坚毅前行,为全面建设社会主义现代化国家的历史宏愿而奋斗。

中国共产党成立以来的一百年,是中国人民根本改变历史命运的一百年,是中华民族走向伟大复兴的一百年,是中国为全人类发展作出卓越贡献的一百年。中国共产党团结带领中国人民走过的光辉历程,是用鲜血、汗水、泪水写就的,充满着苦难和辉煌、曲折和胜利、付出和收获,是中华民族发展史上的壮丽篇章。中国共产党领导中国人民取得的伟大胜利,让中华文明在现代化进程中焕发出新的蓬勃生机,让科学社会主义在21世纪焕发出新的蓬勃生机,让中华民族焕发出新的蓬勃生机,是中国人民和中华民族继往开来、奋勇前进的现实基础。

实践充分证明:中国共产党是中国人民和中华民族的主心骨,只有中国共产党才能领导中国,只有社会主义才能救中国,只有改革开放才能发展中国、发展社会主义、发展马克思主义,只有中国特色社会主义道路才能引领中国走向繁荣富强、实现中华民族伟大复兴。

当今世界正经历百年未有之大变局,我国正处于实现中华民族伟大复兴关键时期,我们党正带领人民进行具有许多新的历史特点的伟大斗争,形势环境变化之快、改革发展稳定任务之重、矛盾风险挑战之多、对我们党治国理政考验之大前所未有。我们深知,中华民族伟大复兴曙光在前、前途光明,但绝不是轻轻松松、敲锣打鼓就能实现的,我们面临着难得机遇,也面临着严峻挑战。站在"两个一百年"的历史交汇点上,回首百年奋斗历程、瞻望伟大复兴前景,时与势在我们一边,这是我们的定力和底气所在,也是我们的决心和信心所在。

习近平总书记指出:"全面建成小康社会,实现第一个百年奋斗目标,在中国共产党奋斗史、新中国发展史、中华民族文明史上都具有里程碑意义。同时,我们必须认识到,这只是我们迈向中华民族伟大复兴的关键一步,我们决不能骄傲自满、止步不前,要继续谦虚谨慎、戒骄戒躁,继续艰苦奋斗、锐意进取,为实现第二个百年奋斗目标、实现中华民族伟大复兴而奋力拼搏,为人类和平与发展的崇高事业不断作出新的更大贡献!"在全面建设社会主义现代化国家新征程上开拓前进,必须坚持以习近平新时代中国特色社会主义思想为指导,增强对马克思主义、共产主义的信仰,增强对中国特色社会主义的信念,增强对实现中华民族伟大复兴的信心,牢记初心使命,坚持"两个务必",保持战略定力,增强忧患意识,保持斗争精神,调动一切可以调动的积极因素,团结一切可以团结的力量,在危机中育先机、于变局中开新局,全力办好自己的事,站在历史正确的一边,锲而不舍向第二个百年奋斗目标胜利进军,以"赶考"的清醒和坚定答好新时代的答卷,在顺应世界大势中书写中华民族千秋伟业。

征途漫漫,惟有奋斗。我们通过奋斗,披荆斩棘,走过了万水千山。我们还要继续奋斗,勇往直前,创造更加灿烂的辉煌。胸怀千秋伟业,恰是百年风华。只要我们党始终站在时代潮流最前列、站在攻坚克难最前沿、站在最广大人民之中,就必将永远立于不败之地。在新的伟大征程上,全党全国各族人民要更加紧密地团结在以习近平同志为核心的党中央周围,增强"四个意识"、坚定"四个自信"、做到"两个维护",乘势而上,开拓奋进,为实现第二个百年奋斗目标、实现中华民族伟大复兴而不懈奋斗!

资料来源:《人民日报》社论《铸就百年辉煌 书写千秋伟业——热烈庆祝中国共产党成立一百周年》,《人民日报》,2021年7月1日第1版、第5版。

七、本章扩展材料

1. 中华人民共和国国务院新闻办公室:《新时代的中国与世界》白皮书,新华网,2019年9月27日。

2. 中华人民共和国国务院新闻办公室:《中国的和平发展》白皮书,中国政府网,2011年9月6日。

3. 习近平:《共同构建人类命运共同体——在联合国日内瓦总部的演讲》,新华网,2017年1月18日。

4. 习近平:《在第三届中国国际进口博览会开幕式上的主旨演讲》,新华网,2020年11月4日。

5. 习近平:在庆祝中国共产党成立100周年大会上的讲话,2021年7月1日,《人民日报》,2021年7月2日第2版。

6. 裴广江、胡泽曦、俞懿春、荣翌:《共同建设更加美好的世界——以习近平同志为核心的党中央推动构建人类命运共同体述评》,《人民日报》,2021年11月9日第1版、第4版。

7.《中国共产党第十九届中央委员会第六次全体会议公报》,新华网,2021年11月11日。

郑重声明

高等教育出版社依法对本书享有专有出版权。任何未经许可的复制、销售行为均违反《中华人民共和国著作权法》，其行为人将承担相应的民事责任和行政责任；构成犯罪的，将被依法追究刑事责任。为了维护市场秩序，保护读者的合法权益，避免读者误用盗版书造成不良后果，我社将配合行政执法部门和司法机关对违法犯罪的单位和个人进行严厉打击。社会各界人士如发现上述侵权行为，希望及时举报，本社将奖励举报有功人员。

反盗版举报电话　（010）58581999　58582371　58582488
反盗版举报传真　（010）82086060
反盗版举报邮箱　dd@hep.com.cn
通信地址　北京市西城区德外大街4号
　　　　　高等教育出版社法律事务与版权管理部
邮政编码　100120